国家社科基金后期资助项目

纳博科夫文学思想与当代西方文论

Nabokov's Literary Thought and Contemporary Western Literary Criticism

汪小玲　等著

国家圖書館出版社

National Library of China Publishing House

图书在版编目（CIP）数据

纳博科夫文学思想与当代西方文论/汪小玲等著. --北京：国家图书馆
出版社,2018.4

ISBN 978 - 7 - 5013 - 6390 - 2

Ⅰ.①纳…　Ⅱ.①汪…　Ⅲ.①纳博科夫（Nabokov,Vladimir 1899—
1977）—文学研究　Ⅳ.①I712.065

中国版本图书馆 CIP 数据核字（2018）第 061287 号

书　　名	纳博科夫文学思想与当代西方文论
著　　者	汪小玲　等著
责任编辑	王　雷

出　　版	国家图书馆出版社（100034　北京市西城区文津街 7 号） （原书目文献出版社　北京图书馆出版社）
发　　行	010 - 66114536　66126153　66151313　66175620 66121706（传真）　66126156（门市部）
E-mail	nlcpress@ nlc. cn（邮购）
Website	www. nlcpress. com →投稿中心
经　　销	新华书店
印　　装	北京华艺斋古籍印务有限责任公司
版　　次	2018 年 4 月第 1 版　2018 年 4 月第 1 次印刷

开　　本	710×1000（毫米）　1/16
印　　张	21. 25
字　　数	300 千字

书　　号	ISBN 978 - 7 - 5013 - 6390 - 2
定　　价	80. 00元

国家社科基金后期资助项目
出版说明

后期资助项目是国家社科基金设立的一类重要项目，旨在鼓励广大社科研究者潜心治学，支持基础研究多出优秀成果。它是经过严格评审，从接近完成的科研成果中遴选立项的。为扩大后期资助项目的影响，更好地推动学术发展，促进成果转化，全国哲学社会科学规划办公室按照"统一设计、统一标识、统一版式、形成系列"的总体要求，组织出版国家社科基金后期资助项目成果。

全国哲学社会科学规划办公室

目　　录

绪　　论

　　弗拉基米尔·纳博科夫(Vladimir Nabokov,1899—1977)是当代著名的俄裔美国小说家、翻译家和文学思想家。在世界文坛上,纳博科夫以他蝴蝶般多彩的文学作品和跌宕起伏的人生吸引了广大读者。因其在写作艺术上的推陈出新及对文学创作的独特见解,纳博科夫被公认为是对美国后现代派文学思潮的形成有着重要作用的人物之一。纳博科夫一生笔耕不辍,发表了以《洛丽塔》(Lolita,1955)、《普宁》(Pnin,1957)、《微暗的火》(Pale Fire,1962)等为代表的18部长篇小说、65部短篇小说和67首诗歌,翻译了普希金的《尤金·奥涅金》(Eugene Onegin,1878)、莱蒙托夫的《当代英雄》(A Hero of Our Time,1840)、路易斯·卡罗尔的《爱丽丝仙境》(Alice's Adventures in Wonderland,1865)等世界文学作品。纳博科夫在进行文学创作的同时,留下了大量文学论述和理论讲稿。其中,《独抒己见》(Strong Opinions,1973)、《文学讲稿》(Lectures on Litera-ture,1980)、《俄罗斯文学讲稿》(Lectures on Russian Literature,1982)和《〈堂吉诃德〉讲稿》(Lectures on Don Quixote,1983)荟萃了纳博科夫文学创作的思想精华,为后世留下了珍贵的文学遗产。美国文学界将纳博科夫视为"1945—1965年这20年间最有贡献的美国小说家之一""第二次世界大战后美国最有影响的实验小说先驱之一"以及"继福克纳以来20世纪美国文坛上最重要的作家之一"①。

　　对于纳博科夫及其作品的研究,可以追溯到"西林"②时期。虽然"西林"发表了9部长篇小说、数十部短篇小说与诗歌作品,但由于当时的读者群多数为俄国侨民,"西林"并未引起西方文坛足够的重视。正如

① 布赖恩·博伊德;刘桂林.纳博科夫传:俄罗斯时期[M].桂林:广西师范大学出版社,2009:4.
② 1922—1937年,纳博科夫离开剑桥定居德国柏林。其间他以"西林"为笔名进行创作。

纳博科夫自己所说,"西林像一颗流星,滑过流亡的黑暗天宇,消失得无影无踪,身后空余下模模糊糊的焦虑之感"①。20 世纪 60 年代以后,因《洛丽塔》的成功发表,纳博科夫名扬世界,对他的研究亦骤然增多,研究规模日益壮大且逐步走向系统化。以佩奇·斯德克纳(Page Stegner)的《遁入美学:纳博科夫的艺术》(*Escape into Aesthetics:the Art of Vladimir Nabokov*,1966)与安德鲁·菲尔德(Andrew Field)的《纳博科夫的艺术生命》(*Nabokov,His Life in Art*,1967)为例,这两部公认较早的专著对纳氏文本的主题阐释、艺术创作和纳博科夫本人的多重身份做出了较为全面的探讨。90 年代以后,对纳博科夫研究的方法更是日趋多元与成熟,研究视野日渐广阔,新的研究领域不断得到拓展,各路批评家对纳博科夫本人及其作品的各个方面都给予了许多有益的探讨。比如,亚历山大洛夫(Vladimir Alexandrov)的《纳博科夫的彼岸世界》(*Nabokov's Other World*,1991)、《纳博科夫研究指南》(*The Garland Companion to Vladimir Nabokov*,1991)、朱利安·康纳利(Julian Connolly)《纳博科夫和他的小说:新视角》(*Nabokov and His Fictions:New Perspectives*,1999)以及布赖恩·博伊德(Brian Boyd)的《纳博科夫:俄罗斯时期》(*Vladimir Nabokov:the Russian Years*,1990)、《纳博科夫:美国时期》(*Vladimir Nabokov:the American Years*,1991)等一系列专著以评传的方式,既介绍了纳博科夫独特的流亡经历与内心深处的世界,又描写他的捕蝶与写作活动,围绕他的三种身份——教师、科学家和作家来组织材料,揭示纳博科夫的哲学思想、伦理关怀、多彩多姿的蝴蝶视角、对细节的关注、与俄罗斯白银时代文学艺术大环境的关系等等。这些为 20 世纪末对纳博科夫的研究提供了新的参考。

迈入 21 世纪,全世界范围内对纳博科夫的研究热度更是有增无减。如 2002 年戴维·拉莫(David Larmour)的《纳博科夫散文作品中的话语与意识形态》(*Discourse and Ideology in Nabokov's Prose*)、2003 年加弗利尔·夏皮诺(Gavriel Shapiro)的《纳博科夫在康奈尔》(*Nabokov at Cornell*)、2005 年朱利安·康纳利主编的《剑桥纳博科夫指南》(*The Cambridge Companion to Nabokov*)等一系列著作,收录了许多来自不同作者、不同研究视角的文章,在主题、思想、形式、纳博科夫与人文艺术和自然

---

① 赵君.后现代文艺转型期纳博科夫小说美学思想研究[M].广州:世界图书出版公司,2014:20.

科学的关系等方面进一步扩展了纳博科夫研究的新领域。时至今日,已有上百部相关的研究专著,数以万计的期刊论文、硕博士论文呈现在读者的眼前。自 1981 年纳博科夫小说的译介在中国开展以来,如今纳博科夫的作品阅读与研究已是硕果累累①。詹树魁的《符拉迪米尔·纳博科夫:从现代主义到后现代主义》(2005)是国内最早较为系统研究纳博科夫的专著。此后,李小均的《自由与反讽:纳博科夫的思想与创作》(2007)、王霞的《越界与想象:纳博科夫文学创作中的越界现象研究》(2007)、汪小玲的《纳博科夫小说艺术研究》(2008)、王青松的《纳博科夫小说:追逐人生的主题》(2010)、赵君的《后现代文艺转型期纳博科夫小说美学思想研究》(2014)等一部部著作的问世都验证了纳博科夫研究在国内的快速发展。

　　然而,纵观半个多世纪以来国内外的纳博科夫研究,我们发现,纳氏作品中的形式、风格、主题、人物形象、艺术手法、美学思想、哲学思考、时间观、文化传统、伦理思想、流亡情结等领域占据了大半壁江山。相比之下,纳博科夫所开创的文学思想天地却较少引起大部分学者的考察和关注。而就纳博科夫的《文学讲稿》《俄罗斯文学讲稿》《〈堂吉诃德〉讲稿》《独抒己见》四部文论读本而言,纳博科夫既是一名文学家,同时也是一位精于文艺理论研究与写作的文学思想家。正如他本人在《文学讲稿》扉页所提到的:"我的课程是对神秘的文学结构的一种侦察。"②透过纳博科夫的文论作品,结合纳博科夫笔下的长短篇小说,便可发现,他多年的文学创作与其文学思想观紧密相连。由于他所处的时代特征和曾经生活在俄国、西欧各国以及美国的人生经历,我们看到俄国形式主义、英美"新批评"、唯美主义、存在主义、弗洛伊德心理分析、女性主义、西方现代主义、后现代主义等理论思潮和批评流派对他的文学产生的影响,这些影响既体现在他的文学作品中,也体现于其文学批评思想之中,进而形成了纳博科夫独特的文学批评观。从这点看,纳博科夫文学思想的精神内蕴与其文学创作活动一样精彩。因此,将纳博科夫文学思想置于

---

① 1981 年由梅绍武先生翻译的《普宁》在中国问世后,国内的纳博科夫接受与研究才算开始起步。此外,龚文庠翻译了《黑暗中的笑声》(1988,漓江出版社)。1989 年华明、任生明翻译的《洛丽塔》出版后,至今已出版了超过十个不同的中译本。20 世纪 90 年代后,《黑暗中的笑声》《绝望》《防守》《斩首之邀》《玛丽》《魔法师》《独抒己见》《文学讲稿》《说吧,记忆》《劳拉的原型》等也陆续出版。

② 纳博科夫;申慧辉等. 文学讲稿[M].上海:上海三联书店,2005:前言.

世界各大经典文论批评史的动态大语境中进行系统考察,更能使读者体验到纳博科夫对各大文论主义思潮流派的继承与发扬,也更能清晰地勾勒出纳博科夫研究的一幅全景图。

一、纳博科夫文学思想的文化渊源

纳博科夫于 19 世纪末诞生于俄罗斯圣彼得堡一个显赫的贵族世家,家中拥有的图书室藏书过万。优越的家庭环境使得纳博科夫对文学有着极高的鉴赏力,加上博闻强记的天赋和良好的家庭教育,使他 6 岁时就能说一口流利的英语,从小就对小说和诗歌产生了浓厚的兴趣。在纳博科夫早年的阅读经验中,他十分欣赏果戈理、福楼拜、托尔斯泰对艺术真理的忠诚,及其对饱含诗意的叙事技巧的热情。17 岁时,纳博科夫就出版了一部诗歌作品,名曰《诗集》。该诗集在画面描述和感官想象方面均揭示了心灵婉转曲折的流动。作品的诗风带有象征主义的晦涩和对语言的精雕细琢,使年少的纳博科夫在俄罗斯文坛上崭露头角。可以说,纳博科夫在文学创作方面的天赋很早就显露于人前。尽管身为流亡作家的纳博科夫一生艰辛,但俄罗斯少年时代的美好记忆伴其一生。

俄国十月革命爆发后,原为贵族后裔的纳博科夫开始了长达 18 年的欧洲流亡生涯。这段痛苦的流亡记忆加剧了纳博科夫在文艺理念上对"客观现实"的否定。直至 1940 年抵达美国之后,纳博科夫的生活状况逐渐稳定。这一时期,他先后在威尔斯理、斯坦福、康奈尔和哈佛等大学担任主讲俄罗斯文学和欧洲文学的大学讲师,同时还继续从事他最感兴趣的小说创作和翻译工作,并发表了多篇关于鳞翅目昆虫研究的学术论文。纳博科夫生于俄国,受教于英国,研究过法国文学,在德国逗留过 15 年,抵达美国之后才拿到合法的美国国籍。然而,辗转于欧洲各国的纳博科夫对无国籍的流亡生活不以为然,而是坚定地认为:"一个有价值的作家的艺术才是他真正的国籍护照。"[①]

从某种程度上而言,纳博科夫文艺思想与他漂泊无依的流亡生活经

---

① Gabion, George & Parker, Stephen. Ed. The Achievements of V. Nabokov: Essays, Studies, Reminiscences, and Stories from the Cornell Nabokov Festival[M]. Ithaca: Centre for International Studies, Cornell University, 1984: 61.

历具有密不可分的关联。他对"艺术世界"幻想力的推崇也是他漂泊流浪生活的必然结果。现实生活是艺术创作的土壤,特殊的流亡作家身份使得纳博科夫常常以局外人的眼光来观察他所身处的异乡世界。这种陌生的居无定所的现实世界,这种无论是个人思想,还是生活情感都无法融入的异乡世界,成为一个极不稳定的文化背景,呈现在纳博科夫的文学创作中,同时使得纳博科夫将艺术创作的核心转向独特、主观的世界。

纳博科夫坚信文学能揭示人类心灵的多面性和神秘性,也认为文学会随着时代的发展而变得更加敏锐和丰富。因此,他对新的文体结构和文学风格保持着近乎苛刻的激情,更对文学的新变现象表现出强烈的关注。作为一位详细阐述小说创作的文学理论家,纳博科夫在《文学讲稿》《独抒己见》《俄罗斯文学讲稿》及《〈堂吉诃德〉讲稿》中对文学作品进行整体品评与系统鉴赏时,几乎将文学作品的一切,包括题材、结构、意象、语言等都与自己提倡的美学思想紧密联系起来。

纳博科夫的小说创作与其文学理论相辅相成、互为补充。事实上,纳博科夫是按照文学批评观和创作观相一致的原则来分析和评判自己的作品的。在纳博科夫眼中,艺术家的写作风格和艺术手法才是艺术家创作的真正世界,而现实世界充其量只是一个可供艺术家取材的中介来源而已。这就导致了纳博科夫对写作风格和想象力极度推崇,大胆尝试新的艺术形式,敢于创造新的写作手法,推陈出新。他在小说形式创新方面的天才想象力,无论是在《洛丽塔》中还是在《微暗的火》中,均得到了完美的演绎。这同时也证实了艺术家的创作生命和文艺作品中的魅力生命是息息相关的。

以完全建立在纳博科夫想象世界之中的小说《斩首之邀》(*Invitation to A Beheading*,1959)为例,小说通过暗示、戏仿、隐喻等注重打破传统思维与创作模式的独特艺术手法,在没有任何关于现实生活、除了主人公辛辛纳特斯之外没有其他任何现实人物的描写中,将想象世界和现实世界之间的联系都依附于形式和修辞的虚构性表现出来。因而,缺乏现实根基的小说创作完全是纳博科夫想象力的结果之一。只是在小说的结尾之处,纳博科夫用语言的主观性和虚构性将小说主人公辛辛纳特斯究竟是生或死的谜题存留于艺术家想象的世界当中,同时也给读者留下了无限的猜度悬念和想象空间:"在灰尘中,在倒塌的垃圾中,在扑打的景象中,辛辛纳特斯走向那个方向:通过声音判断,那里有他的同类。"①这种要把作品的结构、风格、虚构方式和表达形式等一切艺术旨趣集中起来的文学创作观也反映在纳博科夫的文艺理论建设层面。实质上,纳博科夫这样的创作观,在评判文学作品的诠释过程中,就是要试图告诉读者:一部伟大的文学作品、一个具有虚构诗趣的艺术世界是如何被作家酝酿、孵化、创造出来,并展示给读者、任由读者看个究竟的。

于是我们看到,纳博科夫在文学思想的思考与批评过程中,习惯于将作家所创造的文本世界完整地植入一个特定的幻想的庇护所中。他对细节真实性的无比关注和对作家主体性、文学想象性的条分缕析都表现出很强的个人化色彩。基于自己对于文学理论的独特理解和对于文学作品的高度责任感,纳博科夫无法忍受小说的低级趣味。从某种意义上说,纳博科夫文学思想是为自己的文学创作观寻找一些可以成立的文学范畴的判断标准和文本证据,从文学作品出发,构建自己独特的动态文学创作与批评方法。

二、纳博科夫与当代文论思潮

纳博科夫身处的 20 世纪正值西方文学理论的蓬勃发展期,文学创作及理论研究发生了翻天覆地的变化。各式各样的文学思想和文学批评方法相互交流融合,作家和文学思想家们都不再固守过去传统的文学批评模式,而是另辟新径,开创拥有自己独立的艺术观和批评风范的文论新天地。加之俄国形式主义、英美"新批评"、结构主义、唯美主义、巴赫金诗学、读者反应理论、弗洛伊德主义、现代主义、后现代主义、后殖民主义、文化诗学等理论思潮的交替与更迭,纳博科夫文学思想的批评路径都直接或间接地受到了这些文论思潮的影响。这位以小说创作著称于世的作家,不仅视野开阔、兴趣宽泛,还有着穿越全部现代欧洲和美洲生活的人生阅历。他生平很抵触那种将历史上风格各异的艺术家、作家按照各种主义流派的理论框架进行标签式的归类,而他的文学思想与和他同时代的欧美文学理论家(如什克洛夫斯基、卢卡契、威尔逊等)也有很大差异。因此,只有将纳博科夫的文学思想观置放在与世界文论相关

---

① 纳博科夫;陈安全.斩首之邀[M].上海:上海译文出版社,2006:177.

理念的比较视阈中,并同时聚焦于其间理论内涵的契合与分野之处,才能更精准地理解乃至识别纳氏文学思想所展露的独特纹理和创造性活力。

(一)纳博科夫与俄国形式主义

1919—1930年间在俄国出现的形式主义文学批评流派是形式主义者在与象征派的抗衡中逐渐建立起来的一种文学理论。其代表人物鲍·艾亨鲍姆(1886—1959)在《形式方法的理论》一文中畅言道:"形式主义者要从象征派的手中重新夺回诗学,以便使诗学摆脱哲学和美学主观主义理论的禁锢、回到研究科学事实的光明大道上来。"[①]形式主义学派眼中的文学作品事实上乃是一切艺术创作的形式和技巧的总和,内容涵盖主题、人物、情节、场景、风格、结构、布局等一切手法要素。纳博科夫从形式主义批评方法的异质文化中汲取精华,而不局限于任何一种共同的思想规范。在《文学讲稿》中,纳博科夫对形式主义批评理论中各种涉及艺术本质的名词概念重新进行了界定。他认为,"风格和结构是一部书的精华"[②]。

纳博科夫的文学思想与俄国形式主义的话语一脉相承,都将文学研究的外在因素(社会历史、心理印象、道德伦理等)排除在外,将文学作品本身的诗体语言肌质视为一个统一的整体来加以分析和把握。这种关注作品本身的批评理念,从现实生活的外部研究范式回到了作品内部的艺术价值上来。然而,针对俄国形式主义的"文学性"概念而言,它只是一个关涉语言结构和形式技巧的形式美学概念,它与纳博科夫关于"假想的故事"的文学内涵规定有着本质上的差异。纳博科夫使用"结构"这一概念将小说中反复出现的形象或思想主题连接起来,还以作者个人所特有的风格和词汇,巧妙安排人物出场的情节秩序,以推动小说的发展。当然,纳博科夫并没有按照形式主义的纯语言分析理路,将文学语言与文学的诗性等同划一起来,而是用一系列的文本事实对文学的魔力,即形式主义者所强调的文学应有的"文学性"概念,成功地进行了"意向性现实"的转化。同时,他还借鉴了形式主义"文本细读"式的内部研究方法,将文学的本质解释为诗性肌质,以确保艺术家的记忆和灵

①　张玉能.西方文论[M].武汉:华中师范大学出版社,2004:97.
②　纳博科夫;申慧辉等.文学讲稿[M].上海:上海三联书店,2005:22.

感思维在文学创作中不可动摇的主导地位。

(二)纳博科夫与英美"新批评"

20 世纪 50 年代正值英美文学"新批评"理论的盛行期。该理论与布拉格学派的结构主义、俄国形式主义理论有一些不谋而合的类似的地方,它要求以结构观念为核心来界定文学文本自身的文学特性,反对以作家和历史背景为研究对象的实证主义文学考证路径。可以说,纳博科夫以文学课讲稿为材料基础编撰而成的《文学讲稿》就是以"新批评"理论研究文学作品的本质的范例。纳博科夫一向注重作品的风格、结构和对文本的分析,这种强调进入作品内部精微要义的研究理路恰好也反映了那个时代的文论批评特点。

纳博科夫对细节的重视也根源于英美新批评理论。这一点体现在他的文学史教学以及阅读感悟中,只是他加入了深邃的哲学内涵,实现了超越。在每篇文学讲稿和文学评论中,他总是将作家的本意安排论证得合情合理。这一批评视角的转变不仅仅体现了纳氏文学观念对传统"新批评"文本研究路线的反思,同样也反映了小说家纳博科夫对当下文学批评理念的系统探索和深度变革。在纳博科夫看来,一部艺术作品的精彩魅力和伟大之处,就在于比整体更为生动的部分——细节,细节是艺术的本质。他还在写小说与鳞翅昆虫学研究之间找到了一个"细节胜过概括"①的结合点。这点革新之处与自然相通、与现实同构,同时又兼备"诗道的精微与科学的直觉"②的原初性诗性精神,具有非理性的玄学意味,是对文学最深处的纯艺术感悟,以魔法世界的诗性语言呈现出与英美新批评流派异曲同工的面孔。

(三)纳博科夫与唯美主义

唯美主义对西方形形色色的现代文艺思潮有着程度不一的影响。它追求内容和形式统一的艺术自主论、以艺术精神处理生活的美学原则

---

① 纳博科夫;唐建清. 独抒己见[M]. 杭州:浙江文艺出版社,2012:7.
② Quenelle, Peter. V. Nabokov:A Tribute[M], New York:William Morrow Company Inc. , 1980:144.

都影响着纳博科夫追求"美学幸福"①的自由思想轨迹和形式内容化的创作趋向。《洛丽塔》中的艺术技巧和《微暗的火》中的奇特布局结构让我们情不自禁地悟出了："形式就是内容;艺术在形式和内容的有机统一之中才可达至最完美的境界。"②从这个意义上说,纳氏文学观和唯美主义在"形式至上"层面的共同倾向,应该属于一种现代性文学思潮的艺术追求和诗学理想。这里,值得注意的是,小说家纳博科夫对艺术本性的强烈迷恋和自觉意识并非只是唯美主义"为艺术而艺术"的口号,而是再三强调他的小说创作无涉外界赋予的道德教化、思想教义等"外在"的沉重的社会责任义务,只承认"美"才是文学最为本质的内在寻绎逻辑,而所谓的"伟大思想"的艺术主张恰是滋生平庸艺术和流俗之见的温床。《洛丽塔》这样一个表面上畸形的爱恋故事实则是一种无涉肉欲的、摆脱了功利性和动物性的形而上的纯粹的爱,就是这种"纯粹的美"的艺术精神才能直截了当地创造出纳博科夫所一向崇尚的"美学幸福"。

纳博科夫并没有像王尔德那样,走回到唯美主义肯定"艺术至上"的自我堵塞的绝路上去。他的高明之处在于,他非常清晰地看到了内蕴丰富的艺术世界与复杂多样的现实世界之间在本体存在方式上的同质同构性。这就跳出了王尔德的"艺术"与"现实"之间究竟是谁模仿谁的二元对立的传统关系。因此,纳博科夫才成功地在现实(自然)这个艺术的源头活水的内在特性研究中找到了自己所钟爱的"非功利"的艺术快感,又将全部注意力集中在夸张地展现人物内心活动的雅致与到位这个焦点任务上,进而运用自己丰富的想象力创作出一个个完美艺术的典型,完成了一个小说家对艺术美的极致追求。因此,纳博科夫的艺术本质论,从某种程度上而言,便是唯美主义文艺观的派生物;他所提出的"审美狂喜"也不是简单的唯美主义,而是美学艺术色彩的更大延伸。与此同时,他还把传统的经典文艺理论当作反思的对象,全神贯注于打破旧的框框,时刻对"文学观念在什么条件下才能得到最纯粹、最完整的体现"的艺术自主性规律保持着特有的清醒。时至今日,这种"纯艺术"的乌托邦实验理想,在纳博科夫的笔下已经露出了锤炼的锋芒和五彩的晨曦。

---

① 纳博科夫;主万.洛丽塔[M].上海译文出版社,2005:500."美学幸福"的原文为"aesthetic bliss",学界普遍译为"审美狂喜"。鉴于本书参考主万版《洛丽塔》译本,该处引文取自主万译本。书中其他处采用"审美狂喜"。

② Bader,Julia. Crystal Land:Artifice in Nabokov's English Novels[M]. Berkeley:University of California Press,1972:86.

(四)纳博科夫与巴赫金诗学

巴赫金的复调理论对结构要素的文论概念十分倚重,它始终希望能在文本结构复调的多声部中听到他人的声音。由此我们可以依靠作品的结构使每一个人物的故事成为一种互为对立、互为补足的复调形式,而后再奏出一个彼此对位的"和声"作为复调型文学作品(这里主要探讨小说)的核心特征。该理论摆脱了狭义的人物对话、思想、非对话之间那直接对立、非此即彼的空洞争论,因而更具文论层次上的艺术涵盖力和说服力。巴赫金认为,复调小说中参与对话的主人公都是有着独立意识的主体,彼此间的对话关系可以引申出作者与主人公之间、主人公之间、作者与读者之间的平等关系。在此意义上,纳博科夫的小说继承了巴赫金诗学的复调性理论,并将复调小说发展到时代发展的新高度。这种继承和超越集中体现在人物的主体意识上。

通读纳博科夫的小说,很多人都有这样的感受:纳博科夫笔下的人物给读者留下了极为深刻的印象,却很难清晰地进行总结概括。《绝望》中妄想症患者赫尔曼、《洛丽塔》中性心理变态的杀人犯亨伯特、《普宁》中滑稽可怜的小丑普宁,这些有着强烈自我意识的艺术人物形象是小说家纳博科夫用笔端的语言文字成功表现出来的。纳博科夫不会从外部社会环境的因果关系着手,选取适于其外貌特征、典型性格、语言行动、身份地位的客体材料来装扮他的主人公,更不会直截了当地告诉读者这个人是谁,或在这个人身上发生了什么。人物意识俨然成了纳氏复调小说文本的真正主体。因此,我们在读《洛丽塔》的时候,读到的就不是一个专爱小女孩的中年男子"在这个世界上究竟是谁?"的问题,而是这个世界、他本人、他者在主人公心目中究竟是什么的自我意识问题。

不受日常生活中规矩束缚和等级世界观所禁锢的狂欢体文学艺术必然是众声喧哗的,是复调的。它可以将伟大同渺小、崇高同卑微、明智同愚蠢、神圣同粗俗团结起来,并互相结合成一体。许多看似不道德的人物在《爱达》①(*Ada, or Ardor*, 1969)、《天赋》(*The Gift*, 1963)、《斩首之邀》(*Invitation to A Beheading*, 1959)、《光荣》(*The Glory*, 1971)等作品中,都有自己的存在理由。他们的命运和结局就像一个个美丽的谜团一

---

① "爱达"的原文为"Ada"或"Ardor",学界普遍译为"爱达"或"阿达"。鉴于本书参考韦清琦版《爱达或爱欲》译本,本书除个别期刊原文引用,均采用"爱达"的译法。

般,触动着读者们的阅读神经。这些落寞沮丧、辉煌灿烂的小人物,在狂欢化的艺术世界里,既是纳博科夫笔下鲜活的生命,也是打破传统牢笼的胜利者。事实上,在纳博科夫眼中,人与人之间、生命与生命之间、人与世界之间、人与万物之间皆是可以亲近的。所以,他不会替"乱伦"说好话,更不会让自己的文学作品成为一个个"说教"。在这一点上,纳博科夫倡导"人人平等与自由"的狂欢式理念,让主人公在极端环境中亲身体验,从而暴露出禁忌力量的"愚蠢"面目,同时也才更能激发出主人公显现内心独立的自我。

纳博科夫小说中的复调特征和狂欢化精神均不自觉地继承了巴赫金诗学体系中的某些核心思想。但他并没有因此而故步自封,而是结合当代文论建设的时代要求和自己的文学追求,突破了"作者统治一切"①和传统对话二元对立的桎梏格局,赋予每个主人公以发出声音、阐明自己立场的平等对话机会,以进一步拓展、完善传统复调小说的结构和张力。

(五)纳博科夫与读者反应批评

读者反应批评既重视作者和读者,又关注调合作者与读者间的细微差别。它向来以重视阅读主体的能动性著称于文艺理论界。近年来,从以作家为中心到以文本为中心、再从以文本为中心又到以读者为中心的现代西方文学批评视界的转变,每次都拓宽了阅读活动的复杂性和文本意义的丰富性,而以读者为中心的读者反应批评理论从意义本体论和阅读方法论的角度把握了文学的本质。读者反应批评理论在文本意义的认定上反对将批评视为一种解释活动,坚持要将阅读主体在阅读过程中出现的反应尽可能准确而详尽地记录下来,以唤起读者的阅读期待、重构起读者在填补作品意义中的能动作用。这种"意义完全由读者创造"②的观点令读者反应批评理论家们相信,文学作品中的"缺失"意义和不确定性是引导读者进行想象性填补和创造性连接的驱动力。也就是说,文学作品的召唤性含义是在与读者想象力的互动过程中产生的。纳博科夫深谙读者反应批评理论,也认定文学是想象的产物。他将文本召唤结构的强弱作为实现或改变读者期待视野的一种审美价值衡量尺

①　巴赫金;白春仁等.陀思妥耶夫斯基诗学问题[M].北京:三联书店,1988:63.
②　胡经之.西方二十世纪文论选(四卷本)[M].北京:中国社会科学出版社,1991:107.

度。如果读者在阅读过程中不肯充分发挥自己的想象力，将不确定性的文本意义确定化的话，他就无法根据自己已有的经验形成新的审美视野，也就无法衡量作品的艺术价值、完成文本艺术性的审美鉴赏活动。

在分析狄更斯《荒凉山庄》的"讲稿"中，纳博科夫曾说："虽然读书时用的是头脑，可真正领略艺术带来的欣悦的部位却在两块肩胛骨之间。"①1964 年接受《花花公子》的采访时，他也提到："事实上，你不用心灵去读一部艺术作品，也不单单用大脑去阅读，而是用你的大脑和脊椎去阅读。脊椎感到的震撼真实地告诉你，什么是作者所感受的以及希望你去感受的。"②这个"脊椎骨阅读法"矫正了读者反应批评论夸大阅读主体能动性的过度阐释。它没有将文本意义定为独尊，也没有被动地认同接受意义多样性和阅读复杂性间的互动关系；而是提出了一个不受个人欲念束缚的超脱的"有想象力的优秀读者"概念，以保证文本的开放性与能动阅读的客观性。只有这样，读者的想象力才能在非功利的状态下觅得个人情感的寄托，进而去自由地领略作品中的诗美与情思。正如"有一千个读者，就有一千个哈姆雷特"一样，小说家在《洛丽塔》的文本创作中对读者反应批评理论的期待视野、意义重构和召唤结构等方面不断研究，并加以推理和应用，从而使这个受到多方质疑和争议的故事像一个立体交叉、杂然纷呈的迷宫，处处充盈着诱惑和陷阱。它所要表达的文论思想充满了开放性和不确定性，时刻吸引读者参与解码过程，也激励着读者主动赋予小说以更多的文本建构意义。这便是纳氏小说令人产生审美愉悦的召唤性特点，时刻向我们表明：任何读者，在阅读作品文本的过程中，都可以依据自己的阅读经验和价值取向去积极参与意义缺失和不确定性的思考与想象。

纳博科夫用这种间于生理和精神之间的感觉——"脊椎骨的震颤"③——来比喻、描述作家—作品—读者之间的关系。一个优秀的读者阅读经典作品的体验，与作家发挥个人创造力的创作过程一样，充满了艰辛而积极的探索。这种与作家的创作意图保持艺术平衡的创造性阅读，帮助最

①　纳博科夫；申慧辉等. 文学讲稿[M]. 上海：上海三联书店，2005：53.
②　纳博科夫；唐建清. 独抒己见[M]. 杭州：浙江文艺出版社，2012：41.
③　Quenelle, Peter. V. Nabokov: A Tribute[M]. New York: William Morrow Company Inc.，1980：151.

富有创造力的读者发现得越多,作品的艺术价值也就越高。如何才能企及"脊椎骨阅读法"的要旨、成为一个有创造力的读者呢?纳博科夫告诫我们,首先要有科学家的仔细和耐心、反复地阅读一部文学作品中的语汇组合和故事情节,消除小说表层字句意义上的欣赏隔膜,还原文学作品在艺术审美层次上的原初诗性。同时,小说中以缘由、经过、结局为时间维度的艺术呈现形式也会随之转变成一种由众多主题交织而成的"空间艺术"。要欣赏这些"伟大的童话",探索其中的诗性本质,我们就必须与作家一起突破文学理论的传统范畴,潜入非理性的神秘的艺术海洋中寻找藏在海底的"与其他生存状态相联系的美的感觉"①,这样我们才能以某种方式、在某个地方体验到作者原初的非功利的充满好奇、温柔与怜悯的灵感瞬间。我们读得越精细,阅读的次数越多,这一审美直觉感悟就越清晰、越具体。可见,纳博科夫在读者反应批评的文本意义观研究方面做了一些较深刻的尝试,正如他在《优秀读者和优秀作家》中所说:"读者喜欢看到自家的心思在小说里于一种令人愉快的伪装下得到反映,但是一个真正的作家会发射星球上天,会仿造一个睡觉的人,并急不可待地用手去搔他的肋骨逗他笑。这样的作家手中是没有现成的观念可用的,他们必须自己创造。"②"一个优秀的读者,一个成熟的读者,一个思路活泼追求新意的读者只能是一个'反复读者'……心灵、脑筋、脊椎骨这些才是看书时候真正用得着的东西。"③应该说,这一整份"优秀读者阅读观"充满慧心灵性与妙悟体味,为我们阅读和理解文学提供了许多有益的方法与视角。

(六)纳博科夫与心理分析批评

纳博科夫经常在公众或读者面前不留情面地对弗洛伊德的精神分析学说大张挞伐。1964 年在接受《花花公子》采访时,当记者问他:"您去做过心理分析吗?"他回答道:"只是从书本上熟悉。这种折磨本身,即使作为一个玩笑,也太愚蠢、太讨厌,不值得考虑。在我看来,弗洛伊德主义及被其荒唐的理论和方法所玷污的整个领域是最可恶的自欺欺人

---

① Alexandra,Vladimir E. Nabokov's Other World[M]. Princeton,N. J. ;Princeton University Press,1991:232.
② 纳博科夫;申慧辉等. 文学讲稿[M].上海:上海三联书店,2005:2.
③ 纳博科夫;申慧辉等. 文学讲稿[M].上海:上海三联书店,2005:3.

的骗局。对此我完全拒绝接受。"①同年在接受《生活》杂志的采访中,他又说:"以不学无术、邪恶的胡说八道对轻信的公众进行欺骗的最极端的例子便是弗洛伊德式的梦的解析。"②其实,纳博科夫与弗洛伊德两人在文学创作动因、文学观、阅读目的与方法认识上之所以分歧较大,其原因有两个:一是弗洛伊德学说与纳博科夫文学思想的自由性和独立性背道而驰。喜爱观察蝴蝶的纳博科夫拥有科学家的气质,他认为弗洛伊德更多的是出于自己的主观臆断而非客观论证。但弗洛伊德本人却把自己的研究归入科学领域,这一点让纳博科夫大为不满。二是面对流行一时的弗洛伊德主义思潮,纳博科夫希望能留存着个人思想的特殊性。纳博科夫坚持强调艺术创造活动的艰苦性与纯粹性,而弗洛伊德更看重无意识领域中的欲望冲动对艺术结构、情节、人物创作的作用,可见两人在关于"艺术"的根本认识上存在着差异,尤其是在对待个体、人伦之爱、细节等情感体验的艺术表现认知上都意见相左。

然而,纳博科夫并不反对文艺创作借鉴心理学意义上的研究成果,他相信一部优秀的小说首先应是心理小说的文类范畴认定观,他也曾经在《文学讲稿》中表示自己对弗洛伊德的"梦"持积极的态度。例如在对乔伊斯的《尤利西斯》进行解读时,纳博科夫直言:"这本书本身就是做梦。"③因此,他对《尤利西斯》的解读可以说是另一篇梦的解析。在评论普鲁斯特时,他也曾说:"果戈理的比喻一向是古怪的,是对荷马的揶揄式模仿,他的隐喻是梦魇,而普鲁斯特的隐喻则是梦境。"④"从这个孩子开始做梦醒来重新入睡等过程中,我们不知不觉地开始了解到他作为成人,进行这番叙述的此刻的睡眠以及醒来后的习惯。"⑤由此可见,纳博科夫的思想中并未完全排斥弗洛伊德。只是由于弗洛伊德的创作观和精神分析学说在纳博科夫时代迅速膨胀,导致看重细节丰富性和创作特殊性的纳博科夫尽可能避免自己的作品被弗洛伊德精神分析的追随者们野蛮切割,以捍卫自己对文学艺术的独立思考,捍卫自己的艺术理想。当然,纳博科夫在弗洛伊德问题上的不屑口吻也招致了文艺评论界的很多反向批评,对此,他向来拒绝做更多的解释。但深入纳博科夫的文艺

---

① 纳博科夫;唐建清.独抒己见[M].杭州:浙江文艺出版社,2012:23.
② 纳博科夫;唐建清.独抒己见[M].杭州:浙江文艺出版社,2012:48.
③ 纳博科夫;申慧辉等.文学讲稿[M].上海:上海三联书店,2005:307.
④⑤ 纳博科夫;申慧辉等.文学讲稿[M].上海:上海三联书店,2005:186.

理论世界后我们认为,这个"坚定的反弗洛伊德分子"对弗洛伊德的攻击、指责中不乏个人成见,但其根本用意是向读者表白一个最为真实的自己。或许我们只能将二者之间的深深鸿沟归咎于纳博科夫独特的艺术品格和个性了。

(七)纳博科夫与女性主义

女性主义理论千头万绪,但归根结底是为了在全人类实现两性平等。女性主义者普遍认为,女性是一个受压迫、受歧视的等级。因此,她们只能通过与命运勇敢地抗争,来改变自身的低下地位。纳博科夫笔下的女性大致可分为两种类型:其中一类为蝴蝶般的"小仙女"形象,如洛丽塔,或《洛丽塔》中的安娜贝尔;《玛丽》(*Mary*,1926)中的女主人公玛丽等;另一种类型为形形色色的荡妇,如《黑暗中的笑声》(*Laughter in the Dark*,1932)中的玛戈;《劳拉的原型》(*The Original of Laura*,2009)中的女主人公弗罗拉等。这两类女性严格来讲,都不符合女性主义者所赞美的光辉女性形象。而且,纳氏小说中女性形象的建构一般也在男性视阈中展开,不仅处于作为男性作者的纳博科夫的视阈之下,也往往处于小说中男主人公的视阈之下。因此,许多读者和批评家认为纳博科夫是个男权主义者,他们宁愿将目光投射到对纳博科夫作品中的形式、风格、语言和写作技巧的关注,相比之下,极少有人对他作品中的女性人物,或是文论材料中的女性观点进行系统化的分析。

然而,纳博科夫所处的 20 世纪上半叶,各类思潮、运动纷纷兴起,女性主义运动也在这个年代崭露头角。法国女性主义思想家西蒙娜·德·波伏娃(Simone de Beauvoir,1908—1986)于 1949 年提出"人造女性"(即女性是人为建构的)的著名论点,催生了一批女性主义批评家,女性主义亦从 60 年代起变成了一种文本批评或话语批评的时尚。纳博科夫置身其中,也难免受其影响。在《文学讲稿》对简·奥斯丁《曼斯菲尔德庄园》的评述中,他曾把主人公范妮看作一个性格温和善良的被监护人,并提出:"这样一个性格温和的被监护人不仅只出现在女作家的笔下,在狄更斯、陀思妥耶夫斯基、托尔斯泰及许多其他作家的作品中也同样存在,这些文静的少女们具有一种羞涩的美,在谦卑、自我隐没的面纱下更显出动人的光彩,它在美丽的威力终于战胜生活的机遇时越发光彩动人。"①在评述普鲁斯特的讲稿部分,他也构造了在一个男孩梦中出现的女人,此刻这个男孩"力图与她合为一体"②,心中念道:"假若像有时那样,这个女人有一个我在清醒中认识的某一位女人的外貌,那么我会一心一意、全身心地去追寻她,就像人们为了亲眼看一看某座他们一直渴望去看的城市,为了在现实中亲尝那令他们在幻想中所为之陶醉的事物而整装出发,走上征途一样。"③可见,纳博科夫的文论思想中不乏女性主义思维。正如他在接受《纽约时报》的采访中所说:"我认为那些在当今的通俗词典中将'小仙女'定义为'很年轻但很性感的女孩'而没有附加的评论或说明的坏家伙应该受到惩罚。"④

(八)纳博科夫与存在主义

存在主义是西方现代主义时期哲学与文学的一个重要流派。它产生于"一战"之后,关注人作为个体的存在状况以及战争所导致的精神危机。以往的哲学看重对客观世界、客观规律的探讨和描述。但进入现代主义时期,人们开始变得悲观绝望,在一个失去了上帝的世界里不知所措,难有作为。存在主义就在这样的社会现实下应运而生。它开始关注被以往哲学忽视的部分,即人本身的存在。存在主义哲学试图引领人们更好地认识自己,走出人类生存的精神困境。克尔凯郭尔、海德格尔、尼采、萨特、加缪等哲学家是存在主义公认的代表人物。他们的思想主要以个人为中心,尊重人的个性和自由。认为尽管人的存在本身没有意义,或者是荒诞的,但人可以于存在的基础上自我造就,活得精彩。

纳博科夫的笔下充斥了存在主义的思辨,有时候他在作品中倾向于"把生活描绘成荒诞不经的样子"⑤,可在这荒谬不经的存在中,他的主人公并不仅仅是被命运嘲弄的懦夫,而是保存了外表的尊严,努力追寻生命的意义和价值。荒诞与尊严,构成了纳博科夫存在主义的主要内容。比如,普宁在温代尔学院的种种努力,从存在主义的角度看,就如同加缪笔下的西西弗斯一样徒劳。但正如西西弗斯在意识到自己的处境后却依然推起石头一样,普宁努力在荒谬世界中实现自我价值,承担起

---

① 纳博科夫;申慧辉等.文学讲稿[M].上海:上海三联书店,2005:7.
②③ 纳博科夫;申慧辉等.文学讲稿[M].上海:上海三联书店,2005:186.
④ 纳博科夫;唐建清.独抒己见[M].杭州:浙江文艺出版社,2012:138.
⑤ 纳博科夫;龚文庠.黑暗中的笑声[M].上海:上海译文出版社,2006:107.

作为自由人的责任,让人看到只有充实的内心,才能使一个人在荒谬的世界中保持个性,坚持自由。又如他在《文学讲稿》对卡夫卡的评述中提到的"荒诞的幻想":"一个想象的、模糊的、梦一般的、并不存在的世界……具有强烈的感情色彩,因为他在那里出生、成长,熟知每一棵树、每一条小径,熟知映射在每条小径上的每个树影。所有这一切与他的日常生活,他的孩提时代,他的许许多多琐事和习惯紧密相关"①;他还认为:"在果戈理和卡夫卡的小说里,荒诞的中心人物属于围绕着他的那个荒诞的世界,但可怜而可悲的是,他苦苦挣扎要跳出这个世界,进入人的世界,结果却绝望地死去。"②种种言辞,无不关注这个荒诞的社会里个人的存在状况,深层地表现着纳博科夫文学理论与实践中所含的存在主义精神。

(九)纳博科夫与现代主义

"现代主义"常被用于表达 19 世纪末以来人类对客观世界、社会生活以及学术经典问题所持的一种新颖的、脱离传统艺术形式的系统理论与主张。这一背离传统的艺术观不仅泛指在 20 世纪西方文坛上崛起的流派分支和各种新颖的艺术形式,还包括诸多标新立异、五花八门、违时绝俗的经典文学之作。纳博科夫生前虽从未正式发表过有关"现代主义"这一文艺理论术语的纲领性书稿文字,但他毕竟生活在 20 世纪——俄国现代派文学蓬勃兴起的时期,所以,他的文学理念和创作观都直接或间接地受到了现代主义运动的影响。纳博科夫用极富"个性化"的材料和手段建构、继承了"现代主义"的美学秩序和思维方向,并进一步拓展了现代主义小说对心理时间的把握和对多种叙事技巧的运用。与大多数现代派作家一样,纳博科夫的现代文艺思想也自觉接受了从旧世界的文学文化桎梏中解放出来、反映现代经验和现代意识的美学原则,向着美妙、新奇的艺术自由王国挺进。

纳博科夫从亨利·柏格森(Henri Bergson,1859—1941)等现代主义运动的思想先驱那里获得了小说艺术时间观的创造性灵感,尤其是其直觉主义和心理时间学说直接影响了纳博科夫对自我意识的探索。《洛丽塔》对性格的透视和对人类生存境况的思索很容易令我们联想起柏格

---

① 纳博科夫;申慧辉等.文学讲稿[M].上海:上海三联书店,2005:218.

② 纳博科夫;申慧辉等.文学讲稿[M].上海:上海三联书店,2005:220.

森。这位非理性主义哲学家将人的内心生活中的"绵延"和"生命冲动"看作是一种神秘而又特殊的真正的现实。柏格森认为："我们对自身的直觉主观感受与透视能力才是来自内部的,是最深刻的。而我们对其他任何事物的了解和看法顶多只是一种外在和肤浅的表象。"①柏格森还大胆地提出了一个不受理性支配、只凭借本能的直觉来认识人的意识的"心理时间"概念,将人内心生活中的许多"绵延"时刻有机地融为一体,并与过去、现在和将来共同构成立体的、多层次的心理真实。柏格森的观点为纳博科夫在小说的时间主题探讨和意识活动的布局上提供了一条新的、与人的记忆相连的诗性道路。在纳博科夫的诗性世界里,朦胧的、不确定的、无序的"心理时间"本身就成了文学的创作主题。《洛丽塔》中的心理时间是让记忆永存的流动介质,《爱达》中的艺术世界是典型的冲破了现实的时间、地点和道德观念,被作家重新定义了的"时间世界",《透明》(*Transparent Things*,1972)中的梦幻人生试图捕捉的也只是转瞬的时间。在纳博科夫的眼中,无视"时间"的记忆和想象都是文学创作的工具,只有当记忆和想象的"自我意识"被完全唤醒时,小说中的超现实世界才能在情节发展的细节中凸出"时间"的当下性,才能令所有的现实与想象的内容一起真实地存在于人物回忆之中。人的内心世界,也由此成为一种"主观真实",在昔日意识状态的重现中恢复从前的真实,并与世间万物建立起一种最高真实境界的感应关系。

对 20 世纪初的现代派作家纳博科夫而言,创作技巧和叙事思路的革新不仅是传达想象的真实和意识维度的重要前提,也是文学艺术理念现代化的必经之路。正当传统文学的"全知全能"叙述模式在一个没有路标的、急速现代化的艺术世界中举步维艰之际,纳氏小说的"现代主义"风格在对文学技巧改革的力度上不落俗套、推陈出新,成功地找到了一系列足以阐述其新颖独特的诗学理念和创作思路的艺术形式与技巧方法。如纳氏小说的内容、形式、文体结构、语言风格、叙述笔法和象征、梦境、幻觉等意识流技巧的巧妙运用,都具有现代性。它们以谜一样的诗化形式展开,常常结合具有一定历史感和真实感的现代主义实验手法和革新技巧,试图向读者展示一个弥漫着浓郁现实主义成分和浪漫主义气息的小说之外的指涉世界。此外,纳博科夫的现代主义视野和文学思想还潜藏着许多普世关怀和美学意图。他拒绝让小说的内容之谜、情节

---

① 马利坦;刘有元等.艺术与诗中的创造性直觉[M].北京:三联书店.1991:152.

之谜和语言之谜承载那些隐含着宏大叙事企图的一般性社会问题，而是不遗余力地通过一名伟大艺术家的雄才和气魄对小说的异化主题、人物塑造、叙述方式、谋篇布局进行了全方位的改革，使读者在一个个文理叙事的大杂烩中体验荒诞现实的混乱和晦暗、在道德与不道德之间拷问"人性"的灵魂。显然，纳博科夫的现代主义文论高度集中地反映了西方现代派文学运动的反叛心理和多元化思潮倾向，它们的美学追求和理论意义更能够表现"个性主义"的艺术目的。这对崇尚个性和革新意识的纳博科夫来说更具感召力和影响力。

（十）纳博科夫与后现代主义

代表先锋派势力的"后现代主义"文论思潮从它获此殊荣的第一天起，世人对它的内涵、它在文学史上存在的合法性地位乃至这个术语本身与现代主义的承继关系的争议就从未平息过。其实，"'后'（post-)这个前缀，无论是在今天还是在历史上，都是一个次级的前缀，而历次重大运动都是以自己的术语来定义的，不与其他运动发生关联，……没有任何真正的先锋艺术家愿意'后'什么"[①]。所以，"后现代主义"这个时髦术语的一切反表征、反审美、反文化、反文艺、反制度姿态，作为对现代主义社会思潮的一种激烈反抗和现象概括，已经开始渗透于建筑、美术、史学、舞蹈、音乐、文学、哲学以及文艺理论的各个领域。这些运动范式有着"后现代"文化潮流的内在成因、价值体系和构成逻辑。就当代艺术理论和文化现象而言，后现代主义不能简单地被解释成一个当代的"时代"同义词，它所体现的一系列"后现代光晕"（不确定性、反整体性、非连续性、非因果性、分裂性、非中心化）根本就不是一段典型的时间观，而是一个侧重于充分展示历时性与共时性的时间结构。从这个意义上讲，"后现代主义氛围"或"后现代主义语境"的理论界定及其文学表现需要发明和穷尽各种"可能性"，才能超越历史事件和客观世界的外在束缚，抵达人类灵魂的栖息之所、建立起一座座非常个人化的艺术殿堂来。

产生于"混乱"与"荒诞"年代的后现代主义"反对用单一的、固定不变的逻辑、公式和原则以及普适的规律来说明和统治世界，主张变革和创新，强调开放性和多元性，承认并容忍差异。在后现代，彻底的多元化

---

① 赵君. 后现代文艺转型期纳博科夫小说美学思想研究[M]. 广州：世界图书出版公司，2014：12.

已成为普遍的基本观念"①。纳博科夫虽然并不愿意被贴上这些"运动"或"流派"的标签,但他置身于从现代主义氛围向日渐浓厚的后现代主义思潮过渡的"边界"区域,又因《微暗的火》《洛丽塔》等后现代小说典范之作的诞生而被封为后现代主义的先驱作家之一。就纳博科夫本人对艺术精神和本质的理解、以及对传统美学观念的颠覆实验而言,他激进而大胆的小说创作与后现代主义同声相应、同气相求。纳氏小说中的大量碎片化细节和语言游戏技巧的背后也隐藏着后现代主义的诸多气息。在令读者如痴如醉的审美狂喜之中,纳博科夫与他笔下的诸多作品共同经历了从现代主义向后现代主义的转变。如他曾不厌其烦地强调了"文学是创造,小说是虚构"②的元小说理论与实践观,蜻蜓点水式地谈到"可悲可笑"的黑色幽默手法;在《文学讲稿》对狄更斯评论的章节里,他更是直言:"相对于一般的讲故事人或说教者来说,我更喜欢能施妖法幻术的人。"③在许许多多的作品中,纳博科夫将自己所欣赏的这份妖法幻术同后现代迷宫技巧紧密结合,在文字、结构等方面淋漓尽致地体现了纳氏文艺理论思想中的后现代迷宫色彩;并因其充满了元小说、黑色幽默、戏仿等艺术手法成就了公认的"后现代范本",使读者在最大限度地享受语言自身的无限艺术空间和美学历险题材,在不知不觉间胜利地抵达更深层次的彼岸世界。

(十一)纳博科夫与文化研究

纳博科夫的流亡生涯和脚踏多国文化的特点是纳氏文学研究的一大热门话题。"我是一个美国作家,出生在俄国,在英国受教育,在那儿研究法国文学。此后,有15年时间在德国度过。1940年我来到美国。"④这是他对自己跨文化身份的写照。以1940年为分界线,在相当长的一段时间之内,这片斑驳的文化马赛克被简约为两块带有明显文化立场的单色碎片:要么是俄罗斯文化意义上的纳博科夫,要么是美国文化意义上的纳博科夫。这种文化定位突出了纳博科夫文论肌理的双语文化现象,同时突出了纳博科夫文论跨文化、跨文学的世界性特点。

① 陈志丹.美国后现代主义小说详解[M].天津:南开大学出版社,2010:1-2.
② 纳博科夫;申慧辉等.文学讲稿[M].上海:上海三联书店,2005:4.
③ 纳博科夫;申慧辉等.文学讲稿[M].上海:上海三联书店,2005:55.
④ 纳博科夫;唐建清.独抒己见[M].杭州:浙江文艺出版社,2012:27.

在 20 世纪的俄罗斯文学史中,被定位为俄侨文学中最有建树的文学家的纳博科夫,有诸多理由占据一个特殊的最具美学影响力的"艺术家"的地位。事实上,人们不太情愿把纳博科夫称为"美国"作家。因为对于纳博科夫与美国文学文化传统的联系而言,他那独特的文论肌理和艺术思路在美国文学中找不到先例,他也因此填补了美国文学的空白、捍卫了美国文化传统的"大熔炉"特性。纳博科夫也根本无意在美国文学和文化的传统中继承血统、寻找谱系。即便纳博科夫的移民小说在嵌入美国文学链条的努力中代表着一种新的创作方向——后现代小说的先驱,但他对跻身美国作家行列的"身份标签"毫不在意。纳博科夫的文学思想与理论世界之所以有如此多样的诗学意蕴,其原因之一就在于纳博科夫这个双语作家的独特跨文化写作身份。正是这一位于现代俄罗斯文学与当代美国文学之间,并由现代主义走向后现代主义之转型链环上的跨文化写作身份,才促就了纳氏小说文本与文化语境的互动与互生。

从纳博科夫经多见广的人生历程,到他精彩纷呈的文学世界,我们看到,他的文学思想与实践观在自己身处的 20 世纪西方许多文论或思潮中皆有迹可循。基于这点,说纳博科夫是一个出色的文学思想家或文艺理论家绝不为过。本书以纳博科夫的诸多小说、诗歌和文学思想读本为基础,选取俄国形式主义、英美"新批评"、唯美主义、巴赫金狂欢化理论、读者反应批评、弗洛伊德心理分析批评、女性主义、存在主义、现代主义、后现代主义、后殖民主义、文化研究等西方文艺理论或文学思潮为视角,通过较为全面的梳理和论证,系统地考察纳博科夫小说、诗歌和文论材料中折射的文学思想在当代世界文坛中的地位;并通过确立纳博科夫文学思想家的身份,描绘纳博科夫集百家之长而自立门派的文学思想观,以求为当代纳氏文学研究提供更多的借鉴与启示。

第一章　纳博科夫与俄国形式主义

俄国形式主义以 1915 年罗曼·雅各布森成立的莫斯科语言学学会和 1916 年维克多·什克洛夫斯基为首的彼得堡诗歌语言协会为中心据点,主张艺术的独立性,反对艺术以经济为基础,并提出了"文学性""陌生化""创造观""前景化""系统/功能"等概念。基于俄国形式主义理论的结构主义文论、英美"新批评",近年来却已不同程度地被引进,而就俄国形式主义理论的批评模式和批评现状而言,它的基本论点始终具有一定的生命力。正如佛克马所说:"欧洲后来出现的每一种新的文学理论流派几乎都是从俄国形式主义的文论传统中得到启示的。"[1]可以说,如果没有俄国形式主义的理论影响,今日的西方文论概貌可能就是另外一个样子了。

在《文学讲稿》中,纳博科夫曾毫不掩饰地提到"我的课程是对神秘文学结构的一种侦察"[2],他主张"文学是创造"[3],强调"诗道的精微与科学的直觉"[4]。从某种意义上说,纳博科夫的诗性文学观念可谓是对俄国形式主义一些重要艺术主张的直接继承。他对文学观念的表述和对诗性世界的建构,都与形式主义一脉相承。纳博科夫的艺术观念"不是处于某种真空状态的事实,而是创造性的探索行为"[5],这是由文学词语、艺术技法、情节设计等多种形式主义要素构成的。应该说,他所强调的文学的魔力,是对俄国形式主义和英美新批评学派反复强调的"文学性"主张的继承和发扬。本章从神秘的文学结构、多变的形式美与越界性三点入手,探寻纳博科夫形式主义文学观及与俄国形式主义批评理论的对话关系。

---

① 饶芃子.中西比较文艺学[M].北京:中国社会科学出版社,1999:83.
② 纳博科夫;申慧辉等.文学讲稿[M].上海:上海三联书店,2005.
③ 纳博科夫;申慧辉等.文学讲稿[M].上海:上海三联书店,2005:4.
④ 纳博科夫;申慧辉等.文学讲稿[M].上海:上海三联书店,2005:5.
⑤ 杨仁敬.美国后现代派小说论[M].青岛:青岛出版社,2004:205.

一、神秘的文学结构

可以说,整本《文学讲稿》就是对纳博科夫艺术观的重温与再现,是纳博科夫"对神秘文学结构的一种侦察"①。这种侦察在《文学讲稿》中的一段话中有着详尽的描述:

一个孩子从尼安德特峡谷里跑出来大叫"狼来了",而背后果然紧跟一只大灰狼——这不成其为文学,孩子大叫"狼来了"而背后并没有狼——这才是文学。那个可怜的小家伙因为扯谎次数太多,最后真的被狼吃掉了纯属偶然,而重要的是下面这一点:在丛生的野草中的狼和夸张的故事中的狼之间有一个五光十色的过滤片,一副棱镜,这就是文学的艺术手段。②

纳博科夫把"文学的艺术手段"形象生动地比喻为"一个五光十色的过滤片,一副棱镜",意在表达一种文学的艺术形式观,也就是纳氏所言的"神秘文学结构"。从形式主义的角度看,纳博科夫对神秘文学结构形式的强调与该理论对"文学性"的关注不谋而合。在深入探讨纳博科夫文学结构观与"文学性"的关系、体验纳博科夫所言"神秘文学结构"的特色之前,我们首先从俄国形式主义中的"文学性"概念说起。

俄国形式主义关于"文学性"概念的提出、目的和语境都有着明确的定义。19 世纪下叶,西方神话学、人类学、心理学、语言学等逐步取得了独立的学科地位。然而,与政治学、经济学、社会学、修辞学的研究视角密切关联的文学评述却毫无地位可言。针对文学作品语言形式的批评现状,俄国形式主义批评流派积极抗争,为文学的学科独立地位振臂高呼。他们明确提出了"文学性"的核心范畴和诗学概念,即"文学研究的对象不是笼统的文学,而是文学性,即是指一部作品成其为文学作品的东西,也就是文学作品的语言和形式特征"③,文学的对象就是"能使一

---

① 纳博科夫;申慧辉等. 文学讲稿[M]. 上海:上海三联书店,2005.
② 纳博科夫;申慧辉等. 文学讲稿[M]. 上海:上海三联书店,2005:4.
③ 张隆溪. 二十世纪西方文论述评[M]. 北京:生活·读书·新知三联书店,1986:74.

部文学作品成为文学的东西"①。对此,雅各布森曾进一步提出了"诗性功能"一词,对"文学性"这一概念进行深入阐述。"他主张划清诗歌语言与实用语言二者的区别,认为诗性功能使语言最大限度地偏离实用目的。"②此外,形式主义还乐于将扭曲、受阻、陌生化的文学语言视为一个统一的、具有独立价值的符号系统,由此还认为,艺术作品的独特性就在于押韵、节奏、语音等语言技巧的结构模式上。可见,在俄国形式主义者将影响文学研究的"外在因素"(世界、作家、读者)排除在外的同时,还将现实世界的文本与文本所反映的社会生活割裂开来,结果,作品剩下的就只能是孕育"文学性"的文学语言了。因此,这种纯语言学研究倾向的分析方法也就只能运用文学语言的符号体系,去说明作品的语义,完成文学批评的基本任务了。对此,纳博科夫以"神秘文学结构"为理论,提出了自己的思考。

在纳博科夫看来,文学的一大特色首先就在于它童话般的虚构属性和幻想品性。考虑到二者在幻想维度上的本质一致性,纳博科夫认为,文学等同于童话。他说:"我们应该尽力避免在伟大的文学作品中试图调和事实与虚构的矛盾冲突,因为文学中不存在所谓的真实的生活。"③纳博科夫不相信一个可以完全依赖现实、作为最后根据的真实世界的存在,坚决反对"文学是对客观世界、对日常现实、对社会生活真实的反映"④的说法。对纳博科夫而言,真实是艺术家创造的一种很主观化的东西,其中既有不断积累的认知活动,又有众所周知的客观环境。因而,现代世界的真实性在观察者的心里不过是"各花入各眼",并不存在一个可供现实生活与艺术生活相通约的真实世界。同一株百合花的真实性实际上取决于常人、百合专家、植物学家、自然研究者的迥异观察视角和不同学科背景。

纳博科夫在将文学与童话相比拟、相吸附时,还强调文学要像童话那样,必须具备一股吸引读者的神奇魔力。正如纳博科夫自己对文学所下的生动界定:"一个孩子从尼安德特峡谷里跑出来大叫'狼来了',而背后果然紧跟一只大灰狼——这不成其为文学;孩子大叫'狼来了',而

---

① 张隆溪.二十世纪西方文论述评[M].北京:生活·读书·新知三联书店,1986:15.
② 张隆溪.二十世纪西方文论述评[M].北京:生活·读书·新知三联书店,1986:112.
③ Quenelle,Peter. V. Nabokov:A Tribute[M]. New York:William Morrow Company Inc. ,1980:87.
④ 张隆溪.二十世纪西方文论述评[M].北京:生活·读书·新知三联书店,1986:13.

背后并没有狼——这才是文学。"①因此,文学的魔力主要表现在艺术行为对狼的幻觉上,表现在它的欺骗性上,而真正出现的狼只会破坏这种魔力的虚幻气氛。其实,纳博科夫的传世之作《洛丽塔》就恰恰证明了渗透在文本肌理中的这一文学魔力和欺骗性特征。小说里的人物关系、情节结构表现在叙述语言的各种细节里,而纳博科夫小说中的"文学性"始终与各种细节密切相关:"文学,真正的文学,并不能像某种对心脏或头脑——灵魂之胃或许有益的药剂那样让人一口囫囵吞下。文学应该被拿来掰碎成一小块一小块——然后你才会在手掌间闻到它那可爱的味道,把它放在嘴里津津有味地细细咀嚼。"②因此,集说教家、艺术家和魔法师于一身的作家所精心设计的第一流的作品,应千方百计地在作者和世界的智慧较量之间藏匿一把帮助读者猜透魔法师变换戏法的钥匙,并用情节的线索把小说存放在文本精髓的各个思想元素中,引领着读者在作家营建的艺术世界里,沿着这样或那样的蛛丝马迹悟出小说里的主人公究竟如何去做而不是相对简单的做的是什么。

纳博科夫提倡在现实的基础上发挥艺术的创造与想象,反对将艺术行为或文学活动与真实生活进行镜子式的比附和对照。他认为,对于一个优秀的作家而言,一部真正伟大的小说作品就是一个艺术创造的童话。"我们这个世界上的材料当然是很真实的(只要现实还存在),但却根本不是一般所公认的整体;而是一堆杂乱无章的东西。作家对这摊杂乱无章的东西大喝一声:'开始!'霎时只见整个世界在开始发光、熔化、又重新组合,不仅仅是外表,就连每一粒原子都经过了重新组合。"③只要现实还存在,小说就理应将这个世界视为一门潜在的艺术来对待,否则文学就成了一堆杂乱无章、无所作为的东西。一个伟大的作家会用自己的眼睛去观察这个世界上,他所发现的世界中的物质性内容,都因投射了艺术家个性化的目光而成为他个人视角中的小世界。这个具有特殊意义的小世界因此也就无法与他人的世界叠合雷同。其间,各种事物之间的大小比例和组合关系也都被打上了"作家个性化"的烙印。纳博科夫非常推崇想象。一个由语词材料组合而成的小说文本世界与其说

---

①　纳博科夫;申慧辉等.文学讲稿[M].上海:上海三联书店,2005:4.

②　Pilfer, Ellen. Nabokov and the Novel[M]. Cambridge, Boston: Harvard University Press, 1980:105.

③　纳博科夫;申慧辉等.文学讲稿[M].上海:上海三联书店,2005:2.

是作家多种游戏技巧的产物,倒不如说是作家个人想象力和文学智慧的影像。不过,他所重视的"想象"是在常识逻辑之外展开的一种灵悟,是灵感赋予的一种审美狂喜的艺术能力。他说:"被等同于疯狂的'想象'乃是常识的有害部分,而最明达的天才艺术家的灵魂之所以会为之癫狂,正是因为他的内心中很清楚明白一个从欲念中解脱出来的和谐新世界的意义是什么。"①在震颤灵魂的再创造过程中,作家发挥想象力,借助主体意识的运行,将熟悉的社会生活升华为一个能体验到彼岸神秘曙光的语言世界。因此,一部优秀的小说,就是作家独创的新天地。无论是《普宁》(Pnin,1957)还是《黑暗中的笑声》(Laughter in the Dark,1936),无论是《洛丽塔》(Lolita,1955)还是《微暗的火》(Pale Fire,1962),一个个离奇诡异的荒诞故事都是天才作家对自己的艺术才能和想象力的忠实记录与展示。

纳博科夫文学结构观的思想背景可以用两个关键词来概括,一个是"文学即童话"所强调的文学戏法,一个是艺术创造与想象王国。这两点在纳氏文学结构观的内涵中得到了充分的凝练与体现。

纳博科夫小说的文学性体现在"细节的语言实验"上,它包含了最接近艺术本身的象征性内涵。纳博科夫认为,"细节胜过概括"②,小说艺术的感染力就在于细节的真实性。他主张在小说的细节中灌之以作家的精妙戏法与艺术想象力,透过对细节的精心谋划,来感知审美狂喜,达到灵魂绝对自由的"彼岸世界",这也是纳博科夫希望达到的文学理想,带领我们用最敏感的幻想触须,在人生的囚笼里,以热切的爱,诗意地享受这丰盈生活中微小的细节,并在生死之间的短暂之旅中,勇敢地直面时间的"黑洞",拥抱生活。纳博科夫在《洛丽塔》的后记中曾阐述过一部小说的标准生存状态,他对审美狂喜的笃定与形式批评学派共同强调的"文学性"如出一辙。对于小说家而言,真正的艺术是调动人类全部情感与意识,对个体事物进行敏锐的感性与崭新的描述。作家要用最精细的语言描写五官神经末梢上的体悟。《洛丽塔》中的转换型叙事模式和酷似游戏的语言技法便是建立在对细节现实、人类的情欲意象、全能梦幻的审美体验之上的。这种站在高处、冷眼旁观但不无爱意的文学态度

---

① Quenelle,Peter. V. Nabokov:A Tribute[M]. New York:William Morrow Company Inc. ,1980:45.
② 纳博科夫;唐建清. 独抒己见[M]. 杭州:浙江文艺出版社,2012:7.

饱蘸着"语言创造现实"①的艺术理想,渗透着深邃的哲思理性。

纳博科夫透过细节体验审美狂喜的同时,也暗含了对神秘彼岸的向往之情。这是人类死后灵魂绝对自由的精神世界,摒弃时间观念和意识本身,这是人类的生存世界里不可能实现的,却在文学世界里可以企及。对此,纳博科夫认为有两条途径,来印证"超现实的好小说是新的现实的铸造版"②的文学主题:要么放弃现世存在,跨出宿命的牢笼,在死亡中感知身体和生命的魅力;要么让人类在拥抱人生顶峰的彼岸时刻感受光彩炫目的想象之境,就此鉴证艺术与生命的同质性和兼容性。因为思想只有扩展至最疯狂、最艺术、最大胆的艺术想象时,文学作品才能在光彩炫目的语言空间里摆脱现实之手,舒展来自彼岸世界的情感、灵知与欲望。纳博科夫坚持认为:"想象是一种潜在的意识记忆,而记忆则是一种筛选、过滤、拼接与重组真实事件的艺术行为。只有在意识完全清醒时的巅峰之处,小说里的每一个完美细节才能够借助意识的精致灵性,穿越客观世界的'实在'壁障,窥见最具人性的心灵彼岸。"③这种至高的艺术境界,让艺术家不遗余力地追求来自彼岸世界的艺术光辉与人性魅力,这一超越时空的艺术创作原则便是广为人知的纳博科夫式的审美狂喜追求。由此可见,纳博科夫在小说《洛丽塔》里所指出的"一本小说的存在价值",实际就是艺术的呈现方式,是个体在体验彼岸神秘曙光的无意识中与另一种存在(好奇、亲切、仁慈与狂喜)邂逅的美妙境界。

纳博科夫相信,在人类的死亡之上定然存在着一个更高、更新、更庄重的精神与灵魂绝对自由的彼岸世界。至少,《洛丽塔》中的忏悔录文体形式就足以证明"彼岸世界,这个极度疯狂的世界,只是我们人生宿命序列中的一站,个体灵魂的秘密是不会随着尘世的消亡而解体的。死亡的愉悦远比爱的惊喜珍贵得多"④。在小说人物亨伯特的眼中,"彼岸"是一个更倾心于生命自身且与人类的经验世界共存的超验世界,他与洛丽塔28年的时光之爱将超越现实时空,直至永恒。

---

①　Pilfer,Ellen. Nabokov and the Novel[M]. Cambridge,Boston:Harvard University Press,1980:68.

②　Quenelle, Peter. V. Nabokov: A Tribute[M]. New York: William Morrow Company Inc.,1980:123.

③　Quenelle,Peter. Nabokov and the Novel[M]. Cambridge, Boston:Harvard University Press,1980:141.

④　Zunshine,Lisa. Ed. Nabokov at the Limits:Redrawing Critical Boundaries[M]. New York:Garland Pub.,1999:117.

纳博科夫在其文学创作中重视小说"文学结构"的存在价值、运用条件及其审美效果。小说对于细节的语言实验首先体现在文本中的变位词实验,通过详细分析,我们可进一步管窥到纳博科夫小说艺术中的文学潜能。《洛丽塔》中有这样一句译文:"梳着短发的莱斯特小姐和容颜憔悴的费比恩小姐。"①原文是:"The short-haired Miss Lester and fadedly feminine Miss Fabian"②,是纳博科夫运用变位词的文字游戏来体现"细节的语言实验"这一文学结构观的成功例证。《打开洛丽塔之门的钥匙》和《注释本洛丽塔》中都有过同样的解释:"Lester 单词中的前部分与 Fabian 一词的后半部分凑合在一起才拼出 Lesbian 这个新词,它指的是女子同性恋者之意。"③由此可见,纳博科夫虚构的女子同性恋形象(莱斯特小姐和费比恩小姐)是从她们名字的拼写形式中暗示出来的。这一文字游戏充分表现了纳氏作品中的同性恋主题。这几处表面上看似简单的文字游戏不仅具有暗指意义及双关效果,还对我们探讨纳氏作品中"文学结构"的叙述主题和文化内涵具有双重意义。

纳博科夫对细节的实验还体现在他对意象的精心设计上。在他的小说中,文字不仅标示着某种"量"的精确,更是指涉着一堆朦胧的、符号性的文学追求,如纳氏小说中的惯用意象,火焰、蝴蝶、镜子、魔术、梦境、象棋、纸牌等。堪称诗歌意象集合体的精妙之作《洛丽塔》一书就能充分展现出作者精妙绝伦的艺术之功。纳博科夫将龌龊的恋童癖场景和血腥的杀人行径以生花妙笔转化为意蕴深邃的种种审美意象,既充满诗情画意,又相互对应、错落有致。小说一开头,诗性的语言聚成的意象一步步引导我们,走进纳博科夫营造的艺术世界里,充满了审美狂喜:

洛丽塔是我的生命之光,欲望之火,同时也是我的罪恶,我的灵魂。洛—丽—塔;舌尖得由上颚向下移动三次,到第三次再轻轻贴在牙齿上:洛—丽—塔。(英语原文:Lolita, light of my life, fire of my desire. My sin, my soul. Lo-li-ta: the tip of the tongue taking a trip of three steps down the palate to tap, at three, on the teeth. Lo. Lee. Ta.)

---

① 纳博科夫;主万. 洛丽塔[M]. 上海:上海译文出版社,2005:279.
② Nabokov, Vladimir. Luolita[M]. Peking: Foreign Language Teaching and Research Press, 2000:190.
③ Quenelle, Peter. V. Nabokov:A Tribute[M]. New York:William Morrow Company Inc. ,1980:96.

早晨,她是洛,平凡的洛,穿着一只短袜,挺直了四英尺十英寸长的身体。她是穿着宽松裤子的洛拉。在学校里,她是多莉。正式签名时,她是多洛蕾丝。可是在我的怀里,她永远是洛丽塔。①

小说中亨伯特这通荡气回肠的挚爱表白让读者对纳博科夫笔下精妙无比的诗歌韵脚赞叹不绝。英语原文中的第一段除了注重词语本身的诗性韵律与诗行节奏以外,纳博科夫更是将"头韵"的艺术理念发挥到了极致。与女孩名字"Lolita"一致且又以字母"L"打头的英语单词在 3 个短短的句子中就一连出现了 7 次,以字母"M"和"S"开头的分别有 3 个,以字母"O"开头的有 4 个,以字母"T"打头的单词也被频繁使用,竟多达 14 个。这种"头韵"的斑斑点点作为现代经典小说的开局背景,在同一文本境域之中读起来是那么的朗朗上口,呈现出一种瞬间连体的统一性意境。沉迷于词语内涵、音韵节奏、形象措辞等细节游戏的纳博科夫也详细地解释了男女主人公名字的缘起因由,他一手精心策划的男女主人公名讳分明是大黄蜂(humbert)和蜜蜂(bee)的语言变体。可以看出,纳博科夫热衷于在语言的极地中从文学细节的精美之处着手,一个字母、一个单词、一个句子他都要苦思冥想地精心谋划,尤其是在用"二流的英语"对文学艺术进行探险的时候,他也能得心应手地用诗化语言的神奇组合之力表征出事物的丰富本相与艺术的生存潜能,这才自由、精心地构筑起他个人理想中的文学艺术殿堂来。这种跳跃性的诗意气韵和行文基调令我们在享受"文学味道"的文学迷狂中忘记了道德判断和伦理原则。在《洛丽塔》的语言实验中,纳博科夫从一个"旁观者"的审美角度去发掘承载着情感与文化的语言宝藏,并将文学推至一个极高的审美境界。整部小说中,互文暗合、双关歧义、戏仿戏谑、谜语叙事的诗性手段和存在意象随处可见。纳博科夫化腐朽为神奇的精致才华可在一首萌发于 40 人名字的美丽诗行中窥见一斑。这首从字母 A 到 W 排列好的诗作来源于洛丽塔班上所有学生的名字,它是亨伯特爱屋及乌的爱意鉴证:

一首诗,一首诗,毋庸置疑!发现这个"黑兹,多洛蕾丝"(她!)列在名单中它的特殊位置,带着它的玫瑰护卫——好像一位美丽的公主待在

① 纳博科夫;主万.洛丽塔[M].上海:上海译文出版社,2005:9.

她的两名侍女之间,真是多么奇妙和美妙啊!我想分析一下名单上众多名字中的这个名字叫我惊喜万分的原因。究竟是什么叫我兴奋得几乎流泪(诗人和情人洒下的大滴大滴的乳白色的热泪)?究竟是什么?是因为戴着正式面纱("多洛蕾丝")的这个姓名亲切的隐秘性以及名和姓之间这种形式上的位置变换,就像一副新的淡色手套或一副假面具?"假面具"就是那个关键词吗?是因为对那个半透明的奥秘、那块飘拂的面纱总感到欣喜快活吗?透过那块面纱,就选中了你一个人去了解的那个肉体和那个目光顺带朝着你一个人微笑。还是因为我可以完全想象出在那个丰富多彩的教室里我那忧伤、蒙眬的宝贝儿四周的其余那些人呢?格雷斯和她已长熟的丘疹;金妮和她动作缓慢的腿;戈登那个脸色憔悴的手淫者;邓肯那个臭烘烘的小丑;爱咬指甲的艾格尼丝;长着一脸黑色粉刺、胸部颤颤耸耸的维奥拉;美丽的罗莎林;肤色黝黑的玛丽·罗斯;可爱的斯特拉,她竟让陌生人抚摸她的身子;恃强凌弱、偷盗财物的拉尔夫;我为之感到惋惜的欧文。她也在那儿,咬着一支铅笔,在人丛中消失了,教室门讨厌她,男孩子的眼睛都盯着她的头发和颈项,我的洛丽塔。①

　　亨伯特对洛丽塔的这种"诗性柔情之火"即便是到了生命的最后时刻也依然炽热不减,乃至他做出的谋杀情敌的疯狂举动也被演绎成一种令人瞠目结舌的审美冲动,让这一充斥着虚妄狂想成分的畸恋主题以其艺术的永恒魔力久驻人心。这应该就是纳博科夫隐藏于自己心中的"文学结构"和艺术理想,是他用散落在各个细节的语言游戏所构建的诗性世界。纳博科夫认为,纯粹的文学世界在于不受艺术家创作激情支配的作品元素的介入和流变,即对本来熟悉的对象进行艺术加工和处理,将小说家的艺术技巧与想象充分凝练于细节的语言实验,使读者们在细节的审美与认知活动中恢复对生命的触觉,透过细节达到认识的快感和审美的狂喜,这也就是纳博科夫神秘文学结构观的本质。可以说,纳氏文学结构观强调一种超越日常感觉的文化命题和隐喻语境,突出了"文学之所以成为文学"的内在本质和艺术特质。从这个意义上来讲,纳博科夫神秘文学结构观对"纯粹文学性"的追求与俄国形式主义中的"文学性"同声相应,同气相求。而纳博科夫对生活的感受和对艺术的领悟,是在观察细节、描写细节的文学活动中不断加强和实现的。

---

① 纳博科夫;主万.洛丽塔[M].上海:上海译文出版社,2005:80 - 81.

二、多变的形式美

除了"神秘的文学结构"，纳博科夫在评论卡夫卡（Franz Kafka，1883—1924）《变形记》（*The Metamorphosis*，1912）中强调的"多变的方式"是另一个与形式主义文论相契合的理念。在《文学讲稿》之"弗朗茨·卡夫卡"篇中，纳博科夫曾毫不掩饰地表达对果戈理（Nikolai Vasilievich Gogol-Anovskii，1809—1852）和卡夫卡两位伟大作家的赞赏："我一点也不认为斯蒂文森的小说是败笔，相反，我认为就其自身的传统形式而言，它还不失为一部小小的杰作。但它只具有二维的性质，而果戈理—卡夫卡式的小说有五维或六维。"①其实，纳博科夫对果戈理—卡夫卡式的小说大加称赞，与他对文学形式美的追寻有关。他认为，"美加怜悯——这是我们可以得到的最接近艺术本身的定义"②，美即形式，但"何处有美，何处就有怜悯"③，因为"形式随着（小说）内容的消失而消失"④，因此"美总要消失"⑤。而果戈理与卡夫卡笔下小说中形式结构的完美变奏与整合所呈现的多变的形式美正是纳博科夫颇为欣赏的。而这一点在接下来这段引文中可以得到更为深刻的理解：

> "当我们在一个陌生的环境中睡觉，很容易在一觉醒来时产生片刻的模糊，一种突然的非现实感。而这种经历肯定会在一个商品推销员的一生中多次反复地出现，他们的生活方式不能给予他们稳定感。"而现实感恰是以持续性和稳定性为基础的。但无论如何，醒来时把自己当成虫子与醒来时把自己当成拿破仑或乔治·华盛顿之间并无太大区别。……另一方面，在所谓现实的生活中感到孤独，感到陌生，这常常是艺术家、天才、发明家气质中的共同特点。萨姆沙一家围着那只怪诞的虫子无异于凡夫俗子围着一个天才。⑥

纳博科夫将虫子喻为天才，把它与艺术家、发明家并置，实然是将虫子的变形与艺术家应具备的多变形式的创造力做类比。小说家之所以

---

①⑥　纳博科夫；申慧辉等.文学讲稿[M].上海：上海三联书店,2005：220－221.

②③④⑤　纳博科夫；申慧辉等.文学讲稿[M].上海：上海三联书店,2005：217.

可以不断将多变的形式结构倾注于文学作品中,源于他们对持续稳定的现实感的不满足与对多变形式的向往。多变的形式能带来新奇感和惊异感,这种超越日常感觉的形式演变和更新过程与俄国形式主义的"陌生化"概念两相呼应。在俄国形式主义文论中,"陌生化"概念的提出实际上表达了对"机械化"的否定,"动作一旦成为习惯性的便变得带有机械性了……我们所有熟习的动作都进入了无意识的、机械的领域"①。因此,所谓"陌生化"也就是对本来熟悉的对象进行艺术加工和处理,使之变得陌生,令读者们在审美感受的认知活动中恢复对生活的新鲜感,达到审美的快感。艺术形式也要追求多变,以避免机械化带来的枯燥乏味,这是文学作品的艺术感染力。如此看来,从"新"与"美"的意义上来说,纳博科夫所强调的"多变的形式美"与俄国形式主义中的"陌生化"有着相互通融之处。而这种"新"与"美"在纳氏"多变的形式美"中常以戏仿和多语种混杂的手法得以体现。

文学中的"戏仿"是通过讽刺与戏谑的方式,对一个作家、一部作品抑或风格等进行的滑稽模仿,从而隐射出作者的态度和看法。《洛丽塔》中纳博科夫用以戏仿或暗指的艺术家不胜枚举。小说开篇中"第一号证据是六翼天使——那些听不到正确情况的、纯朴的、羽翼高贵的六翼天使——所忌妒的"②便是对美国诗人埃德加·爱伦·坡(Edgar Allan Poe,1809—1849)《安娜贝尔·李》(*Annabel Lee*,1849)中第 11 行和第 22 行短语的重组与戏仿。亨伯特曾提到他所创作的一首诗歌:

> ……冯库尔普小姐
> 可能会回转身,她的手放在房门上,
> 我不会跟着她走。弗雷斯也不会。
> 那个傻瓜也不会。③

这首小诗是对 T. S. 艾略特(Thomas Stearns Eliot,1888—1965)的长诗《老年》(*Gerontion*,1920)中多行诗句的重组与拼凑。不仅如此,亨伯

---

① 什克洛夫斯基.作为艺术的手法[C].俄国形式主义文论选.上海:生活·读书·新知三联书店,1989:6.
② 纳博科夫;主万.洛丽塔[M].上海:上海译文出版社,2005:10.
③ 纳博科夫;主万.洛丽塔[M].上海:上海译文出版社,2005:24.

特迷恋的童年玩伴亦与诗作中的女主人公同名。《洛丽塔》中,洛丽塔以去"皇帝小姐"那里上课为托词,掩饰自己与奎尔蒂的幽会这一情节同样与福楼拜(Gustave Flaubert,1821—1880)的经典之作《包法利夫人》(*Madame Bovary*,1857)中艾玛以去"皇帝小姐"那里上钢琴课掩盖与情人见面的安排惊人地相似。除作家与诗人以外,纳博科夫对西方艺术家的戏仿还涉及其他领域:如文艺复兴时期意大利著名画家波提切利(Sandro Botticelli,1445—1510)的画作风格,以及心理学家弗洛伊德(Sigmund Freud,1856—1939)的观点,艺术家柴可夫斯基(Peter Lynch Tchaikovsky,1840—1893)的艺术洞见都在不断被纳博科夫以变换的形式在《洛丽塔》中惊异地跳动闪现。《微暗的火》可谓凝练纳博科夫戏仿手法的又一扛鼎之作。从总体结构上来说,整部《微暗的火》就是对蒲柏(Alexander Pope,1688—1744)讽刺长诗《群愚史诗》的戏仿。蒲柏笔下的《群愚史诗》(*The Dunciad*,1728)意在嘲讽那些傲慢无礼、对艺术之作不经考证便理所当然妄加评论之士。纳博科夫借《微暗的火》对《群愚史诗》的戏仿,暗含对那些盲目自信、任意解读的批评家的嗤之以鼻。纳博科夫以戏仿的形式,间接传达出对西方艺术家独特的点评与洞见,从而最大限度地延迟了读者感受尺度,提供了更多迂回委婉、令人回味的审美空间。

纳氏小说中"多变的形式美"的艺术特色还通过多语言的写作得以实现。例如,在《普宁》中,纳博科夫就采用了英语、法语、俄语、拉丁语、斯拉夫语等多国语言编制文本:

可是普宁教授提出两点,primo:请大家说一说容器里装的饮料是不是也一样好;secundo:灰姑娘的鞋其实不是玻璃做的,而是一种俄罗斯松鼠皮,法文是 vair,做的。他还认为 vair 这个词并非源自 varius(杂色毛)这个词,而是来自 veveritsa 这个斯拉夫词,意思就是某种美丽的、冬季的浅色松鼠皮,稍有点发蓝,或者说 sizily,columbine(鸽子似的)颜色更适合——这个词源来自拉丁词,columba(鸽子)……①

此处短短一段引文中,就包含了拉丁语、法语、斯拉夫语、英语等多种语言。而多语言的运用更是意指了普宁教授多元文化的背景。纳博

---

① 纳博科夫;梅绍武.普宁[M].上海:上海译文出版社,2007:197–198.

科夫多语言创作理念与他童年时受到英语、法语、俄语等多语言的教育熏陶分不开。多语言的运用,在加强了读者阅读难度的同时,也拉长了读者的审美时间与感受弧度,从而达到艺术形式"新"与"美"的审美效果。

需要注意的是,纳氏的"多变的形式美"并不等同于"陌生化"的概念。纳博科夫对"多变的形式美"的追寻并非局限于打破持续稳定的文学形式所产生的倦怠感与陈旧感,而更多强调形式变化所带来的更高艺术境界,即文学创作需使得变奏的形式与跌宕起伏的情节保持高度协调,从而实现小说"对比与统一、风格与内容、形式与情节⋯⋯(的)完美的整合"①。这在他论述卡夫卡的《变形记》中有着充分的展现。纳博科夫认为,"甲壳虫每次被家人看见时总处于一个新的姿势,某个新的地点,卡夫卡用这种多变的方式达到不同的(艺术)效果"②。在小说中,甲壳虫成为了形式演变的重要线索,而甲壳虫每次以多变的方式反复出场也契合了小说变奏的情节。形式上甲壳虫的变形与情节上的演进轨迹保持一致,从而实现了纳博科夫所言的形式与情节的完美整合。

如果说,卡夫卡的《变形记》中"多变的形式美"在于形式与情节的整合,那么,在纳博科夫的小说中,形式与主题的融合即是纳氏"多变的形式美"的一大重要体现。以《普宁》为例,纳博科夫以形式与主题的融合实现了"多变的形式美"的艺术目标。

在《普宁》中,一个值得探讨的细节是"字典"这一意象在小说中的安排。在小说开头,纳博科夫将普宁塑造成了一个必须随身携带字典"这类必不可少的东西"③这样一个典型的文化外来者形象。然而,颇具喜剧色彩的是,在小说末尾,一本"英俄—俄英袖珍词典"④竟然出现在了参加普宁乔迁晚宴的劳伦斯教授手边,这看似偶然,实则展现了纳博科夫通过对字典出场顺序的巧妙安排所隐射出的人物文化身份态度的转变轨迹。也就是说,一开始由普宁来扮演文化接受者与学习者的形象,而随着字典的变换与交接,劳伦斯教授也充当了对外来文化的接受者。因此,字典出场的变化轨迹不仅在形式上实现了小说首尾呼应的艺

---

① 纳博科夫;申慧辉等.文学讲稿[M].上海:上海三联书店,2005:246.
② 纳博科夫;申慧辉等.文学讲稿[M].上海:上海三联书店,2005:234.
③ 纳博科夫;梅绍武.普宁[M].上海:上海译文出版社,2007:11.
④ 纳博科夫;梅绍武.普宁[M].上海:上海译文出版社,2007:193.

术效果,同时也印证了普宁与劳伦斯教授文化身份态度的转变这一主题。

在空间形式上,普宁住所的演变轨迹同样与小说文化身份相互印证。普宁住所在空间形式上的演变大致可划分为三个阶段:居无定所期—暂时安稳期—长久稳定期,这三个空间形式上的演变阶段又分别与普宁的文化身份态度相互呼应。

在第一个阶段,普宁过着漂泊无根的生活,同时,普宁对居住空间的环境状况也毫不在意:

> 普宁在温代尔学院任教那八个年头里,几乎每一学期……都要换一换住所。如今在他的记忆里,那些房间累积起来,就像是在一个家具店里,不顾时间和空间的差别,在柔和的灯光下,把那些家具胡乱掺和在一起展览,一批扶手椅啊,床啦,灯啦,壁炉旁边的摆设啦,花样繁多,而店外则在下雪,暮色茫茫,人们——谁也不真正爱谁。①

可以说,在这个时期,普宁的居住空间形式是居无定所随遇而安的,而他对空间内部环境与摆设的漠然态度也暗示了该时期他对文化身份的无谓心态。然而,普宁所处的空间形式在第二阶段有所改观,他开始拥有一个固定的办公室,并且主动按照自己的意愿对空间进行改造:

> 他有了一间门上标着"俄"字的专用办公室……整整一春天,他欢欢喜喜地把它普宁化了。屋子里搬进来两把粗糙的椅子,一个软木做的公告栏,一听工友忘记拿走的地板蜡,以及一张没法确定是啥木料做的、带座基的寒碜书桌。他还从行政处诓来一个配有讨人喜欢的锁的小钢柜。……普宁又花三块钱从麦克克里斯特老太太那儿买来一条褪了色的土耳其小地毯,……靠工友的帮助,他还在书桌边上装了一个旋笔刀,……他还有更远大的计划,购买一把扶手椅和一个高脚灯什么的。②

从这一段不难看出,普宁居所的空间形式由四处流散的状态过渡到一个相对固定的空间状态,普宁对新空间形式的改造也标志着他的文化

---

① 纳博科夫;梅绍武.普宁[M].上海:上海译文出版社,2007:69.
② 纳博科夫;梅绍武.普宁[M].上海:上海译文出版社,2007:79-80.

身份由"无为"转向"有为"。而在第三阶段，普宁的空间形式更是跨入了长久稳定时期，普宁最终计划安定下来，"买下这所理想的房子"①，结束在美国漂泊无根的流亡生涯，表征他对美国主流文化的接纳与认同，也是一种对安定文化身份的寄望。如此看来，空间形式上的演变轨迹与普宁文化身份的转变紧紧相扣，实现了空间形式变化与主题变奏的整合与统一。

总之，纳博科夫认为，形式即为美。纳博科夫对"多变的形式美"的毕生追寻与潜心考量都承载了这位文学思想家对艺术形式的无限崇敬与赞美之情。这种对艺术形式的纯粹性与多变性的追寻与俄国形式主义"陌生化"概念对艺术形式变化的强调不可谓不相近。当然，纳博科夫"多变的形式美"更有其独特之处。纳氏文学思想并不止步于将艺术的审美这一概念定义于多变的形式上，更将形式的变奏与情节的跌宕、风格的多样与内容的变换自然融合，经过细致的加工与精心的打磨，升华到更高的艺术境界，这也就是纳氏独特的"多变形式美"之精髓所在。

三、越界性

如果说，在对形式美的追寻意义上，纳博科夫"多变的形式美"与"陌生化"的内涵有着一脉相承的联系，那么，"越界性"就是纳博科夫在俄国形式主义文论基础上对"陌生化"概念的进一步发扬与创新。俄国形式主义文论中的"陌生化"概念可以说是将陌生化手法限定在文学系统之内，但从纳博科夫文论观点来看，这种陌生化手法已具有了越界性的特质。纳博科夫不断引领我们走出封闭的文学系统，打破文学与科学、形式与内容的界限，在跨学科意义上实现对"陌生化"效果的创新。文学与生物学、物理学等其他学科一样，有其稳定的常态，这很容易在人们的心理定式上产生一个机械的、无意识的反应预期。而打通科学与艺术门类之分，以越界的手法产生新奇的感知和特殊的审美效果，这始终都是纳博科夫的艺术理想。在1962年BBC电台的采访中，当采访者问到作为一个专业蝶类学家与自身写作的联系时，纳博科夫是这样回答的："（两者之间）是有联系的，因为我认为，在一件艺术品中，存在着两者之

---

① 纳博科夫；梅绍武. 普宁［M］. 上海：上海译文出版社，2007：178.

间的某种融合,即诗的精确与纯科学的欣喜这两者的融合。"①而纳氏所谓的"融合"也就是不同领域之间的交汇与越界,使我们重新感受到文学艺术的魅力,使人们的心理定式从钝化的麻木状态中惊醒过来,不断打破或修正我们生活中习以为常的事物常态,以新奇的眼光和特殊的方式回到文学初始的魅力中,进而使我们充分体验艺术形式本身的丰富性和生动性。

纳博科夫文学作品中的越界现象首先体现在文学与科学的融通。力图打通科学与艺术之门的纳博科夫十分擅长蝶类学与象棋,其作品中的重要主题所涉及的大都是文学与蝶类学、文学与象棋学及其他学科的深入交叉和融合。《天赋》(*The Gift*,1937—1938)中内部诗学与外围科学的主题论证就为文学与科学的交织提供了翔实的依据。这部作品充分体现了纳氏的"科学主题",突出了生物学(如蝶类学)以及物理学(如电子学、量子力学、相对论等)与文学学科的越界,使得新颖别致的文学审美依靠陌生化的形式手法在欣赏过程中得以实现。书中直接或间接提到的50多个科学家的名字就是为了赋予新鲜内容而舍弃陈旧艺术形式的一个具有陌生面貌的越界。而与生物学紧密相关的《物种起源》及生物进化论也就成了小说《天赋》所关注的又一重要内容。"物竞天择,适者生存"②的进化论在人类历史上曾从根本上撼动过欧洲传统观念,而纳博科夫却对此学说持保留态度。他根据自己对蝶类学等生物现象的研究经验,对生物的进化持赞同态度,但却并不完全认同达尔文的生物进化理论。他认为,自然界的冥冥之中似乎有一种神奇的创造力量在操控着生物间那种玄妙的模仿现象和生理现象,这些现象都是达尔文生物进化论的自然原则所难以解释的。

在《天赋》的小说文本中,主人公费奥多尔的父亲康斯坦丁同样坚持认为,应当有一个更好的科学理论来解释物种是如何衍变、如何进化出数千种模仿现象的:"一万亿光年几乎也是不够的,即使有一系列的巧合,用同一过程来掩盖许多完全相异的物种(比如,使一个翅膀折拢的蝶有着与枯叶完全相同的外表,翅膀上非常艺术地带有逼真的裂纹和被某种幼虫咬出来的小洞)。"③由此,我们不难看出,纳博科夫虚构的康斯坦

---

① 纳博科夫;唐建清.独抒己见[M].杭州:浙江文艺出版社,2012:10.
② 柏格森;姜志辉.创造进化论[M].武汉:湖北人民出版社,1989:79.
③ 曹雷雨.在普希金的天平上称纳博科夫的《天赋》[J].外国文学,1998(4):34-41.

丁这个人物也是一个达尔文进化论的批判者,他对进化过程的诠释初衷既不是随意偶然的,也不是机械论的,而是具有一种创造性推动力的。康斯坦丁的这种观点与达尔文的进化理论才能在真实科学的解释领域里赢得一席之地,并谋得一定的认可度。同时,纳博科夫还借用了俄罗斯历史上一位著名生物学家的名讳尼古拉·科罗柯夫斯基(Nikolai Kholodkovskii),来诠释、演绎自己对达尔文进化理论乃至对整个生物学领域的态度和立场。

在尼古拉所编撰的百科全书中,就收录了有关康斯坦丁的编写条目。此外,值得一提的是,现实中的尼古拉除了生物学家的职业身份之外,还是世界文豪歌德和莎士比亚的忠实译者。由此,我们可以体会出纳博科夫之所以选择科罗柯夫斯基这个人名的一番用意,他的文学创作具有浓厚的交叉穿越色彩,反映了纳博科夫让艺术和科学水乳交融的文学理想。

达尔文的进化论是对人类自身原始认知的颠覆,量子力学和爱因斯坦的相对论又进一步改变了人类的时空观。这崭新的时空观对一向关注科学与艺术结合问题的纳博科夫产生了很大的影响,激起了他对传统意义的反思。《天赋》中,传统现实对物理学的介入就是一个值得关注的时空课题。新物理学与艺术的交融教会了人们开始用"陌生"的新眼光去打量这个世界。在开头那一幕,站在街上的主人公费奥多尔正在观看工人们忙于卸下一对夫妇的行李。移动的货车车身上那披着黑色的阴影的蓝色字母,似乎如相对论中所说的"不老实地想要侵入下一个所谓的时间的维度"①。货车前方的"星形排风扇"也让人联想起爱因斯坦的广义相对论,想起因地球重力而产生偏转的全日蚀日光现象,从而证实了具体存在的坐标系之间奇特的时空关系和运动痕迹:"这条街一直这样或那样地旋转和滑动,与他没有任何关系,今天它突然停了。从今以后,它将成为他新住所的延伸部分。"②此外,为了掌控到车尔尼雪夫斯基家中的时间,费奥多尔"保持着懒散闲逛的步速临近目的地,他途中撞见的钟(钟表店的庞然大物)走速之慢更甚于他"③。结果,当他到达目

---

① 文导微. 魔法背后的意义——以《天赋》为例谈纳博科夫细节的意义[J]. 俄罗斯文艺, 2012(2):65-72.

② 郑文东. 一条永不间断的"莫比乌斯带"——纳博科夫《天赋》的叙事结构分析[J]. 外国语文,2009(2):65-68.

③ 纳博科夫;朱建迅,王骏. 天赋[M]. 南京:译林出版社,2004:31.

的地时,竟发现所花的时间比他预想的要少很多。这种时间扭曲感折射出狭义相对论的科学性色彩和意义,故而在光的反射与折射、时间与空间的各种影像中让人想起高速火车的运动时钟相较现实生活中的静止时钟而言显得更慢的典型事例。

《天赋》中同样带有量子力学中的"不确定性"的痕迹。"不确定定律"是量子力学的最有名因素。在原子层面上,在某一时刻,一次只能准确测量出一个粒子的位置和速度,要想同时测出另一个粒子的数量和运动轨迹在原则上是不确定的,也是不可能的。因此,"对于那些知道情况的人来说,物质变成了各种神秘力量的非物质的较量"①,而认知的可能性会受到人类自身观察行为的影响和制约。费奥多尔在对《车尔尼雪夫斯基的一生》中包含的唯物主义成分进行辩解时,不少引语都有这种"不确定性"的表现,如:"当我们仔细观察自然之时,不管有多仔细,在观察的这个过程中,小心不要让我们的理性——那个总跑在最前边的饶舌的导游——不断地为我们提供解释,以致这些解释在不知不觉中影响了我们观察的过程,并使之扭曲、变形,进而使工具的阴影影响到真理。"②此外,小说《天赋》中叙述者身份的模糊不定性,时而人称不详、时而第三人称、时而第一人称的内部规律和形式也可以看成是量子力学中"不确定原则"的体现。

《天赋》中展现的时空观与新物理学理念是小说家纳博科夫对柏格森(Henri Bergson,1859—1941)和普鲁斯特(Marcel Proust,1871—1922)以来的现代主义表现手法的一种超越性继承。当读者们敏锐地注意到那辆货车车身上的"马克·拉克"其实是由物理学家厄尼斯特·马赫的斯拉夫语("马克")与光("拉克")的名字合并而成时,文学与新物理学间的关联也就更加明确。还有那对叫"罗伦兹"的搬家的夫妇,实际上影射的也是一位与爱因斯坦相对论紧密相关的顶尖物理学人物——亨德里克·罗伦兹。将这些人名刻意地埋伏在文本情节中,加上量子力学、相对论等新物理学思想元素的介入和安排,在想象力的推动下,包容了种种荒诞与不可能,并使文学的本体意义由认识功能向审美愉悦迈进。这样,达尔文的生物进化论在《天赋》中成为纳博科夫批评的对象,新物理学理论则体现出纳博科夫对车尔尼雪夫斯基的唯物主义美学观的抵

---

① 曹雷雨.在普希金的天平上称纳博科夫的《天赋》[J].外国文学,1998(4):34-41.
② 纳博科夫;朱建迅,王骏.天赋[M].南京:译林出版社,2004:119.

触。可见,纳博科夫将文学与生物学、文学与物理学这几条"越界"的科学织入小说文本中,充满了启发与暗示。如果连颠扑不破的牛顿定律都可以被新物理学的原则定律所取代,那么,文学史上各种理论体系被不断超越、完善就是不争的事实了。

除了文学与科学之间的穿越,越界现象在纳氏小说中还表现在内容和形式的融合上。在纳博科夫看来,艺术语言是实现文学陌生化的保障前提与必要条件,文学语言的表达形式(即语言外壳)与负载社会意义的文学内容一样重要。因而,小说的形式与内容是互相构成的,是没有明确的"界限"之分的。不同的形式可以表现同一的固定内容,而文本本身也充满了多义性与不确定性。

生活在"惶惑的年代"[①]的纳博科夫在对文学的未来满怀信心的同时,也对纷繁复杂的文学场域流露出了困惑之意。而作家的趣味和气度决定了作品的布局,尤其是作家的"身份"问题在某种程度上制约着作家自身创作的风格与主题。其实,世界—作家—作品—读者间的四维关系是相互影响、相互关联的。纳博科夫的文论更多关注作家对世界、对自我的个人感受和新奇发现,既涉及形式创新,也涉及内容创意。在他看来,"文学"是一组数量有限的经典成分和艺术功能的乘方与开方转换。他曾多次反讽式地借用被固定为"经典"的东西很可能会令"文学"失去其持久的新鲜魅力。据此,作家不仅要另辟蹊径、推陈出新,更要以旧换新,采用新角度和新手法来将所描述的习以为常的事物保持在一种惊奇的新异状态之下,以帮助读者们获得一种更高水平上的既熟悉又陌生的理解力。小说《微暗的火》就是通过陌生化、戏拟、反讽等手法的"变形"运用,有意识地偏离了现实传统,才找到了重组世界与再创作的可能性,建构出有别于同类小说创作的"叙事的叙事"的另类文本。

《微暗的火》的实验性形式和碎片式材料存在于许多互相映射的能指符号关系中,浮现出许多游戏般的评注体片段。例如:谢德的创作活动与死亡记录;谢德和妻子希碧尔的恋爱生活和婚姻状况;逃亡者查理(金波特)的大学感悟与编辑工作;谢德之女黑泽尔的心理动力渊源与刺客格拉杜斯的发迹过程等等。纳博科夫在语词、人物、结构、文本等各种镜像的对应关系中,让散文式的金波特与诗歌化的谢德形象置入零零星星的

---

① Page, Norman. Nabokov: the Critical Heritage[M]. London: Routledge & Kegan Paul, 1982: 4.

文本碎片之中,又在注释与诗篇、索引与前言的文体中构建出无限的空间,使相互依赖的文本碎片在不同层次的镜像关系中呈现出开放性特点。

其次,这部小说文本中的时间观与作家纳博科夫关于时间的思想相互佐证。和《洛丽塔》一样,他在《微暗的火》的整个故事中仍然运用"原始人最先使用的镜子——湖"①来影射过去、现在和未来的共时性姿态与本源状态。在谢德住处的周边,有三个连体湖(Omega,Ozero,Zero)占有重要的位置。作家利用他玩惯了的单词字谜游戏在同一文本境域之中终结乃至超越了线性时间观。这三个代表"虚无"或"终结"含义的词语标签再次表明此文本承载的陌生化诗学力量。站在文学艺术的思想本源之处,所有的价值和标准在经历了一个否定之否定的过程之后,都呈现出与以往不同的求新的样子。值得一提的是,纳博科夫的文本世界能使陌生化的间离效果发生异化,同时又引领着我们进入了一个前所未有的文学系谱的自由之域:

> 我觉得全身通过时空在分向四面八方:一只脚在山顶上,一只手在水流湍急的海滩卵石下,一只耳朵在意大利,一只眼睛在西班牙,洞穴中,我的鲜血;群星里,我的脑浆。我那三叠纪里的闷声悸动不已;绿色光点闪现在那上更新世,一阵冰凉的颤抖贯穿我那石器时代,而所有的明天皆在我的肘部尺骨端。②

此时此刻,我们深藏于宇宙深处的视线经历着沧海桑田的瞬间变幻,挣脱时间与空间的线性束缚,自由地停留在历史所冲卷过的各个时期各个角落,烘托出一个虚空的、斑驳陆离的生存之境,过去、现在、未来就在这看似破碎的文本片段中被动态地建构。纳氏的越界思路不仅包括语言、体裁的复杂化形式艺术,还包括叙事视角、结构技法、内容素材的超然程度,赋予日常事务以新奇的魅力。《微暗的火》没有按照时间顺序撰记诗人谢德以及赞巴拉国王金波特的个人生活。文本的碎片性特征和结构的不完整性进一步造成了阅读上的陌生感,使得小说凸显出迷宫般的审美意象。小说中,自封为赞巴拉国王"查理"的金波特时刻都在

---

① 陈平. 火焰为何微暗? ——纳博科夫小说《微暗的火》评析[J]. 外国文学评论,2000(4):115.

② 纳博科夫;梅绍武. 微暗的火[M]. 上海:上海译文出版社,2008:30.

提防别人的暗杀行为，但小说结尾处又否定了格拉杜斯有行刺国王的动机。至此，金波特给自己"自封"的国王之冕也就自然脱冕。纳氏小说的文本世界里经常出现或是相互对应或是相似相近的成对形象，如：高与低、粗与细、同貌与孪生等等，而杰克与格拉杜斯、成群的模仿者与查理、查理与金波特、金波特与谢德之间的对应关系仿佛都被戴上了变形的面具，充满漫画式的谐趣。《黑暗中的笑声》中的玛戈与伊尔玛、《洛丽塔》中的奎尔蒂与亨伯特、《普宁》中的教授普宁、《说吧，记忆》中的女家庭教师等，都从不同的创作层面刺激着读者们的想象力和好奇心。此外，象征着毁灭与重生的火焰形象在《微暗的火》中熠熠生辉，既是诗人谢德焚毁诗稿时的"火团情结"①，又使得文本标题超越了抽象的表达，产生了具象的效果。多样化的语言转换和艺术表现消除了不同风格之间、不同体裁之间、不同思想体系之间的壁垒，帮助文学把各种科学知识和理性规则网罗到一处，使小说更加开放式地表达自己。纳博科夫正是在这种评注体的文本中制造出一个自在的"文学狂欢节广场"②，使得其间的丰富内涵（现实与虚幻、今生与来世、爱情与婚姻等）得以冲破各种禁锢，步入了开合自如、天马行空的自由之境。可见，纳氏小说的跳跃性文本和评注式结构将寓居于其中的各种枝节性意象、片段式材料、拼接式主题融为一体，延宕了阅读中的感受体验与审美认识，实现了形式与内容的高度统一。纳氏小说文本中，多重镜像与无序碎片在读者的头脑中不断剪切、拼贴，并被重新排列组合，拼装成一个个丰润的文学统一体。如果将金波特的评注与读者对小说文本的解读对接起来，我们会惊奇地发现，我们居然同金波特一样，已然处于一个潜在的更宏大的文本世界之中了。从小说文本《微暗的火》的可靠性和真实性来看，金波特执笔的评注部分与谢德的长诗部分都明显带有强烈的臆想性和主观性。两个相互契合的新奇文本充斥着一种彼此独立却又相互拒斥的张力，形成一个共时同体的双面镜像，标识出越界写作和创造性阅读之间的隐喻关系。

俄国形式主义主张对一切艺术创作的形式与技巧的推崇，将文学研究的一切外在因素，包括社会历史、心理印象、道德伦理等统统排除在外，将文学作品本身中的诗体语言肌质视为一个统一有机的整体来加以

---

① 陈世丹.论《微暗的火》的互文性[J].当代外国文学,2007(4):63.
② 华莱士·马丁;伍晓明.当代叙事学[M].北京:北京大学出版社,2005:192.

分析和把握,从这一点上,纳博科夫的文学思想从很大程度上体现出了俄国形式主义文论的精髓。

在对"纯粹文学性"的追求上,纳博科夫神秘文学结构观与俄国形式主义中的"文学性"不谋而合:纳博科夫认为,纯粹的文学世界在于不受艺术家创作激情支配的作品元素的介入和流变,将小说家的艺术技巧与想象充分凝练于细节的语言实验,使读者们在细节的审美与认知活动中恢复对生命的触觉,透过细节达到认识的快感和审美的狂喜,这也就是纳博科夫神秘文学结构观的本质。它强调一种超越日常感觉的文化命题和隐喻语境,突出了"文学之所以成为文学"的内在本质和艺术特质。它的独特之处在于,纳博科夫勇于追寻文学形式的神秘性与审美性,透过散落于各种细节的语言实验感悟审美之狂喜,从而构建一个"彼岸"的艺术世界。这一文学纲领精炼地概括了文学魔力的固有特性和美学倾向。

从对形式美的追寻意义上来说,纳氏所强调的"多变的形式美"与俄国形式主义中的"陌生化"效果一脉相承。纳博科夫认为,形式即为美。纳博科夫对"多变的形式美"的毕生追寻与潜心考量都承载了这位文学思想家对艺术形式的无限崇敬与赞美之情。当然,纳博科夫"多变的形式美"更有其独特之处。纳氏文学思想并不止步于将艺术的审美这一概念定义于多变的形式上,更将形式的变奏与情节的跌宕、风格的多样与内容的变换自然融合,经过细致的加工与精心的打磨,升华到更高的艺术境界,这也就是纳氏独特的"多变形式美"之精髓所在。

不仅如此,纳博科夫主张的"越界性"是在俄国形式主义文论基础上对"陌生化"概念的进一步发扬与创新。在他用语言和机智构筑的艺术世界中,他不断走出封闭的思维模式,实验着打破文学与科学、形式与内容的界限,使人们的心理定式从钝化的麻木状态中惊醒过来,不断打破或修正我们生活中习以为常的事物常态,并以一种新奇的眼光和特殊的方式重新回归到文学初始的意向魅力和诗意功能中去,使我们再次感受到艺术形式本身的丰富性和生动性。在纳氏的文学世界中,这一影响深远的文学规范和语言规律在文学作品的整体品质中都直接再度指向"文学之所以为文学"的本质特征,一种科学地阅读文学作品、独立开展文学批评的思想光辉始终熠熠生辉。

第二章　纳博科夫与新批评

　　新批评(New Criticism)是 20 世纪最重要的批评学派之一,在现代文学史上多指 20 年代至 50 年代的一个英美文学理论派别,对后世众多的文学批评家产生了深远影响。该理论流派 20 世纪 20 年代在英国兴起,后流传至美国,并在美国达到了发展巅峰,50 年代末开始走向衰落。根据赵毅衡先生的分析,新批评派的历史持续了 40 多年,可大致分为三个时期:"前驱期(1915—1930);形成期(1930—1945);极盛期(1945—1957)。"①从理论渊源上看,古希腊罗马时代柏拉图(Plato,427—347)对文学形式要素如"意象""隐喻"的强调,亚里士多德对"语言""节奏""格律"进行的研究以及贺拉斯对文学形式要素的相关论述可看成是新批评理论的发源点。

　　第二次世界大战后新批评派在美国的影响开始上升并到达极致,几乎在所有的大学文学系占据主导地位。大批文论家、美学家、大学教授纷纷倾向于赞同新批评理论。新批评理论中有三个概念值得关注。文本细读是新批评首当其冲的理念和批评方式,有时甚至成为新批评派的代名词。它指的是"对一部作品中文字和修辞成分间复杂的相互关系和歧义(多种含义)作细致的分析"②。这种分析方法源自理查兹(I. A. Richards,1893—1979)的《实用批评》(*Practical Criticism*,1929)和燕卜荪(William Empson,1906—1984)的《含混的七种类型》(*Seven Types of Ambiguity*,1930)。理查兹根据自己在剑桥大学的实验进行分析,提出了一种获得诗歌意义的复杂系统,包括如何从细微之处分析文本。在新批评家看来诗中的每一个词都必须细究详察,理解其本意,更要探究其暗示与引申含义。对每一个细节,不仅要从微观上把握,还要从整体上考量。

---

① 赵毅衡.新批评:一种独特的形式主义文论[M].北京:中国社会科学出版社,1986:8.
② 哈珀姆,艾布拉姆斯.文学术语词典[M].北京:北京大学出版社,2014:243.

新批评派在细读方面的典型实践还有布鲁克斯（Cleanth Brooks，1906—1994）和沃伦（Robert Penn Warren，1905—1989）的《怎样读诗》（*Understanding Poetry*，1976），这是新批评文本中心细读法的第一次系统的、自觉的实践。同时布鲁克斯与沃伦还将细读法运用到小说分析，出版了《理解小说》（*Understanding Fiction*，1943）。而布鲁克斯《精致的瓮》（*The Well Wrought Urn：Studies in the Structure of Poetry*，1947）则是细读法的最典型范例。就诗歌而言，细读法着眼于"为读者发掘不易觉察的细微意义以加深理解"或者"帮助读者在意象之间搭桥"①。

　　复义理论是新批评派的另一重要贡献。理查兹语义学方面的贡献为新批评派对诗歌本质的认识，对诗歌语言多义性、复杂性、丰富性、诗歌文本多种解读的可能提供了批评方法。他的语义学著作《意义之意义》（*The Meaning of Meaning：A Study of the Influence of Language upon Thought and of the Science of Symbolism*，1923）运用符号学方法分析语言，注重从语境的角度来分析语义类型。他提出意义的语境论，认为词语由语境决定并互相赋予活力，文学作品的意义受各种因素的制约影响，不能轻易确定；语词的意义是流动的、变化的，读者和批评者只有通过不同的解释路径营造自己的语义场来发现文本意义，而推断和猜想是理解作者思想的唯一途径。理查兹在《修辞哲学》（*The Philosophy of Rhetoric*，1937）中进一步指出，语境既包括文内上下文语境，还包括文本创作时所处的社会历史文化语境。他运用语境理论对"复义（ambiguity）"现象进行了解释，认为语境因素使得多义的存在具备了合理性。这样，理查兹原来对语言功能的划分——科学的运用与感情的运用，或者说科学语言与文学语言的区别更加明显。多义成为这两者间最明显的区别。理查兹的语义分析和语境理论对20世纪的文学批评家产生了重要影响，他的学生燕卜荪继承了老师的理论思想，对诗歌的意义进行了创造性研究，写出著名的《含混的七种类型》。"含混"一词源于拉丁文ambiguitas，其原意为"双管齐下"（acting both ways）或"更易"。就文本而言，它既可以指文学创作的技巧，也可以指文学作品中的一种复杂现象；就作者而言，它能指涉作者有意或无意制造的多重理解可能；在读者方面，则可以指读者面临的理解语义、语法、逻辑方面的困惑。总的来说，"含混"强调的是文本意义的多元性与模糊性。

---

　　① 赵毅衡."新批评"文集［M］.天津：百花文艺出版社，2001：490.

新批评派的细读与复义理论都以其艺术本体论（ontology）为立足点。"本体论"这个术语有两层意思："一是把文学作品视作独立于作者和读者经验和意识之外的存在；二是说文学作品能表现世界的本质的具体的存在。"①这种思想注重研究单篇作品，避免作品之间的关系，以及与文学传统的关系，主张绝对文本中心。英国诗人艾略特（T. S. Eliot, 1888—1965）是新批评思想的先驱之一，其论文《传统与个人才能》（Tradition and the Individual Talent, 1919）以及《玄学派诗人》（The Metaphysical Poets, 1921）中称诗歌不是诗人用来表现自己的情感和个性的工具，而是客观事物的象征，优秀的诗是诗人把自己的个人情感转化为人类的普遍情感。艾略特为新批评本体论立场吹响了号角。新批评的另一代表人物兰色姆（John Crowe Ransom, 1888—1974））将"本体论"这个哲学术语引入文学理论。在《世界的形体》（The World's Body, 1938）中首次提出了批评应着眼于诗的"本体"。而韦勒克（Rene Wellek, 1903—1995）则提出文学的"内部研究"与"外部研究"说。他认为，作品本身是文学研究的真正对象，属于文学的内部研究。而从作者及社会经济、文化、历史、政治等方面入手对文学作品进行的研究属于文学的外部研究，这种探讨作品成因和背景的做法并非文学研究的合理出发点。维姆萨特（W. K. Wimsatt, 1907—1975）与比尔兹利（Monroe Beardsley, 1915—1985）所著《意图谬见》（The Intentional Fallacy, 1946）与《感受谬见》（The Affective Fallacy, 1949）则分别表达了新批评派反对作者决定论和读者决定论的观点。他们在《意图谬见》中表示，"鉴定一首诗就像鉴定一块布丁或一台机器一样，人们要求它能起效用。我们只有从一个产品的效用中才能推知其设计者的目的"②。在他们看来，作为文学作品的诗歌成了布丁或机器一样客观存在的东西，一旦生产出来，即可脱离厂家（作者），成了自足的存在。新批评派由此确立了文本的绝对核心地位。

纳博科夫20世纪40年代移民美国，在美国生活了20年。这段时间恰好是新批评派在美国高校和文学理论界风行的时期。他先后在威尔斯利学院、哈佛和康奈尔大学任教俄语和文学课程。厄普代克指出："五十年代……信仰新批评理论……较之以后的六七十年代，五十年代对于

① 赵毅衡. 新批评：一种独特的形式主义文论［M］. 北京：中国社会科学出版社，1986：223.
② 陈太胜. 西方文论研究专题［M］. 北京：北京大学出版社，2008：222.

纳博科夫的思想来说,是一个更为情趣相投的活动场所。"①厄普代克的论断为我们进一步研究提供了依据。可以设想,在众多大学教授、文论家都接纳新批评派的环境中,纳博科夫的意见如何?纳博科夫的文学思想与新批评派是否存在某些相通之处呢?虽然他一再与各个文学流派划清界限,但将他的思想与他身处其中的盛行流派进行对比研究,厘清两者之间的主要异同,对于认识其文艺思想具有十分重要的意义。研究表明,纳博科夫与新批评思想的共鸣之处有以下几点:细读理念以及由此发展而来的"细节创作法";由细读法引申而来,与燕卜荪的"复义"的精神尤其类似的"棱镜"思想;以及两者对作品本体论的看法。本章将从这三个方面展开讨论。

一、细节艺术

纳博科夫与新批评最引人注目的共鸣之处在于对文本细节的注重态度。他的做法甚至有过之而无不及。纳博科夫在不同场合多次重申了自己对细节的重视与赞扬。在他看来,"在高级艺术和纯粹的科学中,细节就是一切。"②他对细节的重视还通过对所谓大问题的冷淡态度反衬出来,他说自己最关注的问题是色彩的微观层面。1941 年纳博科夫在威尔斯利大学关于《文学艺术及常识》(*The Art of Literature and Common-sense*)的文学讲座中表达了他对常识的漠视和对细节的赞赏。"……细节优越于概括,是比整体更为生动的部分,是那种小东西,只有一个人凝视它,用友善的灵魂的点头招呼它……"③。在他看来,细节是具体而动人的,是作品重要的构成部分,也是人性光辉的来源。救火的英雄固然值得我们尊敬,而救完火的英雄若还能体恤一个孩子的心情帮他救出心爱的玩具,这看上去微不足道的细节却更值得我们珍爱。纳博科夫称其为"为琐物而疑虑的才能……灵魂的低喟……生命书册的脚注,是意识最高尚的形式"④。他将这种态度贯彻到他的创作中,也贯彻到他的文学批评和教学中。

① 纳博科夫;申慧辉等. 文学讲稿[M]. 上海:三联书店,2005:25.
② 纳博科夫;唐建清. 独抒己见[M]. 杭州:浙江文艺出版社,2012:172.
③④ 纳博科夫;申慧辉等. 文学讲稿[M]. 上海:三联书店,2005:330.

　　纳博科夫笔下的细节涉及小说的各个层面,小到一个索引的页码和具体人物名称的设计,大到小说的宏观结构和思想内容,都离不开细节方面的精心打造,而细节上的匠心也为小说的总体艺术效果发挥了不可忽视的作用。纳博科夫的细节描写具备三方面的典型特征。

　　纳博科夫细节描写最明显的特征之一是追求科学家的精确。他不厌其烦,将细节层层推进,仿佛那些细节是一个生物细胞,只要技术上允许,就可以在显微镜下无限细分下去。一般而言,一个作家要描写女性的美,特别是情侣眼中的女性美,更多的是各种华丽的形容词,但纳博科夫则另辟蹊径。他带着为读者制作的特殊眼镜,将眼中情人的一个再细微的动作刻画出来。小说《微暗的火》(*Pale Fire*,1962)中谢德回忆中学时代与希碧尔约会,他这样描写希碧尔的手:"一只五指分开的手掌,在一棵星形的延龄草和一块石头之间,压在草皮上。一个娇小的指骨不断在扭动。"①《普宁》(*Pnin*,1957)中丽莎·包果列波夫像"吉普赛人那样用右手的拇指和食指捏着一根烟卷,烟雾袅袅上升,熏得她半闭着那双明亮的蓝眼睛"②。在小说《王,后,杰克》(*King*,*Queen*,*Knave*,1968)中我们再一次领会了纳博科夫的显微镜效果。车厢中,弗朗兹在观察同一节车厢中的乘客玛莎打呵欠:"他瞧见了她嘴巴红色的半阴影里舌头绷紧皱起,看见了她的牙齿亮光一闪,随后她立刻举起一只手捂住嘴巴,以免失态;于是,她眨巴起眼睛,扇动眼睫毛驱除一滴使人发痒的眼泪。"③无论是希碧尔那扭动的指骨,丽莎半闭的蓝眼睛,拿烟的手势,还是玛莎打呵欠逼出的那滴眼泪,都让我们领略到了纳博科夫带着显微镜描摹人物的严谨和细致入微。同样,纳博科夫描写水果看似漫不经心,其实有着非同寻常的笔法:"摊位上摆放着滚圆光亮多肉诱人的鲜红草莓;它们自信地吆喝着,诱人品尝;所有的水果都在吆喝,愿意亲近人们舌头上的味蕾。"④博伊德认为,纳博科夫这样"不惜冒犯典雅",将草莓红彤彤的诱人姿态及其香甜可口比拟为美人对人们的味蕾"勾引",是为了"追求涉笔的精确"⑤。此处对草莓的特写通过夸张和拟人手法的综合运用,犹

　　① 纳博科夫;梅绍武.微暗的火[M].上海:上海译文出版社,2011:36.
　　② 纳博科夫;梅绍武.普宁[M].上海:上海译文出版社,2007:232.
　　③ 纳博科夫;黄勇民.王,后,杰克[M].上海:上海译文出版社,2015:11.
　　④ 纳博科夫;黄勇民.王,后,杰克[M].上海:上海译文出版社,2015:2.
　　⑤ 布赖恩·博伊德;刘佳林.纳博科夫传:俄罗斯时期[M].桂林:广西师范大学出版社,2009:391.

如广告中的特写镜头,将草莓鲜嫩多汁、酸甜可口的特点通过表面的无限夸大表现出来,以引起人们的购买欲。确实是纳博科夫为表达精确而不吝运用语言技巧。

纳博科夫还将自己由绘画培养起来的特质运用到文学创作中,似乎有意将文字变成颜料,他用画家的眼睛创造文学天地。纳博科夫从小喜欢绘画,大约八九岁的时候父母给他请来了家庭教师卡明斯先生,这位老派绅士也是他母亲的绘画老师。这位老师曾经是伦敦《画报》的驻外记者和插图画家。可见纳博科夫所从之师乃专家型人物。在《说吧,记忆》中纳博科夫表示自己对色彩的着迷,也就是从这位绘画老师开始的。他后来说,"对我好处更大的是母亲和她原来的老师在这之前给予我的色彩上的享受"[1]。而他这种对绘画的爱好特别是对色彩的偏爱也在他的文学创作中得到了充分展现。这主要体现在两方面,一是他对所要描写之物的逼真的描绘;二是他在描绘中对色彩的关注及其隐含意蕴的运用。《微暗的火》中谢德对妻子的描绘呈现简直是一幅绝佳的人物画:"那抿嘴轻咬朱唇的晶牙;长睫毛眼下的晕影;粉面桃腮;从鬓角颈背梳拢起的深棕色丝发;那白白净净的脖颈;那波斯人脸型的俊鼻秀眉……"[2]谢德并没有用华丽的辞藻描述恋人的美丽动人,而是通过较为平实的语言向读者转述他所感受到看到的真实的生命力,那扭动的指骨,咬着嘴唇的牙齿,眼睛下睫毛影,深棕色的头发……读者似乎看到一幅希碧尔的彩色画像,她的红唇白齿,睫毛的阴影,粉色的脸颊,棕色的头发,白净的皮肤,简直是一个画家在调弄各种颜色给希碧尔画像。

纳博科夫带着画家的笔触描摹那些个性化细节,并赋予其诗人的浪漫色彩。这种诗意浪漫的一个重要表征是各色各类蝴蝶在他的小说中飞舞。生活中,鳞翅目昆虫是纳博科夫真实的可爱玩伴。文学世界里,蝴蝶和飞蛾这两个意象随处可见,已经被赋予了他对人生的思考和洞见,深入他的心灵。从他的小说中,我们时不时看到蝴蝶的身影翩跹,这些忽闪着美丽翅膀的精灵是纳博科夫冷色调小说中的一点暖色,是悲切惆怅中的一点诗意的慰藉。这些蝴蝶意象有时饱含深意,有时出现似乎只是逗读者一乐,有时可能只是小说内容的一种点缀,并无深刻含义。在《微暗的火》中,纳博科夫运用了各种蝴蝶意象,而那只深色的瓦奈萨

---

[1] 纳博科夫;王家湘.说吧,记忆[M].上海:上海译文出版社,2009:95.
[2] 纳博科夫;梅绍武.微暗的火[M].上海:上海译文出版社,2011:37.

最具象征意义：

> 来受仰慕吧，来受爱抚吧，
>
> 我这深色的瓦奈萨；线条绯红，我这神圣的，
>
> 我这令人羡慕的蝴蝶！解释一下
>
> 你怎么在丁香巷的暮色中竟然会
>
> 让笨拙而歇斯底里的约翰·谢德
>
> 泪湿了你那面颊、耳梢和肩胛骨。①

在他死亡的前一分钟，我俩正从他的领地跨到我的领地，步行在装饰性灌木和落叶松中，忽然飞来一只红蛱蝶，像一团火焰那样围着我俩转悠，令人头晕目眩。……人的目光在斜阳下没法儿追随那只飞舞的蝴蝶，它时而闪现，时而消逝，时而又闪现，几乎是在令人惊异地仿效一种故意的调弄，最后竟然歇在我那位心情愉快的朋友的袖子上面，真是达到了高潮。②

小说中两处出现的红蛱蝶象征着不同含义。前者象征着谢德的爱人希碧尔。这是一只爱的蝴蝶。它美丽而神圣，寄予了谢德对美好纯真爱情的向往。诗人特意选择一只红色的蝴蝶代表谜一样的爱情，表达了他心中爱情的强烈和专注。纳博科夫将自己对蝴蝶的钟爱赋予了笔下的诗人谢德，而希碧尔仿佛就是那种可爱、值得膜拜的红色蝴蝶，它带给谢德温情、温柔，让这位孤独的诗人在这充满奥秘和悲伤的人生中感受到一种稳定与安全。谢德一生不断地遭遇亲人的死亡，三岁时父亡，母亲也在他儿时去世，青年时养大他的姑妈因病亡故，中年时女儿自杀。而他自己一生好几次有过死亡的经验。一连串的人生伤痛后，因为希碧尔这只"红蛱蝶"的存在，悲伤的谢德才多了一点慰藉和安心："于是我修剪指甲，沉思冥想，侧耳倾听楼上你那脚步声，一切尚好，我亲爱的。"③后者则象征着与彼岸世界相连的信使。这只红蝴蝶出现的时候，谢德刚完成他的诗歌，与金波特一起出门去金波特家喝酒。而谢德也快

---

① 纳博科夫；梅绍武. 微暗的火［M］. 上海：上海译文出版社，2011：37.

② 纳博科夫；梅绍武. 微暗的火［M］. 上海：上海译文出版社，2011：328.

③ 纳博科夫；梅绍武. 微暗的火［M］. 上海：上海译文出版社，2011：36.

要倒在刺客的枪下。红蝴蝶既是希碧尔来为谢德送行，也是彼岸世界派来迎接谢德的使者，"是摆渡亡灵的船只，是狂野的天使，逍遥在所有的存在空间，自由、快乐而狂喜。蝴蝶似乎在启示：生命不过是一场轮回，生命应该不虚无、不执着也不放弃。蝴蝶不止启示他，也摆渡他去体验彼岸世界的神奇"①。正如小说的标题《微暗的火》显示的，蝴蝶就是那黑暗中的点点磷光，是寒凉雪夜中的一堆柴火，它虽如此渺小，却轻盈秀丽，它那震动翩飞的翅膀，那绚丽的色彩，既是希望和温暖，又是神秘和花样。纳博科夫小说中的蝴蝶意象比比皆是，寄予了作者对生命的思考，同时它们优雅、神秘、美丽的气质给他的小说创作增添了无限诗意。

除了以上提到的科学家的精确、画家的彩笔、诗人的浪漫以外，纳博科夫创作中的细节描写在宏观上还有其他特点。比如对次要人物的独特描写和关注。多次被视为"太短"而被出版社拒绝出版的小说《普宁》竟有300多个次要或次次要人物，而纳博科夫对这些人物的描写都非常用心。哪怕一个人物只出现一次，纳博科夫也绝不轻易放过，而是用最精确的笔法写出这个人物最细微的特质，让人过目难忘。正如博伊德所言："没有哪个艺术家能如此个性化地塑造人物，无论是外貌、举止、性格还是经历，也没有哪个艺术家能够毫发无爽地表现他们交往中的细微差别。"②纳博科夫小说创作中的细节艺术无疑体现出别具一格的个人色彩，而与新批评的细节理念相比，亦可谓有过之而无不及。

纳博科夫笔下的细节具有统辖全篇的重要象征意义。上文提到《王，后，杰克》中的草莓细节，放到小说中看，这种精确描写的背后同时可以看作纳博科夫对女主人公玛莎感情生活的一个不起眼的细节伏笔。他用小小的草莓意象，勾勒并实际上暗示出玛莎对现实生活的不满和行为的放荡。几页之后，玛莎出场了，纳博科夫没有忘记他最初设计的草莓细节，他成功地将玛莎的呵欠与草莓连接，让旁观者弗朗兹不禁对这名少妇开始想入非非。四页之后，纳博科夫又借助玛莎的丈夫德雷尔说起没有水果吃的遗憾："那些草莓肯定渴望有人去品尝。"③五页过后，玛莎打呵欠了，纳博科夫不失时机又回到了他的草莓细节，他说："弗朗兹

① 芭芭拉·威利；李小均.纳博科夫评传[M].桂林：漓江出版社，2014：51.
② 布赖恩·博伊德；刘佳林.纳博科夫传：俄罗斯时期[M].桂林：广西师范大学出版社，2009：9.
③ 纳博科夫；黄勇民.王，后，杰克[M].上海：上海译文出版社，2015：6.

无法抵抗打呵欠的样子,尤其是那种不知怎么的有点儿像性感淫荡的秋季草莓那样的呵欠……弗朗兹无法克制嘴里涌起的那种味觉,他战栗着张开嘴巴。"①而弗朗兹的这一小小的举动碰巧又被玛莎看在眼里。不起眼的草莓,弗朗兹从列车上看到的站台上那仅仅掠过一眼的草莓,成了玛莎与外甥弗朗兹勾搭成奸故事的一个小小象征体。正如博伊德所言,纳博科夫笔下的"细节绝不是惰性的,它们的周围存在着静电"②。这是纳博科夫式式的对具体细节"显微镜式"科学精确的描绘,也是他让细节担当一定功能的例证。弗朗兹最后成为玛莎的情人,对玛莎唯命是从,深陷不伦关系而无法自拔。

细节在文本中还承担重要的线索功能。细节与细节之间,细节与人物、场景、情节甚至小说主题之间有着密切联系,就像散布在小说文本中的各个支点,连接起来可以构成一个别具一格的意义之网,这成为理解小说的独门锁钥。小说《微暗的火》第四部分是主人公金波特编著的关于谢德和注释的索引。最后一个索引词条,即小说的最后一句是"赞巴拉,一个遥远的北方国度"③。这条并不引人注目的索引恰恰缺少了页码,是作者故意为之的小细节。这个细节很容易被粗心的读者忽视,却包含了丰富的想象、无穷尽的意义空间,也揭示了小说的乡愁主题。没有页码可能是金波特有意为之,说明这个名为赞巴拉的地方无处可寻,一个无从寻找的地方至少说明几点可能性,一是金波特的赞巴拉根本不存在,赞巴拉的故事也是虚幻,一切都是金波特的想象而已。而金波特虚构这样一个王国并把自己臆想为其中的国王的原因给读者制造了多种解释的空间;其次可能说明金波特或者纳博科夫不想透露这个地方所在,那也许是记忆中迷失了的故乡,也许是不愿记起只愿珍藏的悠悠往事。它的象征意义似乎无限广阔。另外,如果没有页码也可能并非金波特故意不写,而是没法写了。原因或许是金波特写着写着突然被打断了,他死了。纳博科夫小说这最后一句是作品的"关键句,消融的地平线,以及它对未完成、受干扰生活的暗示"④。而正是这个没有页码的索

---

① 纳博科夫;黄勇民.王,后,杰克[M].上海:上海译文出版社,2015:11.
② 布赖恩·博伊德;刘佳林.纳博科夫传:俄罗斯时期[M].桂林:广西师范大学出版社,2009:391.
③ 纳博科夫;梅绍武.微暗的火[M].上海:上海译文出版社,2008:360.
④ 布赖恩·博伊德;刘佳林.纳博科夫传:美国时期[M].桂林:广西师范大学出版社,2011:511.

引条目中蕴含的悲剧意义空间展现了纳博科夫细节艺术的高超。正如纳氏的妻子薇拉所言:"'一个遥远的北方国度',这句话的调子中有诗,有乡愁,有几乎令人心碎的啜泣。如果我们说'一个不存在的北方国度',那就成了一只空瓶子上的标签。"①

　　细节暗含重要的意义指涉,有时甚至揭示隐含作者的伦理立场。小说《普宁》中叙述者在小说接近尾声时的顿悟就是一例。他最终的悔悟在他到达温代尔,在英语系主任杰克·考克瑞尔惟妙惟肖的模仿秀之后瞬间到来。考克瑞尔反对哈根对普宁的保护态度,认为普宁是个笑柄。他是温代尔模仿嘲笑普宁最鲜明的代表之一。叙述者到达温代尔的当晚住在考克瑞尔家里,杰克自然又少不了给他表演一番普宁式的手势和普宁式的蹩脚英语。然而大笑之后,叙述者突然"觉出自己一直让脸上浮现的那种微笑开始发僵,嘴唇都有痉挛的迹象了"②。这无疑是叙述者对嘲笑别人这种行为的伦理意识上的瞬间顿悟。他的理性意志终于开始浮上水面,跟自由意志开始搏斗了。故事讲到最后,叙述者终于做出了自己的伦理选择,对普宁的嘲笑讥讽心生厌恶和腻味,他最后得出结论:"他(考克瑞尔)这个嘲弄普宁的人反倒成了嘲笑的牺牲品。"③于是被作者比喻为毫无人性的"这只猫"叙述者至少在纳博科夫理性个人主义有关"对个人权利表示尊重和关切"的层面上完成了道德皈依,实现了"从猫到人"的转化。他"在想象性地体验普宁的悲欢离合的过程中,叙述者真切感觉到了普宁的痛苦,以及普宁的崇高,并发现自己的卑下,从而走向自我伦理的'皈依'"④。

　　由此看来,纳博科夫对细节的掌控和推崇不但淋漓尽致地表现了纳氏文论思想的新批评理念,更有着"青出于蓝而胜于蓝"之势头。正如博伊德所言,"纳博科夫没有哈代懂建筑,没有狄更斯或乔伊斯懂市景,没有阿诺德·本涅特懂哔叽、花呢和纽扣,但没有哪个小说家像纳博科夫这样细心地去掌握小说家手艺中的永恒细目:色彩,光线,阴影,天气;飞鸟,花朵,树木;眼睛,嘴唇,面庞,脖子,四肢,手掌那态浓意远的细

①　布赖恩·博伊德;刘佳林.纳博科夫传:美国时期[M].桂林:广西师范大学出版社,2011:511.

②③　纳博科夫;梅绍武.普宁[M].上海:上海译文出版社,2007:243.

④　王青松.纳博科夫小说:追逐人生的主题[M].上海:东方出版中心,2010:159.

节"①。他赋予细节"崇高"的地位,这些独特的细节既是其小说的组成部分,也是解读小说的关键以及其个人风格和世界观的鲜明表征之一。纳博科夫如此重视细节很难说这是源于科学家严谨究微的精神还是他个人的性格气质,或者两者兼而有之。在他这种讲究细节的背后是一位作家倡导艺术与科学结合的思想与态度,更是他个人主义人生观和艺术观的集中表现。因为正是这些细节决定了每个个体的与众不同。

二、棱镜艺术

纳博科夫与新批评派观点的另一个相似之处在于其对文学艺术另一个看法——文学的艺术是"棱镜"的艺术。他说:"在丛生的野草中的狼和夸张的故事中的狼之间有一个五光十色的过滤片,一副棱镜,这就是文学的艺术手段。"②棱镜多面,面面不同,色色相映。艺术越高超,色散越丰富,也就越绚烂。纳博科夫小说语言的诗性化倾向,灵活多变的创作技巧和不拘传统的叙事手法,配上高难度的题材使得纳博科夫的艺术棱镜色彩绚烂,折射出多重艺术维度,包含了丰富的隐含意蕴,体现出明显的"含混"特征。与新批评派推崇语义丰富和充满歧义色彩的诗歌作品的审美品位有着天然联系。

纳博科夫对"含混"技巧造成的歧义和给读者的困惑十分着迷,甚至有时被误认为"戏弄读者"或"玩弄语言游戏",其实这与他对人类生活本身和文学艺术的理解有关。在纳博科夫看来,真实与虚妄之间,文学艺术起到了棱镜的作用。真正的文学艺术拉开了人们与具体现实的审美距离,让"野草中的狼"变成了"故事中的狼",而这"故事中的狼"带着多样的色彩,它是变幻无穷的,捉摸不定的,体现出丰富性与复杂性的特点。而这或许正是纳博科夫通过谢德表达的对生活的真实感受:"生活是个在黑暗中胡乱涂写的信息"③,"是深奥而未完成的诗歌注释"④。

纳博科夫在语言上善于运用模棱两可的笔法,而隐喻就是这种笔法

---

① 布赖恩·博伊德;刘佳林.纳博科夫传:美国时期[M].桂林:广西师范大学出版社,2011:329.
② 纳博科夫;申慧辉等.文学讲稿[M].上海:三联书店,2005:4.
③ 纳博科夫;梅绍武.微暗的火[M].上海:上海译文出版社,2011:35.
④ 纳博科夫;梅绍武.微暗的火[M].上海:上海译文出版社,2011:72.

的最好搭档之一。小说《普宁》中美人鱼的隐喻运用具有多重含义。这个隐喻首先很自然让读者联想到纳博科夫十分推崇的俄国诗人莱蒙托夫（Mikhail Lermontov，1814—1841），是纳博科夫对俄国文化的继承和纪念。莱蒙托夫的诗歌《美人鱼》（The Mermaid，1832）和《海宫公主》（The Sea Princess，1841）分别对美人鱼的爱情进行了描绘。纳博科夫运用隐喻"水手想象美人鱼长着两条腿，那只猫却想象她彻头彻尾是条鱼"①影射出普宁、丽莎与叙述者三个主要人物的迥异个性和命运归属。这个隐喻暗示三人作为斯芬克斯因子，在兽性因子与人性因子的矛盾冲突中表现出的不同伦理意识和伦理选择，最终导致了三人不同的命运归属。普宁是失意的水手，虽才华横溢，善良真挚，但却为看似"正常"、实则"荒谬"的世界所抛弃。《普宁》中，当丽莎来找普宁要求普宁给维克多攒生活费时，房东琼给他看杂志上的广告画，在一个荒岛上，有一个失事船只的水手，一只猫咪，一条闲荡而挺愁闷的美人鱼。这时普宁已经开始瓮声瓮气地呜咽起来。纳博科夫在三处通过美人鱼的隐喻，不同程度地暗示了丽莎身上兽性因子的强大和人性因子的式微。丽莎与普宁初遇时"普宁是个年轻有为的学者，她是条比现在更水亮的美人鱼"②。当温德要求儿子维克多画一画漂亮的妈妈时，维克多"漂漂亮亮地画点波浪形的线条"③。反映了丽莎的兽性因子的存在比一般人更加严重，她完全凭着自然情感的驱策为人处世，导致了她的悲剧命运。小说中另一个主要人物叙述者只把丽莎当成"鱼"。他为丽莎的美丽引诱，玩弄丽莎，又不负责任。他是丽莎这条美人鱼心中沙滩上冷冰冰的"水手"，但他是只把丽莎当成鱼的"猫"。他勾引丽莎是他身上的兽性因子决定的。他始乱终弃的背后是理性意志不能控制他的自由意志的结果，他任凭自由意志控制自我而将道德抛诸脑后，像猫只求满足食欲一样只追求感官的快乐。他的"猫性"还体现在对其他女性的觊觎。比如他说："我个人对布罗托夫和他的哲学著作从来就不怎么感兴趣，……但是我对这位无精打采的哲学家的神完气足、体格丰满的妻子瓦尔瓦拉却一向有好感。"④接下来还有一大段对瓦尔瓦拉的追述，所有追述似乎只导向那最后一句：

---

① 纳博科夫；梅绍武.普宁[M].上海：上海译文出版社，2007：65.
② 纳博科夫；梅绍武.普宁[M].上海：上海译文出版社，2007：45.
③ 纳博科夫；梅绍武.普宁[M].上海：上海译文出版社，2007：108.
④ 纳博科夫；梅绍武.普宁[M].上海：上海译文出版社，2007：145.

"居然把一大把美丽而有毒的常春藤叶子紧紧捧在她那雀斑丛生的粉红胸脯前,得意扬扬且气喘咻咻地跑进来。"①有研究者中肯地评论道:"语气中的轻浮和淫亵暴露了一个阴暗邪恶的灵魂。"②并且指出叙述者:"对其他面容姣好、身段迷人的女子都容易有好感。"③另一方面,人物叙述者公布同胞普宁的隐私,擅自保存普宁给丽莎的求婚信并公之于众,揭露他的脆弱外壳底下的灵魂,无视他人尊严。他运用娴熟的小说技巧欺骗、诱惑读者,让读者和他一起成为普宁隐私与伤疤的残忍看客。或许是因为他"这条鱼"一直不理解真正"水手"普宁的伦理选择:他竟然跟丽莎结婚,容忍她出轨,还接受她和温德的私生子,甘心被她欺骗,甚至攒钱给维克多!哪怕发生了这一切,他依然还对丽莎专一忠贞!这不仅反映了"人与人无法真正了解彼此的事实"④,而且反映了为自由意志支配的人与由理性意志支配的人之间的必然隔阂。

此外,纳博科夫通过设置水手、美人鱼、猫的多重隐喻,依托莱蒙托夫有关美人鱼的诗歌,表达了明显的伦理旨归。普宁、丽莎、叙述者纳博科夫三角恋故事中,由于个体斯芬克斯因子中兽性因子与人性因子各自力量的消长变化,三人面对不同的伦理境况做出了不同的伦理选择。普宁一度被嘲笑,无端遭排挤,最后被排挤出了工作十年的温代尔学院。这对普宁来说看似是个悲剧,其实也是一个走向新生活的契机。正如博伊德指出的,"事实上,小说的最后一页,普宁被温代尔学院解雇,他将在《微暗的火》中出现,在华兹史密斯学院享有终身教职,得到荣升,成为俄语系主任"⑤。这无疑是纳博科夫对普宁的最大奖赏,对普宁优秀品格的赞同,对痛苦、屈辱、残忍、幸灾乐祸的愤慨与谴责。丽莎在罗马跟第三任丈夫离婚,又嫁给了一位意大利艺术品掮客。她依然生活在水深火热的自然情感之中,她还是那条没有化身为人的"美人鱼",纵然有着人类的身体,却依从非理性情感生活行事。她身上的兽性因子还是占据了人性因子的上风,让丽莎的生活始终没有伦理的概念。叙述者则在最后通过把自己送上道德的审判台实现了自己的道德皈依。无论普宁是什么,

① 纳博科夫;梅绍武.普宁[M].上海:上海译文出版社,2007:145.
②③ 王青松.纳博科夫小说:追逐人生的主题[M].上海:东方出版中心,2010:155.
④ 王青松.纳博科夫小说:追逐人生的主题[M].上海:东方出版中心,2010:147.
⑤ 布赖恩·博伊德;刘佳林.纳博科夫传:美国时期[M].桂林:广西师范大学出版社,2011:283.

他最不可能是一个小丑①。相反,他是"一个有着伟大道德勇气的人,一个纯粹的人,一个学者和忠实的朋友,宁静淡泊,有智慧,忠实于专一的爱情,从没有离开真实、正直的生活高度降格以求"②。

除了语言技巧,不可靠叙事技巧是纳博科夫的另一面"艺术棱镜"。新批评派推崇意义的含混性与语言的歧义色彩,不可靠叙事正是实现这种效果的重要手法之一。纳博科夫笔下人物叙述者的可靠性常常在动态变化之中,使人物叙述者的性格呈现复杂性与多面性,也使得经由其讲述的故事有了更广阔的阐释空间。博伊德说:"在一个极简主义艺术勃兴的时代,纳博科夫是一个极繁主义者。"③他运用不可靠的人物叙述者,打破全知叙述者权威、统一、明晰的意义世界,创造出复杂迷离、模糊不定的艺术世界,将理查兹关于文学语言多义性、暗示性的理论观点纳入到小说整体叙事创作架构之中。

小说《普宁》通过不可靠叙事塑造了丰富、多面又矛盾的普宁。叙述者纳博科夫虽然是普宁的同胞,但他对普宁了解有限,他的故事转述了众人眼中的普宁形象,使普宁呈现出多重人格特征。由于他的故事来源多半是道听途说,作为人物叙述者与隐含作者在道德规范方面存在严重的不一致,致使读者对他的故事采取将信将疑的态度。这个叙述者如同一个棱镜,折射出有关小说故事阐释的多种可能。《普宁》一共分为七章,前六章每一章基本上都讲述了普宁一个方面的故事,分别体现出一个不同的普宁形象或者普宁的不同侧面。他是丽莎心中"圣人"般忠实可靠的丈夫;是房东琼心中可爱、温柔又博学的教授;是"我"眼中最初十分可笑的同胞,是哈根博士心中具有"老派的魅力"又极具"个性"的员工;是以考克瑞尔为代表的一类人心中嘲笑的对象,是永远不适应新环境的外国人。而在作者心中,普宁是他最为崇敬的英雄。叙述者不可靠性体现在多个方面,他关于普宁故事来源非一手性,他在小说中表现出的个人品性以及他前后自相矛盾的说法甚至遭到普宁当面驳斥为说谎者的事实,都让读者无法完全相信他的叙述。

叙述者讲述的普宁故事,大部分都不是他自己的直接经验,可以说

①　王青松.纳博科夫小说:追逐人生的主题[M].上海:东方出版中心,2010:111.
②　布赖恩·博伊德;刘佳林.纳博科夫传:美国时期[M].桂林:广西师范大学出版社,2011:323.
③　布赖恩·博伊德;刘佳林.纳博科夫传:俄罗斯时期[M].桂林:广西师范大学出版社,2009:399.

他只是个中介传媒,但他这个中介很特别。在大部分时候他似乎是整个故事的权威"上帝",以全知的视角讲述一个他的"子民"的故事,他知道普宁的一切,包括他钱包里的东西,他感觉心脏病突发时产生的幻觉,他对死于集中营的初恋米拉的深刻感情。但有的时候他又突然跳出来说,我其实只是普宁的一个同胞罢了,至多也只是个普通朋友。我虽然有几次帮过普宁的忙,把他当好朋友,但普宁似乎不领情。读者知道在小说的后面部分,普宁对这个老朋友没有多少感情,甚至还骂他是个说谎家。他们之间的关系很微妙。在普宁这个被叙述者和纳博科夫这个叙述者之间,读者可能更相信普宁的真实可靠。叙述者从开始给读者值得信赖的印象,到最后彻底把自己的话推翻,让读者对他顿生疑窦,他将自己一步步从权威的全知叙述降为人物角色的有限叙述,而且告诉我们说他跟普宁其实交集不是很多,哪怕有也是作为对手存在,那么他讲述的故事就更不可信了。从另一个方面来说,他的故事大多从普宁在美国温代尔的同事处听来,他听到的也是别人想告诉他的,经过第一次的筛选,读者了解的普宁更非完全真实的普宁。换句话说,读者读到的普宁,是经过普宁的同事、朋友和熟人第一层的过滤,再经过叙述者普宁的昔日情敌的第二次过滤后的故事,而非读者通过全知叙述的直接观察获得的第一手观察资料。作者让读者开始以为自己读到的普宁故事是真实可靠的,是关于普宁的全部,但纳博科夫慢慢开始玩技法,不时通过叙述者跳出来自揭身份暗示读者:这个故事可能是带有偏见的普宁故事,而非作者要表达的普宁故事的全部。还有一个可能是,叙述者被他的上一层叙述者的偏见所蒙骗了。当纳博科夫让普宁从温代尔辞职,在一只小狗的陪伴下独自带着行李离开那个小镇时,他的汽车行驶在公路上,却不知到底要开往何方。普宁的归属至少在小说结尾时是不确定的,他的未来一片迷茫,读者忍不住为他感到担忧。这种模糊性是纳博科夫的惯用手法,也是我们时代的特征。而正是这个叙述者的可靠性的不断变化,引领读者的情感和价值判断在阅读过程中也不断变化,带给读者特别的审美体验。

在《洛丽塔》中,纳博科夫同样运用了不可靠的叙述者亨伯特来讲述自己与洛丽塔的爱恋故事。这个不可靠的叙述者如同一枚深水炸弹,搅动整个故事情节的各条线索走向以及各种理解路径,引发出多种理解疑点,折射出多重阐释可能。首先,纳博科夫凭借第一人称叙述者和第三人称自由交替的叙事手法让亨伯特这个恋童癖加乱伦的罪犯或者干脆说是有预谋的强奸犯让人恶心的罪恶行径听起来不仅少了读者预期的恶心,反而有时甚至赢得了读者的感动,博得了读者的同情。使用第一人称更容易让读者站在亨伯特的角度去看待所发生的事,进而在他的巧舌如簧中去理解他的所作所为,读者甚至被他的言辞迷惑,全然忘记了洛丽塔这个可怜无助的小女孩的悲惨命运。而第三人称让读者觉得亨伯特在对自己的行为进行客观的描述、冷静的反思和可能的忏悔。虽然纳博科夫的读者薇拉会说:"(《洛丽塔》)不是黄色小说,而是对一个恐怖的疯子不可思议的、最微妙的探测,是在探讨一个毫无防备的小姑娘的悲剧命运。"①若不是对小说有十分深入的研究,在亨伯特这个不可靠叙述者的带领下,读者不能轻易看到这一点。如此,纳博科夫的模糊叙事艺术取得了初步成功。

　　不可靠的叙述者亨伯特是个具有恋童癖的疯子,他精神不正常,自大又自恋。他精神上的不可靠能导致他瞒报、谎报、曲报事实,非正常地理解个人感知,做出不可信的价值判断。他讲述的洛丽塔故事因此多了一层亦真亦幻的色彩。比如读者根本不知道该不该相信他,相信他到什么程度。到底是他诱奸了洛丽塔还是洛丽塔迷惑了他? 他关于少年时代初恋死亡的故事是否只是他犯罪的借口,是他借助弗洛伊德精神分析理论为自己做的狡猾辩护? 以此博得读者同情和理解? 通过不可靠的叙述者亨伯特,作者在读者心中激起了重重疑惑,小说的人物、人物关系、故事情节都处于混沌状态,存在多种解释的可能性,为读者留出了极大的解读空间。不可靠叙述手法同时也使得隐含作者的态度不容易被发现,亨伯特因此看来既可恶又值得同情。如果作者在小说中总是表达了一定的思想感情和立场的话,那么这种"意思"也在不可靠的叙述中被深深隐藏起来。尽管纳博科夫着力在小说中表明自己的立场,但是收效甚微。事实表明,作者对洛丽塔命运的同情和对亨伯特行为的谴责并没有被大多数读者看到,作者的道德立场被叙述者亨伯特的"魅力"遮盖。当初西蒙和舒斯特的编辑认为《洛丽塔》是"彻头彻尾的色情文学"②而

---

① 史黛西·希芙;李小均.薇拉:符拉基米尔·纳博科夫夫人[M].桂林:广西师范大学出版社,2011:182.

② 布赖恩·博伊德;刘佳林.纳博科夫传:美国时期[M].桂林:广西师范大学出版社,2011:288.

拒绝出版。连平日对纳博科夫作品十分赞赏的纳博科夫当时的好友埃德蒙·威尔逊，因为"走马观花地浏览了他的小说"，只得出了"令人反感"的结论①。可见小说的色情题材和高超的艺术手段蒙骗了不少专业读者，更不必说那些普通读者了。而亨伯特的魅力正是来源于他的语言产生的迷惑性、暗示性和多义性。当他在回忆录开篇说起洛丽塔的名字时，读者已经感受到叙述者的"危险"与不可信，但同时又领略到其中的一股魔力。这就是亨伯特这块"棱镜"艺术光辉所在。作者虽然在小说中通过亨伯特偶尔流露的忏悔表明了隐含作者明确的道德立场，并且声称"当你果真阅读《洛丽塔》时，请注意，它是非常道德的"②。然而，这种说法对于一般读者而言很难一时接受也是情有可原。究其原因，正是小说中作者模棱两可的叙述手法，任由亨伯特为自己巧言辩护而作者并不明显的干预态度误导了读者。这就是纳博科夫"棱镜艺术"的魅力所在，也是纳博科夫对人性或现实的独到理解：绝对的完全的善或恶在现实生活中很少存在，人性是复杂多面的，也是难以彻底理解的。

不论是《普宁》中的叙述者还是亨伯特，他们的出现都是作者纳博科夫将新批评关于"复义"或者说文学语言的多义性、暗示性、歧义性特点发挥到更高程度的结果。他把自己的语言天赋交给他的人物叙述者纳博科夫与亨伯特，让他们将小说的语言诗性化，几乎达到新批评对诗歌语言复义解读的水准；同时也将这种多义性赋予他的人物叙述者本身，使得他们借助作者的语言创作出复杂如迷宫的小说世界。

三、艺术本体论

纳博科夫认为，每一部小说都是作者创造的一个新世界。"一件艺术品对社会没有什么重要性。它只对个体是重要的，也只有个体的读者对我是重要的。虽然我不关注'为艺术而艺术'一类的口号……但无疑，使一部文学作品免于蜕变和腐朽的不是它的社会重要性，而是它的艺术，只是它的艺术。"③由此可以看出他的艺术"本体论"体现在两个

---

①② 布赖恩·博伊德;刘佳林. 纳博科夫传:美国时期[M].桂林:广西师范大学出版社，2011:290.

③ 纳博科夫;唐建清. 独抒己见[M].杭州:浙江文艺出版社，2012:34.

方面。

　　对于作者而言,艺术创作重在技巧和形式,而不在思想内容。纳博科夫关于艺术的三个观点分别对此进行了进一步佐证:"……这就是达到极致的嘀嘀声,它是因给感官带来快感的想象的影响而产生的愉悦——给感官带来快感的想象——这是真正的艺术的另一个说法"①;"艺术的伟大之处就在于奇特的骗局和复杂②;在丛生的野草中的狼和夸张的故事中的狼之间有一个五光十色的过滤片,一副棱镜,这就是文学的艺术。"③这三种说法分别表达了纳博科夫对艺术或艺术标准的看法,即艺术不过是充满快感的感官想象、产生多彩颜色的棱镜、骗局和复杂。这几个方面恰恰反映了纳博科夫对文学艺术运用各种手段创造审美狂喜、制造各种游戏和迷宫、展现各种捉摸不定的棱镜效果迷惑读者的"玄学"态度。这也就能解释为何他把文学当成童话,而"文学在纳博科夫看来则首先是它的幻想品性"④。他对艺术的这种看法决定了他把作家更多地当成魔法师而非教育者。他说,一个大作家是讲故事者、教育家、魔法师的综合体,但魔法师是其中最重要的部分,也是使作家可以称为大作家的部分。因此作品的魔力即它的艺术性(类似于文学性)远远高于它的故事性和教育性。我们在这种看法中分明听到了新批评避免关注作品的社会历史功能而只关注文本本体的呼喊。

　　纳博科夫将作家小说当成童话,将伟大作家看成魔法师,在创作中他也将此态度付诸实践。他要做一个伟大的魔法师,创作伟大的童话。可惜的是,人们的观点并不总是同他的一致。典型的例证就是《洛丽塔》。虽然他声称:"为了艺术的原因必须写那本书,我真的不太考虑以后究竟会发生什么。"⑤但《洛丽塔》的出版之路历尽周折。纳博科夫是这样做出回应的:"他们拒绝买我的书并非因为我对书的主题的处理手法,而是主题本身之故。"⑥他坦承自己写的主题是大多数美国出版商的三大禁忌之一。但他很自信,要让艺术为他辩护。如果最终读者放下恶

①　弗拉基米尔·纳博科夫;金绍禹.堂吉诃德讲稿[M].上海:上海三联书店,2007:18.
②　纳博科夫;唐建清.独抒己见[M].杭州:浙江文艺出版社,2012:33.
③　纳博科夫;申慧辉等.文学讲稿[M].上海:三联书店,2005:4.
④　刘佳林.论纳博科夫的文学观[J].扬州大学学报(人文社会科学版),2004(6):33.
⑤　布赖恩·博伊德;刘佳林.纳博科夫传:美国时期[M].桂林:广西师范大学出版社,2011:288.
⑥　纳博科夫;主万.洛丽塔[M].上海:上海译文出版社,2005:499.

心的题材而因为艺术的原因承认了《洛丽塔》的成功，那么这显然是真正艺术的一大胜利。事实也证明，纳博科夫胜利了，他凭借《洛丽塔》蜚声世界。《洛丽塔》如今已成为经典，走入美国各个大学的文学课堂。从他自身的经历和对《包法利夫人》的态度我们可以看出，他认为作品的题材并不重要，乱伦也好，通奸也好，同性恋也好，或许是他当时所处社会中人们忌讳的话题，但只要作者拥有足够高超的艺术手法，严谨和细密的结构，拥有强大艺术风格的内在力量，那么这样的作品称得上大师级作品。也许作者笔下给读者呈现的是"一个肮脏的世界，里面居住着骗子、市侩、庸人、恶鬼和喜怒无常的太太们"，但一位如福楼拜一样的文学大师能"将这样一个世界写成一部富有诗意的小说，一部最完美的作品"①。这样看来，文学作品的社会现实意义也就不再重要，其中的诗意、艺术风格和手法才是作品成功乃至永恒的关键所在。正如纳博科夫所言："世界从未有过爱玛·包法利这个女人，小说《包法利夫人》却将万古流芳。一本书的生命远远超过一个女子的寿命。"②

另一方面，就批评家或读者而言，艺术批评和鉴赏不应以其实际功用为依据。首先，作为批评家，纳博科夫认为小说欣赏应以作品的艺术性为标准。他在鉴赏其他作家的小说中体现了这样的倾向。在《文学讲稿》中，对于被很多人称为讽刺资产阶级腐败堕落的现实主义小说《荒凉山庄》，纳博科夫看到的是其中的才华，至于这部作品本身的对象或目的是什么已经不再重要，因为作品讽刺针砭的靶子终究随着时间流逝而消失，但小说高超的讽刺艺术本身却隽永长存，成为不朽的艺术品。反之，若一部作品要实现针砭时弊、讽刺现实的目的，而其自身的技法不够炫目、不够有力，那也是收效平平甚至徒劳无功的。他认为无论是否考虑作品的现实意义，作品本身的艺术技巧是否出色才是值得我们关注的焦点。纳博科夫在讲解《包法利夫人》前，首先表明了他对文学实用价值的看法："请记住，文学没有任何实用价值。只有一种情况例外，那就是，如果有人不想干别的，偏偏要当开文学课的教授。"③这种看法貌似极端，但却是他对文学艺术性的又一次忠诚辩护。在对待《包法利夫人》曾被当成淫书在法庭遭到审判一事上，纳博科夫如此感叹："多么离奇，好像

---

① 纳博科夫；申慧辉等.文学讲稿[M].上海：三联书店,2005:128.
②③ 纳博科夫；申慧辉等.文学讲稿[M].上海：三联书店,2005:113.

一件艺术品也能够诲淫似的。"①在他眼中,一件艺术品,也许它的某些情节、描写庸俗浅陋,也许它涉及通奸或乱伦,但若它够得上一件艺术品的标准,那么它的光辉足以掩盖那些或许不能被读者一时接受的方面或者说因为它的魔力人们根本不必在意这件艺术品写的是什么内容。

纳博科夫关于如何阅读欣赏文学作品也提出了自己独特的看法。他推崇对文学实施"脊椎骨"鉴赏法,追求艺术魔力带来的肩胛骨之间的极致震颤。他说:"你不用心灵去读一部艺术作品(心灵是一个相当愚蠢的读者),也不单单用大脑去阅读,而是用你的大脑和脊椎去阅读。……脊椎感到的震颤真实地告诉你,什么是作者所感受的以及希望你去感受的。"②他并不认为文学是对现实的反映,读者不应当把小说当成"百科全书"去阅读。他甚至在小说创作过程中时不时提醒读者,他们正读的内容纯属虚构。比如在《普宁》的开篇,作者特别言明:"本书中的所有人物纯属虚构,若与实际生活中的在世或不在世的人物有任何雷同,纯属巧合。"③而脊椎骨的震颤是艺术所带来的欣悦时的最高表现形式。这种脊椎骨的震颤,更多的来自于作为魔法师的作者,而非给读者讲故事同时教育读者的那个作者。他认为研究文学作品的社会学效用或政治影响也许是某些人的爱好和责任,但真正的艺术欣赏是用"大脑",更多的是用"脊椎骨"去体验艺术家的匠心和魔法。在他看来,《荒凉山庄》中结构的巧妙,愉快的游戏,狄更斯创造的动人形象,那些精选的最易触发视觉、听觉、触觉的词语才是读者和批评家应该关注的亮点。他说小说中那个叫马车的人收下两便士,虽然没露出一点心花怒放的样子,"只是把钱往空中一扔,又手心朝下一把抓住"的动作的生动而精确的抓拍让读者永远记住了这个作品中一个微不足道的小人物。即便是作品中再不起眼的配角在狄更斯笔下也是栩栩如生,活灵活现,叫人过目难忘的。这就是伟大艺术家的匠心和魔法所在。读者在阅读时应该着重注意这些凝聚作家艺术的点滴,而非作品的思想道德内容。

虽然对于作品承载的说教功能,纳博科夫并非视而不见,但他却是从艺术的角度去观察的。他承认即便在狄更斯发挥最不好的时候,小说中的道德说教是显而易见的,但他的说教并不缺乏艺术性。换句话说,

①　纳博科夫;申慧辉等. 文学讲稿[M].上海:三联书店,2005:113.
②　纳博科夫;唐建清. 独抒己见[M].杭州:浙江文艺出版社,2012:41.
③　纳博科夫;梅绍武. 普宁[M].上海:上海译文出版社,2007,扉页.

作品的艺术性是作品价值的根本。而伟大的思想如若没有伟大的艺术来传达也只能沦为空洞的废话。更何况如美学家马克斯·李卜曼所言，"画得好的白菜头比画得坏的圣母像更有价值"①。而对于作品的现实意义，纳博科夫还有另一重理解，即现实只是暂时的，而艺术却是要追求永恒的。他在评价福楼拜的作品时表示，福的作品也许是现实主义或自然主义的，但这都是相对概念，"主义"会过时，"主义者"会远去，但艺术却永远留存。

由此可以看出，在20世纪50年代新批评在美国高校风靡的时代，纳博科夫对文学作品艺术性的强调与当时的评论方向具有一致性。他在《文学讲稿》中抛开了社会、政治、经济、文化思想等文学作品赖以产生的背景，对作者本人的介绍也寥寥无几，而将主要精力投注于对文本的评论。他为自己辩护称，不论福楼拜创作的最初动因是什么，不论当时法国的社会环境或是福楼拜心目中的法国社会环境到底是怎样的，小说《包法利夫人》中的每件事都发生在福楼拜的头脑中，女主角包法利夫人和她所生活的环境都是福楼拜的虚构，是他创造的童话。在这里我们似乎看到了新批评关于艺术"本体论"的一个代言人形象。

然而，纳博科夫的这种为艺术辩护的有些显得极端的态度招来不少批评。不少研究者认为他的文学批评固然独树一帜，有不少真知灼见；文学创作也个性鲜明，极具独创性；但他的创作脱离现实，缺少现实关怀，成了语言的狂欢。"纳博科夫活着的时候，人们常常指责他是一个变戏法的魔术师，没有什么实质性的内容。"②事实却表明，纳博科夫的文学品评与创作虽然都有追求纯艺术的"唯美"倾向，但"这并不意味着他的艺术世界是纯粹唯我论者的世界，在他用语言和机智构筑的诗性世界中，一股哲学和纯粹道德的光辉在深处熠熠地闪烁着"③。与新批评有所不同的是，虽然纳博科夫主张维护艺术的独立性和创造性，反对对作家创作自由的干涉和过多赋予社会道德责任，但他为艺术自足做出的种种辩护并不能证明他的创作完全是脱离现实只专注文本本身的空中楼阁。相反，从他对艺术的另外两个典型说法可以看出，对人类命运的关注和

---

① 徐岱.审美正义论——伦理美学基本问题研究[M].杭州:浙江工商大学出版社,2014:21.

② 布赖恩·博伊德;刘佳林.纳博科夫传:俄罗斯时期[M].桂林:广西师范大学出版社,2009:389.

③ 刘佳林.论纳博科夫的文学观[J].扬州大学学报(人文社会科学版),2004(06):37.

伦理立场始终都在他的小说中占有一席之地。他说："美加怜悯——这是我们可以得到的最接近艺术本身的定义。"①他又说，艺术即为"好奇、温柔、善良和狂喜"②。不难发现，"怜悯""温柔""善良"这三个带有明显价值指向的词语是纳博科夫艺术世界中不可缺少的尺度。实际上他在小说创作中也表明了对现实社会的种种态度和立场。

首先，小说《微暗的火》中纳博科夫通过海丝尔的悲剧对教育功利主义进行了无情的讽刺。海丝尔所受的教育是只认智商和外表而不认人的教育。这种教育无视学生个性，不注重培养学生精神自由的教育。海丝尔聪慧，智力上非常出色，法文和历史课得了优秀奖，这从智力培养方面来看是非常成功的。但她长相丑陋，她在学校哑剧表演中只能扮演弯腰的女仆、时间老妪，跟扫把和污水桶打交道。也没有异性喜欢她。为此海丝尔悲痛绝望，变得沉默寡言，最终走上自杀的道路。海丝尔的悲剧是独立自由精神的缺失，因为她没有认识自我、进而悦纳自我，了解到个人的特殊性和精神世界的重要性。而仅仅为自己的面貌所羁绊，世俗功利主义的眼光让她没有勇气生活，这是教育功利主义的失败。纳博科夫用海丝尔的死表达了自己对教育功利主义的批判、对无视学生个性的抨击。小说中金波特的话恰当地表达了作者的这种反讽，海丝尔"值得深切的尊敬，宁愿选择美丽的死亡而不愿赖活在丑恶的生活中"③。

而小说《普宁》则体现了作者对学术界庸俗功利现象的挖苦。该小说可以算是学院派小说的典范，以极具讽刺现实主义的笔法对美国学界的堕落腐败的现象进行了无情讽刺。主人公普宁是一位极具才情和个性的人物，但身处异国他乡，外语能力有限，经常遭到温代尔学院同事的嘲笑。尤其是该学院的一些主要领导人物不但自己不学无术，徒有虚名而占据重要位置，还对多才多艺的普宁进行冷嘲热讽。该院法语系主任布劳伦吉反对接纳普宁到法语系任教，他说如果普宁法语不错，"那我们更不能用他了。你是知道的，我们只相信会话教学唱片和其他机器设备。不允许看任何书"④。而这位法语系主任自己的法语水平如何呢？纳博科夫在小说第二章就通过克莱门茨与恩特威斯尔教授的对话对这

---

① 纳博科夫;申慧辉等. 文学讲稿[M]. 上海:三联书店,2005:217.
② 纳博科夫;主万. 洛丽塔[M]. 上海:上海译文出版社,2005:500.
③ 纳博科夫;梅绍武. 微暗的火[M]. 上海:上海译文出版社,2011:356.
④ 纳博科夫;梅绍武. 普宁[M]. 上海:上海译文出版社,2007:177.

位法语系主任的无知进行了无情揭露。在克莱门茨家中聚会的尾声,克莱门茨询问恩特威斯尔对布劳伦吉的印象,恩特威斯尔顺口道出:"那位法文系主任,竟然以为夏多布里昂是位出名的厨师长哩。"①这位将法国著名作家当成厨师的法语系主任,既无真才实学,又不能任人唯贤,从他身上映射的学术界的腐败堕落昭然若揭。

纳博科夫予以批判和讽刺的还有另一种与一般人的理解有些许差异的"社会现实"。这种社会现实可能是人类共有的某种精神状况。例如,他认为果戈理并非现实主义作家或讽刺作家,但他又"称赞果戈理不是具体社会环境的批评家,而是麻木不仁、沾沾自喜的庸俗这一普遍恶习的批评家"②。显然,"麻木不仁、沾沾自喜"的人类恶习也是社会现实的一种。从纳博科夫的另一处阐释可知,纳博科夫实际上反对的是"仅仅"将果戈理的艺术粗浅地理解为对"某个特定时空"中"具体社会环境"的批判。在他看来,果戈理作品体现的不仅仅是"受害者的形象",也不仅仅是"一次社会抗议",而是体现了更为深刻的另一种社会现实:"某些东西出了大错,所有人都有点儿疯狂,他们蝇营狗苟,却以为性命攸关,荒谬的逻辑力量迫使他们继续徒劳地挣扎下去——这就是这个故事的真正'信息'。"③可见,纳博科夫以极具洞察力的眼光,看到了一般批评家没有体悟到的果戈理作品中体现的更深层次、更具震撼力和警醒力的社会现实。从这个意义上说,纳博科夫认为果戈理是一位"现实主义"作家,只不过,他理解的"现实主义"与一般批评家眼中的现实主义有差异。

纳博科夫文学创作中还寄托着他的伦理思想,具体体现为对历史和现实的反思。其伦理思想最为显著的立场是"理性个人主义"④。笔者认为纳博科夫的这种伦理立场在其文学创作中主要体现在三个重要方面,即对个体生命、自由及个性的尊重。小说《普宁》中作者通过普宁未婚妻米拉之死呼吁对生命权利的尊重,抗诉对无辜生命的残害。而在《洛丽塔》中通过揭露亨伯特追求个人极端欲望的实现而践踏洛丽塔的个人自由和生命尊严,将其变成自己的囚徒和牺牲品的恶棍行为,反衬

① 纳博科夫;梅绍武.普宁[M].上海:上海译文出版社,2007:37.

②③ 布赖恩·博伊德;刘佳林.纳博科夫传:美国时期[M].桂林:广西师范大学出版社,2011:57.

④ 该说法由利昂纳·拓客(Leona Toker)首次提出。参见 Julian W. Connolly. The Cambridge Companion to Nabokov[M]. New York:Cambridge University Press,2005:237.

了作者对丧失自由和个人权利的无助小姑娘洛丽塔的深刻同情;在《微暗的火》中,通过谢德对偷窥自己隐私、具有同性恋倾向、还有各种怪癖的邻居金波特的无限宽容和同情展示了作者对边缘人物金波特命运的同情和个性的尊重。

值得关注的是,纳博科夫的文学批评与新批评的文本中心式批评类似,但存在一些重要区别。首先他并不全盘否认考虑文本与文本外因素的关系,只不过他认为有先后问题。他说:"没有一件艺术品不是独创一格新天地的。"①读者首先要做的是仔细研究文本,然后"才能研究它跟其他世界以及其他知识领域之间的联系"②。换句话说,不仅艺术的原材料要依赖于现实世界,艺术的品评也并非一定完全在真空中进行。如果研究透了艺术世界,总会发现其与其他世界之间的联系。他的《文学讲稿》注重对文本分析,也没有完全忽视阐明作品的伦理价值。而他在《〈堂吉诃德〉讲稿》中几乎全篇都充满着对塞万提斯这部作品的伦理意义的阐释,特别是对小说残酷性的批判。这与纳博科夫为艺术纯粹性的辩护看似矛盾。或许我们可以这样来理解,他反对艺术的社会效用要追溯到"艺术自律论"以及"为艺术而艺术"的起源。实际上,这种为艺术而艺术的思想是"作为艺术家的一种反抗诞生的:反抗强迫他们为某个他们觉得格格不入的、束缚人的或可耻的目的服务的企图"③。其次,新批评强调对文学作品的"内部研究"否认作者决定论,换句话说,作者不是文学批评的中心。纳博科夫则肯定作家的个性与创造力,认为伟大的艺术家因为不走寻常路而使得个性得到增强,能创造一个艺术的新世界。他说如果有什么文学流派的话,就是天才派。作家的个性与天才被捧到至高的高度。再次,新批评的倡导者兰色姆认为,"……严格说来,文学批评的任务应该完全是美学观"④。由此将文学与宗教和道德划清了界限,似乎文学与信念没有什么关系。而纳博科夫并不否认文学的启迪与教导读者的作用,只是他认为文学不应被功利主义的目的绑架而丧失了自我,丧失了本身的意义与美。他说:"艺术太经常地被当作承载观念的工具——无论是政治的或道德的——去影响、去教诲、去促进、去启

---

①② 纳博科夫;申慧辉等.文学讲稿[M].上海:三联书店,2005:1.

③ 徐岱.审美正义论——伦理美学基本问题研究[M].杭州:浙江工商大学出版社,2014:20.

④ 陈太胜.西方文论研究专题[M].北京:北京大学出版社,2008:207.

迪,等等。我并不是说艺术不促进读者,不启迪读者,但艺术会以自己独特的方式来做到这一点,只有当它唯一的目的是要成为优秀艺术,成为其创造者尽可能创造的完美艺术时,它才可以做到这一点。"①

总之,从以上的分析可以看出,纳博科夫至少在三个方面表现出与新批评相对一致的倾向:文本创作与批评中的细节的重要性;文本的多义性或多重阐释空间;文本的独立自足性。我们看到他对新批评思想的继承与发扬,也看到了他的超越。他立足文本,注重细节,充分运用高超的文学技艺实现艺术的多棱色彩。但他的文学创作和批评又超出了新批评的本体论视野,坚持文本艺术性背后的伦理内涵。他的作品或许可以分为两个层级。表面的层级那里有精妙的意象、戏剧化的情节、语言的游戏、黑色的幽默、多变的文体以及精心设计的结构,这些让他的故事独具一格,超越本身所在的时空。在故事深层还有另外的故事。他运用了历史、社会、思想、环境的内容表达了他的人文思想情怀,寄予了他对历史的反思、对现实的批判、对人文理想的憧憬。他说:"我从不想否认艺术的道德影响力量……我所要否定并罄竹书之的是那种刻意的道德化倾向……"②他始终认为,艺术只有以独立自足安身立命,才能达到其实际目的。作品艺术价值与现实价值是一枚硬币的两面,相互依存。他从文本出发,致力于创造审美狂喜;同时又超越文本,对人类命运进行了深刻思考,表达出深切的关注和同情。

脱去艺术的外衣,纳博科夫呈现给读者的是一个具有高度社会责任、艺术家良心并深切关怀人类命运的严肃作家。艺术是他的护身符,也是他的第一追求。他那或一丝不苟或充满诗情画意的细节不仅是他文学创作的主要构成部分,也是他对具体而微的个人化生活真实的关注、同情和热爱;他致力于创作出类似多棱镜的文学作品,为读者提供广阔多样的解释空间和可能,灌注了作者对人类生活多样性、复杂性和深刻性的透视和思考;而对文学艺术本质的思考,认为只有做好真正的艺术才能超出艺术本身,带来可能的现实意义的文学主张体现了作者美与

---

① 布赖恩·博伊德;刘佳林.纳博科夫传:美国时期[M].桂林:广西师范大学出版社,2011:120.

② 布赖恩·博伊德;刘佳林.纳博科夫传:美国时期[M].桂林:广西师范大学出版社,2011:58.

善统一的艺术哲学。没有审美狂喜,没有肩胛骨间的震颤,作品的思想内涵将沦为赤裸裸让人厌烦的道德说教,艺术品也沦为庸俗的二流作品,如沙滩城堡,浪头一过即消失无踪。那么这样的艺术家无疑是失败的,也是不称职的。纳博科夫拒绝做这样的作家。因此他一再声称自己的作品无关道德,没有目的,无非是表达自己要做真正艺术家的决心。作品的教化或许是他的附带追求,但无疑也是他的根本追求,只是他不愿公开承认而已。正如他所认为的,作家会不知不觉中给社会带来"一种改良"。这"是一位不明智的真正作家带给他的世界的"①。

---

① 纳博科夫;申慧辉等.文学讲稿[M].上海:三联书店,2005:332.

第三章　纳博科夫与唯美主义

唯美主义（Aestheticism）运动兴起于 19 世纪后期的欧洲。它以反对 19 世纪欧洲社会的功利主义和工业化带来的种种丑恶与市侩为开端，以康德（Immanuel Kant,1724—1804）关于"不受道德、功利和快乐观念影响的审美标准"①为主要哲学基础。如果说"文本细读"是新批评的代名词，"为艺术而艺术"则大致可以看作唯美主义的别名。总体来说，"'为艺术而艺术'是包括唯美主义在内的一切颓废主义文艺流派的总纲领、总口号"②。该说法最早由作家兼政治家邦雅曼·贡斯当（Benjamin Constant,1767—1830）记录在 1804 年 2 月 10 日的日记中。1818 年法国哲学家维克多·库申（Victor Cousin,1792—1867）也使用了这一术语。艺术领域的唯美倾向和传统古已有之。唯美主义思潮的诞生有着古老丰富的历史基础和资源。古希腊、古罗马、基督教文化、浪漫主义诗学都为唯美主义运动提供了养分。从哲学上来看，一般认为康德开启的德国古典美学精神是唯美主义文学观念的理论来源，为唯美主义思想的形成提供了理论起点，为其划定了基本的诗学流派边界。

法国的泰奥菲尔·戈蒂耶（Théophile Gautier,1811—1872）是唯美主义初期的主要代表，他的《〈阿贝杜斯〉序言》《〈莫班小姐〉序言》被认为是唯美主义的美学宣言。戈蒂耶被称为"唯美狂"，他将美与艺术捧到了至高无上的地位，认为真正的艺术是不功利、无目的的，如果有，也是追求纯粹美。在《〈阿贝杜斯〉序言》中，戈蒂耶极力将康德美学运用于文学艺术领域。他宣称："赋诗为何？……如果韵脚还不坏的话，就一句一句地押下去，如此而已。"③戈蒂耶对功利主义的批判让我们看到他走向

---

① 赵澧,徐京安.唯美主义[M].北京:中国人民大学出版社,1988:187.
② 周小仪.唯美主义与消费文化[M].北京:北京大学出版社,2002:28.
③ 赵澧,徐京安.唯美主义[M].北京:中国人民大学出版社,1988:16.

了唯美论和唯艺术论的极端,他倡导的追求纯粹美、纯形式艺术的观点是唯美主义最初的雏形和基本框架,对同时代和以后的追求纯美、纯形式的艺术家产生了深远影响。进入唯美主义运动第二个发展阶段后,唯美主义倡导者、推广人和唯美主义集大成者当属奥斯卡·王尔德(Oscar Wilde,1854—1900)。他在美国的演讲《英国的文艺复兴》(*The English Renaissance of Art*,1882)、对话体散文《谎言的衰落》(*The Decay of Lying*,1891)、论文《作为艺术家的批评家》(*The Artist as Critic*,1891)以及《道林·格雷的画像》(*The Picture of Dorian Gray*,1891)自序等文章中对自己的唯美主义思想有着集中体现和表达。他的文学作品也是其宣扬唯美主义的重要载体,如长篇小说《道林·格雷的画像》和独幕剧《莎乐美》(*Salome*,1893)。王尔德将自己的新美学原理概括为三方面。首先,艺术除了表现它自身之外,不表现任何东西。第二,一切坏的艺术都是返归生活造成的,并且是将生活和自然上升为理想的结果。第三,生活模仿艺术远甚于艺术模仿生活①。他主张生活要艺术化,而不是艺术要生活化。唯美主义以关注文学形式及个体审美感受为宗旨,体现了人们在商业社会强大消费文化面前精神的无力和苍白。"为艺术而艺术是幼稚的乌托邦主义,排拒了道德观念——终将枯萎以死。为艺术而艺术,对于人性是罪大恶极的侮辱。根据最高的普遍生命法则的权威,我们必须判定,这种美学运动为谬论。"②王尔德成功地将唯美主义推向了发展的顶峰。唯美主义强调艺术的自足性、重视文本形式结构的艺术性、反对创作的功利性等观点得到了后世作家和批评家的响应,对 20 世纪文学理论和一些著名作家如叶芝(William Butler Yeats,1865—1939)、艾略特(T. S. Eliot,1888—1965)等产生了不可忽视的影响,其中就包括纳博科夫。

当纳博科夫在 20 世纪中叶凭借《洛丽塔》(*Lolita*,1955)蜚声世界之时,唯美主义运动早在 20 世纪初期就走向了衰落。虽然如此,唯美的观念和火花依然存在,艺术纯美的历险之路还远未走到尽头,唯美主义艺术家们的思想遗产在后世一些艺术家笔下再现和传承。纳博科夫曾对唯美主义的口号"为艺术而艺术"表达过这样的观点,"一件艺术作品对

---

① 赵澧,徐京安.唯美主义[M].北京:中国人民大学出版社,1988:142 – 143.
② 王尔德;赵武平,常绍民,沈弘等.王尔德全集(第 6 卷)[M].北京:中国文学出版社,2000:119.

社会没有什么重要性。它只对个体是重要的,也只有个体的读者对我是重要的。我并不在乎群体、社团、大众什么的。虽然我不关注'为艺术而艺术'一类的口号——因为不幸的是,这类口号的倡导者,如奥斯卡·王尔德及各种风雅诗人实际上都是糟糕的道学家和教导主义者——但无疑,使一部文学作品免于蜕变和腐朽的不是它的社会重要性,而是它的艺术,只是它的艺术"①。从中我们或许可以看出纳博科夫的一些重要文学艺术观。他认为,艺术作品没有宏观上的社会意义和作用,作品的意义只对个体存在。这与唯美主义艺术的无功利性、非目的性思想接近。此外,文学作品的艺术性是文学作品的灵魂和根本属性,其地位远远超过它的社会意义。纳博科夫无疑是在表明,他在文学作品艺术重要性的方面与唯美主义者的立场是一致的。虽然他声称自己不是唯美主义的信徒,对唯美的口号表示淡漠,但从他的文学评论和文学创作中我们却时不时可以看见爱伦·坡(Edgar Allan Poe,1809—1849)、戈蒂耶、波德莱尔(Charles Pierre Baudelaire,1821—1867)、王尔德、福楼拜(Gustave Flaubert,1821—1880)等人的唯美艺术观的影子,感到其秉承了唯美主义的某些文学主张,显现出"为艺术而艺术"的文艺观。如研究者所言,"作为一个远离现实、沉醉于艺术的文学作家,纳博科夫基本上是作为一个美学家的形象出现在俄罗斯文学界的"②。关于纳博科夫作为美学家的研究在纳博科夫研究的早期就为众多批评家注意到。然而,纵观80多年来的纳博科夫研究史,我们不难发现,对于纳博科夫的美学思想,批评者仍然着重关注其艺术创作手法、技巧、结构等微观形式方面的研究,这些方面固然是纳博科夫美学研究不可缺少的部分,但从根源上综合探讨其思想与唯美主义的具体渊源关系并不多见。本章尝试在此方面进行一些初步探究,认为,纳博科夫与唯美主义思想的关系主要体现在三个方面:纳博科夫关于文学是虚构、小说即童话的观点暗合了唯美主义关于艺术是谎言的立场;纳博科夫关于"风格与结构是一部书的精华,伟大的思想不过是空洞的废话"③的观点呼应了唯美主义对"优美的风格,装饰性的或理想的手法"④的注重,体现了纳博科夫对于艺术纯粹性和拒

---

① 纳博科夫;唐建清.独抒己见[M].杭州:浙江文艺出版社,2012:34.
② 杨华.不同文化背景下的纳博科夫研究[J].人民论坛·学术前沿,2011(6):216.
③ 纳博科夫;申慧辉等.文学讲稿[M].上海:三联书店,2005:22.
④ 赵澧,徐京安.唯美主义[M].北京:中国人民大学出版社,1988:120.

绝"情感泛滥"的伪艺术，弘扬艺术之真的态度；他著名的关于艺术审美狂喜的看法则是聚焦艺术审美快感的唯美主义立场的鲜明表达。以下将从文学想象、纯真艺术、审美狂喜三方面入手，详细探讨纳博科夫与唯美主义思想家的种种不同程度的呼应、交流与某些离合，以图进一步厘清这位 20 世纪文体大师对 19 世纪以至今天依旧影响巨大的艺术唯美主义思想的继承与超越关系。

一、文学想象

在《文学讲稿》(*Letures on Literature*, 1980) 开篇关于《优秀读者与优秀作家》的文章中，纳博科夫直言不讳："文学是想象，小说是虚构。说某一篇小说是真人真事，这简直侮辱了艺术，也侮辱了真实。其实大作家无不具有高超的骗术；不过骗术最高的应首推大自然……小说家只是效法大自然罢了。"[1]这种绝对反对机械反映论的文学观点瞬间将他推到了文学的纯艺术阵营，忽视作品与社会现实的联系也造成评论者给纳博科夫贴上了"冷酷美学家"[2]的标签。我们从中也听到唯美主义的回响："想象力是真理皇后。"[3]"所有的艺术创造都是绝对主观的。"[4]"撒谎——讲述美而不真实的故事，乃是艺术的真正目的。"[5]"在文学中，我们要求的是珍奇、魅力、美和想象力。我们不要被关于底层社会各种活动的描写所折磨和引起恶心之感。"[6]以想象为核心，纳博科夫提出了关于艺术的另一个定义——给感官带来快感的想象[7]。然而纳博科夫对于想象力的推崇并没有到此止步。想象在文学中占据了如此重要的位置，纳博科夫说文学巨匠用想象写出了一本书，那么读者也应该运用想象去体会他的书才是。有想象力成为他给优秀读者制定的第一个条件。想象力还有一些什么作用呢？1965 年，纳博科夫在小说《眼睛》英文版的

① 纳博科夫；申慧辉等. 文学讲稿[M]. 上海：三联书店,2005:24.

② Connolly, Julian W. The Cambridge Companion to Nabokov[M]. New York：Cambridge University Press,2005:I.

③ 伍蠡甫. 西方文论选(下卷)[M]. 上海：上海译文出版社,1979:232.

④ 赵澧,徐京安. 唯美主义[M]. 北京：中国人民大学出版社,1988:171.

⑤ 赵澧,徐京安. 唯美主义[M]. 北京：中国人民大学出版社,1988:144.

⑥ 赵澧,徐京安. 唯美主义[M]. 北京：中国人民大学出版社,1988:113.

⑦ 纳博科夫；金绍禹.《堂吉诃德》讲稿[M]. 上海：三联书店,2007:18.

前言中说:"想象的力量终归是善的力量。"刘佳林将纳博科夫的这种以想象为核心的文学观点概括为纳博科夫的"诗性文学观"①。

纳博科夫认为想象活动是一种复杂奥妙的精神活动,它的非理性色彩与科学理性背道而驰。如果说唯美主义以反对 19 世纪后半期占据统治地位的科学思维为目的,鼓吹文学的自足性、无用性和无目的性,进而推出文学的虚构性特征,那么纳博科夫对想象的推崇则源于幻想和想象是科学和艺术创造力源泉。一方面,纳博科夫认为科学研究的发展使得神秘领域越来越不神秘,逐渐被人类解开和了解,这纯粹是一种新闻错觉。他不相信"今天的科学已粉碎了一切的神秘"。他说一个人科学感越强,他的神秘感越深。另一方面,他认为"科学的前景依然没有希望"。因为我们"永远不知道生命的起源或生活的意义,永远不知道时空的性质,永远不知道自然的性质或思想的性质"②。在他看来,科学理性并不能真正揭开人类生命和宇宙的奥秘。他说,作家在创作的时候要依赖主观意识的力量对现实的各种琐碎材料进行奇妙的重组,创造一个新世界。而"一个短语带来的欣喜、欢乐由作者和读者分享,由得到满足的作者和感恩的读者分享,或者……由对内心中启示他进行意象组合的未知力量怀抱感激的艺术家和从这种组合中得到满足并有艺术气质的读者分享"③。这种非理性的创造力量是主观的、神奇的,也是未知的,至少目前还不可解的。所以他说:"我们怎样学习想象和表达是一个谜,难以表述和破解的谜。"④《微暗的火》(Pale Fire, 1962)中谢德希望通过诗歌理性的词语感知非理性的神秘是纳博科夫的一种尝试。谢德对女儿海丝尔非理智的自杀行为感到无法释怀、无法理解,对自己充满苦难的人生和数次濒临死亡的体验始终充满好奇,他努力寻求答案,却一无所获。于是只能慨叹人生是一大奇迹,而死亡是更大的奇迹。

纳博科夫的灵感说进一步向我们表达了他对想象力量的好奇和不可知态度。他说想象的力量体现为"从无联系阶段向有联系阶段过渡,总被一种灵魂的震颤标志出来,这在英语里有一个非常随便的词汇'灵感'"⑤。纳博科夫举了个例子说明这种联系的产生十分奇妙,不可思

① 刘佳林. 纳博科夫的诗性世界[M]. 上海:上海人民出版社,2012:35.
② 纳博科夫;唐建清. 独抒己见[M]. 杭州:浙江文艺出版社,2012:45.
③ 纳博科夫;唐建清. 独抒己见[M]. 杭州:浙江文艺出版社,2012:41.
④ 纳博科夫;唐建清. 独抒己见[M]. 杭州:浙江文艺出版社,2012:147.
⑤ 纳博科夫;申慧辉等. 文学讲稿[M]. 上海:三联书店,2005:334.

议。他说：

> 恰好在你注意到泥坑里映出一根树枝的时刻，一位过路人吹起了曲子，一时间，它使人联想起一座旧花园中湿漉漉的绿叶和亢奋的鸟儿，老朋友，死了许久了，突然从过去走出来，微笑着，闭上了他滴滴答答的雨伞。所有这一切只停留了璀璨的一秒钟，印象和意象的变幻是那样迅速，你竟不及核对一下促成它们识别、形成以及彼此联系的确切规律——为什么是这个池塘而不是别的，为什么是这种声音而不是另一种——以及这几部分究竟是如何关联上的；这就像拼板玩具在你的大脑中突然组合起来，而大脑本身已经不能思索拼板是为何如此组合的，你体验到一次令人战栗的感觉，是狂热的魔术产生的，是某种内心的复活生发的，就仿佛一个死去的人被光彩熠熠的药物所救，药物在你面前迅速融化了。这种感觉就是被称为灵感的出发点——一种为常识所非难的境界。①

纳博科夫强调文学艺术中想象力的重要性及其力量的神秘性，由此也进一步向我们揭开了他的诗性文学观在某方面与唯美主义相一致的主观唯心主义基础。因为文学的虚构性、谎言性或者说想象性特征，决定了文学不会反映社会生活，即不反映所谓的客观现实。纳博科夫甚至认为根本不存在一个这样的"客观现实"，即便存在，也是无法被人类全部认知，事物的神秘性永远没有希望消除，历史的进步或许会帮人类一点点除掉客体身上的魅性，但无法做到彻底。一来客体身上的魅性没有止境；二来人类历史如此久远，至今仍然无法掌握生命的奥秘、人生的意义，更别谈宇宙的奥秘了。他对"现实世界"的看法与努斯鲍姆有着相通之处。哲学家玛莎·努斯鲍姆（Martha Nussbaum，1947—）主张"以人性和情感去观察自然界，将'物'当作'人'来看待"②。而与波斯纳则相反。波斯纳认为科学技术的发展，使得人类掌握的信息越来越多，事物的神秘性越来越小，当祛魅到一定程度人就不再是人，而与物无异了。纳博科夫反对这种说法，他认为"真实是一种非常主观的东西……是不同阶

---

① 纳博科夫；申慧辉等. 文学讲稿［M］. 上海：三联书店，2005：334.

② 玛莎·努斯鲍姆；丁晓东. 诗性正义——文学想象与公共生活［M］. 北京：北京大学出版社，2010：8.

段、认识水平和底层的无限延续,因而不断深入、永无止境。你可能对某件事情知道得越来越多,但你难以对这件事情无所不知"①。"物"也跟"人"一样无法被完全认知。因此我们差不多生活在被幽灵般的事物包围的世界。我们依据非常个人化的情感、经验和知识水准去认识世界,这样得出的对世界的印象是各个不同的。而对一个作家来说,"现实世界"不过是一堆杂乱无章的东西。作家只有运用自己的想象力和创造力,如上帝一般,对这一团乱麻进行重新组合,"只见整个世界在开始发光、熔化、又重新组合,不仅仅是外表,就连每一粒原子都经过了重新组合"②。这样一个新的虚构的艺术世界才能诞生。

纳博科夫以想象为主导的诗性文学观贯穿了他的文学创作。他始终极力向读者揭示虚构和想象的力量。《绝望》(Despair,1966)中赫尔曼可以将一个跟自己毫无相似之处的流浪汉当成跟自己长得几乎一模一样的双胞胎兄弟,这要归功于他疯狂的想象在作怪。"令人难以置信!我简直难以相信我看到的一切,我怀疑我是否神经错乱了,我觉得恶心,一阵晕眩——老实告诉你,我不得不坐了下去,两腿在战栗"③。这是赫尔曼看到菲利克斯时的心境和反应。然而事实上,菲利克斯与赫尔曼究竟有几分相像呢?两人之间是否有某些神秘的联系呢?是失散多年的双胞胎兄弟不期而遇?还是先进技术的结果?稍微留心,读者会发现,这两人外表没有任何的相似之处。赫尔曼又白又胖,脸刮得干净,穿着洒脱,是讲究品位的中产阶级生意人。菲利克斯则身材瘦长,目光呆滞,胡子拉碴,行为粗鄙,典型的流浪汉形象。即便赫尔曼某个时刻的理性提醒他注意到菲利克斯与自己的一些不同,他还是为疯狂的想象迷失了心智:"我有一副硕大而发黄的牙齿;而他的却更洁白、整齐些,但这重要吗?我的前额上爆出一条青筋,就像一个书写得蹩脚的大写M,但当我熟睡时,我的前额就像我的另一个人一样那样光溜了……"④他为了摆脱自己生意上的困境,利用这个想象中一模一样的替身代替自己死亡,制造了一起真赫尔曼谋杀假赫尔曼以骗取保金的故意杀人案件,将自己送进了监狱。

---

① 纳博科夫;唐建清.独抒己见[M].杭州:浙江文艺出版社,2012:10.
② 纳博科夫;申慧辉等.文学讲稿[M].上海:三联书店,2005:2.
③ 纳博科夫;朱世达.绝望[M].上海:上海译文出版社,2006:5.
④ 纳博科夫;朱世达.绝望[M].上海:上海译文出版社,2006:15.

如果说赫尔曼为自己虚构了一个替身而葬送了自己,那么《普宁》(*Pnin*,1957)则是一场关于虚构与真实相互交织、面目难辨的三角恋故事。这种真假较量体现为故事人物相互指责对方所讲的故事或者提供的信息是假的,在外一层还涉及隐含作者暗示叙述者所讲故事的真实性值得怀疑。《普宁》故事留给读者最大的一个疑点是:到底谁在说谎? 如果普宁的故事中不乏叙述者虚构的部分,那么作者这样做的目的是什么呢? 如果普宁是可信的,那么由叙述者转述的普宁就变得不那么可信了。作为被叙述的人物,普宁站出来指责叙述者在说谎,叙述者这样的安排有何用意? 作者纳博科夫这样安排又有何用意? 纳博科夫由此点燃了读者的想象力,给读者留下极大的阐释空间。普宁的故事是由书中的人物叙述者所写,故事来源是道听途说,他与普宁是朋友,但相互并无多少交情,普宁几次否认讲故事的人所说的关于自己的故事。因此,在小说层面,人物及其生活的世界的可靠性十分值得怀疑,艺术虚构本身的真实性也处于变动之中。

《微暗的火》则体现了典型的现实与幻想交织,分不清彼此,孰真孰假难以辨别。其中故事情节变幻莫测,在谢德看似相对真实,其实也不完全真实的世界(比如说谢德诗歌中谈到的死亡预备学院)与金波特更加虚幻的赞巴拉王国之间穿梭,同时又交织着另外一个似乎更加真实的人物金波特的现实生活世界,这三个人物的生活世界都具有一定的可信度,但又似乎都不可信。一些批评家认为小说虚幻神秘性折射出多重阐释空间,是一部具有极其丰富含义和现实寓意的经典小说,如果要探究其真实性则是对小说高超艺术的亵渎。

而《洛丽塔》则是纳博科夫想象力孕育出的珍贵水晶。他承认自己"在个人想象的佳酿中注入一点通常的'现实'这样的本地素材"[①],但"洛丽塔是我凭空想象的产物"[②]。他又说:"……《洛丽塔》……所要处理的主题与我自己的情感生活相比是如此遥远、如此陌生,我运用我的'组合'才能使之幻想成真,这给了我一种特别的快乐。"[③]刘小枫说,叙事不仅讲述曾经有过的生活,也讲述想象的生活[④]。正因想象的生活常

① 纳博科夫;主万.洛丽塔[M].上海:上海译文出版社,2005:496.
② 纳博科夫;唐建清.独抒己见[M].杭州:浙江文艺出版社,2012:16.
③ 纳博科夫;唐建清.独抒己见[M].杭州:浙江文艺出版社,2012:15.
④ 刘小枫.沉重的肉身[M].北京:华夏出版社,2004:5.

常远离世俗经验,既给创作带来了自由,但更带来了挑战。这也许从某个方面解释了纳博科夫为何说《洛丽塔》是他创作的最难的书。因为《洛丽塔》的故事虽然在现实生活中不乏原型,毕竟在作者所在的时代仍然十分稀少,并且为社会所忌讳,更重要的是完全远离作者本人直接经验范畴。它无关日常的柴米油盐,却是十分个人化的某种可能的生活体验。这个故事的内容不仅需要作者像做科学研究一样搜集材料,多方面学习,比如探究性变态的心理,研究美国十几岁青少年的生活习性和癖好,还要对美国社会生活有相当深刻的观察和体会才能写就这样一部关于青少年和恋童癖的极度需要想象力的故事。因此《洛丽塔》是一部具有高度挑战性的书。这个题材本身的忌讳和要求对写作者是十分巨大的挑战。即便写出,要出版也是一个难题。无怪乎纳博科夫说他纯粹是出于艺术的原因而写这本书的。《洛丽塔》写的是远离纳博科夫个人经验的故事,除了需要发挥他高度丰富的文学想象力,还要求他具备科学研究的严谨细致精神去研究恋童癖的精神状态。相对而言,《普宁》描写的主题契合作者过去的或正在经历的生活,因此要容易很多。纳博科夫只需将他的个人经历或身边认识的同胞的经历拿过来编织到小说中就可以了。相比《洛丽塔》的创作看,他有着太丰富的感性素材。如果说创作《普宁》时的纳博科夫在某个意义上拥有更多记录员的色彩,那么创作《洛丽塔》的纳博科夫则披上了更浓厚的魔术师色彩。无怪乎纳博科夫会说:"艺术的魔力在于孩子有意捏造出来的那只狼身上,也就是他对狼的幻觉;于是他的恶作剧就构成了一篇成功的故事。"①

纳博科夫通过他的小说让我们体验到想象力量激起的无数涟漪,同时他也赋予想象性同情以十分重要的地位。在小说创作中,想象性同情左右人物的命运走向。亨伯特之所以那样对待洛丽塔是因为他对洛丽塔的命运缺乏想象性的同情,而《普宁》中人物叙述者嘲笑普宁的痛苦命运也是因为其对普宁缺乏形象性的同情。谢德对金波特能一忍再忍,表现出非凡的大度与宽容是因为其对金波特有着极大的想象性同情。纳博科夫在"文学艺术与常识"(*The Art of Literature and Commonsense*)②一文中进一步证实了这个观点,他说:"罪犯通常是缺乏想象力的人,因为

---

① 纳博科夫;申慧辉等. 文学讲稿[M]. 上海:三联书店,2005:5.
② 收录于《文学讲稿》。

想象即使在常识最低限度上的发展也能阻止他们作恶……"①

　　艺术家罪犯亨伯特一方面实践了唯美主义生活艺术化的观点,同时向读者展示了由"想象"走向"妄想"可能造成的破坏性力量。亨伯特让疯狂的想象统治了他的生活,同时也因为其想象的个人中心主义性质使他断送了其他人的生命和前程。洛丽塔对亨伯特而言不是实实在在有思想的人,只是一个审美符号、被叙述的客体,是亨伯特的审美对象。他很少注意到洛丽塔的思想感情世界。对于这个未成年的小姑娘,失去弟弟、失去妈妈的可怜小女孩,亨伯特几乎没有显现过一个正常成年人的同情。对他而言,洛丽塔不是一个活生生的具有平等思想意识的人。从这个意义上说,亨伯特完全将洛丽塔物化了,沦为将他人物化的唯我论者。他只有在偶尔顿悟中才体会到自己对于一个与他平等的另一个灵魂的无知和冷酷无情。从某种程度上看,亨伯特践行了佩特和王尔德推崇的唯美主义生活观,是唯美主义将生活艺术化直至艺术庸俗化、商品化的一个范本,体现出唯美主义纨绔子的某些共同特征。亨伯特不但将洛丽塔物化,他对洛丽塔的行为也是他自我物化的表现。"正如狼孩因为生活在狼群之中而变成了狼,我们也慢慢地变成了工具式的人。我们生活在物的时代:这就是说我们的生活与物品同步,我们生活在无限多的系列物品的节奏中"②。鲍德里亚(Jean Baudrillard,1929—2007)的话让我们警醒。亨伯特将自我和他人物化的结果就是他的自私自利和残酷无情,从而导致了洛丽塔的悲剧命运。

　　纳博科夫通过塑造亨伯特的例子,表明了唯美主义从救赎走向物化的危险后果。亨伯特的恋童癖或许可以说是非常个性化的审美需求,但他这种独特的审美追求是建立在无视他人的痛苦、剥夺他人自由、残忍对待他人独立精神意志的基础之上的一种对他人的变相奴役。作为未成年人的洛丽塔根本没有反抗的能力和智力。这是亨伯特最大的罪过所在。同时也侵犯了读者大众基本的道德伦理底线,未成年的人需要的是父母的关怀保护,但洛丽塔得到了什么? 不过只有恐惧、悲伤和痛苦罢了。洛丽塔的年龄对亨伯特而言不过是一种符号而已,他需要这种符号,以满足他理想的审美标准。当洛丽塔离开他嫁为他人妇,亨伯特虽然杀掉情敌泄愤,但并不表示他对怀孕即将生子的洛丽塔还有从前那种

　　①　纳博科夫;申慧辉等.文学讲稿[M].上海:三联书店,2005:332.
　　②　转引自周小仪.唯美主义与消费文化[M].北京:北京大学出版社,2002:54.

疯狂的痴迷,因为他追求的审美对象已经发生了根本改变,或者说越发远离他既定的审美要求。他的恨不是源于洛丽塔的逃离,而在于他对另一个"非他"的独裁"妄想"根本从没有实现过,也根本无从实现。

如上文提及的,纳博科夫对想象力的推崇从哲学上看,或许源于纳博科夫与唯美主义思想家都具有主观唯心主义倾向。纳博科夫强调心灵的指导性力量,主张意识的决定性地位。他说:"意识是世界上唯一真实的事物,是一切神秘之物中最神秘的一种。"①博伊德认为,纳博科夫的唯心主义倾向是因为"受母亲和俄国象征主义的影响,纳博科夫本人就是 19 世纪唯物主义之反动的产物,因此他也许会发现,柏格森的目的跟他具有亲缘关系,而无须首先认同他的观点或结论"②。纳博科夫自然也就认为现实是主观的,艺术创造自己的真实。当采访者问他关于现实生活的看法,他经常反问的问题是:谁的现实? 谁的世界? 谁的生活? 他的意思是,脱离了具体个人的主观意识,现实世界、现实生活就不存在。所以他一再标榜:艺术诉诸想象力,不然就是糟糕的艺术③。

二、纯真艺术

王尔德宣称:"书无所谓道德的或不道德的。书有写得好的或写得糟的。仅此而已。"④纳博科夫切入文学的唯一视角也只是"艺术的永恒性和个人天才"⑤。不少研究者认为追求"审美狂喜"的纳博科夫有明显的形式主义、艺术自主性、艺术有机性倾向。他确立自己关于纯真艺术的一系列看法,他对纯真艺术的追求的基本特征是强调作者的个性与风格,刻意忽视作品的入世情怀,努力摒弃以"现实主义"为代表的机械反映论。

---

① 布赖恩·博伊德;刘佳林.纳博科夫传:俄罗斯时期[M].桂林:广西师范大学出版社,2009:387.
② 布赖恩·博伊德;刘佳林.纳博科夫传:俄罗斯时期[M].桂林:广西师范大学出版社,2009:388.
③ 布赖恩·博伊德;刘佳林.纳博科夫传:美国时期[M].桂林:广西师范大学出版社,2011:196.
④ 赵澧,徐京安.唯美主义[M].北京:中国人民大学出版社,1988:179.
⑤ 弗拉基米尔·纳博科夫;丁骏,王建开.俄罗斯文学讲稿[M].上海:上海三联书店,2015:97.

　　那么纳博科夫对于纯真艺术的标准是什么呢？如何去鉴别欣赏呢？从他对艺术的一个定义或许可以看出一些端倪。他说："艺术是一场神圣的游戏。"①既然是游戏，大家自然不必太当真，妄图从故事中找出有关"现实"的各种信息。我们暂且只管游戏，从中获取乐趣，不要去管它有什么现实意义。这种"神圣的游戏"既对作者提出了要求，也对读者提出要求。说神圣是因为，对于作者而言，通过成为一位真正的创造者，人得以在最大程度上接近上帝。对读者而言，纳博科夫认为，只有当我们可以记住一切毕竟都是在做戏时，艺术才成为艺术。他赞颂作者创作活动的伟大，将其原创性活动与上帝创造世界相提并论；他坚称艺术的虚构性和想象性，认为不过是一场不必较真的可以不受世俗标准羁绊的游戏而已。这与其说为艺术的独立性、自足性辩护，否定艺术的社会性效用，不如说更是为了捍卫艺术创作的自由，以及追求纯真艺术必须与教导性的政治文学严格区别的态度。他坚持作者应该维护艺术的创造性和神圣性，以游戏的轻松自由态度大胆创作，发挥艺术天赋，摒弃不必要的各种社会世俗约束，以达到艺术魔法师的境界。他又说："愉悦、满意和精神上的震撼，那种三种结合在一起的感觉，也正是我们对真正的艺术会做出的反应。"②这是纳博科夫鉴赏真正艺术的标准，是他推介的脊椎骨震颤阅读法的另一种说法，也是其著名的"审美狂喜"观点的核心内容之一。那么具体而言，什么样的文学具备"货真价实的文学之美"？这样的文学有什么特点呢？

　　我们可以从纳博科夫的文学评论中体会到他的一些评判标准。评论狄更斯（Charles John Huffam Dickens, 1812—1870）《荒凉山庄》（*Bleak House*, 1853）时他说："狄更斯的伟大正在于他所创造的形象。"③约翰·庄迪思就是这样一个形象，是纳博科夫小说中令人喜爱的人物之一。他具有堂吉诃德最核心的品质。而在评论《堂吉诃德》（*Don Quixote*, 1605）时，说这个故事"非常凌乱、缺乏条理"，但是主人公堂吉诃德的个性特点拯救了小说，作者凭借他天才的艺术直觉，于散乱之中创造了一个充满活力的人物。这个人物幻想具有七种色彩，他已经脱离书本，名声远胜过他的作者，在世界各国繁衍生息，这是塞万提斯创作的伟大艺术形象。

　　①②　弗拉基米尔·纳博科夫；丁骏，王建开. 俄罗斯文学讲稿［M］. 上海：上海三联书店，2015：108.

　　③　纳博科夫；申慧辉等. 文学讲稿［M］. 上海：三联书店，2005：55.

纳博科夫总结说："他的文章是怜悯,他的口号是美。他代表了一切的温和、可怜、纯洁、无私以及豪侠。这诙谐的模仿已经变成杰出的典范。"①狄更斯小说批评的靶子不在了,他的小说塑造的光辉形象却还留在读者心间;塞万提斯借助他的艺术直觉克服了个人道德伦理上的偏见,成功挽救了小说。就纳博科夫本人创作而言,他塑造的邪恶主角亨伯特如同弥尔顿的撒旦,都是好小说里面的大坏蛋,正是他们点燃了作者丰富的文学想象力。当《洛丽塔》《普宁》的创造者已经离我们远去,他们的主人公小仙女依然还活跃在大学的文学课堂甚至已经走出原来的意义,成为某种流行时尚文化的象征。可笑可怜又可敬的普宁形象在如今多元文化融合、碰撞、交流日益频繁的背景下,留下了他长长的影子,一直投射到21世纪的今天,成为移民形象的典型代表。

如果说塑造出万古流传的各种文学形象或意象是文学之美的一方面,那么建构独具特色的个人风格,提供精妙绝伦的结构设计则是文学艺术美的另一表征。这方面纳博科夫与唯美主义可谓惊人一致。唯美主义认为"任何艺术的真正条件,便是风格"②。纳博科夫则说风格和结构是一部书的精华,伟大的思想不过是空洞的废话③。那么什么是纳博科夫所谓的风格呢?他说风格指的是"作者的手法,他的癖好,各种专用的技巧"④。又说"作家的艺术是他真正的护照。他的身份应该根据一种特别的样式或特有的天然色得以辨认"⑤。这样看来,风格是一种个性,一种文学创作上的偏好,一种非常个人化的特征。他对结构的简单定义是"指经过精心设计的艺术作品的样式"⑥。综合起来,风格和结构就是作品的形式,形式则包含了怎样写所选题材以及为何这样写。换句话说,纳博科夫认为,形式等于内容。在他的定义里,题材是次要的,处理题材的方式更重要。这很容易让人想起王尔德在《谎言的衰朽》中的观点——艺术对事实绝无兴趣;它发明,想象,梦想;它在自己和现实之间保持了不可侵入的屏障,那就是优美的风格,装饰性的或理想的手

① 弗拉基米尔·纳博科夫;金绍禹.《堂吉诃德》讲稿[M].上海:三联书店,2007:130.
② 赵澧,徐京安.唯美主义[M].北京:中国人民大学出版社,1988:121.
③ 纳博科夫;申慧辉等.文学讲稿[M].上海:三联书店,2005:12.
④ 纳博科夫;申慧辉等.文学讲稿[M].上海:三联书店,2005:101.
⑤ 纳博科夫;唐建清.独抒己见[M].杭州:浙江文艺出版社,2012:64.
⑥ 纳博科夫;申慧辉等.文学讲稿[M].上海:三联书店,2005:100.

法①。对形式的强调和追求成为纳博科夫毕生创作的基本特点。从宏观上看,如果说前期的俄语小说还在相对传统的框架中进行创作,慢慢寻求突破,如《斩首之邀》(Invitation to a Beheading,1959)具备了很多想象性文学的特征,那么中后期的小说《塞巴斯蒂安奈特的真实生活》(The Real Life of Sebastian Knight,1941)、《洛丽塔》、《微暗的火》则是纳博科夫小说形式追求逐渐走向巅峰的代表。

那么微观上纳博科夫如何实现创作中个性化的形式呢?小说创作中,他独步文坛的艺术风格令人惊叹,也引来众多批评家的争论。对他的作品的争论一直长盛不衰。他成功地运用艺术手法施展魔力,成为非常个人化的魔法师,在题材方面远离人们日常生活经验,偏爱古怪、荒诞不经的形式。荒诞美(《普宁》《微暗的火》中的来世预备学院)、病态美[《爱达》(Ada,1969)]、恶美(金波特、亨伯特)、丑美[《王,后,杰克》(King,Queen,Knave,1968)中的没鼻子的乘客]。正是基于此引发了批评家对其作品中残酷性的评论,说他对人性满怀敌意,对人类充满冷漠。换个角度看,他书写残酷,或许也是另一种揭露,是抨击,况且他的书写中又夹杂同情,不乏温柔与怜悯。读者虽痛恨亨伯特的十恶不赦,却无法不承认这个恶棍还带着十足的魅力。对语言形式的极致追求既体现了他一丝不苟的科学家态度,也体现出他诗性浪漫的一面。他追求的文学美德是"寻求最佳用词,使用每一本可能找到的词典,借助联想和节奏,尽可能确切地表达想要表达的"②。华丽的辞藻、绚丽的色彩和生动的意象、声音的律动是其诗性语言的明显特征。洛奇认为,海明威为艺术目的追求语言的重复、简洁。纳博科夫则追求语言的多变和修饰③。《洛丽塔》的开篇堪称小说语言的经典范例。

Lolita, light of my life, fire of my loins. My sin, my soul. Lo-lee-ta: the tip of the tongue taking a trip of three steps down the palate to tap, at three, on the teeth. Lo. Lee. Ta.

She was Lo, plain Lo, in the morning, standing four feet ten in one sock.

①　赵澧,徐京安.唯美主义[M].北京:中国人民大学出版社,1988:120.
②　纳博科夫;唐建清.独抒己见[M].杭州:浙江文艺出版社,2012:186.
③　Lodge,David. The Art of Fiction[M]. New York:Viking Penguin,1993:94.

She was Lola in slacks. She was Dolly at school. She was Dolores on the dotted line. But in my arms she was always Lolita.

Did she have a precursor? She did, indeed she did. In point of fact, there might have been no Lolita at all had I not loved, one summer, a certain initial girl-child. In a princedom by the sea. Oh when? About as many years before Lolita was born as my age was that summer. You can always count on a murderer for a fancy prose style.

Ladies and gentlemen of the jury, exhibit number one is what the seraphs, the misinformed, simple, noble-winged seraphs, envied. Look at this tangle of thorns. ①

如果说"小说的开头姿态万千,它是一场社交合约的谈判,是一次邀舞,是一张游戏规则的清单,也是一次相当难解的诱惑"②,那么这是一次胜利的谈判,一次成功的邀约,一次高超魔法的施展。第一段如诗如歌的语言,头韵叠加,L、F、S、T 音不断交替重复。声音的效果占据了意义的上风。第二段突然转向口头日常语言。句子简短明了。似乎在叹息,唉,那就是她,那就是她。Lo\Lola\Lolita 分散四处,不断回响。第三小段以设问开始,自问自答。叙述者开始播下诱惑读者的埋伏之网,交代故事的起因,小女孩、多年前、谋杀犯、写手,足以构成一个动人故事的诱饵了。第四段则开始审判台前的语言。读者在前面三段的动人描述之后,对这个谋杀犯的供词已经开始激起点倾听的好奇了。一开篇,亨伯特凭着优美多变的文风赢得了审判者倾听的耐心。一个恶毒的谋杀犯,还有什么好为自己辩护的?亨伯特一开始就告诉我们,他一切的罪恶源于爱得深沉。而读者如何会有这种感觉,全是语言的力量!他不急着为自己辩护,反而一开始为庸俗不堪的洛丽塔大唱一曲爱之歌。《洛丽塔》的开篇充分展示了一位天才的语言功夫和艺术匠心,纳博科夫似乎发誓要让读者体会谋杀犯如何能"逆袭"成幡然悔悟的有爱大叔,博取不可能之同情的。纳博科夫的各种语言使用偏好早已不是秘密,比如喜

---

① Nabokov, Vladimir. The Annotated Lolita[M]. New York: Vintage Books, 1991:1.

② 托马斯·福斯特;梁笑. 如何阅读一本小说[M]. 海口:南海出版公司,2015:27.

双关、头韵，还好用蝴蝶意象、影子意象、对位法、互文、伪装，爱玩各种文字游戏等等。在结构上追求各种精巧花样、意象的重复，善于制造惊奇。他最出名的小说是他个性化创作的典型代表。《普宁》以多面一体"棱镜"结构致力于让读者惊奇和迷惑，《微暗的火》以诗歌加注释的形式引领读者去发现，《洛丽塔》则因雷博士似真似假的前言，亨伯特的狱中忏悔以及他癫狂的特质使得这部书至今仍然争议不断。他热衷于各种能带来美学快感的形式，他是佩特所指的那种美学家，"把他需要涉及的一切客体、一切艺术作品以及自然界和人类生活中比较优美的形式看作产生快感的能量或者力量"①。他说自己有一位最高明的魔法师老师——大自然。他在小说中的魔术、花招和各种骗局是效仿大自然的结果，是戴着面具的表演，他深信这种表演会给观众带来快乐。作为一个创造性作家，作者的个人天才、具体读者的个人阅读体验是他所注重的方面。艺术创作与批评中审美的个性主义是纳博科夫全部创作的立足点，他也因独特的文体赢得了赫赫声名。

纳博科夫凭着独特的天赋和才能，以及孜孜不倦的文学热忱，创造出具有独特的纳博科夫风格的文学作品，指向的最终追求可能是什么呢？罗蒂认为，纳博科夫与海德格尔一样，"希望最终能够创作无法分类的语词和书本，无法使用任何已知的检同别异的方法加以明确的分门别类"②。这或许是使他们的作品免于庸俗化命运的最好方法，也是纳博科夫作为个体艺术家对"个体读者"的贡献。个体读者是他创作的对象，在他的定义中，是那些艺术家同行或戴着纳博科夫面具的优秀读者。这样的读者喜欢什么作品？当然是真正具有艺术个性的文学作品。

对个人化形式和风格的追求必然要走向对外界影响的排斥。这种排斥既包括口头上显得十分极端的否定言辞，也包括实际创作中通过各种技巧诸如戏仿、反讽等表达自己突出传统重围，追求原创艺术的决心。他对影响的焦虑首先体现为对前辈作家影响的否定。他公认喜欢的作家不过少数几位：如普希金、普鲁斯特、福楼拜等。在实际创作中还体现在纳博科夫对传统的颠覆。他为果戈理作的传记《尼古拉·果戈理》是对传统传记模式的颠覆，体现了纳博科夫敢于文学创新的勇气，挑战传统的胆魄。他也拒绝承认受到其他文学哲学思潮影响。他对弗洛伊德

---

① 赵澧，徐京安.唯美主义［M］.北京：中国人民大学出版社，1988：71.

② 理查德·罗蒂；徐文瑞.偶然、反讽与团结［M］.北京：商务印书馆，2003：236.

精神分析理论的拒斥众所周知。20世纪中期盛行的弗洛伊德主义使得他的作品《洛丽塔》被误读为色情小说。也使他自己被读者误解为具有不一般性取向的作家。这是纳博科夫对自己的创作最为痛心的事情之一。这部分导致他后来长期对弗洛伊德精神分析直言不讳的抨击。有观点指出，纳博科夫对弗洛伊德的排斥或许是因为这位前人"说尽了自己所要说的微言大义"①。这种论断虽然看似有所偏颇，但也从另一面道出了纳博科夫急于证明自己的独创性，追求艺术纯真性的虔诚之心。

纳博科夫追求真正的艺术，赞赏真正的艺术家，他对艺术的高标准使得他将很多被公认为伟大的作家扫入了垃圾桶，尊崇艺术性作为作品评判的唯一标准使得他对同一位作家的不同作品得出完全不同的结论。例如，他贬斥帕斯捷尔纳克（Boris Pasternak，1890—1960）的长篇小说《日瓦戈医生》（Doctor Zhivago，1957）为"失败之作：笨拙、琐碎、夸张……"②，却大加赞赏帕斯捷尔纳克的诗才，称赞他"因诗歌的力量而获得诺贝尔奖"③。这样的例子还有很多。他极度推崇福楼拜，说他"具有非常伟大的作家的最显著的特点：毫不动摇的艺术的至诚"④。因此他认为，福楼拜是一个"地地道道的堂吉诃德"⑤。而堂吉诃德最重要、最令人难忘的性格特点是什么呢？纳博科夫指出，是"随心所欲的崇高性格（whimsical nobility）"⑥。这样看来，福楼拜也具有随心所欲的崇高性格。这种性格应该是纳博科夫所信仰的自由主义思想核心之一。在艺术领域，纳博科夫也坚持认为艺术应该享有充分发展的自由，作家享受不受审查和限制创作的自由。当与传统的"文以载道"的文学观念相遇，当面对布尔什维克统治下遭到极度限制的文学创作现实，纳博科夫感到有必要为文学自由"呐喊"，便走向了反抗到底的路线，纯艺术、为艺术而艺术、真正的艺术就成了纳博科夫表明自己的文学自由主义思想的必然选择，也使他与唯美主义有了天然的亲近之感。

纳博科夫作为虔诚的小说艺术家，一方面推崇文学艺术之纯与真，另一方面极力摒弃和抨击庸俗陈腐的伪艺术。刘佳林认为，纳博科夫摒弃庸俗，这既是一种道德姿态，也是一种美学姿态⑦。显然，这里的美学

① 理查德·罗蒂；徐文瑞.偶然、反讽与团结[M].北京：商务印书馆，2003：216.
②③ 纳博科夫；唐建清.独抒己见[M].杭州：浙江文艺出版社，2012：212.
④⑤⑥弗拉基米尔·纳博科夫；金绍禹.《堂吉诃德》讲稿[M].上海：三联书店，2007：16.
⑦ 刘佳林.纳博科夫的诗性世界[M].上海：上海人民出版社，2012：32.

姿态是指艺术要保持自己的高雅、新奇、原创性,就必须反对低俗、庸俗、媚俗的艺术品位。这是对精英艺术、高雅艺术的推崇,对大众通俗艺术的抵制。他说他的理想读者是艺术家精英或者戴着纳博科夫面具的同行。他不屑写一本以情节取胜,重读起来味同嚼蜡的街头畅销作品。现实生活中的庸俗之恶与文学艺术中的庸俗同为纳博科夫所不齿。由此也可以看出纳博科夫在艺术方面的精英主义者倾向。

纳博科夫之所以认为王尔德是一个道德家和说教者,恐怕大部分原因在于唯美主义的另一面,即王尔德鼓吹的生活艺术化。生活的艺术化实践是唯美主义的重要的区别性特征,长久以来遭到批评家的忽视,也为形式主义批评所压抑。唯美主义"真正属于自己的特点就是生活的艺术化,即唯美主义者在日常生活中的艺术实践"[1]。纳博科夫似乎没有这样将艺术引入生活的倾向或偏好。像王尔德一样胸佩百合花出入各种社交圈,在讲坛上宣扬他的唯美主义思想,对于纳博科夫而言是不可想象的,是另一种形式的"道德说教"。他是准备随时打包旅行的人,居无定所,几乎谈不上生活的艺术化。虽然如此,纳博科夫关于文学纯艺术性的观点与王尔德之类的唯美主义者的"为艺术而艺术"却是不谋而合的。

面对很少有人从艺术的观点去看待文学,而将文学艺术当成了解他人及其时代的现实,纳博科夫这位虔诚的艺术家通过自己的行动,不断予以反击,不断伸张自己关于"艺术的艺术性,想象的独特性观点"[2]。其中最为引人注目的恐怕是他在《洛丽塔》的后记中提出的关于艺术"审美狂喜"的主张。

三、审美狂喜

1958 年美国版的《洛丽塔》添加了作者《关于一本题名〈洛丽塔〉的书》一文,从此这篇文章成了小说艺术性身份的证明,也被普遍当作纳博科夫个人的"唯美主义宣言"。文章是为《洛丽塔》的艺术性进行的辩护,幽默机智,又不乏深刻思想。同时也是作者为艺术突破审查制度的

---

① 周小仪.唯美主义与消费文化[M].北京:北京大学出版社,2002:10.
② 布赖恩·博伊德;刘佳林.纳博科夫传:美国时期[M].桂林:广西师范大学出版社,2011:231.

藩篱,争取更大自由的现实行动。此文提出的观点最为著名,最常被作为其彻底的唯美主义者证据。他申明:"对于我来说,只有在虚构作品能给我带来我直接地称之为'审美狂喜'的东西时,它才是存在的;那是一种多少总能连接上与艺术(好奇、敦厚、善良、陶醉)为伴的其他生存状态的感觉。"①

由此可以看出作者关于艺术的几个根本观点。审美狂喜是判定虚构文学作品的唯一标准;如果作品不能给读者带来审美狂喜,它就是文艺垃圾,就称不上是真正的艺术。而审美狂喜的多少决定了艺术品成就的高低。同时这种审美狂喜还能为现世读者带来连接另外一个世界生存状态的感觉。在那种生存状态中,艺术是常规,以好奇、敦厚、善良和陶醉为基本特征。我们可以看出,纳博科夫将文本带来的"审美狂喜"当作艺术的唯一标准,全然没有考虑文本外的因素。他不但继承了唯美主义推崇纯艺术观点的衣钵,而且发展了自己关于审美的一系列新看法。在小说创作和文学批评中大部分时候他将自己关于审美狂喜的艺术观始终摆在最重要的位置,努力在文学批评中寻求审美幸福,也在小说创作中不断试图给读者带来审美狂喜。

最为突出的是他致力于小说文体创新和出奇,想要激发读者的好奇之心,带给读者发现的惊喜。因此他体现出一般唯美主义者的形式主义倾向。唯美主义认为:"艺术将生活看作其部分素材,重新创造它,给它以新的形式。"②前文曾提及,纳博科夫也表达过类似观点,世界为作家提供了真实的创作材料,然而这些材料是杂乱无章的,需要作家运用创造性才能重新组合成一个崭新的世界。在处理内容与形式传统的二元对立观时,唯美主义大师王尔德一反常态,认为"形式就是一切"③。佩特则认为:"一切艺术的共同理想就是……外形和内质融合而不可分。"④纳博科夫关于形式与内容的关系观点综合了两者,但显然与佩特的更为一致。一方面他对批评家建议"无论如何将'怎样'置于'什么'之上"⑤;另一方面,又主张形式与内容一元论。在讲授《曼斯菲尔德庄园》刚开始时,纳博科夫宣布,反对将小说的内容与形式区分对待。他向

① 纳博科夫;主万.洛丽塔[M].上海:上海译文出版社,2005:500.
② 赵澧,徐京安.唯美主义[M].北京:中国人民大学出版社,1988:120.
③ 赵澧,徐京安.唯美主义[M].北京:中国人民大学出版社,1988:175.
④ 伍蠡甫,翁义钦.欧洲文论简史[M].北京:人民文学出版社,1985:348.
⑤ 纳博科夫;唐建清.独抒己见[M].杭州:浙江文艺出版社,2012:67.

学生宣扬了关于形式与内容的公式:形式 = 结构 + 风格 = 题材:为什么写 + 怎样写 = 写了什么。

关于这一方面,纳博科夫创作实践的典型例证为《微暗的火》。这是一个小说怪胎,拥有别具一格的文体风格。它最为特别的形式艺术,似乎是要印证纳博科夫众所周知的名言:风格和结构是一部书的精华,伟大的思想是空洞的废话。整部小说从故事情节上看构成一种"洋葱体"。剥开一层,里面又是一层。《微》由四个部分构成,开篇即为金波特杜撰的前言,初读时读者很容易与已经习惯了的一般作品前言混淆,给读者造成似假还真的感觉。接着就是谢德的四篇章的长诗,只占全书的一小部分。第三部分是金波特对诗歌的注释,占全书大部分。最后是金波特编撰的索引。整部小说披着文学编辑和评论的外衣,从最为表面的内容上看并没有什么特色。但是这种空前绝后的形式足以让读者惊叹。如果读者保持好奇心,接着读,会发现作品第二层的诗歌其实是谢德一生平凡哀婉又不乏深刻哲思的故事;当读到金波特的注释时,读者会发现这里面还有一个关于查尔斯国王从小到大直至流亡逃逸的故事。到第四层,有心的读者可能感觉被蒙骗,发现原来金波特是大学教授波特金,金波特和赞巴拉不过是波特金这位患有妄想症教授的疯狂想象,而这一切折射出与众不同的波特金教授在华兹史密斯学院孤立无友,在朋友圈中遭人厌弃的凄苦人生经历。然而,这种层层镶嵌的故事结构并不是完全确定无疑的,纳博科夫通过他形式艺术的多棱镜向读者折射出了小说故事情节、人物身份、场景等的多种可能性和不确定性。评论家们至今仍然对谢德、金波特、波特金谁创造了谁的问题争论不休。小说除了在宏观结构、文体运用方面颠覆传统形式外,微观上的语言形式艺术也随处可见,主要体现为散布小说各处各类文字游戏。陈世丹对小说中的各类游戏做了较为全面细致的分析,指出该小说:"包括语言文字双关语、字谜游戏、文字游戏(含回文、字母先后顺序游戏、文字高尔夫)和语言游戏,创造出复杂的迷宫般的叙事文本。"[①]可以说,《微》作为纳氏晚年出版的小说,是其形式艺术的集大成者,也是他作为唯美主义思想支持者的最有力的证据。有的研究者甚至叹道:"……看到纳博科夫另一部名为《微暗的火》的小说那奇特的结构时,看到更多类似在作品的谋篇布局、结构形式上花样翻新、奇招迭出的、或被名之为后现代作品时,情不

---

①　陈世丹.美国后现代主义小说详解[M].天津:南开大学出版社,2010:267.

自禁地只有感慨:形式成了内容,形式就是内容!"①纳博科夫费尽匠心创作形式如此奇特的小说更多的目的或许就是为了让读者体验发现的惊奇、探索的快乐或者说审美的狂喜。

纳博科夫认为,与文学艺术相关的快乐有两种:阅读快乐与写作快乐。"写作的快乐完全取决于阅读的快乐。因为作者是自己最好的读者。一个短语带来的欣喜、欢乐由作者和读者分享,由得到满足的作者和感恩的读者分享,或者……由对内心中启示他进行意象组合的未知力量怀抱感激的艺术家和从这种组合中得到满足并有艺术气质的读者分享。"②因此审美狂喜是作者的也是读者的。那么如何获得阅读带来的狂喜呢?他向学生大力推荐"脊椎骨阅读"法。他主张"聪明的读者在欣赏一部天才之作的时候,为了充分领略其中的艺术魅力,不只是用心灵,也不全是脑筋,而是用脊椎骨去读的。只有这样才能真正领悟作品的真谛,并切实体验到这种领悟给你带来的兴奋与激动"③。陈辉认为,"脊椎骨"阅读是指"用'身体'去读,即阅读中要身体力行,要'必须用眼睛看,用耳朵听;必须设想小说人物的起居、衣着、举止';所以阅读细节最重要……"④。然而纳博科夫所指的脊椎骨震颤似乎更是一种艺术感,是优秀文学带给读者的刺激性,这是一种生理感觉,也是一种精神上相通的感觉。据理查德·罗蒂(Richard Rorty,1931—2007)研究,纳博科夫关于脊椎骨震颤的观点深受豪斯曼(A. E. Housman,1859—1936)影响。豪斯曼《诗歌正名及其本质》(*Name and Nature of Poetry*,1933)的演讲是古德曼所谓"浸淫激荡式"的美感经验理论最著名的英文宣言。纳博科夫读过 A. E. 豪斯曼,终其一生,他都对豪斯曼的诗歌褒奖有加。豪斯曼在《诗歌正名及其本质》中说无法给诗歌下定义,但我们可以根据诗歌带给我们"刺激的症候"去认识它⑤。真正的文学作品可以经由读者的艺术感,刺激人们的情感,使

---

① 张介明. 当代西方文学中的唯美主义——从《洛丽塔》的误读谈起[J]. 外国文学研究,2010(4):81-91.

② 纳博科夫;唐建清. 独抒己见[M]. 杭州:浙江文艺出版社,2012:41.

③ 纳博科夫;申慧辉等. 文学讲稿[M]. 上海:三联书店,2005:5.

④ 陈辉. 纳博科夫早期俄文小说研究[M]. 成都:四川大学出版社,2014:140.

⑤ 豪斯曼对诗歌引起的身体反应列举了不少例子说明。他说"……诗属于生理的多,属于理智的少。……若是一句诗偶然流荡到我的记忆里来,我就毛发悚然,剃刀也停滞不灵了。随着立刻就是一阵寒气溜下脊骨;接着又是喉头抽紧,眼中发'潮',还有一个症候,……'一切使我记起她的,都像枪一样的刺透了我'……感觉这味儿的地方,是在人的胃兜儿里。"参见郝斯曼;萝蕤. 诗的名称及其性质[J]. 学文,1934(4):154-155.

人们惊慌、困惑、狂喜等等。纳博科夫曾说,阅读文学作品的目的有三个层次,一是幼稚层,读者将自己与故事人物等同;二是青春层,阅读是为了学会如何生活;三是学术层,目的是得出一般概念。他认为,优秀读者应当体验作品的形式、想象和艺术。他在教学中力图教会学生的是让他们能体验那种艺术满足的震颤,分享作者创作的情感,即作者创作的喜乐和困难。文学鉴赏不是谈论文学周边的事,与文学相关的事,而是走到文本的中心,体验它的内在力量。他的种种言论表明了与豪斯曼类似的身体对艺术的体验观。他说:"在你身上必定得有某种细胞,某种基因,某种萌芽的东西因着某种既不可解释又不能置之不理的感觉而震颤。"①"事实是,你不用心灵去读一部艺术作品(心灵是一个相当愚蠢的读者),也不单单用大脑去阅读,而是用你的大脑和脊椎去阅读。……脊椎感到的震颤真实地告诉你,什么是作者所感受的以及希望你去感受的。"②他建议批评家和读者:"信任你的汗毛的突然竖起。"③凡此种种,无不显示出纳博科夫对豪斯曼关于对诗歌进行的症候式感受法的定义,文学艺术与其说是智性的闪光,不如说是一种肉体的感觉。

　　然而,纳博科夫的审美狂喜不是过去常常认为的一种简单的唯美主义,或者说他的"唯美主义"体现出更丰富的内涵。罗蒂认为,唯美主义是纳博科夫小说《微暗的火》中金波特所持有的一种普遍概念。小说中金波特相信有所谓"文学技巧"(literary technique)或"诗的天分"(poetic gift)这种东西,认为此种能力"可以独立漂浮于个别诗人生命的偶然之外……语言可以某种方式和作者分开,文学技巧乃是像上帝一样的力量,可以独立于有限偶然之外来运作,尤其可以独立于作者个人偶然的善的观念"④。因而金波特相信只要自己可以入诗,就将获得不朽。《微暗的火》单凭其奇特的形式和文体结构就会轻易让作者被贴上唯美主义者的标签。根据这种唯美主义,美感只同形式与语言有关,而与内容和生命无关。纳博科夫的小说创作实践表明,他确实有着这种唯美主义的倾向。学者们普遍认为,他的代表作《洛丽塔》《微暗的火》等从表面上看都体现出唯美主义的印记。《洛丽塔》"由于小说涉及恋女童癖这一

---

①　纳博科夫;申慧辉等.文学讲稿[M].上海:三联书店,2005:217.
②　纳博科夫;唐建清.独抒己见[M].杭州:浙江文艺出版社,2012:41.
③　纳博科夫;唐建清.独抒己见[M].杭州:浙江文艺出版社,2012:67.
④　理查德·罗蒂;徐文瑞.偶然、反讽与团结[M].北京:商务印书馆,2003:228.

犯忌题材,所以小说的创作会招惹制造轰动效应或追求冷漠、孤傲和蔑视一切的唯美情趣的嫌疑洛丽塔"①;《洛丽塔》"是纳博科夫唯美主义思想的最好注脚:该书独特的艺术风格,丰富的意象和大量精妙的文字游戏都为其营造了一种令人着迷的语言的美感,使得读者在阅读中获得了'审美的福祉'"②。还有的研究者认为:"纳博科夫的纯艺术理论与20世纪奥斯卡·王尔德'为艺术而艺术'的口号遥相辉映,排除了政治、宗教、道德等社会因素的侵扰,在《洛丽塔》中通过精巧优美的语言和扣人心弦的意象编织出一个如梦似幻的美的世界,让读者心醉神迷。"③罗蒂又说,纳博科夫优秀小说事实上表明,我们感觉到美感的东西,都是与我们为人相处之道的意识相关的东西。因此,在他看来,纳博科夫并非只是认同形式和语言的唯美主义者。他认为虽然纳博科夫无法在理论上为他自己的实践提出更好的解释,但小说家纳博科夫无疑成为这个意义下的美感主义者。换句话说,纳博科夫并不是许多读者认为的唯语言形式和技巧的"唯美主义者",而是有着自己独特追求的"唯美主义者"。

纳博科夫认为,真正的艺术是那些带给他以好奇、敦厚、善良和陶醉感为特征的另一种存在状态的东西,他给艺术下了新的定义——艺术是"好奇、温柔、善良和陶醉",这是四个非常具有价值判断意义的词汇。博伊德认为,纳博科夫所谓"好奇"的含义是"对世间一切脆弱生灵的温柔和对事物基本之善的信任"。不论如何,好奇之心体现了对生命的热忱和关注。没有好奇之心是一种极端不健康的个人中心主义。因此,当纳菲西读《洛丽塔》时,她看到的亨伯特是个大独裁者,对别人和别人的生命毫无好奇之心。亨伯特并非纳博科夫认可的艺术家,而是纯粹拥有语言天赋的写手,一个运用语言天赋才能为自己辩护的伪艺术家罪犯。而一心寻求将自我入诗的金波特对谢德日日纠缠、窥探,对海丝尔的自杀非但没有表示出任何同情,甚至表示赞许,对谢德夫妇承受的悲痛视若无睹。又如《王,后,杰克》中的玛莎和德雷尔,他们各自为自己某方面的极度欲望驱使,成为欲望的奴隶,从不曾考虑他人的感受。他们对他人生命好奇心的缺乏使得他们之间缺乏真正的交流,最终也为这种缺乏所

① 郭建友.通过纳博科夫的智力测试[D].中国人民解放军外国语学院.2003.
② 彭佳."审美的福祉":《洛丽塔》艺术手法试析[J].西南民族大学学报(人文社科版),2007(12):29-31.
③ 申粒蒂.《洛丽塔》中的死亡之美[J].中北大学学报(社会科学版),2013(04):93.

毁所伤。德雷尔遭受欺骗却长久地被蒙在鼓里,被戴了绿帽而不自知;玛莎则葬送了自己的性命。如罗蒂所言:"金博特和韩博特对于一切可以影响或表现他们执着的东西,都极为敏锐,而对于任何影响他人的东西,则完全默然,毫无好奇之心。这些人物戏剧化了纳博科夫最担心的一种特殊的残酷——不好奇,漠不关心。"①由此我们看到在纳博科夫唯美主义追求的内容中不仅有对形式、语言、技巧的追求,也蕴涵了某些有关人类永恒道德价值的思考。

寻根究底,纳博科夫的唯美主义思想与一般认为的唯美主义哲学始祖康德更为接近。康德一方面强调,美与真理、有用性、道德无关。从戈蒂耶、波德莱尔到德昆西(Thomas De Quincey,1785—1859),再到王尔德,都继承了康德的这部分思想,并且认为,美和艺术不关心善良、真理和道德。然而,唯美主义运动的思想家对康德美学思想的继承相对片面,理解有所偏颇。部分唯美主义者借用康德审美无功利性作无限发挥,走向为艺术而艺术的极端。虽然康德认为美不应该在真理和道德方面具有教化意义,但他相信美是一种道德符号。唯美主义思想家并没有看到这一点。纳博科夫则站到康德一边,他说:"我从不想否认艺术的道德影响力量,它当然是每一部真正艺术品的固有特性。"②可见艺术与道德在他的概念中并不矛盾而是统一的。这里可以看出纳博科夫对康德美学思想和唯美主义者各自部分的相承关系。

纳博科夫说自己的作品只为同行而写,这或许是作家为了回避艺术沦为现实目的的工具而道出的偏激之词。他期待自己作品的读者能够真正理解并能欣赏他的语言艺术,虽然一般的读者喜欢感情体验胜过智力体验和审美体验。他们或许只希望在作品中找到自己的影子。纳博科夫在写作中追求艺术美,也要求读者阅读时注重作品的艺术性,认为只有艺术性才是区分作品高下的标准,也只有这样的作品才有永恒的价值。值得注意的是,虽然对唯美的关注始终是纳博科夫文艺观的中心,但注重艺术纯粹性并不意味着排斥其他一切价值考虑。

总而言之,纳博科夫吸收了唯美主义的思想成分,认同文学的虚构

---

① 理查德·罗蒂;徐文瑞.偶然、反讽与团结[M].北京:商务印书馆,2003:223.
② 布赖恩·博伊德;刘佳林.纳博科夫传:美国时期[M].桂林:广西师范大学出版社,2011:58.

性和想象性,高度赞颂作家的创造性才能而不是再现能力,主张从对作品思想题材的关注转移到对作品结构形式的关注;在他的艺术词典中,游戏、创造、直觉、独一无二的个性、诗性的语言文字始终是主要构成条目,现实、社会、生活等等大而泛的概念被有意无意地以各种形式或删除或改头换面;他对审美狂喜的强调和脊椎骨阅读方式让他倒向了形式主义和彼岸世界"神秘主义"的嫌疑。然而,我们也要看到,他虽注重形式,但不否定内容,而认为形式也是内容的一部分;主张审美狂喜,但高度肯定好奇、温柔、善良在艺术中的地位;认为世界是主观的存在,但肯定世界可以为作家提供虽乱无章法但却真实的创作素材。从与唯美主义思想家许多方面思想重合或类似的方面看,他是坚定的唯美主义者,是一个虔诚的艺术家。但他并不认为艺术高于一切,艺术也不是避难所和隐居地。在这一点上,博伊德的观点值得重视:"对纳博科夫来说,艺术是能够从屠宰店的那些肉块上看到美的精神,是从忙乱的世界中超脱出来的精神,不是要弃绝世界,而是要重新打量它,去品味那无价、无用又无餍的生活。"①换句话说,纳博科夫是一个非典型的唯美主义者。他立足现实世界,但又与现实世界保持审美距离,他力图为自己创造一个相对的"真空",借助现实提供给他的素材进行纯艺术的创作。在文学艺术方面,纳博科夫逐渐成为所在时代的离经叛道者,因为独特的个人风格而卓尔不群。从传统走向反传统,从保守走向创新。

纳博科夫与唯美主义者一样,注重形式技巧,轻视思想内容,遭到不少评论者诟病。他的部分作品中对残酷的描写,充满悲观厌世的情绪,体现出颓废倾向。但他在实际生活中却仍然保持自信和高傲的姿态。并没有如大多唯美主义文学艺术家一样,追求标新立异,过着放诞不羁、耽于享乐、对世俗不屑一顾的生活,反而表现出十分传统保守的倾向。纳博科夫的唯美主义却只注重于艺术层面。在现实生活中,他成功实现了艺术人生的追求。他虽然与唯美主义者一样有着遁入艺术世界,逃离现实残酷,寻求艺术精神慰藉的嫌疑,但他游走在艺术与现实两个世界之间,使自己与现实保持一定的审美距离,并没有完全到出世和厌世的地步。他行走在边缘,在相对的真空中冷眼旁观现实世界,通过文学艺术做出自己对人生的深刻哲学思考,在艺术世界中直面惨淡的人生,给

---

① 布赖恩·博伊德;刘佳林.纳博科夫传:俄罗斯时期[M].桂林:广西师范大学出版社,2009:386.

出了自己的答案和理解。

纳博科夫对为艺术而艺术原则的肯定体现了他对真正艺术的虔诚追求。他对部分俄罗斯流亡作家放弃真正的艺术追求感到惋惜。他说流亡国外的俄国作家们并没有好好利用流亡国外的自由氛围,进行纯文学的创作,反而在模仿国内的被束缚的思想。这些作家"对文学的态度是奇怪的保守;对于他们来说,首要的是拯救灵魂,其次是相互吹捧,最后才是艺术"①。他认为提倡为艺术而艺术的唯美主义者如"奥斯卡·王尔德及各种风雅诗人实际上都是糟糕的道学家和教导主义者"②,他们不过打着为艺术而艺术的口号实行着道学训诫的活动,实际上都不是真正的艺术拥护者。

纳博科夫在纯粹的艺术中实现了对人类生活和奥秘的深度思考和关注。纳博科夫的唯美主义使他看起来"与他那个时代的社会关切相距甚远",但"他是自由的斗士……他的战斗是哲学的,形而上学的,而非社会的"③。因此,从这个意义上看,纳博科夫的唯美主义更加彻底,也更加实际,或许我们可以说他在某个意义上属于现实主义的唯美派。尽管这样的归类并不十分贴切,却彰显了纳博科夫对唯美主义有关思想的继承以及一些可能的超越。

---

① 纳博科夫;王家湘. 说吧,记忆[M]. 上海:上海译文出版社,2009:340.
② 纳博科夫;唐建清. 独抒己见[M]. 杭州:浙江文艺出版社,2012:34.
③ 布赖恩·博伊德;刘佳林. 纳博科夫传:俄罗斯时期[M]. 桂林:广西师范大学出版社,2009:405.

第四章　纳博科夫与巴赫金诗学

狂欢化诗学和复调小说理论共同构造了巴赫金诗学的核心理念。巴赫金(M. M. Bakhtin,1895—1975)在分析民间狂欢文化和庄谐体文学的基础上提出了狂欢化诗学。在狂欢化的体裁中,并非只有一个具有权威性的声音在进行独白,而是多种声音在平等对话,探求真理。生活、思维、艺术、语言的本质在于对话,而这种对话是需要以藐视一元化官方权威的狂欢化精神为基础的。它增加了笑的比重,充满了种种闹剧、古怪行径、不得体的言辞、不着边际的幻想、粗俗的贫民窟自然主义等等。复调小说理论则代表着狂欢体文学传统的顶点。巴赫金在研究陀思妥耶夫斯基小说时发现,作者将狂欢节上的自由与平等的精神纳入了作品中,使得人物拥有了独立的意识和声音。巴赫金诗学通过狂欢化与复调小说颠覆了官方与民间、严肃与诙谐、高雅与俚俗、独白与对话等二元对立,建立了民间文化与文学之间紧密相连的关系,从而形成了一套多元开放的话语体系。纵观纳博科夫的小说创作艺术,读者不难发现其笔下的人物多为世俗中平庸的滑稽丑角,如《透明》(*Transparent Things*,1972)中的休,《黑暗中的笑声》(*Laughter in the Dark*,1960)中的欧比纳斯,《斩首之邀》(*Invitation to a Beheading*,1959)中的辛辛纳特斯,《绝望》(*Despair*,1965)中的赫尔曼等。这些人物性格古怪,举止滑稽,常会在荒诞无望的处境中发出笑声,在死亡降临之前,在被拘禁一室之时,在流亡的道路之上,他们狂欢化地颠覆了等级制度,从而建立了一种多层次、多音部的话语体系。纳博科夫在《绝望》中设置了许多"令人愉悦的对话"①,出现了其高超的文学骗术和典雅的制谜意识,形成其独树一帜的喜剧性和戏剧性的复调艺术;他的《斩首之邀》成为一把"自拉自娱的

---

① 　纳博科夫;朱世达.绝望[M].上海:上海译文出版社,2006:iii.

小提琴"①,通过全民性、仪式性、无间性和戏谑性实现了语言和行为上的狂欢化;而他在《黑暗中的笑声》中利用"有趣的娱乐"②实现了狂欢节的脱冕与加冕。本章将从复调的艺术、狂欢的风格以及笑的内涵等方面阐释纳博科夫在小说艺术创作方面与巴赫金诗学的契合与超越:纳博科夫对"审美狂喜"的不懈追求,使得其对话艺术独具风格,使得其小说中人物的笑投射出特殊的逻辑和哲学内涵,从而有力佐证了作者实验创作的先锋精神。

一、令人愉悦的对话

巴赫金在研究陀思妥耶夫斯基长篇小说的创作艺术时,将复调小说定义成一种多声部和全面对话的小说。对话性居于复调小说艺术世界的中心,覆盖了"小说的内部和外部的各部分各成分之间的一切关系"③。纳博科夫在评述其俄罗斯文学先辈的小说艺术时也曾承认,陀思妥耶夫斯基作品中的"一些精彩和滑稽的争吵写得很有趣"④。但总体而言,他对作品中的对话描写采取冷静而审慎的态度。在他看来,对话只有呈现了"戏剧性或喜剧性风格,并与叙述文字艺术地融合"⑤,才会产生令人愉悦的效果。换言之,对话只有与特定作品的风格和结构融合一处,才会创造出一个崭新的结合体。

比如,小说《绝望》围绕着破产生意人赫尔曼杀死流浪汉菲利克斯,并利用二者的相似性骗取商业保险的故事展开叙述。在 1965 年《绝望》的英译版本前言中,纳博科夫自豪地称赞"此书中有许多令人愉悦的对话"⑥。对话的解读因此成为理解这部小说创作艺术的关键。正如主人公赫尔曼在小说中宣扬的"每一件艺术作品都是欺骗"⑦,纳博科夫在层层对话中玩弄简单的魔术,在细节中及细节之间设置奇特的骗局和优雅

① 纳博科夫;陈安全.斩首之邀[M].上海:上海译文出版社,2006:前言.
② 纳博科夫;龚文庠.黑暗中的笑声[M].上海:上海译文出版社,2006:216.
③ 巴赫金;白春仁等.巴赫金全集(第5卷)[M].石家庄:河北教育出版社,1998:56.
④ 纳博科夫;唐建清.独抒己见[M].杭州:浙江文艺出版社,2012:42.
⑤ 纳博科夫;唐建清.独抒己见[M].杭州:浙江文艺出版社,2012:135.
⑥ 纳博科夫;朱世达.绝望[M].上海:上海译文出版社,2006:iii.
⑦ 纳博科夫;朱世达.绝望[M].上海:上海译文出版社,2006:160.

的谜语;读者在反复阅读的过程中,通过心灵、大脑以及脊椎骨的战栗去分享作者创作的"审美狂喜"。

在《绝望》的艺术舞台上,魔法师纳博科夫向观众呈现出一个"魔幻般的民主世界"①。在这个民主的世界里,因为一起特定的犯罪案件,小说中五个人物作为"各自独立而互不融合的声音和意识"②,逐一亮相、彼此交涉。人物之间的意识关系紧张,处于短兵相接的对话中,意识出现的地方对话随即开始。为了将人物之间的对话与小说中描写犯罪事件的文字融合一处,魔法师纳博科夫通过巧妙的骗局,从而赋予了这些对话喜剧性的风格。

虽然《绝望》讲述的是严肃的犯罪主题,但极具黑色幽默之感:赫尔曼绞尽脑汁地设计完美犯罪的计划,却败阵于最基本的相似性事实。布赖恩·博伊德发现,这种喜剧效果大多来自于"赫尔曼自以为是的天才——他的理解力和创造力——与古怪的现实之间的鸿沟"③。显而易见,这道鸿沟横亘于赫尔曼与其余四个人物的对话中间,赫尔曼想当然地做出理解和回应,从而营造出一种喜剧色彩。且以赫尔曼与阿德利安的对话为例:

"……不,如果你真要问我,我告诉你我发现你的脸上有一种明显的难以对付的东西……"

"这种脸很少见,你是不是这个意思?"

"每一张脸都是唯一的,"阿德利安说。

"哦,真的——唯一的!……是不是说得过分了一些?……"

"……你忘了,老兄,艺术家观察事物是观察它们的不同点。只有庸人才会注意到它们的相像之处……"

"但你必须承认,"我继续说,"有时候,正是相像性起作用。"

"当你想买个二手烛台时,"阿德利安说。④

---

① 纳博科夫;申慧辉.文学讲稿[M].上海:上海三联书店,2005:112.

② 巴赫金;白春仁等.巴赫金全集(第5卷)[M].石家庄:河北教育出版社,1998:4.

③ 博伊德;刘佳林.纳博科夫传:俄罗斯时期(下)[M].桂林:广西师范大学出版社,2009:498.

④ 纳博科夫;朱世达.绝望[M].上海:上海译文出版社,2006:36-37.

在上述对话中,赫尔曼和阿德利安并不是纳博科夫的传声筒,而是拥有自己独立意见自由的个体。阿德利安的意识强烈对峙着赫尔曼的意识,于是他们的对峙性话语成为两种声音争斗的舞台。二人围绕着相像性展开了言语上的交锋对峙:阿德利安从一个艺术家的角度洞察出事物的独特性,坚持"每一张脸都是唯一的";赫尔曼则对相像性孤注一掷,相信必要时,"正是相像性起作用"。在这个"魔幻般的民主世界"中,尽管赫尔曼的声音和意识强烈异常,但是无法湮没阿德利安等人物反对的话语。阿德利安艺术家的洞察力,使他成为赫尔曼整盘谋杀计划中"唯一应该小心提防的人"[①]。阿德利安用"二手烛台"一语道破了他的动机:杀死菲利克斯,骗取保险,成为一个和菲利克斯那样"快乐的人"[②]。两种截然不同的声音在这段对话中激烈交锋,充分显示出两个人物的性格差异,即艺术家与庸人的对立。此外,从对话中折射出赫尔曼的主观现实与阿德利安的客观陈述中形成了一道不可逾越的鸿沟。正如阿德利安后来批判的,杀死一个人,仅给死者换上一套自己的衣服是不够的,因为存在着一个致命的细节差异,即两人之间的相像性——"没有,也不可能有两个完全相像的人"[③]。人物之间针对相像性的对话分歧,就此成为魔法师制造喜剧化效果的一个重要道具。

纳博科夫将这种打断对话或思路的方法称为"多声部配合法"[④](counterpoint),即在一种声音表达见解之际,插入另一种平行的声音,避免小说成为某一种声音和意识的独裁世界,而是创造出一个"魔幻般的民主世界"。在《绝望》中,纳博科夫通过这种多声部配合法,基于两方面的考虑:其一,人物的对话可以传达其思想和表达方式,可以从中窥见说话者特有的习惯和个性。以上述对话为例,读者不难发现赫尔曼自以为是、目中无人,发现阿德利安具有艺术家的洞察力;其二,人物之间的对话冲突推进了小说情节的发展。叙述的主题通过自然、流畅的对话形式进行转换。故而,在"魔幻的民主世界"里,赫尔曼沉浸在完美犯罪的幻想之际,以阿德利安为代表的其他人物已经洞悉他的骗子本质。颇具喜剧色彩的是,赫尔曼对此却浑然不觉,继续沉浸在强烈的主观世界,以

---

① 纳博科夫;朱世达.绝望[M].上海:上海译文出版社,2006:112.
② 纳博科夫;朱世达.绝望[M].上海:上海译文出版社,2006:11.
③ 纳博科夫;朱世达.绝望[M].上海:上海译文出版社,2006:186.
④ 纳博科夫;申慧辉.文学讲稿[M].上海:上海三联书店,2005:129.

至于小说中的"所谓客观存在成为一个空洞的、破碎的外壳"①。事实上,魔法师纳博科夫赋予人物之间的对话一层迷惑的外表:读者容易在赫尔曼的健谈才华和激情表达中迷失路径,走进艺术家精心设置的骗局。细心的读者会在接近结尾的地方,发现赫尔曼的日记时间是一个预言性的日期——4月1日(愚人节),表明赫尔曼所说的一切只是主观幻想。但这骗局恰是魔法师与观众互动游戏的一部分,"一个心怀感激的观众会乐于因戴着面具的表演者优雅地融入大自然背景而喝彩"②。纳博科夫通过在人物之间的对话中施展妖法幻术,使各种意识在"魔幻般的民主世界"里相互影响、形成对峙,成为喜剧性风格和精心设计的结构中的一个特征。纳博科夫也通过这些骗局的设立,证明了"大作家总归是大魔法师"③;这些奇特的骗局将读者观众引入一个"绝望"的迷宫,只有在魔法师的带领下捕捉那些"致命的细节差异",才在走出迷宫之际,惊叹魔法师高超的骗术,并且心存感激。

在展现《绝望》中人物与自我的对话风格时,魔法师纳博科夫则通过"编造带有优雅谜底的谜语"④,即"虚假的双重人格"⑤,凸显其戏剧化的效果。人物在自我意识的内部不断"自我揭示、自我阐明"⑥。从表面上看,这是赫尔曼双重人格之间的对话;他甚至考虑用《双重人格》作为手稿的标题。作者的创作也因此被认为是对陀思妥耶夫斯基作品的刻意模仿。对于这种文学上的联想,纳博科夫相信"真正的艺术与基因无关,甚至与物种无关,而只与物种的变异个体有关"⑦。《绝望》中的流浪汉菲利克斯是个只存在于赫尔曼幻想中的"虚假的双重人格",是陀思妥耶夫斯基笔下的"同貌人"的变异体。这是纳博科夫在文学戏仿时编造的一个谜语,用以含混小说的事实,需要读者在阅读中做出艰难的努力,体会发现的狂喜。

纳博科夫在"独白性对白"(自己同自己)中制造了一个难以破解的

---

① 纳博科夫;申慧辉等.文学讲稿[M].上海:上海三联书店,2005:219.
② 纳博科夫;唐建清.独抒己见[M].杭州:浙江文艺出版社,2012:158.
③ 纳博科夫;申慧辉.文学讲稿[M].上海:上海三联书店,2005:5.
④ 纳博科夫;唐建清.独抒己见[M].杭州:浙江文艺出版社,2012:16.
⑤ 纳博科夫;唐建清.独抒己见[M].杭州:浙江文艺出版社,2012:86.
⑥ 巴赫金;白春仁等.巴赫金全集(第5卷)[M].石家庄:河北教育出版社,1998:85.
⑦ 纳博科夫;申慧辉.文学讲稿[M].上海:上海三联书店,2005:160.

谜,即赫尔曼怎样盘查自身所为,为自我进行辩解,从而呈现出"我眼中的我"这种对话式的内心独白是微型对话的典型模式,"其中所有的词句都是双声的,每句话里都有两个声音在争辩"①。以下以赫尔曼杀死菲利克斯之后的一段内心独白为例,分析其中的双声复调效果:

一个人的意志果真这么强大,能将另一个人变成一个傀儡? 我真的给他修脸了吗? 简直不可思议! 是的,当我回忆一切时,最让我难受的是菲利克斯的顺从,那可笑的、不假思索的、自动的顺从。但,正如我说过的,我摆脱了这种情绪。更糟糕的是我无法忍受镜子。事实上,我蓄胡须是想将我与自己显得不同,而不是想将我与其他人显得不同。可怕的事——过分的想象力。所以,就很容易理解像我这样异常敏感的人因为一面黑暗的镜子里的映像,或者因为他自己的影子死在他的脚旁,这样琐碎的小事而陷入糟糕的境地。②

从这段内心独白中可以看得出在赫尔曼的内心有两个自我意识在进行着一问一答的对话,为了更加清晰地显示这种对话关系,可以将上述对话演绎成下面的对话流程:

赫1:你真的给他修脸了吗?

赫2:是的,菲利克斯十分可笑地、不假思索地、自动地顺从了。

赫1:一个人的意志果真这么强大,能将另一个人变成一个傀儡? 简直不可思议!

赫2:当我回忆一切时,最让我难受的就是菲利克斯的顺从。

赫1:那你摆脱了这种情绪吗?

赫2:正如我说过的,我已经摆脱了。但更糟糕的事发生了,我无法忍受镜子。

赫1:可怕的事——过分的想象力。是因为蓄胡须的原因吗?

赫2:事实上,我蓄胡须是想将我与自己显得不同,而不是将我与其他人显得不同。

赫1:那你为什么会因为这样琐碎的小事陷入糟糕的境地?

---

① 巴赫金;白春仁等.巴赫金全集(第5卷)[M].石家庄:河北教育出版社,1998:99.
② 纳博科夫;朱世达.绝望[M].上海:上海译文出版社,2006:157.

赫2:可能因为我异常敏感于一面黑暗的镜子里相似的映像,也可能因为我自己的影子死在我的脚旁。

小说通过赫尔曼内心两个自我的这种盘查式的对话语言和情节,将其内心冲突转化成现实,更加激化了这种冲突本身。小说中出现的类似的独白性对白,集中体现了赫尔曼在不断的自欺和自辩的过程中的个人价值认同危机。

纳博科夫将这种制谜意识同样纳入了"对白中的对白"(自己同他人):赫尔曼怎样为"他人眼中的我"进行辩解,使之与"我眼中的我"并行不悖? 根据复调理论,"在主人公的自我意识中,渗入了他人对他的认识;在主人公的自我表述中,嵌入了他人议论他的话"①。在设计《绝望》中"对白中的对白"时,纳博科夫安排了"同貌人"的出现,使赫尔曼的声音代替菲利克斯的声音,成为叙事本身,呈现菲利克斯眼中的赫尔曼:

一天,我碰到一个穿戴潇洒的家伙,他老说他酷似我。废话,他一点儿也不像我。但我不跟他争辩……我杀了这个骗子,抢劫了他……那可怜的穿戴优雅的先生躺在地上,死了。②

在这段描述中,赫尔曼以菲利克斯的视角和口吻猜测出后者对自己的评价。与"我眼中的我"相比,复调小说中的人物事实上更加关注"别人的反应、别人的话和别人的回答"③。值得注意的是,赫尔曼从菲利克斯的角度对自己所做的评价是一分为二的:一方面,他觉得自己该是"一个穿戴潇洒的家伙",表明出他的优越感;但另一方面,他猜想自己在别人眼中定是个"面不改色,还充满激情"的骗子形象,表明他对自我的否定。这样一来,赫尔曼体现出典型的"双重人格"。在巴赫金看来,复调小说的主人公在进行对白性独白时,他审视自我所用的他人视角本身是虚假的,他"不可能看到自己的面目,而只能看到自己的假象"④。他这样做的目的仅在于在菲利克斯的身上认出"自己的思想、自己独特的语

① 巴赫金;白春仁等.巴赫金全集(第5卷)[M].石家庄:河北教育出版社,1998:279.
② 纳博科夫;朱世达.绝望[M].上海:上海译文出版社,2006:158.
③ 巴赫金;白春仁等.巴赫金全集(第5卷)[M].石家庄:河北教育出版社,1998:285.
④ 巴赫金;白春仁等.巴赫金全集(第5卷)[M].石家庄:河北教育出版社,1998:129.

言、自己的意图、自己的姿态"①。至于他为何又会诋毁自己的形象,则意味着人物的"自我意识的危机戏剧化了"②。巴赫金认为,人物这样做便保留了对自己做出最后定论的权利。赫尔曼从小说一开始就坦白了自己骗人的本质,他这样玷污自己的形象是"摆脱他人意识对自己的控制,是自己能理解自己"③的最后努力。由此可见,赫尔曼在对白性独白中的潇洒形象和骗子形象并不矛盾,呈现的是人物自我意识的一种戏剧化对峙。

在《绝望》中,纳博科夫通过设置"虚假的双重人格"之间的对话,实现对陀思妥耶斯基复调艺术的继承和超越。从文学传统上来看,纳博科夫完美地在赫尔曼的意识内纳入了两种"相互呼应,相互得到反映"④的声音。"我眼中的我"呈现出人物自我意识的危机;而"他人眼中的我",则将这种危机更加戏剧化了——自我褒扬与自我贬谪相并存在,双声语的对峙更加激烈。从复调艺术的再创造来看,小说展现的是"神话般的科学谜团"⑤。纳博科夫笔下的菲利克斯是"虚假的双重人格",仅存在于赫尔曼的主观幻想世界。这无疑是一个"带有优雅谜底的谜语",谜底同样是谜面,即二者的相似性问题。表面上,是人物与"同貌人"在意识内部的对话交锋,凸显人物的荒诞性和悲剧性;但"同貌人"并不真实存在,更加彰显小说的荒诞性和戏剧化色彩。

纳博科夫在《独抒己见》中将其小说生活的主体定义成"幽灵般的人物"⑥。他们虽然可以自如地穿梭于文字的世界,以其独立的声音与作者展开对话;但是,无疑魔法师才是整个文字表演的灵魂所在,主宰这个虚构的世界的一切。在《绝望》中,赫尔曼及其意识作为小说生活的主体,与小说艺术整体的完成者纳博科夫进行平等的交流。虽然二者分属于不同的价值层面,但"作者的层面极力要包容并封闭主人公的层面"⑦。为了更好地展现作者与人物之间这种"包容并封闭"的对话关系,纳博科夫借助细节的力量,一方面保持了与人物的距离,将"小说中能被追溯的

①②　巴赫金;白春仁等.巴赫金全集(第5卷)[M].石家庄:河北教育出版社,1998:290.
③　巴赫金;白春仁等.巴赫金全集(第5卷)[M].石家庄:河北教育出版社,1998:312.
④　巴赫金;白春仁等.巴赫金全集(第5卷)[M].石家庄:河北教育出版社,1998:100.
⑤　巴赫金;白春仁等.巴赫金全集(第5卷)[M].石家庄:河北教育出版社,1998:182.
⑥　纳博科夫;唐建清.独抒己见[M].杭州:浙江文艺出版社,2012:98.
⑦　巴赫金;白春仁等.巴赫金全集(第1卷)[M].石家庄:河北教育出版社,1998:99.

思想"①归还于人物自身;另一方面,在小说中架设了隐蔽的平行结构,与人物的意识进行有效的抗衡。读者只有在反复的阅读中,捕捉到这些细节间的线索,才能与作者分享"一个充满灵感的精致的艺术品"②带来的"审美狂喜"。

"审美狂喜"的第一个来源是赫尔曼这个"幽灵般的人物"在《绝望》的世界里自由穿梭,以独立的意识与创作者纳博科夫进行对话。这种包容有序的对话关系体现在三个具体的细节事实上:首先,《绝望》主要采取的是内聚焦型的叙述视角。这种内聚焦型的视角赋予主人公赫尔曼随意组织叙述的内容、方式和进度的自由,不受到作者和其他人物的声音的干扰,并与这些声音形成平等独立的对话关系,由此确立小说的复调特征。小说《绝望》中最典型的复调色彩集中显现在主人公赫尔曼的自我意识中。布赖恩·博伊德认为,在这部小说中"自我意识和戏拟第一次获得全面的解放"③。其次,被解放了的赫尔曼的意识不仅从自己的视角陈述了"绝望"的情节内容,其叙述的风格口吻也颇具个人色彩。如赫尔曼起初打算将"绝望"的故事创作成一部让世人称赞的杰作,却在写作的过程中成了"文学的最低级形式"④——日记体;又如赫尔曼曾经筹划用十章的篇幅完成《绝望》故事的创作,却在第十章的开头用经典方法炮制了故事的结尾,然后继续他混乱的叙述,直到第十一章的结束;又如他在杀死菲利克斯之后,迅速转变身份角色,开始用后者的口吻完成后续故事的叙述。正如赫尔曼本人性格中的一个至关重要的特点是"骗人,面不改色,还充满激情"⑤一样,根据他的自我意识展开的叙述同样难以令人信服,因为其叙述的风格混乱无序、杂乱无章和不知所云。从这一点来看,整部小说建构出一个"大型对话",小说各成分之间从结构上反映出赫尔曼的不可靠叙事。最后,赫尔曼的纯粹声音还自如地与小说人物、读者以及作者之间开启对话模式。此处仅以赫尔曼与纳博科夫的对话为例,凸显二者的平等交流:

① 纳博科夫;唐建清.独抒己见[M].杭州:浙江文艺出版社,2012:152.
② 纳博科夫;申慧辉.文学讲稿[M].上海:上海三联书店,2005:337.
③ 博伊德;刘佳林.纳博科夫传:俄罗斯时期(下)[M].桂林:广西师范大学出版社,2009:496.
④ 纳博科夫;朱世达.绝望[M].上海:上海译文出版社,2006:189.
⑤ 纳博科夫;朱世达.绝望[M].上海:上海译文出版社,2006:2.

我并不是自发地决定将我的作品寄给那位目光敏锐的小说家的，我想我已经提到过这位小说家，甚至通过我的故事亲自和他进行了对话。

我在下了决心将手稿寄给一个肯定喜欢我的作品、并会竭力将它出版的人之后，我便非常肯定我选择的这个人（你，我的第一读者）一定是位移民小说家，他的作品是不可能在苏联出现的。也许这本书会是一个例外，因为真正写它的不是你。哦，我多么希望虽然有你的移民签字（那潦草的伪装谁也骗不了），我的书能在苏联找到市场！①

通过两段引文可以看出，赫尔曼明确指出自己才是"绝望"故事的写作者。主人公由此拉开了与作者的距离，公开宣布了自我意识的独立。赫尔曼甚是满意自己"写作能力和用最优雅与生动的语言来表达思想的令人称羡的才能"②。他认为真正能欣赏他艺术家才能的肯定是个"目光敏锐"的移民小说家，并且认为这位移民小说家的作品"不可能在苏联出现"。他的猜想在小说的前言部分得到了纳博科夫的证实："在这典型的极权国家被禁止出版。"③赫尔曼以一个同行的身份对纳博科夫的小说出版受阻表示理解和同情，并热切地希望自己的作品能在苏联找到市场。值得注意的是，第二段引文中赫尔曼自然地从"他"承接到"你"，顺利地穿透作品本身，与小说真正的作者进行直接的对话。但这并不表明作者与人物达成一致见解：赫尔曼通篇"标榜自己的艺术家地位和犯罪的艺术价值"④；而在纳博科夫看来，"犯罪是遗憾的闹剧"⑤。事实上，赫尔曼的妄自尊大和对他人独特性的忽视，使其走向艺术的对立面。纳博科夫与赫尔曼的对立，实则为艺术家与癫狂者的对立，前者可以迅速地变换意象和印象，像拼板玩具一样对小说的世界进行重新组合；而后者在彻底地肢解了真实的世界后，却无法"创造一个像过去那么和谐的新世界"⑥。

① 纳博科夫；朱世达. 绝望[M]. 上海：上海译文出版社，2006：141 - 142.
② 纳博科夫；朱世达. 绝望[M]. 上海：上海译文出版社，2006：1.
③ 纳博科夫；朱世达. 绝望[M]. 上海：上海译文出版社，2006：i.
④ 博伊德；刘佳林. 纳博科夫传：俄罗斯时期（下）[M]. 桂林：广西师范大学出版社，2009：497.
⑤ 纳博科夫；申慧辉. 文学讲稿[M]. 北京：三联书店，2005：332.
⑥ 纳博科夫；申慧辉. 文学讲稿[M]. 北京：三联书店，2005：333.

　　"审美狂喜"的另一个来源是主人公癫狂不羁的意识并无能力创造一个稳定和谐的小说世界,最终还是被封闭在小说真实创作者的意识框架内。赫尔曼便是纳博科夫放逐在《绝望》国度里的一个"幽灵般的人",其享受的自由最终依旧由小说世界的独裁者纳博科夫控制。事实上,复调作品展现给读者的每一因素,"已经包含了作者对它的反应(反应之反应)"①。小说在纳博科夫的想象中进行设计,每个人物的行动都按照作者决定的路线发展。纳博科夫郑重宣布:"在那个私有世界,我完全是个独裁者,迄今为止,唯有我为这个世界的稳定和真实负责。"②但挑战在于:赫尔曼的主观意识如此强烈,作者必须在"与之平等的众多他人意识的世界"③里架设隐秘的平行结构,形成一个能与之抗衡的客观世界。这些隐秘的平行结构存在于具体的细节之间,不易察觉,成功地逃脱了赫尔曼的注意力,成为作者与人物在小说整体结构内进行的一场大型对话。纳博科夫相信"在高级艺术和纯粹科学中,细节就是一切"④。此处且以流浪汉菲利克斯为例,来观察一下纳博科夫是如何在具体的细节上架设出这样一条隐秘的平行线,实现对赫尔曼意识的抗衡:

　　　　他满意地审视了一下车。他不慌不忙地爬进了车,坐在我的旁边。
　　　　他这时说:"要是我来开的话,就不会有这种麻烦啦。……"
　　　　"是的,这车将会是你的。很快就会是你的。……"
　　　　菲利克斯不再带着那种穷光蛋急于奉承的表情,而是怀着一个车主的安详的满足感审视光滑如镜的蓝色伊卡勒斯。他的眼睛里浮现出一种梦幻的神色。⑤

　　赫尔曼载着菲利克斯开向那片"死亡松林",他心情愉快,因为他正顺利实施自己完美的犯罪计划。他一如既往地自以为是、妄自尊大:菲利克斯那"急于奉承的表情"和"一个车主安详的满足感"都成了他轻蔑嘲讽的对象。为了抗衡赫尔曼强烈的主观意识,纳博科夫在菲利克斯、阿德利安等人物的声音和意识中植入细节,形成小说发展的另一条结构

---

　　① 巴赫金;白春仁等.巴赫金全集(第1卷)[M].石家庄:河北教育出版社,1998:100.
　　② 纳博科夫;唐建清.独抒己见[M].杭州:浙江文艺出版社,2012:70.
　　③ 巴赫金;白春仁等.巴赫金全集(第5卷)[M].石家庄:河北教育出版社,1998:65.
　　④ 纳博科夫;唐建清.独抒己见[M].杭州:浙江文艺出版社,2012:172.
　　⑤ 纳博科夫;朱世达.绝望[M].上海:上海译文出版社,2006:150.

线索。这条隐秘的结构线索，牵引出一个完全对立于赫尔曼主观意识的客观世界。《绝望》艺术中最高尚的形式便是魔法师对细节的精心设计，如上述描写中菲利克斯那种"车主的安详的满足感"。菲利克斯正是出于这种满足感才会将刻有自己姓名的手杖留在车上，成为确知被杀害者身份的关键物件。这件不足挂齿的手杖便是赫尔曼全盘计划中致命的疏忽。因此，手杖成为作者抗衡赫尔曼的隐形密码。这个密码还被安置在小说中另外一个人物身上：赫尔曼曾经嘲讽妻子将"神秘（mystic）"一词与"迷雾（mist）""错误（mistake）"和"手杖（stick）"混在一起。讽刺的是，赫尔曼的"错误"恰巧来自于一根"手杖"的败露。在阿德利安看来，赫尔曼精心设计的犯罪也只不过是人们早已熟知的"有关寿险的小小技巧"①。至此，读者才渐渐拨开赫尔曼叙事的"迷雾"，洞悉魔法师纳博科夫的"神秘"布局，欣赏了一场荒诞滑稽的犯罪闹剧。

由此可见，纳博科夫与赫尔曼的对话被隐匿在不易察觉的细节间的平行结构中，成为通往作者的写作活动与读者的阅读活动中双重"审美狂喜"的必经之路。在《绝望》中，作者与人物的对话是一种"包容并封闭"的关系，人物不再是作者的传声筒，而是作为独立的声音贯穿小说世界的始末；但人物的强烈意识最终被纳入作者意识框架内，成为作者表现喜剧化和戏剧化风格的载体。作者与人物的对话冲突，继而转向作者与读者的冲突：因为"一个好读者面对一个难啃的作者势必要做出艰辛的努力，而一旦尘埃落定，那些努力就会获得最好的回报"②。这种回报正是来自脊椎骨的震撼和兴奋，正是一流小说创造的"审美狂喜"。读者只有在艰难的阅读过程中，识破作者高超的骗术，解开扑朔的谜语，洞悉细节间深藏的玄机密码，才能获得"审美狂喜"。作品也只有在获得作者与读者的双重狂喜后，才能实现"作者—文本—读者"的三维对话。

综观《绝望》的对话策略，他将这种对话的态度贯穿始末：人物之间的对话描绘出一派"魔幻般的民主世界"；人物与自我的对话则呈现出一个"虚假的双重人格"的存在；作者与人物之间的对话被转化成了作者与读者分享"审美狂喜"的对话。这层层推进的对话成功地将这部小说演绎成巴赫金的复调视域下的对话狂欢。为了实现个人小说艺术的独创性，纳博科夫渐渐拥有了自己的创作公式："形式（结构＋风格）＝题材：

---

① 纳博科夫；朱世达.绝望[M].上海：上海译文出版社，2006：187.
② 纳博科夫；唐建清.独抒己见[M].杭州：浙江文艺出版社，2012：189.

为什么写 + 怎么写 = 写了什么。"①在《绝望》的复调世界中,纳博科夫通过设置巧妙的骗局和"带有优雅谜底的谜语",形成了小说的喜剧性和戏剧性风格;通过细节间架构的平行虚线,实现了小说结构整体和部分的对话。他宣扬自己只为艺术家而创作,相信脊椎骨感受到的震撼才是通向艺术"审美狂喜"的最可靠路径。也正是因为对写作活动与创作活动中"审美狂喜"的不懈追求,纳博科夫拥有了独具风格的对话艺术,从而实现了对陀思妥耶夫斯基复调小说的超越。《绝望》中众多的"令人愉悦的对话"也就成为作者复调艺术实践中一面鲜亮的旗帜。

二、自拉自娱的小提琴

在《斩首之邀》的"前言"中,纳博科夫将这部小说定义为"自拉自娱的小提琴"②。从其狂欢化诗学表现来看,《斩首之邀》是实验小说家纳博科夫对狂欢化艺术的一次重要尝试,其本质在于作者对于社会和人文意识形态的再思考,颠覆常规的思维习惯,挑战一元论的权威,多角度论证原生态的生活和多元价值观。在这部实验小说中,纳博科夫对传统的逻辑、哲学和时间等观念进行反思,将个体置于充满狂欢诗学性质的艺术氛围中进行全新的体验,引导读者感悟平等对话的精神和开放的人文理想,还原被禁锢的生活以艺术的真实,建立一个民间的、充满了仪式性、无间性和戏谑性的狂欢世界,在思想界和文学界造成了巨大的影响,被称为"20 世纪最后一个伟大的现实主义作家"③和"战后小说最具影响力的先驱人物"④。

巴赫金认为,是狂欢节文化造就了狂欢体文学。"在狂欢中,人与人之间形成了一种新型的相互关系……人的行为、姿态、语言,从在非狂欢式生活里完全左右着人们一切的种种等级地位的酒神中解放出来"⑤。

---

① 纳博科夫;申慧辉. 文学讲稿[M]. 上海:上海三联书店,2005:101.
② 纳博科夫;陈安全. 斩首之邀[M]. 上海:上海译文出版社,2006:iii.
③ Kazin, Alfred. "Wisdom in Exile"[J]. A Contemporary Literary Criticism. Vol 8, Detroit: G. R. C. Book Tower,1978:418.
④ Hassen, Ihab. "American Literature"[J]. World Literature Since 1945. Ivar Ivask and Gero Wilpert eds, New York: Frederick Ungar Publishing Co. ,1973:3.
⑤ 巴赫金;白春仁等. 巴赫金全集(第 5 卷)[M]. 石家庄:河北教育出版社,1998:161 - 162.

巴赫金将狂欢节这一极具颠覆色彩的精神力量引入文学分析,提出了狂欢式、狂欢化等一系列术语,阐述了关于狂欢化诗学的理论体系。狂欢化诗学是狂欢的内容转化为文学语言的表达,具有全民性、仪式性、无间性、戏谑性的独特表现,反映出狂欢文化下特殊的逻辑和哲学内涵。巴赫金的狂欢化诗学理论在纳博科夫小说《斩首之邀》中得到了较为明显的体现。其中的全民性、仪式性、无间性、戏谑性四个特点更是纳博科夫开放的思考和实验创作的先锋精神的有力佐证,使纳博科夫成为约翰·弗莱彻所说的"游刃于形式秩序和外部世界秩序之间的大师和专门描写阴影、镜子和反思的小说家"。

巴赫金在《拉伯雷的创作与中世纪和文艺复兴时期的民间文化》中论述了狂欢节的全民性特点:

人们不是观看狂欢节,而是生活在其中,而且是所有的人都生活在其中,因为按其观念他是全民的。在狂欢节进行期间,对于所有人来说,除了狂欢节的生活以外没有其他生活。人们无从离开狂欢节,因为它没有空间界限。狂欢节期间只能按照它的规律,即狂欢节自由的规律生活。狂欢节具有世界性,这是整个世界的特殊状态,是与所有人息息相关的世界的复兴和革新。①

巴赫金相信狂欢节这一民间源泉有着让现实恢复其真实面目的力量。在他看来,民间文化是底层的,在民间集市和广场上,全民参与,不受社会等级制度、礼仪的约束,全民平等共同参与,以狂欢的游戏、无理的闹剧、鄙俗的俚语颠覆正襟危坐、高雅文化和语言,使卑贱的全民大众大行其道,成为绝对的主角。这个大众参与的节日以聚会为形式,中心地点常常设在露天广场,开阔自由,无拘无束,毫不封闭,成为可以包罗万象、充满无限可能的富有创造力的开放体系,将生活中太多被欺被压抑、被淹没的声音和力量释放出来我与它者之间、官方文化与民间文化之间、高雅与俚俗之间、精英文化与大众文化之间的众声喧哗。《斩首之邀》中的死刑执行事件就发生在广场,而斩首事件正式发生之前的种种

---

① 巴赫金.拉伯雷的创作与中世纪和文艺复兴时期的民间文化[M].莫斯科:莫斯科文艺出版社,1990:12.

活动,也充满了怪诞、狂欢的气氛,体现了全民参与的效果。审判结果宣布,对主人公辛辛纳特斯执行死刑的地点设在思里乐广场,"允许成年人入场……马戏团订票的票根将得到承认……还有,还有,还有……死刑执行者穿红裤子……"①该行刑场地允许持马戏票的人入场,死刑执行者穿上类似舞台表演的红裤子,与犯罪、死亡的意义大相径庭,充满了舞台喜剧的效果,将传统意义上紧张肃穆的行刑地变成了娱乐、杂耍的狂欢之地,邀请大众参与表演,全民娱乐,非常具有大众娱乐的效果。紧接着,按照惯例为死刑犯而举办的简短告别仪式也充满了大众狂欢的气氛:仪式放在副市政执行官的郊区居所,辛辛纳特斯和皮埃尔先生顺便去拜访他们,大家一起吃顿便饭。小说中的罪犯被邀请到市政官员的私人居所吃便饭,还伴有各方大众一起参与聚会,包括城市喷泉看管人、电报总管、物资供应主管、起了意大利名字的驯狮员、耳聋但令人肃然起敬的法官、穿绿色漆皮皮鞋的公园管理员;还有一大堆神情庄重、可尊可敬、头发灰白、面目可憎的人,色彩斑斓,风格迥异,充满了戏剧效果。这里,常规的逻辑和思维完全被打破,各色人等竞相参与,使得聚会失去了原本的目的,成为大众狂欢的娱乐现场,充满了全民参与的热烈场面。而发布行刑通告的报纸上也堆满了大众狂欢的信息和图片:蓝天下,广场上,密密麻麻地挤满了各种各样的人,只能看到红色讲台的边缘。公众对行刑的场景充满了期待,对这场狂欢的主角辛辛纳特斯充满了崇拜和宠爱,仿佛他是一位明星:"公众把你当成偶像来崇拜。"罗曼卑躬屈膝地说,"我们恳求你,请你消消气,……因此请你宽恕我们。女人都喜欢你,人人都宠着你,难道你就不能笑一笑,分散一下注意力,把愤怒的表情放到一边……"②行刑当天,疯狂的人群涌上街头,在赶往行刑广场的路上,全民狂欢的气氛就已经达到了高潮:

城里的激动气氛继续升温。大街两旁的衣物正面五颜六色,摇晃飘动,因为它们都被匆忙地用欢迎招贴画装饰起来。有一幢小屋子装饰得特别漂亮:它的门迅速开启,一位年轻人走出来,他全家都跟在后面送他——这一天他刚达到观看处决的年龄。母亲高兴得直流眼泪,祖母把一个三明治塞进他的背包,小弟弟递给他拐杖。飞架街头的古石桥上

---

① 纳博科夫;陈安全.斩首之邀[M].上海:上海译文出版社,2006:149.
② 纳博科夫;陈安全.斩首之邀[M].上海:上海译文出版社,2006:181.

（一度曾对行人大有裨益,可是现在只能由呆望者和街道管理人在使用）早已挤满了摄影师。皮埃尔先生不断举手触帽檐向人群致意。①

　　大街被民众装饰起来,仿佛在迎接盛大节日的到来,普普通通的人家因为这个节日而纷纷行动起来,摄影师严阵以待,行刑人挥手作秀,人们穿上狂欢的服装,拿着狂欢的道具,做着狂欢的举止,街上的音乐和街景看起来都像是为了本次狂欢而准备的布景:铜管乐队使劲演奏进行曲《小鸽子》;天空中有白色云朵忽动忽停地反复飘过,从颜色上看疑似舞台布景。人潮不断涌来。广场上调动了报务员和消防员的混合队伍维持秩序,狂欢的乐队全力吹奏,只有一条腿的乐队残疾指挥疯狂地挥动双臂,音乐声淹没在嘈杂的人群中。行刑仪式开始,全民狂欢的场景终于到达了巅峰,而市政副执行官的一席话更是将全民狂欢的号角全面拉响:没有严肃的法律宣布,没有正经的道德说教,没有紧张的斩首氛围,有的只是无足轻重、轻松幽默的劝解(劝解年轻人走得慢点),关于在第一大道和布里格迪尔街的拐角处将举行的家具展览,晚上的新编滑稽歌剧《苏格拉底必须消亡》演出,以及基弗分发中心的大批女士腰带的推销。市政副执行官将接下来的斩首仪式定位为"其他表演者"②,充满了非真实的舞台效果。可见,这不是传统小说的死刑执行现场,而是全民参与的集会,集会上什么都可能发生,有全民动员的演讲,有商品展和演出的通告,还有各类小道消息和表演,而对辛辛纳特斯执行的死刑,不过是各类表演中的一项。《斩首之邀》以宏大的狂欢场面和精致的狂欢细节诠释了巴赫金狂欢化诗学的全民性理论。

　　仪式性是狂欢化诗学的又一种表现,指的是狂欢节固有的一些传统仪式和礼仪,主要有戏剧性地给扮演的狂欢国王举行加冕,随后又举行脱冕仪式,同时还包括换装礼仪,即人们化上妆,戴上面具,暂时地、象征性地美梦成真,在假想的环境中改变自己的地位和命运,拥有梦想中的财富和权力。这样的诗学思想独立于社会体制和宗教意识之外,纯粹是精神上的乌托邦:"它们既不命令也不乞求……所有这些形式无一例外

---

①　纳博科夫;陈安全.斩首之邀[M].上海:上海译文出版社,2006:189-190.
②　纳博科夫;陈安全.斩首之邀[M].上海:上海译文出版社,2006:192.

地处在教会和宗教信仰之外。它们属于一个完全不同的领域。"①这些仪式是对社会等级制进行的颠覆和嘲讽,让节日的狂欢成为所有仪式的本质。在《斩首之邀》中,从开篇描述的监狱中的辩护律师和公诉人、狱卒等戴着奇怪的妆容和面具,到他们的自发表演产生的仪式和戏剧效果,从刽子手和犯人的加冕和脱冕仪式,到马车将刽子手和犯人等接至刑场的细节,直至最后的斩首仪式,小说通篇充满了仪式的场景,将狂欢化诗学中的仪式性效果表现得淋漓尽致。

小说中监狱里的各类人物和场景都极具仪式性的舞台效果:辩护律师和公诉人都化过妆,看上去彼此很相像;律师化过妆的脸、深蓝色的眉毛和长长的兔唇,看不出有什么特别的思想活动;卫兵戴着"像狗一样的面具"②;探监的人像是化了妆的、仿制的赝品,"一件拙劣的仿制品"③;狱卒皮埃尔先生将自己假扮成辛辛纳特斯的"狱友",在囚室里演出;马戏团团长更是舞台上炫目的装扮:脚蹬长靴、手执皮鞭、脸上搽粉,被令人目眩的聚光灯紫光照耀。这些监狱中各种人物的描写形成了一个集体的群像,极富化妆面具的舞台效果。其中假扮囚犯、实为狱卒的皮埃尔先生身上体现出典型的换装仪式的效果:

> 晚餐过后,皮埃尔先生来了,这一会儿打扮得很体面,不再穿监狱囚服,换上一件丝绒夹克,还附庸风雅地打了个蝶形领结,脚蹬高跟新靴,靴子发出的嘎吱声令人疑虑丛生,靴筒光洁闪亮(这使他变得有些像歌剧中的伐木人)。④

为了不同的场景和角色的需要,皮埃尔先生在这里展现了精彩的换装仪式,实现了从脱冕到加冕的转换。他身穿囚服表演逗乐的滑稽场面像是被脱冕的君王,跌入民间尘埃的神,而当他穿着体面的衣着,响亮地走动,显示出身为狱卒的威严,其庄严的场景俨然一位加冕后的帝王,两个场景形成鲜明的对比,具有强烈的换装效果,更加突出了狂欢的场面和氛围。

---

① 巴赫金.拉伯雷的创作与中世纪和文艺复兴时期的民间文化[M].莫斯科:莫斯科文艺出版社,1990:11.
② 纳博科夫;陈安全.斩首之邀[M].上海:上海译文出版社,2006:12.
③ 纳博科夫;陈安全.斩首之邀[M].上海:上海译文出版社,2006:107.
④ 纳博科夫;陈安全.斩首之邀[M].上海:上海译文出版社,2006:145.

　　小说充满戏剧性的仪式效果反映了深厚的狂欢逻辑的内涵。"狂欢的逻辑——这是反常态的逻辑,'转变'的逻辑、上与下及前与后倒置等等的逻辑、戏谑化的逻辑、杂耍式的加冕和脱冕的逻辑……它废旧立新,使'圭臬'有所贬抑,使一切降之于地,附着于地,把大地视为吞噬一切,有时一切赖以萌生的基原"①。狂欢逻辑将世界现有的秩序彻底打破,采取反常态的思维模式,将原先被体制和思想所禁锢的东西释放出来,使得高贵与卑微、严肃与挪揄、智慧与愚钝、存在与消亡这样二律背反的理念在狂欢精神的融化下界限被破除,沟壑被填充,并且毫无障碍地融为一体,这就是反传统的狂欢逻辑精神。人们不再怀疑是不是合乎逻辑,而是随之一起自在感受,自由狂欢。《斩首之邀》中充满了这样的狂欢逻辑。首先,小说的题目就充满了狂欢逻辑的精神。按照往常的逻辑,斩首本是极其严肃的仪式,充满了罪与罚的血腥和伸张正义的理念,而邀请一词充满了温情和友好,洋溢着欢快浪漫的情调。斩首和邀请这一对截然相反的词组结合在一起有悖常理,而在狂欢的情境下则恰如其分:刽子手皮埃尔花了很多心血,假扮成狱友,竭尽所能,与死刑犯辛辛纳特斯友好相处,处处为辛辛纳特斯着想,就连刑场上的砧板也要亲自尝试感觉合适之后邀请辛辛纳特斯受刑。这样的逻辑打破了传统刽子手与囚犯的关系,释放的是破除等级制度后的平等自由思想。小说中常理无法解释的狂欢逻辑无处不在:辛辛纳特斯的被捕入狱充满了魔幻色彩,对他提出控诉的人"以小心猜测的形式,暗示他有初步违法行为"。教育委员会主席和一些其他官员轮流和他锁在一起,对他进行"法律所规定的各种试验",包括模仿各种动物、各种职业和各种疾病等,充满了玩笑的色彩和反逻辑效果。辛辛纳特斯被捕入狱并被莫名其妙地判处斩首之刑后,偌大的监狱里迄今只关着辛辛纳特斯一个囚犯,后来的"狱友"皮埃尔结果证明是假冒犯人的刽子手。而监狱里的各个细节都反映出狂欢逻辑和颠覆色彩。图书馆里列着奇怪的书目:书名不是按照字母顺序排列的,而是以书的页码数为序,显示出秩序的混乱;辛辛纳特斯入狱后按照惯常的逻辑想要知道自己被处决的日子,并试图问个为什么,却立刻被监狱长粗暴地打断,并振振有词地问为什么是违反规矩,而且他也不知道为什么,狂欢逻辑至此被表现得酣畅淋漓。辛辛纳特斯想要知道自己受刑日期的痛苦和恐惧与日俱增,感觉自己的身体逐渐衰弱,每

---

①　叶·莫·梅列金斯基.神话的诗学[M].莫斯科:科学出版社,1976:144.

天早上都重新死一次,而全民看客的心却始终充满期待,热血沸腾。仪式性效果和荒诞逻辑在最后的广场行刑仪式上得到了最集中的体现,并且起伏跌宕:首先是灯光效果,"灯光亮起来了,有深红色的,有天蓝色的,有黄玉色的,起初是在公园里,接着延伸到公园外,到更远的地方……";接着是观众的欢呼,"宾客们开始'噢!''啊!'地大叫起来;主角演员开始细节表演",皮埃尔先生深深吸了一口气,一把抓住辛辛纳特斯的手腕","噢,真是太美了,"皮埃尔先生低声说,有一刻他甚至把自己的脸颊贴在辛辛纳特斯的脸颊上;众宾客鼓掌,表演得到热烈的反响;灯光弥漫开来,仪式场景变得越来越壮观,"数以百万计的五颜六色灯泡点亮左右三分钟,巧妙地分布在草地上、树枝间、悬崖上,从整体布局看,宏伟壮丽的人名首字母'P'(代表皮埃尔)和'C'(代表辛辛纳特斯)环绕整个夜景……"①行刑仪式上典型的舞台装饰和人群的极大关注都十分生动地体现出小说刻意渲染的狂欢化诗学的仪式性效果,而仪式上节庆的布景和众声喧哗的娱乐效果对比斩首仪式传统意义上的严肃性、惩戒性和冷酷性,深刻体现了狂欢逻辑的颠覆性本质。

狂欢化诗学的无间性是指"在狂欢中,人和人之间形成了一种新型的相互关系,通过具体感性的形式、半现实半游戏的形式表现了出来。这种关系同非狂欢式生活中强大的社会等级关系恰恰相反。人的行为、姿态、语言,从在非狂欢式生活里完全左右着人们一切的种种等级地位(阶层、官衔、年龄、财产状况)中解放出来……"②。这种超越常规的无间性,在《斩首之邀》中的人物关系上表现得尤为明显。小说中的人物关系包括:小说中刽子手(狱友)与犯人;狱卒与犯人;监狱长、律师、马戏团团长与犯人。此外还有两个群像的集中表现:处决前夜的群像和行刑广场的群像。在这些人物关系的刻画上,小说竭尽所能地表达出狂欢化诗学的无间性特点。

无间性首先表现在辛辛纳特斯与狱卒及刽子手的关系上。传统上来说,刽子手与犯人间应该是天上地下的差距,主宰和被主宰的关系。小说中的皮埃尔是辛辛纳特斯的死刑执行人,他假扮狱友,搬进了一间和他的囚室一样阴暗的牢房,把自己伪装成和他一样的囚犯,建立与辛

---

① 纳博科夫;陈安全.斩首之邀[M].上海:上海译文出版社,2006:161.

② 巴赫金.托斯妥也夫斯基诗学问题[M].北京:三联书店,1988:176.

辛纳特斯的联系,对他表示友好,为的就是避免让辛辛纳特斯感到惊恐和充满敌意,达到"亲密无间的温馨气氛",并且让他们之间的友谊"不被一丁点儿痛苦所毒化……"①。皮埃尔的表白充满温情,使得死刑犯和行刑人之间显得亲密无间,充满了戏剧性:

> 我们共同度过了漫漫长夜,互相交谈,一起玩游戏和各种娱乐活动。……我们无所不谈——比如性和其他高尚的话题……我们彼此有了感情,现在我对辛辛纳特斯的灵魂结构的了解,如同对他脖子结构的了解一样透彻。这样一来,帮助他登上血淋淋台阶的就不再是一位可怕的陌路人,而是一位亲切的朋友,他就能毫无恐惧地把自己交给我来处置——永远,甚至处死。让公众意志得以实现!②

在行刑前的几乎每一刻,皮埃尔都表现出对辛辛纳特斯无微不至的关心,充满体贴和温情,仿佛他们是一体双面,命运紧紧联系在一起。在行刑前夜的聚会上,他向人们陈述了他作为行刑人的内心,言谈举止传递的信息让"人们都注意到皮埃尔先生对辛辛纳特斯彬彬有礼的关照"③。他从自己的酒杯里倒出一滴酒到辛辛纳特斯头顶上,然后也洒在自己身上,引得四面八方响起了"好啊!"的喝彩声,邻座之间互相以哑剧形式表现出的惊奇和喜悦,撞不破的酒杯碰得叮当响……这一亲昵的关系甚至到行刑现场也很好地维持着。为了让辛辛纳特斯在斩首的砧板上放松、舒适,不受刺眼的光线的困扰,皮埃尔先生亲自尝试趴在砧板上,调整好合适的位置,然后邀请辛辛纳特斯躺下。读者从小说中感受的不是对死刑犯人的鄙夷、不屑和敌意,也不是试图感化罪犯的虚假的关心和保持距离的相处,而是毫无顾忌地表现亲昵,彻底消除因为身份地位而产生的距离,真正表现出狂欢化的无间,仿佛两位演员在台上扮演各自的角色结束后亲密地相处。无间性特点还在狱卒与犯人,监狱长、律师、马戏团团长与犯人之间时有发生。辩护律师和公诉人化着妆,说话不知所云,显得滑稽可笑,完全没有现实中惯常的威严,连死刑判决也不是义正词严地大声宣读,而是低声向辛辛纳特斯宣布的。这些都无

---

① 纳博科夫;陈安全.斩首之邀[M].上海:上海译文出版社,2006:146.
② 纳博科夫;陈安全.斩首之邀[M].上海:上海译文出版社,2006:148.
③ 纳博科夫;陈安全.斩首之邀[M].上海:上海译文出版社,2006:155.

形中打破了身份的距离,产生荒诞而无间的效果。监狱里的狱卒邀请犯人共舞一曲华尔兹,一路跳回囚室。假扮犯人的皮埃尔先生表演在桌子上用牙齿咬住椅背,把它举起来,引得马戏团团长连连叫好。犯人、狱卒、马戏演员的界限完全模糊,混为一体了,突出了人物之间亲密无间的效果。无间性在处决前夜的群像和行刑广场的群像描写中同样突出。处决前夜,行刑的被动参与者和主动参与者来到副市政执行官的郊区居所聚首,人们表达的不是对罪犯的控诉或同情,而是感动和祝贺。大家轮番来到皮埃尔先生跟前表示祝贺和他们的感动,有人跌跌撞撞,有人唱起歌来。人们忘记自己的身份地位,纵情醉酒,肆意地调情。辛辛纳特斯注意到,每个人都用温柔、期待的同情目光注视着他。在行刑广场,公众对辛辛纳特斯的亲昵和相互之间的无间得到集中体现。他们把辛辛纳特斯当成偶像来崇拜,"女人都喜欢你,人人都宠着你"①,体现了狂欢化诗学最深刻的哲学内涵,即对等级制度的彻底颠覆,对现有秩序、规范、原则等程式化的内容坚决摧毁,坚持开放性和未完成性,倡导死亡与新生、毁灭与再生的交替变更。

　　小说中人物之间的无间性引申出狂欢哲学的两重性特点。巴赫金说:"狂欢式所有的形象都是合二为一的,它们身上结合了嬗变和危机两个极端:诞生和死亡(妊娠死亡的形象)、祝福与诅咒(狂欢节上祝福性的诅咒语,其中同时含有对死亡和新生的祝愿)、夸奖与责骂、青年与老年、上与下、当面与背后、愚蠢与聪明。"②在狂欢化哲学两重性的内涵下,狱卒与囚犯之间的紧张关系消解,严肃的斩首仪式被狂欢化地处理成了一场人和人之间亲密无间的假面舞会和嬉笑打闹的节日游戏。两重性在小说中有着生动的体现。首先是小说人物行为上的两重性:辛辛纳特斯在监狱里站起身,脱掉衣服,摘下脑袋……铁门闩拉响,如同晴天霹雳,辛辛纳特斯立即重新长出卸掉的全部零部件,包括无檐便帽;辛辛纳特斯站起来,开始奔跑,一头往墙上撞去——但是真正的辛辛纳特斯仍旧坐在桌旁……,看似荒谬,实际蕴藏着两重性的狂欢哲理;其次是生与死的两重性:在行刑现场,一个辛辛纳特斯在数数,但是另一个辛辛纳特斯早已不再注意不必要的数数声音了,那声音正在远处逐渐消失;一个辛辛纳特斯被执行斩首,而一个爬起来,从台上走下来,朝着亲人的方

　① 　纳博科夫;陈安全.斩首之邀[M].上海:上海译文出版社,2006:181.
　② 　巴赫金.托斯妥也夫斯基诗学问题[M].北京:三联书店,1988:180.

向走去。

　　小说的无间性特点和两重性逻辑使人们挣脱了日常规矩和秩序的锁链，破除了严肃的清规戒律，解构了人和人之间由于人为的限制而造成的紧张、单一的社会关系，以最本真、最淳朴的状态相处，并且对现实与梦幻、生存与死亡的两重性存在进行辩证地思考，释放出无限的可能，充满了狂欢化诗学的开放精神。

　　狂欢节离不开笑声，放肆的大笑、聪明的玩笑、尖刻的嘲笑、自我解嘲的讪笑无处不在，颠覆的是严肃威严的理论和循规蹈矩的程式，充满了戏谑性。这种戏谑性在语言上表现为嬉笑怒骂，在行为上则存在"典型的物品反用，如反穿衣服（里朝外）、裤子套到头上、器具当头饰、家庭炊具当作武器，如此等等。这是狂欢式反常规反通例的插科打诨的一种特殊的表现形式，是脱离了自己常规的生活"①。《斩首之邀》对戏谑性的这两种特点有着全面的表现。语言上，主人公辛辛纳特斯充满了胡言乱语和狂笑；刽子手皮埃尔滑稽演出引得大伙发笑；处决前夜的聚会上有人摔跤，众人哄堂大笑，众宾客时常"大笑""狂笑"；物资供应局长对在座女行政官员的骚扰引来她的嬉笑。这些都是反逻辑反常规的充满戏谑的笑，笑别人，也笑自己。行为上，荒诞不经、惹人发笑的场景层出不穷：辛辛纳特斯入狱后会爆发出一阵狂笑，做出脱卸身体部件的诡异举动；在监狱里，出于无聊，辛辛纳特斯开始数阶梯的级数，一直数到三位数，可是这时他跌了一跤，把数目给忘了；小说中的犯人、监狱长、律师、刽子手、市政官员都超越自己的身份和地位，化着可笑的妆，充满了嘲讽和戏谑；刽子手假扮狱友表演杂技，扮演着小丑的角色，甚至还玩起了倒立；刑期一推再推，从不明确告诉犯人，并被称为"演出"："大师身体欠安，演出推迟，可能推迟很久。"②行刑前夜的聚会充满了欢快的祝贺气氛，不是为了除暴安良，而仅仅是因为聚会，人们狂欢放纵，戏谑调情，相互之间充满了嬉笑怒骂；刑场上没有人问津罪与罚，而是充满了崇拜和期待，甚至爱戴，几近疯狂的人群将皮埃尔与辛辛纳特斯当成偶像来崇拜。市政副执行官在行刑广场的演说更是充满戏谑和无厘头，像是电视上宣传商品或文艺节目的广告片，全无官员的章法和做派。一个荒

---

① 巴赫金.托斯妥也夫斯基诗学问题［M］.北京：三联书店，1988：180.

② 纳博科夫；陈安全.斩首之邀［M］.上海：上海译文出版社，2006：175.

诞的故事和不了了之的结局，体现的不是罪与罚的严肃，不是正与反，是与非，对与不对的纠结，而是全然不顾的荒诞，戏谑嬉笑当仁不让成为主角。

小说的这种语言上和行为上的戏谑性特点很大程度上是通过构建狂欢的时间来实现的。巴赫金认为，狂欢的时间"仿佛是从历史时间中剔除的时间，它的进程遵循着狂欢体特殊的规律，包含着无数彻底的更替和根本的变化"①。纳博科夫在小说《斩首之邀》中着力表现的正是处于物理时间之外的时间。纳博科夫在小说中安排了一个无法确定的、无"应用时间"在场的局面。《斩首之邀》的主人公，城堡里的囚徒辛辛纳特斯始终处在"今日"等死的状态中，"明天"对他来说就像墙上的钟，钟面上空空荡荡，等着巡夜人拿焦油刷来填写：

（走廊上的时钟）钟面上一片空白，但是每隔一小时巡夜人就把指针洗掉，涂上新的指针——我们的日子就是这样靠焦油刷子过的……②

时间对辛辛纳特斯来说是一座牢笼，截断生命，禁锢思想，只有当下，没有过去和未来。这是纳博科夫著名的"时间之狱"理论。纳博科夫在《斩首之邀》中突出了"时间之狱"的意象，描述了处在"时间之狱"中人们的生存空间和生存方式。时间是纳博科夫关注的一个重要主题，是理解纳博科夫多部作品的关键词，分为"应用时间"和"纯粹的时间"。在纳博科夫访谈录《固执己见》中，他明确了这两种时间的区别，并强调了自己对后者的特别关注："我们可以想象各种时间，如'应用时间'——用即时间被应用于各种事件，我们借助钟表和日历来测量时间。……应用时间是时间的可测量的幻象，它对历史学家和物理学家的目的而言是有用的，但它不能吸引我。……纯粹的时间、感性的时间、具体的时间、脱离了内容和背景的时间，这就是在我善意引导下，我的小说人物描述的那种时间。"③"纯粹的时间"的概念也即纳博科夫研究专家约翰·斯达克所指的纳博科夫"重新定义的时间"④，是依据人的感觉、记忆和印

---

① 巴赫金.托斯妥也夫斯基诗学问题[M].北京：三联书店,1988:245.

② 纳博科夫;陈安全.斩首之邀[M].上海：上海译文出版社,2006:110.

③ 纳博科夫;唐建清.独抒己见[M].杭州：浙江文艺出版社,2012:192-193.

④ Stark,John. "Vladimir Nabokov"[J]. Contemporary Literary Criticism. Vol 8,Detroit:G. R. C. Book Tower,1978:409.

象形成的独特的时间观念。围绕"纯粹的时间",纳博科夫强调了他作为小说家对记忆的重视:"我承认我不相信时间。我喜欢在用过我的魔毯之后,按照这样一种方式把它折叠起来,即把一个图案叠置于另一个图案之上。"①这种以艺术的方式"折叠图案"的方法使得纳博科夫放弃了计算日常生活的"应用时间",以记忆相互叠加形成的印象建构艺术形象,描摹"纯粹的时间",通过艺术再现过去,超越物理时间的囚笼,摆脱时间的机械性,深入思考现在、过去和将来不同的时间阶段的本质,形成自己对时间和艺术以及人生的独特的理解。生在狂欢化环境中的人们的日常生活往往经历异常的改变,或是进行精神心理实验,或是魔幻的经历,或是梦境的错位,世界秩序被颠覆,时间也超越了日常的物理概念,成为基于人物感受的纯粹时间。《斩首之邀》中狂欢节的时间以模糊为其本质:钟敲了一下半点,但不知道是几点钟的半点。人们对时间的把握靠的是走廊上的时钟,但钟面却是空白,靠人工涂刷来表明钟点。一只按照常理无法使用的钟,成就了特殊的狂欢环境的时间。

《斩首之邀》的戏谑性特点充分释放出人的内在潜质和本能,逾越一切传统的道德伦理、逻辑哲学等标准,使大众娱乐的气氛无所不在,而小说中的"纯粹的时间"具有随意性、变化性和魔幻性的色彩,加重了荒诞可笑的艺术效果,又不失生活的本真,是艺术在生活边缘上的舞蹈。

三、狂欢式的笑

提起狂欢化一词,人们自然联想到生活中的娱乐和笑容。笑不仅仅是人类表达情绪的一种方式,也是贯穿人类文化发展的必要元素。"笑是文化的一个部分,其地位和功能是由文化决定的"②。笑文化在狂欢节文化中占有不可替代的重要地位,同时也具有复杂的本性。狂欢化式的笑说到底是狂欢精神的一种体现。它代表了群体的一种反抗,一种藐视,在插科打诨和讽刺模拟中解构了统治阶层道貌岸然的严肃嘴脸。狂欢节的喜庆性在笑声中得到了体现,笑声把人们从原有的压抑人性的等

① Nabokov, Vladimir. Speak Memory: An Autobiography Resisted [M]. New York: G. P. Putman's Sons, 1967:136.
② 吉尔胡斯;陈文庆. 宗教史中的笑[M]. 上海:上海人民出版社,2005:3.

级制度中解放出来。狂欢节的笑与诙谐不可分割,因为"诙谐出自人类心灵追求愉悦和快活的一种需求"①。诙谐是一种体裁,一种风格,它把生活降格为一场闹剧,一场表演,而生活和命运本身又被诙谐所嘲弄。

纳博科夫没有直接承认过他的创作理念受了巴赫金这位俄罗斯同胞的影响,但我们依然能从他的小说中找到一些具有狂欢化特色的痕迹。当"生活束手无策地变成取笑"②,一切都与循规蹈矩的日常惯例大相径庭,生活便会充满"有趣的娱乐"③。《黑暗中的笑声》也是一部具有狂欢化特征的作品。其中题目中提到的"笑"是文化史上的一个典型术语,也是巴赫金狂欢化诗学的一个重要概念。主人公欧比纳斯遭遇车祸,成了盲人,他的情人玛戈和其新欢雷克斯串通一气,对他竭尽戏弄嘲讽之能事。欧比纳斯却因为失明不知真相,只能任由他们把捉弄人的把戏一直玩到最后。雷克斯曾有过为了逃避战祸四处流亡的经历,也许是他漂泊不定的经历造成了他玩世不恭、游戏人生的生活态度:

他(雷克斯)喜欢把生活描绘成荒诞不经的样子,看到生活束手无策地变成取笑、讥讽对象,他感到其乐无比。他鄙视有意的恶作剧,喜欢让事情自行发生,他只需偶尔稍加点拨,车轮就会启动,直朝山下滚去。他喜欢骗人取乐,骗得越省力,他越得意。④

雷克斯以取笑、戏弄他人为乐,他犹如狂欢节中的小丑国王,成了一个引领人们走入狂欢氛围的中心人物。从这一点上说,雷克斯与《斩首之邀》中的辛辛纳特斯有着显而易见的区别。辛辛纳特斯也是小丑式的人物,但他的种种滑稽模仿行为都是在外界的逼迫下做出的,他从本质上说是被戏弄的对象。辛辛纳特斯被置于狂欢人群的注视焦点之下,他的悲惨和痛苦却成了他人快乐的源泉。而雷克斯则是一个主动戏弄他人、嘲笑外界的小丑,他承担了狂欢节小丑插科打诨,滑稽表演的任务,一手策划了全部的闹剧,并且通过对欧比纳斯进行脱冕完成了对自己的加冕。雷克斯的"冕"代表的是玛戈新情人的身份,他在游戏中操纵他人的主导地位,以及狂欢节国王的身份象征。欧比纳斯的"冕"代表他玛戈

①　巴赫金;白春仁等.巴赫金全集(第6卷)[M].石家庄:河北教育出版社,1998:42.
②④　纳博科夫;龚文庠.黑暗中的笑声[M].上海:上海译文出版社,2006:107.
③　纳博科夫;龚文庠.黑暗中的笑声[M].上海:上海译文出版社,2006:216.

本来的情人的身份，以及他在出身、家庭、社会、经济方面的优势地位。雷克斯的加冕是一个鸠占鹊巢的过程，是用自己的操纵能力取代欧比纳斯主体地位的过程，所以他的加冕是与欧比纳斯的脱冕同步进行的。

正如我们前文所谈到的，狂欢节的脱冕仪式是伴随着辱骂和殴打的。巴赫金在以拉伯雷的作品为例分析辱骂的狂欢化性质时，曾说过："辱骂，这是摆在旧生活面前、摆在历史上理应死去的事物面前的一面'喜剧的镜子'。"①拉伯雷的作品里也充斥了暴力的殴打场面。巴赫金在解读这一点时，没有将拉伯雷的殴打场面认定为粗俗的描写，而是认识到了殴打在狂欢节语境下的双重意义："殴打同时既是杀害的（极而言之），又是赠予新生命的；既是结束旧事物的，又是开始新事物的。"②殴打和辱骂都具有节庆性和创造性。它们有着属于狂欢节特有的欢乐性质，同时又宣告着新旧更替的规律，庆祝新世界的诞生。它们毫不客气地嘲弄旧的权力，在给旧世界脱冕的过程中竭尽嬉笑怒骂之能事。在《黑暗中的笑声》中，这种伴随着脱冕的辱骂和殴打依然有存在的痕迹，但它们不再以拉伯雷作品中的夸张形式呈现于读者，而是以一种降级的微弱的形式表现出来。雷克斯没有用一种直接的暴力的方式来对欧比纳斯进行脱冕，而是用戏弄讥嘲的方式把欧比纳斯的处境降至一个可悲可怜的境地。因此，欧比纳斯的脱冕和雷克斯的加冕并不完全是纯粹的狂欢式的场景，其中包含了黑色幽默引发的悲剧性效果。雷克斯与欧比纳斯地位的交换更替体现了存在的荒诞和世事的无常，也不完全等同于原来狂欢化诗学含义中辞旧迎新的节庆性意义。

雷克斯对欧比纳斯的脱冕是循序渐进的。起初，他利用欧比纳斯的眼盲，像顽童似的玩一些滑稽模仿游戏：

雷克斯俯身窗外，朝玛戈做着滑稽的姿势——他以手按胸，然后抖动着伸开双臂——把《笨拙》周刊上的漫画人物模仿得惟妙惟肖——当然，他表演的是哑剧。假若在平时，他准会一边抖，一边发出滑稽的尖叫。玛戈抬头朝他微笑着走进别墅。③

---

① 巴赫金；白春仁等.巴赫金全集（第6卷）[M].石家庄：河北教育出版社，1998：226.
② 巴赫金；白春仁等.巴赫金全集（第6卷）[M].石家庄：河北教育出版社，1998：235.
③ 纳博科夫；龚文庠.黑暗中的笑声[M].上海：上海译文出版社，2006：198.

这是一个具有典型的狂欢化特征的画面。在狂欢节中，"愚人节、驴节的诙谐仪式、各种诙谐游行以及其他节目上的各种仪式都享有一定程度的合法性"①。然而，这种合法性也是有限的，它"是与斗争和禁令相交替的"②。这一点正好契合了雷克斯诙谐表演的情况，雷克斯戏弄欧比纳斯的合法性也是有争议的。欧比纳斯抛弃妻子，选择玛戈这名年轻靓丽的女郎作为情人，欧比纳斯本人的道德是有污点的，有可指责之处。他与玛戈的关系源自于卑俗的欲望的吸引，并不是建立在合法的基础上。因此雷克斯将欧比纳斯取而代之，成为玛戈的新情人，这一点也无法招致过多的指责。但是当欧比纳斯处于双目失明的悲惨境地时，读者同情的天平移向了欧比纳斯。雷克斯戏弄欧比纳斯的诙谐表演究竟合不合法，我们无法给出确切的判断。雷克斯就在这种有限的合法性之上，在"斗争和禁令相交替"之中进行他的滑稽模仿游戏。他利用欧比纳斯眼盲的缺陷，展开与欧比纳斯的行动合拍的诙谐表演：

> 他们（指欧比与玛戈）拐进走廊。雷克斯已经回到自己的房门口。他用手捂着嘴，朝他们鞠了几次躬，好几次蹲下身子躲过他们。玛戈恨恨地朝他摇头——这种玩笑太危险了，雷克斯像顽童似的在屋里钻来钻去。③

这一段颇有雷克斯与欧比纳斯斗智斗勇的意味。如果说雷克斯在利用诙谐解构欧比纳斯原有的权威与自尊，那么他与之斗争的禁令便是"朋友妻，不可戏"。然而，玩世不恭的雷克斯已经完全不把这些世俗道德准则放在眼里了。在狂欢化的世界中，没有什么戒律和教条是值得人们去遵守的，诙谐把一切具备严肃性和恐惧性的条例规则都击倒在地。一切都不能再按照常理推断，人的生活成了"翻了个儿"的生活。雷克斯对欧比纳斯的鞠躬不再具有日常语境下的表示尊敬的含义，而是对欧比纳斯变相的辱骂和殴打。这种特殊的辱骂和殴打虽然没有血腥暴力的外衣，但它们仍然使欧比纳斯蒙受了巨大的羞辱，雷克斯也借助对情敌的侮辱进行了对欧比纳斯的脱冕过程以及对自己的加冕仪式。

随着时间的推移，雷克斯和玛戈对欧比纳斯的戏弄和脱冕开始升

---

①② 巴赫金；白春仁等.巴赫金全集（第6卷）[M].石家庄：河北教育出版社,1998：104.
③ 纳博科夫；龚文庠.黑暗中的笑声[M].上海：上海译文出版社,2006：198.

级。在三位主人公吃饭这一场景中,我们可以看到狂欢化诗学中的筵席形象的缩影:

　　日子一天天过去,欧比纳斯的听觉越来越灵敏,雷克斯和玛戈也变得越来越放肆:他们已经习惯于将欧比纳斯的失明当作安全的屏障。起初雷克斯在厨房里吃饭,老艾米丽亚在一旁以仰慕的目光呆望着他。后来他索性坐到欧比纳斯和玛戈的饭桌旁,跟他们一道进餐。他的吃法巧妙,一点声音都没有,刀叉从不碰响碗碟。他像无声电影中的人物那样无声地咀嚼,完全与欧比纳斯颚部的动作以及玛戈的说话声合拍。[①]

　　雷克斯和玛戈在捉弄欧比纳斯的游戏中越来越肆无忌惮,雷克斯可以根本不顾及自己的把戏被欧比纳斯识破的危险,在饭桌上公然扮演一个鸠占鹊巢的角色,用炉火纯青的诙谐表演将盲眼的欧比纳斯嘲弄得体无完肤。至此,欧比纳斯的尊严被践踏到了一个无以复加的地步。雷克斯对欧比纳斯的脱冕行为已接近尾声。

　　巴赫金在谈及拉伯雷的作品时,曾经列举分析了拉伯雷作品中筵席形象的狂欢化特征。巴赫金指出,拉伯雷的筵席形象展现了丰富性和全民性,具有隆重和快乐的基调。"筵席总是为庆祝胜利而举行。这是它的本质属性。宴会式的庆典是包罗万象的:这是生对死的胜利。"[②]我们可以看到,筵席所具有的全民性和包罗万象性也是狂欢化诗学中笑文化的特征。筵席形象也具有颠覆性的狂欢化特色,能够把"一切都与游戏、娱乐接近起来"[③]。在《黑暗中的笑声》里,筵席形象虽然不似拉伯雷笔下的筵席那样充满了疯狂、喧闹的场面,但纳博科夫在其中设置的狂欢化意味并未有所消减。尽管雷克斯在戏弄欧比纳斯时是悄无声息的,他同样达到了颠覆欧比纳斯原有地位的目的。如果说雷克斯的筵席是在庆祝胜利,那么他无疑是在庆祝自己的诙谐战胜了欧比纳斯的权威。雷克斯的诙谐游戏葬送了欧比纳斯的尊严和地位,"这是生对死的胜利"[④]。筵席作为人们生活的一个重要组成部分,涵盖了狂欢化诗学所特有的地位和秩序的新旧交替。

---

　　① 　纳博科夫;龚文庠.黑暗中的笑声[M].上海:上海译文出版社,2006:205.

　　②④ 　巴赫金;白春仁等.巴赫金全集(第6卷)[M].石家庄:河北教育出版社,1998:327.

　　③ 　巴赫金;白春仁等.巴赫金全集(第6卷)[M].石家庄:河北教育出版社,1998:334.

做一两个小实验也许会更加有趣:他(雷克斯)轻拍一下自己的膝头,欧比纳斯正把手伸向紧皱的眉头,此时立即僵坐不动,一只手停留在空中。雷克斯又微微前倾,用他衔过的那棵草的尖端轻触欧比纳斯的前额。欧比纳斯疑惑地哼了一声,用手挥走想象中的苍蝇。雷克斯用草碰碰他的嘴唇,于是他又无可奈何地重复了一遍赶苍蝇的动作。这的确是有趣的娱乐。①

对欧比纳斯来说,这又是伴随着脱冕过程的一种变相的殴打,只不过在这个特殊的场景中,殴打的工具由棍棒变成了一棵小草。在拉伯雷的作品中,殴打场面充满了喧嚣与暴力。而"殴打本身带有欢乐的性质;它是通过笑谑来进行和完成的"②。雷克斯对欧比纳斯的"殴打"披上了一层文明的外衣,用一种几乎不含暴力的方式完成了对情敌的脱冕。小草轻触欧比纳斯不会给他的肉体带来实质性的伤害,这种变相的殴打更多是造成欧比纳斯精神上的屈辱。狂欢化诗学中的殴打具有双重意义:"殴打同时既是杀害的(极而言之),又是赠予新生命的;既是结束旧事物的,又是开始新事物的"③。雷克斯对欧比纳斯的殴打也具有同样的双重性:雷克斯通过殴打从精神和人格上消灭了欧比纳斯,将他置于生不如死的境地,同时也使自己所代表的玩世不恭的诙谐势力占了上风。

在魔法师纳博科夫的笔下,各色人物不拘一格,拥有独立的声音和意识,并且自由地彼此交流。人物之间的对话展现出多声部的魔幻民主世界,人物与自我的对话则创造出双重人格的幻象,而作者塑造这些幽灵般的人物旨在达到一种审美狂喜。正是对这种审美狂喜的不懈追求,使得纳博科夫的对话风格独树一帜,实现了对巴赫金复调艺术的超越。此外,魔法师还采用了一种全民的狂欢仪式进行颠覆和创新,从而形成一种新型的亲密无间的人际关系,并在肆无忌惮的笑声中释放人的本质和潜能,挣脱一切逻辑和价值的束缚。因此,纳博科夫笔下的狂欢化世界充满了戏谑与荒诞,也充满了诸如狂欢广场、筵席形象、脱冕加冕等各式各样的狂欢化元素。然而,纳博科夫的狂欢化诗学并不仅仅是诙谐与

---

① 纳博科夫;龚文庠.黑暗中的笑声[M].上海:上海译文出版社,2006:216.
② 巴赫金;白春仁等.巴赫金全集(第6卷)[M].石家庄:河北教育出版社,1998:232.
③ 巴赫金;白春仁等.巴赫金全集(第6卷)[M].石家庄:河北教育出版社,1998:235.

逗乐,他在其中融入了浓重的悲剧感,笑中带泪,在强烈的反差中寄托了对悲剧人物的同情和理解,寄托了对生命与生活的深刻思考和体会。较之巴赫金研究的民间文化和小说世界,纳博科夫的小说中的狂欢化色彩和复调特征巧妙地融合了作者所处时代的时代气息和人文关怀,这也成为纳博科夫常被人乐道的黑色幽默艺术的基础之一。

第五章　纳博科夫与读者反应批评

　　20 世纪 60 年代末 70 年代初,来自联邦德国的两位文学史与美学专家汉斯·姚斯(Hans Jauss,1921—1997)和沃尔夫冈·伊瑟尔(Wolfgang Iser,1926—)提出了读者反应批评,使得文学研究的重点从作者、作品转向了读者。费什认为,"理想的读者应该是'有知识的读者'(informed reader),须具备生成文本和制造文本意义能力和文学能力"①。伊瑟尔借用了现象学理论,把文学的意义视为文本和读者相互作用的产物;他将"隐含的读者"(implied reader)定义为是文本设想的读者,即作者在进行文学创作时心中假定的读者。这个假定的读者是对读者的一种预设,他(她)与现实生活中实际的读者相对应。隐含读者存在于艺术作品之中,是作者在创作过程中预想的和希望的接受者,它依赖于作者的经验爱好,具备预先设定的某种品格和素质,成为隐含在作品结构中的重要组成部分。

　　作为艺术家,纳博科夫宣称"我为自我写作,这个自我是多重的"②。但与此同时,他也意识到写作的快乐与阅读的快乐密不可分。纳博科夫在《文学讲稿》的前言中对"优秀读者"做了十点界定:

1. 读者必须是一个俱乐部成员。

2. 读者必须与主人公认同。

3. 读者必须关注社会——经济的角度。

4. 读者必须喜欢有情节和对话的小说,而不喜欢没有这些的作品。

5. 读者必须看过根据本书拍摄而成的电影。

6. 读者必须是一个初露头角的作者。

---

① 费什;文楚安. 读者反应批评:理论与实践[M]. 北京:中国社会科学出版社,1998:2.

② 纳博科夫;唐建清. 独抒己见[M]. 杭州:浙江文艺出版社,2012:118.

7. 读者必须有想象力。

8. 读者必须有记忆力。

9. 读者必须有一本词典。

10. 读者必须有某种艺术感。①

　　纳博科夫心目中的理想读者首先是具有想象力、记忆力、艺术感的人；其次，优秀的读者还应该是"反复读者"；再次，优秀的读者应该用心灵、脑筋甚至敏感的脊椎骨去阅读。可以说，纳博科夫在其创作、教学、翻译活动中，都无处不体现出对隐含读者的关注以及理想读者的追求。本章节主要从《爱达或爱欲：一部家族纪事》(*Ada or Ador：A Family Chronicle*,1969)中的情节、对话以及场景中留有的"空白"来阐述纳博科夫对兼具艺术感与科学感的理性读者的要求，并从作者的阅读观和创作观进一步阐释"优秀作者与优秀作家"的定义。借此体现纳博科夫文论思想与读者反应批评的紧密联系。

一、"空白"的接受美学

　　一直以来，纳博科夫曾表明"我没有一般观念需要阐述，我总是喜欢编造带优雅谜底的谜语"②，供读者在反复的阅读中体验发现的快乐。他声称自己主要"为艺术家写作"③，理想的读者须是一个有想象力的"反复读者"(Rereader)，在辛苦的阅读劳作中体验来自于脊椎的审美狂喜。《爱达》作为纳博科夫"篇幅最长、最为雄心勃勃的小说"④，在创作期间不仅给作家本人带来前所未有的重叠的忧虑，其中亮丽斑斓也给读者的阅读设置了层峦叠嶂。"意义的模糊，设计的明显不平衡，人物相处时的拘束"⑤成为阅读这部小说的三个主要障碍。读者只有跨越了这些障碍，

---

① 纳博科夫;申慧辉.文学讲稿[M].上海:上海三联书店,2005:21-22.

② 纳博科夫;唐建清.独抒己见[M].杭州:浙江文艺出版社,2012:16.

③ 纳博科夫;唐建清.独抒己见[M].杭州:浙江文艺出版社,2012:41.

④ 博伊德;刘佳林.纳博科夫传:美国时期(下)[M].桂林:广西师范大学出版社,2009:592.

⑤ 博伊德;刘佳林.纳博科夫传:美国时期(下)[M].桂林:广西师范大学出版社,2009:604.

才能与文本进行对话，与作者的艺术创作碰撞出感性的火花。接受美学代表人物伊瑟尔认为，"空白"刺激读者在阅读过程中不断调节视野，从而参与文本意义的构造。毕竟，"一个文学文本只有在被读者阅读的时候，才能产生响应"①。

纳博科夫在《爱达》中设置的第一道"空白"障碍来自于情节结构的设计。文本结构刺激读者进行创造性的阅读，"其中最基本的形式通过故事情节得到表现"②。小说的故事主干是凡和爱达纠缠一生的乱伦之恋，侧枝干衍生出德蒙和玛丽娜的隐匿的感情以及卢塞特对凡的痴恋等众多子情节。纳博科夫在小说情节的设计上，没有按照传统小说的模式详尽叙述，一览无遗；而是通过"情节线索的突然中断，或朝始料未及的方向发展"③式的狡黠刺激读者的审美，从而讲述永远不能穷尽的故事。与此对应的是读者借助记忆重复连贯故事情节时，既要填补情节线索中断引起的空白，还要应付结构上的突兀转变所蕴含的未言部分。

情节中的"空白"首先体现在情节线索的中断，其典型的方式就是"一个叙述部分围绕着某特定的人物，然后突然通过新的人物得以继续"④。当读者的阅读视野锁定于某几位特定的人物身上，期待着故事沿着清晰的方向发展之际，"作家武库中最强有力的武器之一——幻觉"⑤便出现了。如小说的第十五章着重描述的是14岁的凡和12岁的爱达的情愫互生，爱意朦胧。夏泰尔树上的对话和写日记的动作上，无不使读者期待着两位年轻人如火如荼的爱恋，魔法师的纳博科夫却在这一章的结束，将笔锋转向女仆布兰奇哭泣的场景：

　　接着凡和爱达在过道里相遇了，在文学史上小说演化的早期阶段，他们马上就要亲吻。这或许是夏泰尔树上事件的必然的续篇。其实不然，他们仍各行其道——而我料想布兰奇一定是躲到闺房中去抽泣了。⑥

布兰奇的哭泣视野中断了凡和爱达浪漫情史的视野，读者的视点因

---

① 伊瑟尔；霍桂桓.审美过程研究[M].北京：中国人民大学出版社，1988：前言.
②③④ 蒋孔阳.二十世纪西方美学名著选（下）[M].上海：复旦大学出版社.1987：512.
⑤ 朱立元.二十世纪西方美学经典文本Ⅲ：结构与解放[M].上海：复旦大学出版社，2001：689.
⑥ 纳博科夫；韦清琦.爱达或爱欲[M].上海：上海文艺出版社，2013：90.

为情节线索的突然中断被迫游移到次要人物布兰奇的身上。从表面上看这种情节上的脱臼会成为本文的缺陷所在,因为这种缺陷给读者的创造性阅读提供了一个有利的优势。结合上文中的情节安排,读者便在接受了布兰奇哭泣情节的插入后进行空白的填补,开始思索布兰奇缘何哭泣,就会寻找小说中关于布兰奇已有的描述,并且学习关注接下来这个次要人物的每一次出场。在纳博科夫看来,一个优秀并且成熟的读者应当是思维活跃的反复读者。因为只有在反复的阅读中,曾经熟悉的事件才更容易"以一种新的姿态出现,它似乎时时被修正着,时时被丰富着"①。读者在追溯布兰奇哭泣的原因时,视点会返回到凡刚到阿尔迪斯庄园的一个清晨对布兰奇的调情,布兰奇却明确地拒绝了凡的轻薄:

　　再者,假如我真的爱上了你——我是说真的相爱——也许会的,唉,假如你占有了我,只一次——那对我而言也只是伤心,还有炼狱之火、绝望,甚至死亡,少爷。②

　　但是,作为一个"穷挖煤的女儿"能被尊贵的凡少爷垂爱,布兰奇的内心还是难以掩盖她的骄傲和虚荣,她对凡有着微妙的爱慕之情。但是第一段被引用的片断部分,布兰奇读了那本没有上锁的日记,发现了凡和爱达相恋的秘密,她知晓自己被爱的荣耀已经被爱达代替,不禁心生委屈,垂首哭泣。读者填补空白,建构本文连贯性的过程中必须要"把本文所有的不同方面凝聚在一起"③,接收到的信息就是布兰奇对凡的爱慕以及她隐藏着对爱达的嫉妒。因此,小说在叙述凡和爱达的感情时候突然中断,转向布兰奇,其主要目的就是引导读者对两人感情中的潜在隐患有所警惕,也就明白了后文中凡收到的那份匿名纸条("你不应当受到愚弄")其实就是来自于嫉妒的布兰奇。这在布兰奇决意离开阿尔迪斯庄园的前夜得到了证实:

　　把字条塞进他衣袋的是她吗?

---

① 朱立元.二十世纪西方美学经典文本 III:结构与解放[M].上海:复旦大学出版社,2001:685.

② 纳博科夫;韦清琦.爱达或爱欲[M].上海:上海文艺出版社,2013:48.

③ 朱立元.二十世纪西方美学经典文本 III:结构与解放[M].上海:复旦大学出版社,2001:688.

是的。假如他仍受着愚弄、欺骗、背叛，那她将无法就这么离去。她又以天真的强调语气补充道，她向来很肯定他一直渴望着她，这可以后谈。我就是你的，天就快亮了，你的梦想成真了。①

凡的一次未遂的挑逗，让布兰奇认为自己竟被异性热烈地渴望着，拒绝的姿势却掩盖不住内心的虚荣；但日记事件一下子让她明白了今非昔比，她已经无望地从凡的欲望中退位，取代她的那份荣耀的正是爱达。她对情敌爱达的恨意略见一斑。在凡离开阿尔迪斯庄园的日子里，布兰奇对爱达的行迹了然于胸，伺机报复。她不仅向爱达的母亲检举她女儿的劣迹斑斑，而且在凡归来的聚会上，悄悄塞给凡纸条暗示后者被愚弄和背叛的事实。又在凡的追问下，她对爱达的情史如数家珍，并天真地认为可以取代爱达在凡内心的位置了，她已经做好了献身于凡的准备了。却不料凡一气之下离开了阿尔迪斯的爱达，离开了这里的一切，爱情也罢，欲望也罢，都被盛怒的爱人席卷而去，给这个虚荣的女配角一种失落的空寂感。纳博科夫之所以设置这种情节上的缺失，是为了引发读者迭起的悬念，调动起读者填补空白的积极性，引导读者对小说中次要情节的关注。布兰奇的参与带给小说情节的重大转折就是凡和爱达长达四年的分离，分离的岁月成为小说结构上的一种中断，子情节的缺失带动主要情节的缺失。作家借此表达了他的人生感悟，读者的想象和把握细节的能力成为分享这一感悟的钥匙。

《爱达》情节上的另一种空白在于"由新的章节表示"②的"突兀转变"。章节上的、段落上的突变"与其说是为了分割，不如说是暗中要读者找出缺少的环节"③。从总体上看，《爱达》全书分为五部分，五个部分所用笔墨却是明显失衡：第一部分描绘的是阿尔迪斯庄园的生活，占了全书近一半的篇幅；第四部分以凡的文章《时间的肌理》独立成章；第五部分则在短短的数十页间交代了凡和爱达的后续生活。小说这种"特殊的组织结构增添了奇异的魅力"④。作者不仅使小说的整体结构不平衡，而且设置了失衡的细节内容：篇幅最短的地方跨越的时间年限反而是最

---

① 纳博科夫；韦清琦. 爱达或爱欲［M］. 上海：上海文艺出版社，2013：266.
②③ 蒋孔阳. 二十世纪西方美学名著选（下）［M］. 上海：复旦大学出版社，1987：512.
④ 博伊德；刘佳林. 纳博科夫传：美国时期（下）［M］. 桂林：广西师范大学出版社，2009：593.

长的,对小说中重要人物的命运也做了详尽交代。以下截取的是第四部
分凡和爱达的重逢情节来分析这部小说情节突变产生的"空白"。

卢塞特逝世之后,凡和爱达之间又经历了一次漫长的分离,他们各
行其道。久别的重逢也差强人意,凡发现爱达"那颀长的优雅亦荡然无
存"①,阿尔迪斯庄园记忆里纯真美好的爱达已有了俗世的老态。岁月的
沧桑变化在凡和爱达的心际横了一道道的隔膜和生疏,虽然彼此都试图
重拾昔日美好,却也徒增枉然。爱达借口去拿行李离开了凡,凡明知她
此去不返的心意但也未做挽留。就在读者以为"他就会永远失去她!"的
时候,狡黠的魔法师又一次玩起了"善意的欺骗"②艺术,使故事"既定的
厄运"③迅速朝着反方向发展,这一次连小说的主人公都区分不出是否为
幻觉,对读者而言自然是更难分辨了,这种曲折变化内的空白,已经"把
读者拽入行动"④。

他起居室阳台的折叠门敞开着。湖对岸仍然云山雾罩,只是间或有
赭色的峰尖展露在无云高空。四辆硕大的卡车头尾相衔轰然驶过。他
来到阳台栏杆,寻思自己是否随心所欲沉湎于这熟识的幻觉中——曾
否?曾否?永远也无法辨别,其实,就在楼下,就在近旁,站立的爱达正
忘情于这眼前的景色。⑤

爱达的离去,凡虽没有追去,读者还是可以根据个人的情感经验揣
度出后者的忧伤。就在读者再创造着凡的失意,同他一道忘情于山水的
时候,"站立的爱达正忘情于这眼前的景色"。这无法辨别的幻觉给小说
中男女主人公的命运来了一次彻底的改变:从此凡和爱达过上了幸福的
生活。纳博科夫用这种突变的情节展示生活本身,暗示着生活不是单向
的发展,而是某种更加自由的发散,有着"令人惊奇的颠簸和改变"⑥。
这种情节"突兀转变"中所包含的欺骗艺术,会让没有想象力的平庸读者

---

① 纳博科夫;韦清琦.爱达或爱欲[M].上海:上海文艺出版社,2013:508.
② 纳博科夫;唐建清.独抒己见[M].杭州:浙江文艺出版社,2012:11.
③ 纳博科夫;韦清琦.爱达或爱欲[M].上海:上海文艺出版社,2013:513.
④ 朱立元.二十世纪西方美学经典文本 III:结构与解放[M].上海:复旦大学出版社,
2001:679.
⑤ 纳博科夫;韦清琦.爱达或爱欲[M].上海:上海文艺出版社,2013:512.
⑥ 博伊德;刘佳林.纳博科夫传:美国时期(下)[M].桂林:广西师范大学出版社,2009:
595.

摸不着头脑,但是有敏捷想象力的"反复读者"会在阅读的过程中不断地建构并且重新建构审美客体本身。"因为本文中不存在调节这个过程的确定的参照系,所以成功的交流最终必然取决于读者的创造活动"①。而读者的这种创造活动在一定程度上是"在幻觉的建造和中断之间摇摆"②。爱达的去而又返,读者就会好奇何至于此。答案在接下来的段落中得以揭晓:

> "我叫他掉头,"她说,"在莫奇('莫尔斯'或是'海象',一个关于'莫尔日'的俄语双关——也许是一条美人鱼发来的信息)附近。"③

莫奇、莫尔斯和莫尔日是纳博科夫创作这本小说的日内瓦小城,爱达习惯读成"莫奇",在俄语中指海象,布莱恩·博伊德认为其还暗指摩西戒谕(the Morse Code);美人鱼指的是跳水自杀的卢塞特。爱达认为是已经在反星球上(Antiterra)的卢塞特在暗示她要回到凡的身边。不管读者对爱达的理由持什么样的态度,他们可以在转变的情节中发挥自己的想象,选择接受或不接受,因为"任何'活的事件'必定在或大或小的程度上始终是开放的"④。纳博科夫认为读者应该调动自己的想象去体会作品以及作者,"读者应该知道他在什么时候,在哪一处得收拾起他的想象,这需要他弄清楚作者笔下是一种什么样的天地"⑤。纳博科夫曾在接受采访的时候提及其最喜爱拍摄的场景是莎士比亚的悲剧《哈姆雷特》中"国王的鬼魂那部分"⑥,哈姆雷特看见国王父亲的鬼魂身着盔甲,接收了父亲可能是被谋杀的信息。同样地,爱达看见了卢塞特的鬼魂,接收的信息无关死者的冤屈,却是死者的祝福。作者这样的文本之间的影射用意,读者也只有在类似的鬼魂部分拾起想象填补空白,才能弄清楚作者对爱达的讽喻意图。

情节线索的中断,对应着读者游移视点的转换,暗示着影响情节发

---

① 伊瑟尔;霍桂桓. 审美过程研究[M]. 北京:中国人民大学出版社,1988:150.
② 朱立元. 二十世纪西方美学经典文本 III:结构与解放[M]. 上海:复旦大学出版社,2001:693.
③ 纳博科夫;韦清琦. 爱达或爱欲[M]. 上海:上海文艺出版社,2013:513.
④ 朱立元. 二十世纪西方美学经典文本 III:结构与解放[M]. 上海:复旦大学出版社,2001:697.
⑤ 纳博科夫;申慧辉. 文学讲稿[M]. 上海:上海三联书店,2005:19.
⑥ 纳博科夫;唐建清. 独抒己见[M]. 杭州:浙江文艺出版社,2012:62.

展的潜在因素；情节结构上的"突兀转变"需要读者的创造活动参与审美客体意义的构建和重新建构。《爱达》中的情节发展呈现的非延续的、非线性的轨迹，这就需要读者关注细节，发挥想象，填补情节结构上的未言部分，一步步地推断出故事真正的缘起缘落，从而享受到迂回曲折、充满惊奇的阅读审美愉悦。

《爱达》中的对话作为"作品风格和结构的一个特征"①，等待着读者"从浅显细小的情节中遗漏的事物，即对话中产生的空隙"②去揣度填补。伊瑟尔将文学作品本身分为所言部分和未言部分。读者只有被牵涉到事件中，才能提供本文中未言部分的意义。所言部分成为背景参考，"未言部分在读者的想象中成活"③，从而扩大所言部分的意义，甚至使得每一件琐屑小事意义非凡。纳博科夫在人物的对话中留有空白，读者进行怎样的想象才能发现并填补这些"洞穴"，从而使之相互连接起来呢？《爱达》中人物关系错综微妙，相互间的对话并非建立在"心知肚明"的基础上，因此读者在填补其"空白"之后方能领悟对话的意味深长。读者在阅读小说的对话过程中，会遇见两种形式的空白：双方知晓的对话空白（"你知我知"）以及一方不知晓的对话空白（"你知我不知"或者"你知我知他不知"）。

第一种对话的空白建立的基础是人物之间彼此熟悉，知其所谈。读者需要完成的便是"在各种不同视野之间建立联系"④，换言之，读者需要联结对话人物之间已经编码的信息。如长大后的卢塞特找到凡，控诉他和爱达曾经对她的欺瞒和伤害。

"因为在另一头，紧靠着那张'凡尼爱达'长沙发椅——记得吗？——只有那壁橱，你们俩关了我不下十次的。"

"Nuuzhi desya'（夸张）。只一次——绝无第二次。橱子上有一个没插钥匙的锁孔，和康德的眼镜一样大。康德眼睛的绿色虹膜是很有名的。"⑤

①　纳博科夫；唐建清. 独抒己见［M］. 杭州：浙江文艺出版社,2012：135.
②③　蒋孔阳. 二十世纪西方美学名著选下［M］. 上海：复旦大学出版社,1987：511.
④　伊瑟尔；霍桂桓. 审美过程研究［M］. 北京：中国人民大学出版社,1988：251.
⑤　纳博科夫；韦清琦. 爱达或爱欲［M］. 上海：上海文艺出版社,2013：341.

在这段简短的对白中,读者需要填补的空白有"凡尼爱达"沙发椅以及"康德的眼睛"。在阿尔迪斯庄园,凡、爱达以及卢塞特在一次拼字游戏中,卢塞特排出了好笑的 VANIADA。纳博科夫的文字游戏的把戏在于这个"凡尼爱达"中有凡(Van)和爱达(Ada)的名字,从中还可以拼出沙发椅(divan)一词,暗示着卢塞特看到凡和爱达在长沙发椅上做爱的场景;而"康德的眼睛"和卢塞特的绿眼睛重合,据学者丹纳·德拉根诺尤解释,康德曾宣称"美是道德高尚的象征"①,故对话中暗示了凡和爱达的爱情建立在对卢塞特的伤害基础上的非道德性和非高尚性。至于卢塞特被关进壁橱的次数,因对话的双方提供着"相互矛盾的线索和方向"②,这种不一致间留下的空隙,恰恰成为读者阅读中冲突发生的基础。纳博科夫将凡塑造成一个有才华和健谈的人,读者也跟随小说家的笔端,淡出了对凡的道德审判,只有细心有洞察力的反复读者才能与作者进行真正的交流——"我讨厌凡·维恩"③。

第二种对话的空白发生在参与对话的人物至少有一方是不知晓另一方所指的时候。读者需要填补的空白是双重的:对话中不知的那一方以及读者构建意义需要完成的信息填补。与第一种对话的空白的填补不同的是,这一种空白需要读者在同个视野中的不同部分之间构建联系。读者从本文图式提供的现存知识和特殊信息可以设想出本文预定的(而非给定的)客体。例如对话发生在两代人之间:德蒙、玛丽娜和凡、爱达。

玛丽娜从土耳其水晶烟盒里取了一支末端镶有红玫瑰花瓣的"奥尔巴尼",并把烟盒递给德蒙。爱达也有些忸怩地拿了一支点燃了。

"你很明白的,"玛丽娜说,"你爸爸不赞成你在饭桌上吸烟。"

"哦,没关系,"德蒙低声说。

"我在说丹的看法,"玛丽娜没好气地解释道。"他在这一点上很谨慎。"

"唔,我还好,"德蒙答道。

爱达和凡不禁大笑起来。都是善意的取笑——虽然不算明目张胆,

---

① 康德;宗白华. 判断力批判[M]. 北京:商务印书馆,1983:210.
② 伊瑟尔;霍桂桓. 审美过程研究[M]. 北京:中国人民大学出版社,1988:65.
③ 纳博科夫;唐建清. 独抒己见[M]. 杭州:浙江文艺出版社,2012:124.

但仍然是取笑。

然而过了片刻，凡说："我想我也来支'偶帮尼'——我是说一支'奥尔巴尼'。"

"各位请注意，"爱达说，"他是故意说错的！我采蘑菇时喜欢来一支烟，可是我回来时这位爱戏弄我的讨厌鬼总坚持说我闻起来有浪漫的土耳其或阿尔巴尼亚人的味道，准是在林子遇见的。"

"嗯，"德蒙说，"凡做得很对，是该留意你的行为举止。"①

对于这段对话中人物之间的关系，可以分置于三个层面的事实：

事件一：凡和爱达都是德蒙和玛丽娜的孩子；

事件二：凡和爱达知道他们是兄妹的关系；

事件三：德蒙和玛丽娜不知道凡和爱达已经发现了身世的秘密。

于是由于德蒙和玛丽娜一方不清楚状况，这场对话就产生了多层的含义：德蒙一再暴露自己是爱达的父亲的秘密，玛丽娜拼命遮掩，凡和爱达善意取笑他们的父母；凡借机说错烟的名称从而质疑爱达的借口（不在场的托词 Alibi 和奥尔巴尼 Albany 谐音）；爱达借着抽烟的话题，向凡传递她没有背叛他的信息；德蒙知晓爱达的情感瓜葛不断，于是错误地赞成凡留意爱达的举止。读者在创造性地联结了所有的信息之后，"自身发动了由本文引导的、意象不断相互作用的过程"②。一个事件牵动着另一个事件，读者的思维在对话的空白中被激活，不仅会意了对话中略去了的信息，还会意了小说背后读者的讽刺。读者—本文—作者之间的交流才得以顺利开展。

人物间的对话因信息的不对称和不完整产生了空白，空白引向阅读过程中的交流。"不断消失的联系就成了持续不断地刺激读者建构意象的能力的源泉"③。小说中的对话总会使读者处于某种焦虑的悬念中，读者的注意力一半集中在对话中的状态，另一半则被吸引到对过去被遗漏细节的回忆和对将来种种可能性的期待中。纳博科夫认为第一流的小说作品里，真正的冲突不是本文—读者的冲突，而是以本文为载体的作者和读者之间的冲突。面对创作《爱达》的难啃作者，好的读者势必要用

---

① 纳博科夫；韦清琦.爱达或爱欲[M].上海：上海文艺出版社，2013：241.

② 伊瑟尔；霍桂桓.审美过程研究[M].北京：中国人民大学出版社，1988：257.

③ 伊瑟尔；霍桂桓.审美过程研究[M].北京：中国人民大学出版社，1988：251.

脊椎骨的刺痛感去感受小说本文中的未尽之言,未言之事,"而一旦尘埃落定,那些努力就会获得最好的回报"①。

纳博科夫在《爱达》这部鸿篇巨制中布置了追忆、展望、重复、狂欢等众多场景,这些纷繁场景之间的省略与重叠也对读者构建本文意义的连贯性提出了挑战。因为"随着本文中每一场景的进一步细分,必然会引起空域的增多"②。纳博科夫认为,读者与作者的心灵应当达到"一种艺术上的和谐关系"③。读者应当清楚在特定的时间和场合中拾起想象,艺术性地还原作者创作的小说世界。以下将从小说中场景的省略、场景的对位以及场景的重叠三个方面分析小说中场景空白的接受美学。

小说中场景切换的第一个空白来自于场景的省略。被作者省略的场景信息看似阻碍了本文意义连贯性的建构,但由此产生的空白其实将本文"转化成激发读者观念化活动的动因"④。纳博科夫判断一部小说是否伟大的标准在于其"魔力"的大小,他所谓的"魔力"是指"对读者敏捷想象力的吸引程度"⑤。为了更好地感受纳博科夫的"魔力"空白,此处以爱达十六岁生日派对上的一场混战为例:

那场混战是怎么开始的?三个人都踩着滑溜的石头过了小溪?珀西推了格雷格吗?凡撞了珀西?动家伙了吗?——棍棒?是靠拳头解决的?擒住手腕又松开?

"哦,"珀西说,"你真淘气,伙计!"

格雷格的灯笼裤的一条裤腿浸湿了,他无望地看着他们——这两人他都喜欢——他们在溪边打了起来。⑥

凡回到阿尔迪斯庄园,发现了爱达有了新的情人珀西·德·普雷。他妒火中烧,不得宣泄。就在溪水边,凡的机会降临,一场混战就开始

---

① 纳博科夫;唐建清.独抒己见[M].杭州:浙江文艺出版社,2012:189.
② 蒋孔阳.二十世纪西方美学名著选下[M].上海:复旦大学出版社,1987:513.
③ 纳博科夫;申慧辉等.文学讲稿[M].上海:上海三联书店,2005:4.
④ 伊瑟尔;霍桂桓.审美过程研究[M].北京:中国人民大学出版社,1988:266.
⑤ 博伊德;刘佳林.纳博科夫传:美国时期(下)[M].桂林:广西师范大学出版社,2009:596.
⑥ 纳博科夫;韦清琦.爱达或爱欲[M].上海:上海文艺出版社,2013:254.

了。但是纳博科夫在本文中没有将他们扭打的场景描述出来，仅用了八个问句代过了这场理应很激烈的打斗场景。无疑，作者在创作这一部分情节的时候，脑海中定是对具体的细节设置展开了思考，他将问题投掷给读者，在此种意义上，作者和读者的地位是平等的，他们都参与具体场景的建构活动。作者—本文—读者之间形成了紧密联结的纽带，读者在填补空白的过程中享受着阅读的愉悦和写作的愉悦。纳博科夫通过这种形式的设置，提高了读者参与本文的积极性，形成了相互间跨越时空的读者—作者对话。

小说中场景的空白同样产生于场景的对位中，典型的方式就是背景的对位，即地界（Terra）和反地界（Antiterra）的对位；此外还存在于本文中几个主要人物（凡—爱达—卢塞特；德蒙—玛丽娜—丹）出现的场景中。场景的对位的设置是因为"每一个本文部分固有的确定性并不包含在它自身之中，这种确定性只有通过它与其他本文部分的关系才能存在"①。例如小说中爱达坐在凡的腿上以及卢塞特坐在凡的腿上两幕相似场景做对比，从而对读者在处理对位场景的空白的活动有所启示。

血气方刚的少年全身心地体味着她的重量，她的臀部随着路上的每个颠簸，轻柔地分成两部分，挤压着他那欲望的核心，他知道自己得控制好，否则要是渗漏出什么，会使纯真的她大惑不解。若非女孩子的家庭教师在和他说话，他就要把持不住并像动物一样肆无忌惮了。可怜的凡将爱达的臀部换到右膝上，总算淡化了那种在刑室里被称为"痛苦的角度"的感觉。在欲望未如愿的郁闷中他看见一排屋舍散落在一旁，此时折篷轻便马车正穿过那个叫加姆雷特的小村子。②

她坐在他膝上，沉甸甸的，神色恍惚，满是鹅肝和桃汁潘趣酒的味道，裸露的、棕色发亮的胳膊的后半部分几乎碰到了他的脸——当他左右俯视地上的蘑菇有没有给摘掉时，脸就真的蹭了上去。蘑菇的确摘走了。那个小听差正一边读书一边抠着鼻子——从他手肘的挪动便可以看出来。卢塞特紧绷的屁股和沁凉的大腿似乎越来越深地陷进了如梦、

---

① 伊瑟尔；霍桂桓. 审美过程研究[M]. 北京：中国人民大学出版社，1988：267.
② 纳博科夫；韦清琦. 爱达或爱欲[M]. 上海：上海文艺出版社，2013：82.

如重述的梦呓、如扭曲的传奇故事的过去的流沙里。①

　　16 岁的凡和 12 岁的爱达之间萌生的情愫在他们第一次的身体接触的描写中可以折射一二,凡的欲望因为膝上的爱达的臀部被唤起,为了避免尴尬,他极力克制,逼迫自己转移注意力到马车经过的加姆雷特的村子上去;四年之后,12 岁的卢塞特坚持要坐在凡的膝上,凡的心神却集中在地上的蘑菇有没有给摘掉,这次身体接触的结果是凡沉浸在过去的回忆里。这一次的场景描写中明显和对位的上一次的场景之间存在着表面上的相似和实质上的天壤之别。读者在阅读后一幕的时候,会发觉有似曾相识的感觉,两相对比,发现膝上的女子变了,凡的心旌摇荡换成了心不在焉。在场景和场景的切换之间存在着一种空间,"它产生了由可能存在的联系组成的整个网络"②,这个网络便可以赋予每一个本文部分以意义。纳博科夫认定"大作家总归是大魔法师"③,其在每一件艺术作品中都独创了一个新天地,读者必须尽可能周密地研究这个新天地;他之所以强调"不能读一本书,只能重读一本书"④,是因为只有反复读者才能在熟悉书里内容之后细细品味细节,才洞悉这个奇妙天地里"就连每一粒原子都经过了重新组合"⑤。才会"在读者、作者双方心灵中间形成一种艺术上的和谐平衡关系"⑥。在以上的两段引文里,意义自身是不确定的,读者需要填充的空白有卢塞特为什么要坐凡的膝上并且神思恍惚? 凡为什么会陷进过去的流沙里? 读者不仅要"用眼睛看,用耳朵听"⑦,还需要用心去感受,用脑去分析。读者组织整理信息,接受了作者的概括"于是我们就舒舒服服地坐在凡的内心里吧,同时他的爱达则坐在卢塞特的内心里,她们俩又都坐在凡的内心里"⑧。

　　场景的重叠是场景空白的第三种表现形式。与场景的缺失相反的是,场景的重叠是两个及两个以上的场景集中出现在一处,需要读者的记忆迅速地回到前文中已经出现的场景(这等同于本文暗示了此处需要

---

① 纳博科夫;韦清琦. 爱达或爱欲[M]. 上海:上海文艺出版社,2013:259.
② 伊瑟尔;霍桂桓. 审美过程研究[M]. 北京:中国人民大学出版社,1988:268.
③ 纳博科夫;申慧辉. 文学讲稿[M]. 上海:上海三联书店,2005:25.
④ 纳博科夫;申慧辉. 文学讲稿[M]. 上海:上海三联书店,2005:22.
⑤ 纳博科夫;申慧辉. 文学讲稿[M]. 上海:上海三联书店,2005:21.
⑥ 纳博科夫;申慧辉. 文学讲稿[M]. 上海:上海三联书店,2005:23.
⑦ 纳博科夫;申慧辉. 文学讲稿[M]. 上海:上海三联书店,2005:24.
⑧ 纳博科夫;韦清琦. 爱达或爱欲[M]. 上海:上海文艺出版社,2013:260.

填补的场景在何处）。纳博科夫的读者能否将本文中各不相同的视野连接一处，"并且通过它们的相互影响，把它们转化成审美客体的一个特征"①，成为填补重叠场景间空白、享受审美狂喜的关键所在。以下是两个场景重叠的例子：

我们的一双情人总算穿上了得体的衣服，拖着虚弱的腿坐下来共享丰盛的早餐（阿尔迪斯的松脆培根！阿尔迪斯半透明的蜂蜜！）②

阿尔迪斯，曼哈顿，红峰，我们的红发小姑娘已经死了。弗鲁贝尔笔下惟妙惟肖的父亲画像，那些癫狂的钻石盯着我，画入了我的内心。③

第一段关于凡和爱达缠绵后吃早餐的场景出现在小说的第二部，但是括号内的注释来自于很多年前的"那个蔚蓝色的早晨"，凡看见爱达在阳台上品尝着一份蜂蜜黄油面包，凡的记忆中那滴留在爱达嘴角的蜂蜜同爱达画过的"一支三色丝绒紫罗兰"的水彩画一样美好恬谧。两幕场景置于一处的时候，读者需要填补的信息恰是阿尔迪斯那半透明的蜂蜜对两位主人公而言隐喻的甜蜜。只有填补了这段空白，读者才能知晓当下凡和爱达的欢喜。第二段文字的描写发生于卢塞特死后凡赴爱达晚餐前在长凳上的思绪。这时，世事变迁，爱达也嫁作他人妇，和凡分隔多年。阿尔迪斯的烂漫时光，曼哈顿的卢塞特造访，即将来临的红峰重逢，还有父亲德蒙的阻拦，加上内心的痛楚，这些混杂在一起，读者只能在反复阅读后方能从思绪中将遗漏的事物一一拾起，发觉凡和爱达之间已经横了一道不能跨越的沟壑，他们不可能回到从前伊甸园式的无忧生活了。

场景的省略唤起读者补充信息、建立本文连贯性的积极性；场景的对位引导读者对比差异，从细微处捕捉隐含信息；场景的重叠则挑战读者组织接受本文的规则、构建本文意义的能力。纳博科夫以场景空白的方式让读者参与进小说的世界，往返于小说塑造的纷繁场景，突破时空的限制，再创造出本文所描绘的世界。这种通过想象再创造出来的世

①　伊瑟尔；霍桂桓. 审美过程研究［M］. 北京：中国人民大学出版社，1988：281.
②　纳博科夫；韦清琦. 爱达或爱欲［M］. 上海：上海文艺出版社，2013：360.
③　纳博科夫；韦清琦. 爱达或爱欲［M］. 上海：上海文艺出版社，2013：464.

界,成为本文实质上的维度,是本文与读者想象相互作用的产物。"平凡琐细的场景突然具有了一种'永久生命形式'的形态"①。

小阿尔弗雷德·阿佩尔认为:"阅读和重读纳博科夫小说的过程就如同在做一个探寻真相的游戏。"②纳博科夫运用本文结构中不易察觉的"空白"联结点来引导读者参与文本意义的创建:情节的空白拖延了结局的揭晓,引发读者的发现之乐;对话的空白牵引读者挖掘话语的深层含义,聆听到弦外之音;而场景的空白带领读者穿梭于本文的时空,领略到缺失的风景之美。纳博科夫的理想读者是一位反复读者,通过反复理解作者的意图间接参与了本文的创作;在纳博科夫作品的空白处担任解读和再创作的角色。《爱达》的读者只有深入"故事的骨骼里,思想的精髓里"③才会感受到小说真正的艺术魅力;读者只有在反复阅读中不断填补空白,才能获得感官的和理智的审美狂喜,这是纳博科夫与读者反应批评理论的第一层联系。

二、纳博科夫眼中的"优秀读者"

纳博科夫在《文学讲稿》中提醒其读者知晓,"没有一件艺术品不是独创一个新天地"④,并言明阅读的意义已然远超过人类自己的认知力,它意味着与另一个曾经熟悉的抑或是曾经陌生的精神同类进行最热烈的心灵交流的本能需要,是接受美学的典范和见证。在他看来,经验读者、语意读者、模范读者(有时也被称为"美学读者")的角色定位和类型划分更需要对文本的阅读与使用进行揣度,以便给予文本意图的传达以真正的信任。

关于经验读者,纳博科夫的第四部俄语长篇小说《眼睛》(*The Eye* ,

---

① 朱立元. 二十世纪西方美学经典文本 II:回归存在之源[M]. 上海:复旦大学出版社,
2001:679.

② Appel, Alfred. The Annotated Lolita[M]. New York:McGraw-Hill Book Company, 1970, p.
xv.

③ 纳博科夫;申慧辉. 文学讲稿[M]. 上海:上海三联书店,2005:25.

④ 纳博科夫;申慧辉. 文学讲稿[M]. 上海:上海三联书店,2005:1.

1930)的情节主线就是通过"读者的大脑反射出来"①的一则典型特例。为了彻底弄清主人公斯穆洛夫(一位俄国革命的流亡者)的"自我"形象,就必须首先彻底了解斯穆洛夫在不同读者心目中的印象,即斯穆洛夫究竟是个什么样的人? 这里,读者被这个故事叙述者的特定神秘模式吸引得太深,以至于可以感觉到"阅读的园地"旨在规避公共性文本的自恋诠释倾向。

语意读者倾向于指涉性的阅读,并且以了解故事的结局为最高乐趣。模范读者却关心文本内故事情节的叙述原则,他们会遵循那个特定故事的存在价值和典型要求一步一步地将自己变成最理想化的读者。但值得借鉴的是,若想成为模范读者,首先必须要实现语意读者的审美反应和艺术使命才行。为了区别这两种读者类型的意识形态和心理作用,纳博科夫引入了常用的写作手法——戏仿和反讽技巧——来解释艺术智力的思想活动,以批判"艺术即认识"②的纯理智论思维立场和方法。

纳氏的《洛丽塔》文本就是一部文体方面的"百科全书"。这部小说以忏悔录和回忆录的戏仿形式出现在读者的面前,这使得读者的阅读得以进入被叙述的双重符码化的内容领域里。为了使现成材料的艺术能引发出一定的审美效果,读者就只能在批判的基础上接受和体验一些后现代叙述技巧的内部结构,方能逐步把握住作者的艺术心理和文学思想。在《洛丽塔》中,作者纳博科夫不仅采取由简及繁的递进步骤生造出一个可以令读者与之自由对话的"文本中的文本",其间还夹杂着荒谬的剧本文体、夸大其词的广告语文体、深沉的法律条文、诙谐的爱情打油诗体和补充式的旁注插话等。作者不断地向读者传递着小说形式布局的心理感觉和生活情感,呈现出一幅别具一格的颇具理论批评特色的文学图景。据此,纳博科夫坚持认为,通俗读者要想抓住一个喜欢互文引述的小说作家的指涉示意,就必须接受并跟随这场始于复杂源头的形式游戏,成为一名"感觉到物"的美学读者,否则将不可能领悟到之后情节的开展主线和超然实质。这种"生活的混沌"的印象涉及文本与读者之间的心理互动,并以猎寻引述的挑战形式期盼着读者把阅读行为当作是此

---

① 梁惠梅,敏杨."镜子的反照"和自我认证的分裂——对纳博科夫小说的一种解读[J].东北师范大学报(哲学社会科学版),2011(6).

② 苏珊·朗格;刘大基.情感与形式[M].北京:中国社会科学出版社,1986:125.

文本和其他文本间的一次隐秘对话。

在最成功的情况下,戏仿的互文性影射手法和高级博学的艺术风格常被运用于纳博科夫所谓的"后现代学院派小说"①当中。《黑暗中的笑声》《天赋》《普宁》的畅销指数和艺术价值以一种非传统的混合方式吸引了大批的接受群体。这些牵涉到高级文学昔日专属特权的"高素质"文本不仅读来津津有味,而且还令人倍觉困惑。它们既满足了通俗读者群体舒泄情感的审美反应需要,还能令"读来容易"的自燃激情和满足式慰藉向相反的体验方向进行转化,进而把艺术的作用和意义归结为一种最为普通的情绪感染力。这样一来,那些被认为是"外行"的读者群体也因当代文学技巧的过滤和刺激而调动起艺术鉴赏的创造性潜力,它能使作者的真诚情感进一步清澈、净化起来,遂焕发出艺术分析的独到生命力和无限启发性。

事实上,纳博科夫对接受美学概念的强调和研究并不是对经验读者印象式批评的一种纠偏,而是以一种优越的博学姿态,在那些深奥难懂的、被精心"设计"出来的学院派文本结构中,对读者角色进行的重新定位。其目的就是为了教会他想象中的普通读者如何在以创新技巧为叙述特质的文本间游移中理清艺术心理学的理论基础和知识逻辑,又能在此基础上不经意地将读者引向现代智性迷宫的核心地段,并以探究其中的缘由或细节为乐趣,加深对文本偏离张力的理解和认知。

一直以来,如何既能使作品的形式与内容得到社会的承认和读者的肯定,又能原汁原味地保留作家本人的创作理念和生命感悟,是个棘手的问题。针对于此,纳博科夫提出了一种以分析读者阅读过程的感受和反应为主的批评方法,来强调文学和读者间的效果关系:"我们应当时刻记住,没有一件艺术品不是一个独创的新天地,所以我们读书的时候第一件事就是要研究这个新天地,研究得越周密越好。我们要把它当作一件同我们所了解的世界没有任何明显联系的崭新的东西来对待。一个最佳的读者,只有同时凭着艺术家的热情和科学家的韧性这两股精神劲儿、仔细地了解了这个新天地之后,才能来研究它跟其他世界以及其他

---

① Pilfer, Ellen. Nabokov and the Novel [M]. Cambridge, Boston: Harvard University Press, 1980:189.

知识领域之间的联系。"①这说明纳博科夫更加强调读者对文艺作品审美感觉的刺激作用,更加注重从读者活动的阅读经验角度去分析文本的意义、去解释周围的世界。因为,纳博科夫期望达到的阅读期待视野是:通过"读者角色"的概念引入和身份定位,使诠释批评的智力形态在理论知识的稳定性层面上具有客观性的开放情怀,同时又具备某种气势非凡的净化效果。这两个方面的统一体总是能把作品的社会情感和作者的个人情感集合成一种审美体验,并把它毫无保留地托付给读者。然而,纳氏审美反应理论的提出乃是基于语言符号的多义性所致,即注重文艺技巧知识的小说创作与诠释批评之间存在一种符号学意义上的反哺互惠关系,这一创作类型的艺术效果便是寓意丰富的创作诠释的参照前提。纳博科夫的诠释主张在无数的读者面前摊展开来,不仅是借由种种可资辨识的知识工具所能垦掘出来的符旨意义或明确答案,而是以超出知识逻辑之外的应对法子来追问和把握小说的意图奥秘,如亨伯特对性感少女洛丽塔的荒谬式想象就只能置于游移不定的光与影之间:"我就这样精巧地构思出我的炽热、可耻、邪恶的梦境,不过洛丽塔还是安全的——我也是安全的。我疯狂占有的并不是她,而是我自己的创造物,是另一个想象出来的洛丽塔——说不定比洛丽塔更加真实,这个幻象与她复叠,包裹着她,在我和她之间漂浮,没有意志,没有知觉——真的,自身并没有生命。"②

　　除此之外,对文学创作怀揣着独特体验与深刻颖悟的纳博科夫手握着三重语言的高层次利器,不仅对丰富的词汇表达信手拈来,更灵活自如地玩起文字魔术。各色的修辞手段刺激着读者强烈的语言神经中枢,既芬芳绚烂又诡谲神奇。在"比喻"这一古老修辞手法的运用经验上,纳博科夫可以算得上是一位独到的高手。他特别擅长于抓取毫不相干的且又完全超越了可比范围之外的两类事物之间的相似之处来艺术化地由此及彼,以达到鲜活震撼、生动有力的修辞效果。值得一提的是,纳氏小说中的比喻格式穿透力极强。他常常通过一个奇特的相似点而把跨度非常之大的两个物体拿来作本体与喻体,这种值得深究的"纠结式关联技法"在纳氏文本中俯拾皆是。无论从哪个角度去欣赏、去阅读,这样魅力四射的比喻修辞格都出其不意地超出了常人应有的感知力和想象

---

① 纳博科夫;申慧辉.文学讲稿[M].北京:三联书店,2005:1.
② 纳博科夫;主万.洛丽塔[M].上海:上海译文出版社,2005:95.

力之外。由此,文本中的人物、风光、场景因其而产生的从平庸到非凡的美学效果自然也是新鲜的、生动的、引人入胜的,就像《普宁》中的描写记录一般,如诗如画:

> 他发现他过去那么钟爱自己的牙齿,连自己也感到奇怪。以往舌头就像一只又肥又滑溜的海豹,常常在熟悉的礁石当中欢快地扑腾,察看着一个破旧但还安全的王国内部,从洞穴跳到小海岬,攀上这个锯齿峰,挨紧那个凹口,又在那个旧裂缝里找到一丝甜海草。①
>
> 只见他从一个综合目录柜里抽出一盒卡片,就好像它是个大核桃,把它抱到一个僻静的旮旯里,在那里静静地咀嚼这份精神食粮。②

纳博科夫曾直言不讳地说他是为与自己审美趣味相投的人而写作的,以至于他对自己作品最理想的读者的艺术鉴赏力要求非常高,而这里的读者指的就是"早上刮胡子时镜子里的那个自己"③。他对创造性读者的殷殷呼唤和循循善诱让我们看到了纳氏在文学欣赏问题上的真知灼见。他在阅读趣味和阅读方法的引导工作中立志要将阅读变成一种极端表达情感的痛苦仪式。纳博科夫指出,"流派主义就是一切"④的格式化陈腐观念消除了作品欣赏中的先见内涵与范畴魅力。所谓的术语概念(如:古典主义、浪漫主义、感伤主义、现实主义等)对读者的艺术感受力都或多或少地造成了些许的戕害,文学流派的笼统化划分也覆盖了具体文学艺术作品的原始期望。那些含糊不清的理论知识被归入不同的知识系列中,从属于不同的解释分类。它们所起的反作用妨碍了读者与艺术品的直接接触和亲密体验,至此,艺术本质的巨大喜悦和欣赏效果在审美反应的规律领域里就会变得毫无意义。结果,在这种情况下,艺术的真正本性就会超出情感的感染范围而迷失于文论术语的枝生蔓延之中。其次,纳博科夫还将成就优秀读者的基本素养集中在丰富的想象力、良好的记忆力、精湛的艺术感受力等。他认为,文学创造的艺术天地是一个虚构的童话世界,并非是那个凝滞不变的真实世界。那么,

---

① 纳博科夫;梅绍武.普宁[M].上海:上海译文出版社,2007:39.
② 纳博科夫;梅绍武.普宁[M].上海:上海译文出版社,2007:89.
③ 纳博科夫;唐建清.独抒己见[M].杭州:浙江文艺出版社,2012:143.
④ 纳博科夫;唐建清.独抒己见[M].杭州:浙江文艺出版社,2012:130.

理想读者的文学素养应该是什么样的呢?

其实,小说中并无真实的故事,读者与作品中的情感认同无非也是读者经历和作者想象间的相似性体现,二者间的艺术和谐平衡关系充分说明了艺术气质与科学气质兼备的理想读者结合体的重要性。纳氏期望的最佳读者气质不只是要具备艺术家那样的热情,还要有科学家那般冷静的科学头脑和思索耐性。倘若这两种基本素养都缺失的话,那么,接受群体的阅读态度就会流于冲动热度的主观偏见而停滞于情绪表现的"短路"中。再者,"创造性读者"概念的提出表面上看起来是要将读者与作者对立起来,实则是要将愈来愈紧张的作者—读者关系达成某种新型的平衡度。这个问题的根本解决之道就在于如何把读者的阅读行径演变成一种颇具启发性的痛苦仪式。实际上,真正的艺术家从不肯费心去争论"谁是谁非"的文本意图问题,也从不去想他的潜在读者究竟会是谁的问题。而纳氏在这方面的主张与看法似乎越来越热衷于读者对作者所使用的术语或转义语词的理解过程和反应程度,它们的点缀性分量和决定性作用有助于我们具备足够的感受力去真正读懂并有效品评纳氏作品中的艺术主旨,并用心体会出作家用艺术形式在文本内容里所引起的生活情感和激情以外的东西。在纳博科夫的小说里,"用颜料创造奇迹"①的叙述原则使得纳氏文本材料中的每一段文字都布满了色彩缤纷的油画质素和鲜亮夺目的视觉记忆:

我把手放在她那暖烘烘的赤褐色头发上,提起她的旅行包。她气色红润,十分可爱,身上穿着她那最鲜亮的有几个小红苹果图案的方格棉布衣服,她的胳膊和双腿都呈现出很深的金褐色,上面有一些搔痕,看上去就像凝固的红宝石上细小的有圆点的纹路,而她白色的短袜的罗纹翻边仍在我记忆的那个地方往下一翻。②

这就是我的故事。我重读了一遍。里面有粘在上面的些许骨髓,有血,有美丽的绿得发亮的苍蝇。在故事的这个或那个转折处,我深知我那难以捉摸的自我总是在躲避着我,滑进了比我乐意探测得更深邃、更

---

① Thickstun, William. Visionary Closure in the Modern Novel[M]. London: Macmillan, 1988: 74.

② 纳博科夫;主万. 洛丽塔[M]. 上海:上海译文出版社,2005:175.

黑暗的海洋。[①]

　　纳博科夫在叙述情节时采用丰富的词汇表达也给读者的阅读带来强烈的冲击力,同时也充分展现和美化了作者所精心打造的故事场景的色泽效应和光彩意图。

　　诚然,随着时代的变迁,只有创造性作家的独特匠心表达才能创造出一系列崭新的艺术世界。他们会在艺术的新奇天地里让混沌世界中的"每一粒惊奇原子都重新组合起来"[②],用"不确定"的价值观去推动生机勃勃的文学艺术的真正发展。换言之,创造性的作者需要的也是创造性的读者来深入洞悉艺术家的使命。在这个给所有自然物体命名的创造性世界里,世间万物都会旋转起来。此时此刻,小说家纳博科夫就会在这无路可循的真正的艺术山坡上攀缘,待攀上巅峰后才能邂逅兴高采烈而又气喘吁吁的读者。如果作品在艺术形式开始的地方可以永垂不朽,那么作者和读者间的默契也会永不消退。只有在"一览众山小"的艺术顶峰之上,创作者的创造乐趣与读者的欣赏乐趣才能达到审美乐趣的艺术高度,才能把艺术家的创造过程与阅读的痛苦仪式自然而然地融合在一起,并从完全一致的审美体验中共同分享艺术品中的蕴涵意象和未知力量。

　　纳博科夫认为,一个词语的"内心狂喜"是由作家与读者共同追求的永恒"极乐"目的来完成的,或者是由心满意足的艺术性读者从感激不已的艺术家笔下的情感组合物那里分享得来的。读者也须如同艺术家一样,须经历"气喘吁吁"的痛苦攀缘过程之后,才能对写作的乐趣充满感激,对阅读的乐趣充满狂喜。由此,我们不难看出,纳博科夫的接受美学理论旨在在一种"角力"的潜在较量中打破传统意义上作者与读者之间那种被动的"提供"与"接受"的单向关系。他期望双方都能充分发挥各自的创造潜力,在艺术家精心构筑的象牙塔里建立起一种真正统一的亲密恒久的和谐关系,最终达到真正分享具备哲理性深度的艺术审美狂喜的创造体验和至高境界。

　　那么,如何才能成为纳博科夫心目中认可的理想化创造性读者呢?

①　纳博科夫;主万.洛丽塔[M].上海:上海译文出版社,2005:492.
②　毕其玉.小说《洛丽塔》的语言风格[J].华中农业大学学报,2006(4).

首当其冲的必要条件是这个阅读者必须要先学会做一个"反复的读者"。他曾这样告诫过我们："一个卓越的优秀的创造性读者须是一个主动重读一本书的反复读者。"①那是因为读书需要时间因素的真正介入方能将书中的空间艺术和生动图像了然于胸。因而,我们的阅读不得不经历将书读上两遍、三遍乃至四遍的一个艰苦过程,方能在一行一行、一页一页的字里行间出入复杂而又不同的时空轮回中,并像赏画那样成功地消除艺术欣赏与视觉界限之间的隔膜,达到那种一览无余的整体效果和彼在之境。

纳博科夫一再推崇"一部书的精华精在它的结构和风格"②。在他的写作理念中,承载着某种伟大思想的传统作品只不过是一系列空洞的废话而已。但出于对彼岸世界的刻意追寻和对文学形而上哲思的深层次思考,他极力主张用与小说语体极不相称的哲学话语来对人类的内心世界进行最精致的把玩和披露,并借此拉大文艺创作与现实生活的审美距离。此处最经典的例证就是文本《说吧,记忆》中的某个思想片段:

> 它们在逝去,急速地、急速地,那悄悄流过的岁月——借用贺拉斯式的撕人心灵的抑扬来形容。岁月在流逝,亲爱的,很快就没有人会知道你我的事情了。我们的孩子在长大,帕埃斯图姆、雾气笼罩的帕埃斯图姆的玫瑰已经消失了;醉心于机器的笨蛋们在胡乱地摆弄着干预大自然的力量,因此,也许是到了仔细观察古老的点滴见解、洞穴里的火车和飞机的壁画、壁橱里乱堆着的层层玩具的时候了。③

这些语句表明了作者对人类生死命题的思索已经进入到哲学层面。这样一来,存在着的各种读者层无论再怎么独立,都能从这些至理名言的哲思片段中发现不同的故事、悟出不同的含义。

众所周知,不同的读者在阅读的时候对艺术家创造的艺术世界里的审美狂喜的期望值也略有不同,各有侧重。纳氏一再强调,集教育家、故事好手和魔法师于一体的大作家才能称得上是一位真正的艺术家。然

① Roth,Phyllis. Ed. Critical Essays on Vladimir Nabokov [M]. Boston, Mass. : G. K. Hall, 1984:167.

② Alexandra, Vladimir. Nabokov's OtherWorld [M]. Princeton, N. J. : Princeton University Press,1991:123.

③ 纳博科夫;陈东飚. 说吧,记忆[M]. 长春:时代文艺出版社,1998:363.

而,不同的读者对这三重身份的体验思路也不尽相同。有的读者只期望作家是一位宣扬道德伦理的精神导师,有的读者却期望在最为简单的令人精神亢奋的精彩故事中能享受到逍遥漫游的乐趣和个人情感的介入。这两种读者的期望值本无高低贵贱之分,但却忽略了一个魔法师的独特魔力才是最终成就一名大作家的决定性因素。正是从这点最为关键的重要身份出发,我们才能在纳氏小说或诗歌的艺术图式里努力触及文本内容当中真正让人震颤不已的意象部分,领会他那天才式的戏法迷局的复杂意义和艺术心理。

再者,纳博科夫还将这种读者审美心理反应机制中的"狂喜"震颤体验归结到人体最为特殊的一个生理部位——"脊椎"上去。他说:"读书时最高的感情激越境界不是声泪俱下的心灵震颤,而是通过脊椎的刺痛与战栗真正体验到的从后背一直延续到我们大脑中的真正艺术品的审美震颤力。这种自然流露的后背微微酥麻的冷战感才真真切切是真正文学的艺术魔力。"①所以,感情的激越只会令一个睿智的读者对艺术品的领会造成主观上的偏见,只有用"脊椎冷战"的阅读理论和体验方法才能充分享受到一部天才之作内部的最高情感形式,这当然也是纯科学和纯艺术携手发展过程中的共同地图与前进方向。

其实,创造性作家的非理性诗性组合物与创造性读者的冷战式审美体验在刹那的灵感状态中具有同质同构的天然渊源关系。换言之,读者在文学作品中体验到的审美狂喜正是伟大的艺术家在虚假混沌、隐秘、非理性的私人天地里快乐地派生出来的,像《黑暗中的笑声》《洛丽塔》《普宁》中那些总在边缘行走、闲逛的狂野的梦一般,既超乎人类想象的感觉之外又魔幻般的神秘莫测。此时的读者只有义无反顾地摆脱文学中的那些传统价值,才能一头扎进生活混沌的艺术深海中,去尽情欣赏这些上乘童话中的生存状态与真正精髓,而这些状态、这些内容、这些思想也只有在灵光乍现时的非理性观念中才能模模糊糊地被发掘出、被领悟到。在此,纳博科夫也将读者"混沌头脑"中的审美欣赏活动与艺术家"脑力大筋斗"中的创造编撰活动同根化、同一化。

---

① 纳博科夫;申慧辉. 文学讲稿[M].北京:三联书店,2005:235.

三、文本意图与"模范读者"

在《优秀读者与优秀作者》一文中,纳博科夫将作家创造的作品世界拆分开来,通过分析"跳出故事层面"①的语言风格、象棋游戏、魔术主题等审美体验来召唤着读者创造性的参与,以期凭着一种独立自足的游观方式来确立"文本意图"的本体论地位。在其《文学讲稿》的序言里,纳博科夫也写道:"客观批评如同客观艺术一样都不存在。衡量作品优劣的'乐趣'尺度才是导致我们的审美批评永远存在仁智之分的根本原因,也是各个读者照事物的本来面目而了解自己印象的第一步。只是这种印象在读者心目中各有不同罢了。"②这种印象式的生命体验来自读者面对作品时的某种初始反应或模糊感觉,经过具体化、明确化的语言痕迹指引而被提炼成面向世界的各种美的感觉形式。它们能令长期以来形成的独特印象和个人乐趣在生命长流的阅读意义中频频散发出"自我变革"的思想火花,从而在"博取新印象"的阅读诠释中产生鲜明的、有意义的独特感受和文本感悟。这种感悟在读者阅读的经验反应中占有特别重要的地位,它特别要求读者的个人气质和个人修养对所应该有的"好奇之心""狂喜之心"的合理辨析与明确把握。在小说《斩首之邀》中,因禁在"自我时间之狱"中的辛辛纳特斯就像那只在牢房内结网的蜘蛛一样,无法走出监房的限制与束缚。从他被宣判了死刑的那一刻开始,他就不断地思考自己的处境,并在身份醒悟的过程中居然产生了抗拒被囚的强烈冲动。于是,那个真切感受到"存在之光"的整体世界也随着辛辛纳特斯自我意识的觉醒而逐步走向解体:"一切都在坠落。一股旋风正在加速、旋转,卷起灰尘、破布、涂过油漆的木头碎片、纸板砖和招贴画,昏天暗地,急速飞舞。在浮尘之中,在飘落的杂物之中,在飘动的景色中,辛辛纳特斯正朝着一个方向走去,根据声音判断,那里有他的亲人。"③当辛辛纳特斯大步迈向他的亲人的时候,读者便开始进入想象的"文本意图"之内,同时也用通往自由之路的审美狂喜方式对"时间之

---

① 博伊德;刘佳林.纳博科夫传:俄罗斯时期[M].桂林:广西师范大学出版社,2009:74.
② 纳博科夫;申慧辉.文学讲稿[M].北京:三联书店,2005:2.
③ 纳博科夫;陈安全.斩首之邀[M].上海:上海译文出版社,2006:194.

墙"的荒诞梦魇进行着不懈的摸索与体会。在这种狂喜中,艺术活动的作者和读者才能透过有限生命的迷蒙雾霭而向充满创造生机的各种生存秘密投去方向性的一瞥。

其实,"文本意图"的批评解构概念在一定程度上指的就是被作者刻意深藏在文本中的诸多写作技巧。作为一把抨击诠释活动的客观性标尺,它不仅表达了大作家纳博科夫对当代批评理论及其偏执现象的主观性不满,也保留了读者的接受活动所应该有的规范素养和语言常识。此时,这种躲藏在文学批评理论性背后的"文本意图"就超出了作品本身的文学创作形式,变成了那位深藏不露的优雅地玩弄着迷宫般文字游戏的作者的情感意图。然而,饱览欧美经典、通晓多种语言的纳博科夫又不无戏谑地将当代各式批评理论的"满满自信"安排在与读者戏耍、调情的智力花样上。当这位作家进一步用"文本意图"的强大自控力来挑逗那些敏感的文评家的神经末梢时,他的诠释批评核心和实践思想在阅读中就暴露了以读者的接受活动为解释基础的现代读者反应批评理论的意旨。有趣的是,以构成性作用为解释学己任的纳氏文本却又毫无例外地在"此在在世"(人类的存在意义)[①]的理解方式上给予读者相当的控制力与发挥度。因此,从符号学、形式主义、心理学、现象学等其他学科领域中汲取了营养成分的纳氏作品在"先入之见"的此在理解中,就需要加以读者对"文学作品是整套纲要"[②]的本真理解和循环解释。

总的说来,随着读者阅读过程的实施和展开,由部分化为整体的前理解诠释也把作品所呈现的内容扩充为一种在历史性的时间中设想出的原有期待,并在这个逐步积累的推测性期待中解释着随后发生的一切无限可能性。至此,不单单是阅读的方法论运用和本体论阐述在空间向度上改变了事物本身的原初启示意义,就连随后所发生的一切也会从时间与历史的关联中跳出来,回过头来重新组建我们对文学作品有机整体的原先理解和系统思考。如令纳博科夫出名的小说读物《洛丽塔》,最初常被读者当作是一本色情读物来对待。后来,更有许多读者评论和指责此书反映的伦理道德问题,甚至还有人悟出了美国的庸俗和鄙陋之类的象征意义问题。显然,对文学作品《洛丽塔》这样的解读,不论是"年老的欧洲诱奸处于青春时期的美国"还是"处于青春期的美国勾引年老的

---

① 海德格尔;何光沪.海德格尔选集[M].北京:三联书店,1999:106.
② 纳博科夫;申慧辉.文学讲稿[M].北京:三联书店,2005:171.

欧洲"①的观点正是在读者想象的世界中所呈现出的一种无意识的自发性。在这种认识属性下,纳博科夫的阅读诠释观和许多文学思想都流露出一种向诗性思维开启的回归倾向。

在《文学讲稿》中,纳博科夫指出:"一个人读书,究竟应该怎样读才合适呢?我认为,需要在读者——作者双方心灵之间形成一种艺术上的和谐平衡关系。也就是说,读者必须依照作者的提示,按照开放、恰当的审美方式,从一开始就将作品的各个层次和不同部分密切联系起来,以达到正确、客观的理解目标。"②毕竟,文艺作品的层次联系不是孤立地构成的,而是在认识论所规划的现象学解释活动中显现出来的。在他看来,具有象征性的文学文本意图乃是理解整个作品的关键所在和必要前提。这里,纳博科夫似乎更看重读者对文本意图的理解基础和认知过程。他还认为,文本的潜在性结构习惯于将虚构性准则的寓意功能和多重语境暂时搁置起来,从而创造出一个充满了"空白和罅隙"的想象世界,其文本意义的有机组成期待着读者诠释行径的积极参与和深层开挖。于是,文学阅读的多重解释意义便在文本的辩证关系和读者原有期待的修正过程中产生了。此时,文学文本的诠释效果便被读者自己的思想观念隐没在超文学的规范经验对熟悉事物的连续否定中了。这番将"空白内容"具体化的调节与修正就靠着文本与读者间的某种肯定联系而对我们种种假设的东西进行着连续性的超越,这种超越致使读者也被卷入对这些假设的否定思索中,这样易于使读者带着自己的参与意识和想象价值重新为文本意图的定向做好准备。然而,纳博科夫的有机主义阅读观仍然用"实际读者"和"隐含读者"的两个分裂概念表达了个人现存的储备经验和被动阅读之间的矛盾与张力。在阅读现象学中,和文本保持一致的"游移视点"概念的提出也是由文本框架的具体化指令制造出来的。因此,不同的读者面对同一文本的不同图式或符号特质时,虽然可以自由地按照文本内部的不同游移视点去把握被描述的对象,但在识别个别语言符号的阅读过程中,还需依靠"格式塔群集"③的一致性构筑手段来理解文本,并将它与整体阅读效果取得一致的心理综合活动看

---

① 阿德尔·塔依尔.欲望不是能指——《洛丽塔》新论[J].河南师范大学学报(哲学社会科学版),2002(6).
② 纳博科夫;申慧辉.文学讲稿[M].北京:三联书店,2005:4.
③ 赵毅衡."新批评"文集[M].北京:中国社会科学出版社,1988:28.

作是读者随心所欲地采取阐释行动、实现文本空白意义的一次关联性尝试。

对读者而言,读一部文学作品首先要将自己融入这个艺术世界的语言规则和技巧习惯中,还要接受并遵守作者创造出来的结构设计、游戏编排、细节侦察等方式来分享和体验艺术真实的震颤与快感。在《玛丽》这篇小说中,有这样一段电影中的镜头情节是纳博科夫借助于主人公加宁的欣赏视角来展开描述的:

> 银幕上晃动着发亮的、蓝灰色的人影。一个唱主角的歌剧女演员从前犯过杀人罪,当她在一个歌剧中扮演女凶手时突然记起了这件事,她转动着大得不可能的眼睛,仰面倒在了舞台上。这时剧院大厅逐渐浮现了出来,观众鼓着掌,包厢和正厅前排座位上的人也狂热地鼓着掌站了起来。①

这段电影情节的镜头描述中,担任凶手角色的歌剧女主角恰在以前就犯过杀人罪的罪行。这一可怕的凶手扮演场景令这位女演员猛然间回忆起了自己以往的罪行过失。随后,电影的结束和歌剧大厅的浮现消解了客观世界的现实性,为歌剧而鼓掌的观众至此也就从根本上失去了一个与梦境相对相隔的现实存在。这种感受使得坐在影院中充当观众的加宁也惊恐地在自己当临时演员的经历回忆中认出了自己:"此刻,加宁不仅感到羞耻,同时也感到了人生之易逝。"②这种演员与观众的合一身份让读者瞬间置身于恍若隔世、虚无缥缈的时间之尽头,这种超越主客对立的生活方式其实正是我们记忆中的某些残存碎片,原本确信无疑的"自我"也在现实世界的模糊影像中土崩瓦解。读者据此发现,失去现实性的梦中的景象其实从一开始就是一个鬼样的世界,而活着的经历就是在鬼样的梦幻或记忆中过活。在这里,作者关注作品文本存在方式的优先地位并不比读者高。相反,读者的创造性作用更能使文本的当代主题意义从语词的物质存在形态中解放出来,成为一种展示其超时代本质的建构活动。也就是说,立于读者面前的开敞世界与同一读者的不同阅读或是不同读者的不同阅读显然是分不开的。从这种意义上来说,作品

---

① 纳博科夫;席亚兵.塞·奈特的真实生活[M].长春:时代文艺出版社,1999:20.
② 纳博科夫;席亚兵.塞·奈特的真实生活[M].长春:时代文艺出版社,1999:21.

所呈现的全新外在世界只存在于读者主体的阅读审视过程中。在阅读中，人开启出自身的存在方式并由此参与了作品的存在，主动地与现成的作品世界相遇、相知。这一相互建构的交流过程显示出一种梦幻般的扑朔迷离景象，既多义又开放，期待着读者能避开种种梦幻谜题的陷阱设置，顺利成为"合理圆梦"的解析之人。

　　比较而言，纳博科夫的"模范读者"概念保留了读者对作品意义的介入信念。这种更加科学化、更加抽象化的自由阅读观尤其接近于建立在人道主义思想基础之上的"隐含读者"的灵活内涵。这一"解放思想"[①]的现象学视角赋予了读者一种"能够决定文本意义"[②]的特权，也就是允许读者对文本的特权提出疑问，并且在阅读时还可以在一定程度上改变和确立自己信念的一种观点。所以，"模范读者"的能耐应该来自于文本意图传送给他们的互动性印记和合作性意义。正如纳博科夫所指出的，既由文本创造又被文本圈禁的"读者期待视野"[③]生来就是诠释文学作品意义的一把密钥。而纳博科夫对接受理论和诠释学思想的思考、对文学传统和互文技巧的推崇让我们想起了隶属于历史前见的"个人判断"即便是拥有任何自由的解释权，也只能在文本允许的历史维度之内，以某种明显的方式通过自我反思来理解读者反应批评的历史实在和个人存在。因此，取决于历史处境的这种"前见"随之开始唤醒读者以往的阅读记忆。对已经熟悉的文类主题与语言形式的事先理解也在每一部作品问世的历史时刻将读者带入一种特定的情感态度中。于是，这种期待性的情感态度便在"中间与终结"的阅读过程中根据另类文本风格的特殊流派规则或被完整地保持下去，或被创造性地重新定向，以唤起文本自身文学特性的存在和实现。

　　纳博科夫在作品中通常不直接讲故事，而是习惯于安排一个同自己一样奋笔耕耘的叙述者，如《绝望》中的赫尔曼、《洛丽塔》中的亨伯特、《微暗的火》中的金波特等等。这些叙述者诉说的喋喋文本构成了纳博科夫创造的第一作品文本中的第二文本。作品中的人物就在这两重文本的空间距离中往返穿梭、相互交叉，才将读者带进了一个若隐若现的

---

①　纳博科夫;唐建清.独抒己见[M].杭州:浙江文艺出版社,2012:98.

②　文导微.魔法背后的意义——以《天赋》为例谈纳博科夫细节的意义[J].俄罗斯文艺,2012(2).

③　纳博科夫;申慧辉.文学讲稿[M].北京:三联书店,2005:169.

模糊世界里。在小说《防守》的笔墨荡开之处,飘荡在读者面前的主人公卢金的形象充其量只是个模糊的影子。在前言中,纳博科夫有意提醒读者,卢金这个名字的发音同幻觉这个单词的发音 illusion 很相似。虽然在老卢金的生活世界里,他的儿子卢金从不发出任何声响,他的所作所为和沉默应对全是靠他人的转述才传达到读者这里的。也就是说,老作家卢金眼里的这个"人之骄子"与读者心目中的"小神童"形象是处在同一个文本层面上的,也就是处在老卢金幻想世界的第二文本中的。这样,沉默的卢金在第一文本的封闭世界中就有了存在的合理理由。在随后的章节中,那沉默的儿子卢金也随着老作家握笔冲出去的一声"砰"响而退出了我们读者的视线。至此,文学作品所创造出来的第一文本世界和第二文本世界之间的层面界限也模糊了,已经无法分辨了。"卢金到底活动在哪一文本层面?"的谜题对读者有着很强的吸引力,而这种谜题的成功解谜也需依赖于作者和读者的共同努力。说到这里,纳博科夫文本中的"骗术之谜"不论对于作者还是对于读者而言都是一场令人叹为观止的魔术表演,而读者的乐趣当属识别出"一切皆是骗局"[1]的快乐本能。这种走出迷宫、绕过陷阱的胜利体会如同捕蝶者的收获一般,既要对文本的未知世界进行解构,又要与作者的文学思想进行角力争斗。总而言之,解读一部文学作品的艺术活动就是作者制谜与读者解谜这样一场你追我逐的把戏较量。正是在这样的探索过程中,读者才能真正获得来自"脊椎骨震颤"[2]的审美狂喜体验。

值得一提的是,纳博科夫的"文本意图"虽然反对"过度诠释"的批评表现而要建立阅读的边界,但他的"模范读者"概念也因失之于抽象并没有在根本上切中"过度诠释"的要害。在他看来,这种从文本自身出发的内外研究之别其实不过是对使用文本与诠释文本的本质主义做出的一种眷念上的区分,也就是对事物关联性与非关联性的文本意图的不同接受方式上的区别。这种根据文本连贯性的整体诠释无非是在"读者意图"和"文本意图"之间划下的某种使用文本的制作图式。这种质疑和挑战无疑将所有或大部分这样那样的东西都联系起来,并在文本和读者

---

① 纳博科夫;申慧辉. 文学讲稿[M]. 北京:三联书店,2005:141.
② 纳博科夫;申慧辉. 文学讲稿[M]. 北京:三联书店,2005:126.

之间提醒读者要注意"一个场面或一个句子都不能忽视"①的阅读方法的合理性和检验性。其次，纳博科夫自己同样也意识到所谓的"文本意图"不过是文本在诠释的过程中逐渐建构起来的一个抽象的概念而已。针对这一点，诠释的有效性问题就是一个循环的诠释过程，而这种循环恰是在文本被诠释的过程中根据它所建构的最终结果推断出来的。正是因为文本内在的连贯性给阅读设定的这个"文本意图"的疆界，所谓的"读者边界"也不具备"接受理论"所寄予的公正性和客观性。也就是说，文本的内在连贯性并不是一个客观存在的结构性的东西，而是一群有着特殊经验的被"文本意图"所规定的"模范读者"在一大堆封闭静态的符号系统里所发现的某种有趣的与自己的个体主观性情投意合的东西。这些描述性的语言符号同"解释学"的问题经验一样，将科学主义的解读方式与读者们感兴趣的其他东西联系了起来，它可以保证"前文本的解析"②能够达到文本的本质并使之合理化。在小说《洛丽塔》中，无数色彩斑驳的回忆片段在文本叙述的长河中折射出纳博科夫对生存意义的追问和对本源时间的体验。例如，亨伯特对他和安娜贝尔最后一次约会的回忆重现了失去时光的诗性记忆，唤醒了个体存在的生命感悟：

　　我们找了些最站不住脚的借口，逃出餐馆，来到海滩，找了一片荒凉的沙地，就在那儿，在堆成一个洞穴的那些红石头的浅紫色阴影下，短暂、贪婪地抚爱亲热了一番，唯一的见证就是不知哪个人失落的一副太阳眼镜。我跪着，正要占有我的宝贝，两个留着胡须的洗海水澡的人，海上老人和他的兄弟，从海水里冒出来，喊着一些下流、起哄的话。四个月后，她在科孚死于斑疹伤寒。③

　　这幅由海滨、洞穴以及爱抚组合而成的美丽而又空寂的温馨画面却因两个粗俗的不速之客（洗海澡人）的贸然出现而黯然失色。紧随其后的不期而遇的恐怖死神（安娜贝尔之死）的光临足以把文本中的诗性温暖片段骤然降至冰冷的极点。读者追随主人公回忆往事的幻想就这样

---

① 王青松. 回归现实主义——《洛丽塔》的一种解读[J]. 上海师范大学学报（哲学社会科学版），2003（2）.
② 王青松.《洛丽塔》有机结构[J]. 当代外国文学，2004（2）.
③ 纳博科夫；主万. 洛丽塔[M]. 上海：上海译文出版社，2005：17.

不经意地落入了生死轮回的不确定关系中,且一直延续到小说文本的精神脉络之外。

纳博科夫的阅读诠释观反复强调的是文本内在理解机制的阅读乐趣,因为我们所遇到的人、事、物乃至我们自身的东西可以通过阅读的伦理作用而改变,这可能正是文本结构的内在运行机制。这个观点道明了"阅读的爱与恨"恰恰不是科学主义的审美方式所能带给我们的。在这里,纳博科夫强调的"非科学"的阅读方法其实意在指明这个貌似客观的"文本意图"概念之内所蕴藏的真正的非科学的精神。19 世纪以来,人类文明的科学发展促使着人们多次通过制作图表、采纳数据、描绘曲线等研究方式来将自然科学的验证方法运用于文学作品的批评接受当中,从而将鉴赏活动中的趣味爱好与个人印象从文学批评的客观性中剔除出去。但事实却是,任何一门科学的进步都服从于它所研究的对象的独立性,这种颇具独立性的科学精神使得每一门科学的发展都不能按照另一门科学的样子来规划、来裁剪。这一对待现实、遵从现实的严格态度既不轻信他人也不轻信自己,理应被引到我们对读者反应批评的诠释工作中去。很遗憾,在之后的回应中,纳博科夫非常喜爱在自己的文本创作中轻松地把玩优雅的智力游戏,却没有提供一些真正相关的批判性的理论知识去反驳时下流行的后结构主义批评的"过度诠释"的阅读方法。而他反复提及的作品的客观意义说到底就是"诠释一定存在某种标准"的一种学术本体的反应型观念。它对文学作品的源流梳理隐藏在阅读活动的现实化叙述原则之中,这种"先入之见"的诠释结果看重的是读者潜在的审美能力和文学能力,而不是读者按某些文学原则去阅读的具体行为和接受习惯。在读小说《普宁》的时候,我们没法忘记经常出现在普宁身边、时刻伴随着普宁的那只松鼠。从词源学的解释角度来考证,"松鼠"在希腊语中是"影尾"的意思。这只松鼠的细节化解读就是要告诉读者,普宁的生活记忆中时时刻刻都存在着一个若隐若现的已逝岁月的"影尾",就是这个"影尾"能让身处崭新环境之下的他可以躲在故国文化的记忆中找到些许的暂时安慰与依靠:"我不知道以前是否有人注意到生活当中一大特点就是离散状态。除非一层薄薄的肉裹住我们,否则我们就会死亡。人只有摆脱了他周围的环境才能真正存在。"[①]

那么,如何落实阅读诠释的开放性原则呢? 对此,纳博科夫试图要

---

① 纳博科夫;梅绍武.普宁[M].上海:上海译文出版社,2007:15.

解决的是:文本意义的多义性和丰富性对于主观性阅读的接受活动而言究竟是否可能具有客观性的批评品质? 在文学批评中,"开放性"是文学研究的第一学术准则。因此,在纳博科夫看来,对"文本意图"的探讨和判断不是一般意义上的普通读者所能办到的,对于文学实践技巧的优劣判断我们也要保持高度的敏感,这当然也要取决于读者的广博学识。其实,那些深刻感受并非来自文学作品自身,而是来自被作者自己陶醉了的一种隐约的"共鸣式心情"①。换言之,读者在这里感受到的"感动"都像是文学自身所具有的某种合乎理性的情感意识,使他们可以在并不远离自己生活边界的他人灵魂中散一会儿步,追求一些快乐,梦想一些震颤,而后再重新回到常情常理的思想习惯之中。然而,阅读的终点丝毫不是一种模棱两可的若即若离的批评运动,其目的也不是向作家的精神世界播撒"同情",而是要将人类对艺术的理解归入与存在以及生存启示等哲学本体论重大问题相关的一种命题真理。那么,读者对文本意图的诠释和思考果真要被剔除于文学批评的定义范围之外吗? 对此,纳博科夫坚守的反应态度要公允得多。作品形式的体会与共鸣可以让我们看出一个心灵对一本书的反应。就文学作品的鉴赏活动而言,读者的感觉、情绪、感情能够赋予文本的言语意义以真正的原动力,因为任何东西都无法代替"品尝"。强制的排除文学批评的起点——印象,不仅是物/我对峙论的二元主义展现,也是批评的"客观主义"的矫情表示。在以往的讨论中,我们对"客观主义"的探讨和认识总是处于外在于人类自足现象的云遮雾罩之中,这让人们对客观性的认识不同于客观主义所强调的排除任何来自人的主观因素的本质主义实体论的普遍性确认。因而,在文学鉴赏活动中追求"客观性",也就是反对读者与作者之间交往理解的任意妄为和自以为是。《普宁》文本中"我"与普宁的关系在这方面可以给我们一些有用的启示。随着"我"这个被叙述者形象的丰富性发展,读者只能看到匆匆走过的普宁形象的模糊身影,听到伪装着的"我"的回忆的声音。"我"的这双眼睛始终追寻着普宁的脚步,一直追到小说的结尾。但无法完全重合的"我"与普宁之间总是存在着一种本真的生存距离。如此看来,沉沦到常人生活中的普宁犹如一个影子一般,完全迷失于自我的记忆中而无法自拔。这个漂浮在"我"的回忆中的能指形象似真似幻、虽近犹远,已然行走在超越了过去与现在、真实与虚幻的自由本

---

① 纳博科夫;唐建清.独抒己见[M].杭州:浙江文艺出版社,2012:177.

源境遇中。而读者也要通过这一自由体验的捕捉方式才能走进普宁的生存境遇,并在这生命体验的完美邂逅中与作者握手言和。

在认可印象接受的主观反应前提之下,一个理想读者对作品意义的"诠释"理应在广泛可感性的公共基础之上祛除其中个体的私人性成分。如若要通过研究文本的意图竭力将作品形式对于个体感情的美学力量保留下来,读者们就千万不能把作者本人的情感信念和风格口味看成是阅读印象的绝对衡量价值尺度,而是要把读者对过去和现在所能进行的客观、本质的"感觉分析"当成是我们理解伟大作品的一条必经之路。这种分析的独特性才是一个真正有创造力的艺术家对时代生命集体特征的深思和把握。正如纳博科夫告诉我们的,整个文学批评过程中的形式鉴别活动必定身处于文学作品的艺术效果之中。那些富有创造性的文学创作扩大或者延长了文学传统的原有作用,它有助于我们进一步了解纳氏小说艺术中的形式和韵味是如何以新的方式向我们展示整个文学关注的"人性永恒"的主题意旨的。诚然,文学创作是一条充满了活力、充满了温度的流动的河,它的观念和结构是人类对自我、对世界的一次次精神攀岩运动。毫无疑问,文学艺术乃属于一种以心理世界为依托的观念实体的精神化产物。它所囊括的可感性艺术符号和私人性艺术形式既具有"观念实体"的主观性和精神性,又可为我们理解有关小说诠释的客观性基础提供具体化的提示和保证。这样一来,由物质客体与内心感受所一同构成的文本世界,就能通过可见可感的客观形式分析而将那些不可见、不可触的主观过程予以现实化的本体虚设和有效衡量,从而达到文学批评的客观性标准,促就客体世界和主观世界的"合二为一"。

我们知道,阅读的目的之一在于通过想象,进入他人的生命世界,从而领悟作品形式技巧的开拓与文学传统的更新。此时,读者内在的生命广度恰恰就在一个无边无垠的自由自在的精神世界里潜入到文学系列形式的意义之中,使阅读成为一种纯粹的想象之流。而作者当初创作的本源意思也不在一般认识论的主客观视野之内,它在读者的理解与诠释之外。在纳博科夫的许多小说文本中,读者都能隐隐约约地感受到作者毕生追求的彼岸世界的存在。这个不可现成化的世界容不得我们对文学艺术的鉴赏活动赋予各种规定性的努力。只有在此意义上,阅读的精神向度才能在文学具体形式的原初感觉印象中得到落实;而文本意图的非客观性追求,至此,也能在文本构成的整体关系和语言次序中,变成一面呈露个性的多棱镜。它有利于使作品内在的"客观现实性"①变成一大堆言语符号的笔录登记,既能朝向语言中心性的感知功能挺进,又可将人类多姿多彩的心灵世界与生命现象交织在读者经验的期待视域里。让我们从这里启程,前去探索超越故事自身有限生命的反思意识和诗学真谛。

纵观纳博科夫的读者反应批评理论与诠释实践,他在小说艺术创作中通过"空白"的设置,使得小说的情节曲折离奇,场景参差斑驳,对话中暗藏深意。纳博科夫的读者需要在反复的阅读中,通过大脑、心灵和脊椎的震颤填补"空白",与优秀的作者进行文学艺术的交流,从而使读者的阅读行为与作者的写作行为达成一种和谐的平衡。作为一种审美活动,读者的阅读与作者的创作相得益彰,共同赋予艺术品一片独特的新天地。正如音乐通过旋律节奏引导我们的听觉一样,小说文本意图的内在揣摩也需通过文学语言的组合排列,方能触动读者反应的感觉神经。在面对纳博科夫这样难啃的作者时,兼具艺术气质和科学精神的读者只有充分调动其大脑、心灵和敏感的脊柱,才会在结束阅读时出现这样一种感觉:"书中的世界慢慢后退,停在某个地方,犹如画中的一幅画。"②纳博科夫以"优秀作家"的标准研究要求自身的创作,他对"优秀读者"的考察同样严格。只有具有敏捷想象力和艺术情趣的"优秀读者",才能在反复阅读的过程中与作者一道分享"审美狂喜"。

---

① 巴赫金;白春仁等.陀思妥耶夫斯基诗学问题[M].北京:三联书店,1988:109.
② 纳博科夫;唐建清.独抒己见[M].杭州:浙江文艺出版社,2012:74.

第六章　纳博科夫与弗洛伊德心理分析

弗洛伊德(Sigmund Freud,1856—1939)的心理分析(通常也称为精神分析)理论是20世纪理论界的重要组成部分,这一理论原本是作为心理分析治疗的基础和手段,但是当它进入文化与文学研究领域的时候,成了一个重要的文学理论流派。弗洛伊德理论和女性主义、后殖民主义一样,也被广泛地应用到了文学作品的解读中。

弗洛伊德是心理分析学派的创始人。他正式提出了心理分析的概念,并成立了国际精神分析学会。弗洛伊德著作等身,著有《释梦》(又译作《梦的解析》)、《图腾与禁忌》、《精神分析引论》、《精神分析引论新编》、《弗洛伊德自传》、《少女杜拉的故事》、《论宗教》、《论文明》、《日常生活的精神病理学》、《摩西与一神教》等等。这些著作在西方学界引起了巨大的反响,使心理分析成为西方思想界无法回避讨论的一片领域。

在《释梦》中,弗洛伊德对人类的梦境进行了全面分析,他认为梦是被压抑的欲望的变相满足,梦可以被分为显性梦境和隐性梦思,显性梦境通常会在人们睡醒后被记住被描述,而隐性梦思则反映了梦的本质,反映了隐藏在显性梦境下的真实欲望。"无意识愿望以扭曲的方式变成了意识性的"[①]。梦的运作机制包括符号化、戏剧化、置换、浓缩和再度修正。在各种机制的运作下,无意识中的欲望被转化成可被意识接受之物。弗洛伊德十分强调性在心理分析和梦境阐释中的地位和作用,很多梦中的意象都被弗洛伊德视为与性有关的象征:"所有长形物体,如手杖、树枝、雨伞等都可以象征男性生殖器(其中雨伞的张开可比为勃起)——同样,长而尖的武器如刀、剑、矛等亦如此。……盒子、箱子、柜子、小橱、烘炉代表子宫,以及中空物体、船、各种器皿亦如此——梦中的房屋通常代表女人……古民谣《爱伯斯坦伯爵》中,乌尔兰德用锁和钥匙

---

① 亨克・德・贝格;季广茂.被误读百年的弗洛伊德[M].北京:金城出版社,2010:28.

的象征,编织了一段动人的奸情。"①弗洛伊德甚至认为,即使是儿童,也是有性爱意识的,童年时期的欲望和冲动也会在梦中呈现出来。弗洛伊德并不避讳谈到婴幼儿也有性欲的问题。在他看来,婴儿吮吸母亲的乳房也是一种性欲的表现方式。

在《精神分析引论》中,弗洛伊德进一步阐释了他对梦境的理解,并且提到了力比多和俄狄浦斯情结。力比多是一种性力和本能,是人的心理现象发生的驱动力。文明的发展使我们压抑了自己的原始欲望,我们则倾向于通过可被社会接受的方式表现出来。俄狄浦斯情结则是恋母情结的别称。弗洛伊德认为男性孩童在向外界寻求性对象的时候,倾向于把母亲视为选择对象,把父亲视为情敌,潜意识中有着类似俄狄浦斯的弑父恋母的欲望。伴随着恋母情结的产生,男孩子还会产生所谓的"阉割焦虑"。男孩子害怕自己压抑在心中的恋母情结被父亲发现,他害怕父亲这个强大的情敌会将自己阉割,让自己受到惩罚。随着年龄的增长,男孩的恋母情结会得到适当的解决,会以比较为人接受的方式表现出来。由于不能战胜父亲,他会选择顺从并认同父亲。同样,女孩子也有把父亲视为选择对象,把母亲视为情敌的潜在愿望,这种心理被称作厄勒克特拉情结。相对于男孩的阉割焦虑,女孩子会因为仰慕男性而产生阳具妒羡。弗洛伊德还创造性地提出了"本我、自我、超我"的三元心理模型。本我代表人类最原始的本能欲望,遵循享乐原则;自我遵循的是现实原则,是人格的执行者;超我属于人格结构中的道德部分,遵循完美原则。弗洛伊德心理分析的这些基本观点广为人知,也被不少人接受。

纳博科夫天纵英才,妙笔生花,也不可避免地有着恃才傲物的特性。对于无法入他法眼的人物,纳博科夫向来词锋犀利,不留情面。在他的访谈录《固执己见》中,连康拉德(Joseph Conrad,1857—1924)、果戈理(Nikolai Vasilievich Gogol-Anovskii,1809—1852)、萨特(Jean-Paul Sartre,1905—1980)这样在世界范围内享有盛名的作家都被他不客气地批判了一通。但如果有一个人是纳博科夫最厌恶的,这个人应该就是弗洛伊德。每当纳博科夫接受访谈,被问起弗洛伊德相关事宜时,他的憎恶、厌弃与恼怒几乎要溢出纸面。纳博科夫称呼弗洛伊德为"维也纳庸医"②,

---

① 弗洛伊德;吕俊.释梦[M].南京:江苏文艺出版社,凤凰出版传媒集团,2010:260.

② 纳博科夫;唐建清.独抒己见[M].杭州:浙江文艺出版社,2012:48.

声称弗洛伊德开创的心理分析学"即使作为一个玩笑,也太愚蠢、太讨厌,不值得考虑"①。他不吝惜用最尖刻的话语来评论弗洛伊德,成了坚定的反弗洛伊德主义者。但纳博科夫自己也没有意识到,他在抗拒弗洛伊德的过程中,也或多或少地受到了弗洛伊德的影响。他在《文学讲稿》中,曾经不自觉地借鉴了心理分析相关理论来对普鲁斯特(Marcel Proust,1871—1922)和乔伊斯(James Joyce,1882—1941)的作品内涵进行分析。他对弗洛伊德理论的态度是矛盾的,也是对立统一的。

一、维也纳庸医

纳博科夫公开宣称弗洛伊德是一个江湖骗子,一个头脑失常的怪人,他认为心理分析学说是古怪、病态的学说。他在《独抒己见》里曾经这样回答别人的提问:

您去做过心理分析吗?
做过什么?

接受心理分析检查。
上帝啊! 为什么?

为了明白怎样做心理分析。一些评论家觉得您对时髦的弗洛伊德主义(美国心理分析家正加以实践)的刻薄评价表明,您对心理分析虽然不屑一顾但实际上是熟悉的。
只是从书本上熟悉。这种折磨本身,即使作为一个玩笑,也太愚蠢、太讨厌,不值得考虑。在我看来,弗洛伊德主义及被其荒唐的理论和方法所玷污的整个领域是最可恶的自欺欺人的骗局。对此我完全拒绝接受,也不接受另一些至今被无知者、守旧者或重病患者所崇拜的中世纪的玩意。②

---

① 纳博科夫;唐建清.独抒己见[M].杭州:浙江文艺出版社,2012:23.
② 纳博科夫;唐建清.独抒己见[M].杭州:浙江文艺出版社,2012:23-24.

在《防守》的序言中，您影射了精神病学。你认为被分析者信赖分析者是很危险的，是吗？

我很难想象任何心智健康的人会去看一个精神分析医生，但当然，如果一个人精神错乱了，他就会病急乱投医；总之，庸医和怪人、巫医和圣人、国王和催眠师都能给人治病——尤其是给那些歇斯底里的人治病。我们的子孙无疑会带着同样的笑意和蔑视看待今日的精神分析学家，如同我们看待占星术和颅相学。以不学无术、邪恶的胡说八道对轻信的公众进行欺骗的最极端的例子便是弗洛伊德式的梦的解释。每天早上，我以驳斥那个维也纳庸医而得到极大的乐趣，那就是我回想和解释我的梦的细节，根本不用性象征或神秘的情结来说事。我建议我可能的病人也这么做。①

纳博科夫为何对弗洛伊德如此排斥？这与纳博科夫富有科学家的思维有关。对于一个有着生物学家专业素养的文学家来说，弗洛伊德的心理学理论显得缥缈虚幻，更近乎玄学。众所周知，纳博科夫本人有着难以消弭的蝴蝶情结。他在幼年时期受家庭影响，热衷于捕捉、查看各种蝶类，从小就熟读《欧洲鳞翅目大全》《新英格兰蝴蝶》等生物学专著。他发表的第一篇学术论文不是文学论文，而是有关蝴蝶的生物学类论文《论克里米亚蝴蝶》。纳博科夫在流亡至美国以后，曾经在哈佛大学比较动物学博物馆做过较长时间的兼职馆员，每天花费相当的时间和精力沉浸在蝶类研究之中，每年都会进行与采集蝴蝶相关的旅行，同时也继续发表有关蝴蝶的论文，体现了高超的科学研究思维水平。虽然纳博科夫更多地是以一位伟大的作家被世人所铭记，但他本人却坦承他对蝴蝶的兴趣和热情超过了文学，蝴蝶带给他的快乐也超过了文学。他认为艺术品中应该同时包含诗的激情和纯科学的精确。因此，纳博科夫可以说是一名富有科学家思维和气质的文学家，他喜欢从显微镜下得到的客观信息中获知有关自然的真相，在文学创作生涯中倾向于把艺术性和科学性完美融合。这一点或许是纳博科夫排斥弗洛伊德最重要的理由之一。纳博科夫认为弗洛伊德提出的心理学理论与靠自然标本（比如说蝴蝶标本）的形态和数据说话的自然科学研究是截然不同的，他认为弗洛伊德的种种观点更多的是出于自己的主观臆断而非客观论证。而弗洛伊德

---

① 纳博科夫；唐建清. 独抒己见［M］. 杭州：浙江文艺出版社，2012：48.

本人却把自己的研究归入科学领域,这一点就更让纳博科夫大为不满。

纳博科夫在回答有关弗洛伊德的问题时表现出了强烈的排斥和不满,觉得接受心理分析是不可思议的事。他虽然承认自己通过书本对弗洛伊德也有一定的了解,但认为弗洛伊德的学说思想是古怪的,是自欺欺人的骗局,认为喜欢弗洛伊德的人也是无知平庸的,甚至是病态的、头脑不正常的。他对弗洛伊德的评判近乎苛刻,认为心理分析和星相学、颅相学一样都是具有玄幻色彩、缺乏科学依据的学说。弗洛伊德关于梦的解析是最为世人称道、熟悉推崇的理论之一,而纳博科夫对此给予了毫不留情的驳斥和否定。他不认为弗洛伊德运用象征和神话挖掘梦境和潜意识的方式是站得住脚的。

说起意识形态,您经常对弗洛伊德表示敌意,尤其在您的翻译小说的序言中。有些读者想要知道,弗洛伊德的什么著作或理论得罪了您以及为什么。《洛丽塔》和《微暗的火》中的戏仿表明,您对这位好大夫的了解程度超过了您公开承认的。对此您愿意谈一下吗?

哦,我不想再来讨论这个有趣的人物。我已经在小说和《说吧,记忆》中表达了我的看法,除此之外,他不值得我给予更多的关注。让轻信和平庸的人继续去相信,所有的心理问题都可以通过古希腊神话的日常运用而得到解决。我真的不在乎。①

也许是纳博科夫被过多询问有关弗洛伊德问题的缘故,他已经不想再多谈为什么他厌恶弗洛伊德了,而是明确表示自己不屑于提及他。他同时也劝慰别人不要把弗洛伊德拉入考虑范畴,似乎多提他一句也是对自己思想的侮辱。

在您的作品序言中,你一再嘲讽弗洛伊德是维也纳庸医,为什么?

我为什么要在我的思想一侧容忍一个十足的陌生人?我先前也许说过,但我愿意重复一遍:我讨厌的不是一个医生,而是四个医生:弗洛伊德医生、日瓦戈医生、史怀泽医生和卡斯特罗医生。当然,第一个医生取走了无花果叶,如后来者在解剖室里所说。我无意去梦见那个打着破伞的奥地利怪人的单调乏味的中产阶级之梦。我也要指出,弗洛伊德信

---

① 纳博科夫;唐建清.独抒己见[M].杭州:浙江文艺出版社,2012:67.

条会导致危险的伦理后果,如一个恶劣的凶手,脑子有毛病,但可能被轻判,因为他小时候被妈妈打屁股打得太多或太少——两者都成立。在我看来,弗洛伊德式喧哗只是一场闹剧,如同用光滑的木头做的、中间有个光滑的洞的怪东西,它什么都不是,除了可以看作一张平庸者瞠目结舌的脸,但它却被说成一个活着的伟大的洞穴艺术家制作的伟大艺术品。①

如果说纳博科夫最初还会说明自己对弗洛伊德的排斥主要因为弗氏学说缺乏科学论据,在这几段话中,他对弗洛伊德更多的是直接的人身攻击。他说"我为什么要在思想的卧榻之侧容陌生人酣睡"其实也反映了他思维中的某些偏执和自负的情绪。对于自己看不惯的思想学说,纳博科夫会毫不留情地进行攻击打压,否则他会认为歪理邪说会影响正统言论的地位。也许纳博科夫原本并不是个思想狭隘的人,但弗洛伊德恰恰戳中了他难以容忍的点,令他不能像包容其他人一样包容这位持异见者。"我欢迎弗洛伊德的'伍德罗·威尔逊'不仅因为它滑稽有趣,有趣极了,而且它还必定是那个维也纳庸医棺材上的最后一根生锈的钉子"②。

除了访谈录,他在自己的作品的前言和正文中也不忘嘲讽、贬低弗洛伊德。"那个错把万能钥匙作为理解小说真谛的小弗洛伊德主义者,毫无疑问地会在他的漫画式意念中继续把我的人物当成我的父母、我的情人和连续的自我"③。纳博科夫对自己的亲人一直保持着敬爱之心,这也是他反对弗洛伊德泛性论的重要理由。纳博科夫的父亲是位著名的法理学家、出版家,才华横溢,为人正直,思想开放,在俄国的时候就曾经因为坚持自己的思想主张多次入狱。即使后来全家被迫出国流亡,在颠沛流离的生活中他也没有放弃编辑流亡者日报表达传播自己的思想。作为一个父亲,老纳博科夫不仅给孩子提供了优渥的童年生活和良好的人文教育,更以自己的高尚人格为孩子树立了一个好榜样。在父亲逝世多年以后,纳博科夫谈到他的父亲,仍然充满了自豪的敬意,并且坚决纠正关于父亲之死的不实说法:

① 纳博科夫;唐建清.独抒己见[M].杭州:浙江文艺出版社,2012:119-120.
② 纳博科夫;唐建清.独抒己见[M].杭州:浙江文艺出版社,2012:222.
③ 纳博科夫;陈岚兰,岳崇.防守[M].长春:时代文艺出版社,1999:前言4-5.

我父亲在革命前就是合法的民主党派的领导人之一,他发在侨民报刊 RUL——柏林唯一有影响的俄文日报——上的文章就其意义来说,只是西欧自由主义传统的继续,而至少从 1904 年起,这些思想已是他生命的一部分。

虽然在柏林和巴黎的俄国君主主义者中可以发现一批体面的老人,但他们没有素朴的心灵和有影响力的人格……

1922 年 3 月 28 日,两个可恶的暴徒攻击正在柏林公开演讲的 P. N 米留可夫,他们计划谋杀他而不是我父亲,但我父亲用身体挡住了射向老朋友的子弹。他打倒了其中一个杀手,但被另一个击中要害。①

从这几段话可以看出,纳博科夫对自己的父亲是非常崇敬的。在儿子心中,这位父亲不仅是一位富有影响力的出色政治领袖,也是一位具有独创言论的卓越思想家,更是一位重情重义、舍身成仁、为救朋友不惜牺牲自己性命的大英雄。纳博科夫的母亲也是位出身教养良好的优雅淑女,对纳博科夫而言不仅是充满慈爱的母亲,也是人生道路上的良师益友,曾经为了纳博科夫能够进入剑桥继续学业而变卖自己的首饰。作为旁观者,我们可以想象,当弗洛伊德及其追随者沾沾自喜地把俄狄浦斯情结套用在纳博科夫父子母子关系上,纳博科夫会有多么震惊和愤怒。纳博科夫难以理解弗洛伊德对父子关系的怪诞描述,也难以理解弗洛伊德为什么会认为儿子会把本应敬爱的父亲视为情敌,为什么会对慈爱的母亲产生难以言说的欲望,为什么要以这样的描述来扭曲正常的父子母子亲情。纳博科夫的妻子薇拉·斯洛宁则是兰心蕙质,温柔贤淑,陪伴纳博科夫走过人生风雨的忠实伴侣。她是他的妻子,也是他一生的知己。她始终欣赏着丈夫的才华,甘愿充当他生活中的多重角色,成为他的打字员、编辑、翻译。纳博科夫与妻子在更大的程度上是灵魂伴侣。如果简单地用弗洛伊德式的泛性论来诠释纳博科夫夫妇的关系,未免亵渎了他们之间的感情。诚然,男女之间相互吸引有本能的性吸引力的成分,但如果把全部的理由都放在性吸引力方面,这是过于狭隘的做法,也把人降格为没有思想和高级感情的动物了。

"隐藏在我四岁时玩的游戏背后的是原始洞穴(而不是弗洛伊德式

---

① 纳博科夫;唐建清. 独抒己见[M]. 杭州:浙江文艺出版社,2012:220 – 221.

神秘主义者们可以设想的东西）。"①钥匙和洞穴都是弗洛伊德心理分析中经常提到的意象，分别象征了男性和女性生殖器，是体现性心理的重要象征。纳博科夫在文学创作中固然不反感与性有关的东西，这是文学书写中回避不了的内容，但是他反感弗洛伊德这种泛性论思想。如果有读者运用弗洛伊德学说解读他的作品，解读出他创作时没有想到的含义，想必纳博科夫会满心不悦，认为这是一种过度解读，甚至是对他作品的一种亵渎。诚然，如果文学作品中所有的棍状物都被解读为男性生殖器象征，所有洞穴状、凹陷状物体都被解读为女性生殖器象征，确实是一种过度阐释。然而按照罗兰·巴特（*Roland Gérard Barthes*，1915—1980）"作者死了"的观点，读者拥有阐释作品的权利，而不必考虑作者的情绪。作者在作品完成的那一刻失去了对作品的所有权。从这个角度说，即使纳博科夫再厌恶弗洛伊德，也没有权利阻止读者使用弗氏学说来阐释自己的作品。也许正因为如此，纳博科夫才如此猛烈地攻击弗洛伊德心理分析学说，希望大众能够看清弗洛伊德这个"骗子的真面目"，看清他的理论是"巫术般的歪理学说"。

除了心理分析理论本身，弗洛伊德本人发表过的对文学的观点和看法，更令纳博科夫深恶痛绝。

您对弗洛伊德的"标准化的象征"的蔑视延伸到许多其他的理论假定。您是否认为文学批评根本就是有目的的，如果是这样，您倾向于何种批评？《微暗的火》清楚表明了您认为哪种批评充其量只是胡言乱语。

我对一个初出茅庐的文学批评家的劝告如下。学会识别平庸。记住庸才以"观念"为乐。留意时尚的信息。如果你发现的象征不是你自己的脚印就自问一下。忽略寓意。无论如何将"怎么"置于"什么"之上，但别将"怎样"与"那又怎样"混淆起来。信任你的汗毛的突然竖起。在这一点上别把弗洛伊德掺和进来。其他的一切取决于个人天分。②

弗洛伊德曾经认为，文学就是作家的白日梦，是作者潜意识的表达，是被压抑的性冲动的一种升华。作者在文学创作的过程中宣泄了现实中无法完成的欲望，使这些不为人知的欲望通过合法合理的途径得到了

①　纳博科夫；王家湘. 说吧，记忆［M］. 上海：上海译文出版社，2009：7.
②　纳博科夫；唐建清. 独抒己见［M］. 杭州：浙江文艺出版社，2012：222.

另外一种形式的满足。在弗洛伊德的观点中,梦境也是潜意识的表达,因此文学作品就如同作者的白日梦,让作者在幻想中获取快乐。文学作品的主人公往往是作者幻想中的自我,在作者的操纵下化险为夷,实现人生的梦想和愿望,并且赢得读者的喜爱。纳博科夫对这种文学观非常反感,认为这种观点是对文学的曲解和玷污。纳博科夫眼中的文学是一种高超而精巧的骗术,是作者精心构造出来赋予读者审美狂喜的艺术品,集中体现了作者本人不同凡俗的天赋与才华。而弗洛伊德却认为文学集中体现的是作者心中无法直接宣之于口的隐秘欲望,这种说法无疑消减了作者本人在文学创作中为了精巧的谋篇布局所做的努力,把文学作品降格为内心欲望的一种宣泄出口。当然,弗洛伊德的观点并非全无可取之处,某些作家的带有自传性质或者半自传性质的作品是可以适当通过这种论点来进行解读的,例如狄更斯(Charles John Huffam Dickens,1812—1870)的《大卫·科波菲尔》,其中男主角艰苦奋斗成为作家的经历和他与生活中不同女性的情感经历与作者本人的现实经历也有某种形式的重叠与映照。但是如果每个作家的每部作品都通过这样的方式解读,那显然是不合适的。难道说纳博科夫写了《洛丽塔》,就意味着他像男主角一样在现实中是个想要诱奸未成年少女的罪犯吗?或者说他写了《黑暗中的笑声》,就意味着他是个被妻子及其情夫玩弄的可怜虫吗?这显然是荒谬的。文学是虚构的世界,虽然能够在一定程度上反映现实,但它所反映的东西不一定与客观存在的现实重叠。按照纳博科夫的"骗术"理论,作者是有意要利用虚构来欺骗读者的,会刻意向读者隐藏真实的信息。

张鹤在论文《纳博科夫 VS 弗洛伊德》中提出了一点,他认为弗洛伊德的思想有种专制和独裁性,这也是纳博科夫反感弗洛伊德的原因之一。弗洛伊德"有意无意地把言说的对象都当成了心理症患者,他试图通过寻找一般性模式来深入理解人性,但这种以性代替人性,以一般代替特殊,以普遍代替个体的研究方法及因此得出的概括性结论让敏感如纳博科夫者不免嗅出了一股专制和极权的信息"[①]。所以,弗洛伊德泛性论思想的过于宽泛之处同时也是他的狭隘之处。弗洛伊德忽略了更为丰富多彩的多样化心理和多样化人性。每个人的人生经历和经验都是不同的,一件微不足道的小事也可能导致两个看似家庭背景、成长轨迹

---

① 张鹤. 纳博科夫 VS 弗洛伊德[J]. 俄罗斯文艺,2007(4):57.

类似的人拥有不同的心理状态。某件小事对人的心理变化产生的影响，连自己都未必了解，更不用提只能凭借对方的有限信息得出分析结论的心理医师了。当然，这并不是说心理医师的分析理论和方法一无是处，只是这种心理分析得出的结论在绝大多数情况下不能百分之百地还原事实的真相，对于不适用这种分析的人和文学作品来说，可能会有相反的效果。这种以普遍代替个体的做法，往严格意义上说确实有专制和极权的倾向，抹杀了个体存在的多样性，希望用统一规划的方式来诠释心理和人性。深受极权主义之害的纳博科夫会憎恶带有专制特征的心理分析法，也确实情有可原。

　　纳博科夫在多部作品中对弗洛伊德进行了各种各样的嘲讽批判。在《普宁》中，男主人公普宁的前妻丽莎是一个虚伪肤浅、自私自利，善于利用他人来达到自身目的的女人，而她的身份正是一名精神病医生，在"当今最具摧毁性的精神病学家之一"①手下工作。作为小说中的一个负面女性人物，丽莎的身份本身也充满了反讽意味。纳博科夫在刻画丽莎这个人物形象的时候，毫不吝惜自己的鄙夷和嘲讽："她呢，接着干她那种心理剧实验，还有产卵似的写诗，她的诗篇就跟复活节的彩色蛋似的，弄得到处都是。"②心理剧实验是一种使病人的精神得到发泄的治疗手法，当这种医学疗法与"产卵似的写诗"并列出现的时候，两者都变得滑稽可笑。心理剧实验成了哗众取宠的诊疗手段，"产卵似的写诗"更是这个浅薄女人对文学的亵渎。她的诗作陈腐无趣，不过是在抄袭前人。可笑的是，尽管如此，她的诗作却不乏追捧者，甚至有追捧者邀请颇有影响力的文学批评家在报纸上夸赞丽莎的诗才，为她带上阿赫玛托娃（*Anna Akhmatova*，1889—1966）的桂冠。不知内情的普宁出于对丽莎的痴恋，还一度傻乎乎地把报纸上的吹捧文章剪下来保存，念给感兴趣的朋友们听。通过对精神病医生丽莎的讽刺，纳博科夫也变相讽刺了整个心理分析学界。在他看来，心理分析学不过是装神弄鬼的巫术，神秘的医学治疗手段更是一种荒诞可笑的行径，而当心理分析学开始进入文学领域时，它所做的也只是玷污文学、糟蹋文学的勾当。然而，尽管心理分析学的所作所为令真正懂得文学、热爱文学的人不齿，它依然蒙蔽了不少不明就里的人们，甚至某些专业的文学批评家也有意无意地纵容了心理

　　①　纳博科夫；梅绍武.普宁［M］.上海：上海译文出版社，2007：46.
　　②　纳博科夫；梅绍武.普宁［M］.上海：上海译文出版社，2007：46－47.

分析学对文学领域的侵蚀。

普宁作为一名纳博科夫欣赏和同情的男主角,对心理分析学并无太多好感。他"过去一向由于丽莎对'psihooslinie'(精神愚蠢病)深感兴趣而感到难为情,现在他原本可以满不在乎,却仍然感到一阵阵既反感而又怜悯的刺痛"①。此时的丽莎已经离开普宁,与另一位精神病医生埃里克·温德成婚,与志同道合的丈夫在心理分析领域颇有建树,他们还与同伴一起发表了《适用于婚姻咨询的集体心理疗法》的文章。普宁原本对他们不必关心在意,但仍然难以忍受对他们所涉足的心理分析学领域的反感。埃里克·温德诱使一些比较听话的蠢病人接受一种心理治疗,让一群已婚的年轻姑娘八个人一组聚在一起,直呼教名,互相交流幼年时的不幸往事,讨论婚姻中的精神失调的问题。与此同时,几名大夫和一名秘书在一旁仔细观察做记录。姑娘们的丈夫也会被邀请组成一个小组互相讨论各自的婚姻状况。妇女小组里的姑娘甚至会在精神医生的鼓励之下,在讨论会上坦率交流在日常谈话中难以启齿的私密问题。埃里克·温德大夫还试图制定计划,想把一对对的夫妇聚到联合小组里展开进一步的讨论。纳博科夫不无嘲讽地表示:"这位进步的、理想主义的温德大夫确实渴望有个由连体百胞胎组成的幸福世界,结构连接的共同体,所有的民族都围绕在一个相通的肝脏周围兴建起来。"②而充满人文情怀的文学教授普宁对此不以为然。他不明白为什么精神医师热衷于让属于个人的忧伤暴露在众人的视野之下。在普宁看来,温德大夫的做法是在苛求一种整齐划一的样式,他试图从不同的人们、不同的人生经历中找出一种适合自己发表言说的统一论调,但他却没有意识到,这样的做法抹杀、漠视了人的个性,也没有尊重病人的隐私和尊严。温德大夫把病人当作了研究心理分析理论的工具,只是想利用他们的隐私为自己的心理分析论文写作找出更多的材料与佐证,而不是真正抱着"医者父母心"的念头去关怀他们的痛苦。文中形容温德大夫的词语"进步的,理想主义的",不过是作者的反讽。纳博科夫作为一个厌恶专制主义和极权主义的作家,并不认为这种湮没个人特征、以普遍性取代个体性的做法是值得称道的。每个人都是独一无二的个体,每个人的生活经历都不可复制,每个人的忧伤也是个人埋在心里最珍贵的秘密。精神分析

---

① 纳博科夫;梅绍武.普宁[M].上海:上海译文出版社,2007:52.
② 纳博科夫;梅绍武.普宁[M].上海:上海译文出版社,2007:53.

医生为了自身目的,要求当众暴露个人隐私的行径是简单粗暴、不近人情的。在纳博科夫看来,此刻的精神分析医生无异于一个政治上的独裁者,因为自己掌握着指导、操控病人的权力,便运用这种权力去规定病人的行为、践踏病人的精神。与温德大夫处于对立面的文学教授普宁的观点则代表了纳博科夫本人的心声——崇尚个性自由的文学和试图建立统一心理模式的心理分析是格格不入的。

　　纳博科夫在描写温德大夫、丽莎和他们的儿子维克多之间的关系时,也不吝惜笔墨嘲讽了弗洛伊德的思想。他一开始提到维克多对丽莎的态度:"孩提时代那股热烈的感情早已换成微妙的迁就"①,似乎在恶作剧地误导读者维克多对母亲那股热烈的感情就是弗洛伊德所说的俄狄浦斯情结,即恋母情结。但纳博科夫很快指出,其实聪慧早熟的维克多已经看透了母亲虚荣浅薄的本质,在她夸夸其谈时不过是无可奈何地报以一声长叹。对于自己的父亲埃里克·温德大夫,维克多与其说是因为恋母情结产生的敌视,不如说是同样看透父亲道貌岸然的虚伪肤浅本质产生的漠视。可笑的是,"父母两人以他们精神治疗学家的资格,竭力装扮成拉伊俄斯和伊俄卡斯特,但那个孩子却证明是个很平庸的小俄狄浦斯"②。身为精神分析专家的温德夫妇为了他们的科学研究已经到了走火入魔的地步,不惜把自己和孩子都套入这个精神分析模式,当自己的家庭不符合这种模式时,反而会觉得颇为遗憾。纳博科夫对温德夫妇的举动进行了浓烈的嘲讽,他们居然不希望自己的家庭处在一种单纯、温暖、健康的充满亲情的模式中,反而希望他们的孩子有类似俄狄浦斯式的杀父娶母的愿望。"温德的观点是每个男孩都有一种想阉割父亲的强烈欲望,有一种想再回到母胎里去的思乡的强烈欲望。不过,维克多并没有显露出任何不正常的行为"③。他们身为治疗精神疾病的医生,自己的思想已经处在了偏离正常轨道的位置。维克多的正常表现令温德夫妇有一种出乎意料的失望,对维克多过人的艺术天分也不像普通父母一样持惊喜、欣赏的态度,反而忧心忡忡,有种无法掌控孩子个性与天性的无力感,甚至试图通过现代儿童精神治疗来打磨孩子的个性,把孩子改造成自己所期待的模样。然而,他们让孩子接受心理测验的过程和结

---

①　纳博科夫;梅绍武.普宁[M].上海:上海译文出版社,2007:103.
②　纳博科夫;梅绍武.普宁[M].上海:上海译文出版社,2007:104.
③　纳博科夫;梅绍武.普宁[M].上海:上海译文出版社,2007:108.

果也是荒谬的。孩子的测验成绩一会儿分数高得出奇,一会儿等于零;一会儿相当于 17 岁智力水平,一会儿相当于两岁智力水平。这种花费了众多专家时间、心血、创造力设计出来的奇妙实验竟然是这样的结果,真让人哭笑不得。可是温德夫妇身为孩子父母,却醉心于让孩子参与这种荒诞的心理测验,他们似乎比他们所救治的病人更不正常,更应该接受检查治疗。

温德夫妇把自己和孩子也当成了心理分析的研究对象和工具,僵硬地把自己和孩子都纳入了俄狄浦斯式的系统模式之中,"为了不把弗洛伊德那套时髦的(父、母、子之间的)三角恋搞得复杂化,丽莎的头一任丈夫压根儿就没被提起过。"①而事实证明,丽莎的头一任丈夫普宁在与维克多短暂的相处中,比温德大夫更像一个慈祥的合格的父亲。普宁宽厚地原谅了丽莎当初移情别恋给自己带来的伤害,答应了丽莎请他帮忙照看孩子的要求。为了迎接孩子的到来,普宁贴心地为他准备了足球和书籍。当维克多冷淡地告知他对足球并不感兴趣时,普宁虽然内心沮丧,但也没有摆出家长的权威强迫他接受自己的好意。普宁在与维克多的对话中,没有因为反感他的父亲而对孩子存有偏见,始终把维克多当成了可以与之平等交流的同伴,充满父亲似的怜爱又不失对孩子的尊重包容,愿意聆听孩子的不同观点和意见。普宁作为一个温情的父亲形象,再次与思想刻板僵化、对孩子缺乏正常亲情与关怀的温德大夫形成了对照。在纳博科夫的心目中,这也是充满人文关怀的文学世界与机械荒诞的心理分析领域的对立,而代表温情与关怀的文学才是引导人们走向真正生活的"父亲"。

纳博科夫的另一部代表作《洛丽塔》对弗洛伊德思想与心理分析也不乏嘲讽和拒斥。小说的序文部分是小约翰·雷博士的叙述。在叙述中,一位名为布兰奇·施瓦茨曼博士的专家指出:"如果我们这个疯狂的记日记的人在一九四七年那个决定命运的夏天曾经向一位高明的精神病理学家求教,就不会有什么灾难。"②当然,这并不代表作者本人的观点。这种精神分析专家自以为能够完美解决心理问题的高傲自负恰恰是作者嗤之以鼻的。果然,叙述者很快说道:"不过那样一来,也就不会

① 纳博科夫;梅绍武. 普宁[M].上海:上海译文出版社,2007:104.
② 纳博科夫;主万. 洛丽塔[M].上海:上海译文出版社,2005:序文4.

有这本书了。"①言外之意是,假如荒诞的心理分析真的起作用,那么它的存在是杰作诞生的阻碍。

在小说男主人公亨伯特的自我叙述中,母亲这个形象基本上是缺席的。她在亨伯特三岁时死于一次意外事故,而当时年幼的亨伯特对她几乎没有什么记忆:"除了保留在最最黑暗的过去中的一小片温暖,在记忆的岩穴和幽谷中,她什么也不存在了,……我幼年的太阳,已经从那片记忆的岩穴和幽谷上方落下。"②既然亨伯特对母亲究竟是个什么样的人没有印象,对母亲与幼年的自己相处的片段也没有清晰的记忆,那么所谓的恋母情结也无从谈起。亨伯特日后喜欢的女孩是否由于恋母情结产生了移情也无从判断。恋母情结存在的基础已经被亨伯特年幼丧母的状态打破了。因为没有记忆,亨伯特只能在脑海中想象自己母亲遭遇意外事故的情况:"不论精神治疗大夫在我后来'抑郁消沉的时期'怎么蛮横地对我加以盘问,我还是找不到可以跟我少年时代的任何时刻联系起来的任何公认为真实的思慕。"③亨伯特母亲的姐姐西贝尔姨妈曾经在亨伯特家作为女管家和家庭教师生活过很长一段时间,但并未填补母亲这个形象在亨伯特心中的缺失。亨伯特对她的喜欢仅仅是一个普通孩子对长辈的喜爱,有时候还会嫌弃西贝尔姨妈定下的规矩太严苛。亨伯特还带着善意的讽刺意味,觉得姨妈是想把自己培养成比父亲更好的鳏夫。她在亨伯特十六岁时去世,成为了亨伯特人生中的过客,很少再被提及。亨伯特日后喜欢的女孩形象也与面色蜡白、眼眸周围带着粉红运权的西贝尔姨妈相去甚远。

如果弗洛伊德的恋母情结学说成立,那么这种情结通常伴随着男孩子对父亲的敌视。然而,亨伯特与父亲的关系却是和谐融洽的:"而他,Mon cher petit papa,则带我出去划船、骑车,教我游泳、跳水和滑水,给我念《堂吉诃德》和《悲惨世界》,我对他既崇拜又尊敬,每逢偷听到仆人们议论他的各个女朋友,就为他感到高兴。"④由于母亲的缺席,亨伯特父子二人如同亲密的伙伴一样,一同分享生活中的各种乐趣,一起参与各种体育运动和文学活动。父亲是亨伯特敬爱的对象和亲密的同伴,不是

①　纳博科夫;主万.洛丽塔[M].上海:上海译文出版社,2005:序文4.
②　纳博科夫;主万.洛丽塔[M].上海:上海译文出版社,2005:11.
③　纳博科夫;主万.洛丽塔[M].上海:上海译文出版社,2005:460.
④　纳博科夫;主万.洛丽塔[M].上海:上海译文出版社,2005:12－13.

潜意识中的情敌。母亲的去世没有给不谙世事的年幼的亨伯特带来过多的痛苦,相反地,父亲的悉心照顾、与老师同学的和睦相处以及周围众人的宠爱让亨伯特在充满温暖和光明的世界中长大。如果有心理分析专家要把成年后亨伯特的"恋童癖"归结为童年创伤,这种观点显然是站不住脚的。

亨伯特与安娜贝尔的一段恋情充满了情窦初开的少男少女的纯真美好。他们在被各自的长辈带到海滩度假时相识,他们年貌相当,志趣相投,天马行空地谈论着各种能够引起他们共鸣的趣事,"彼此疯狂、笨拙、不顾体面、万分痛苦地相爱了"①。他们避开长辈的视线,偷偷摸摸地幽会,既胆怯又勇敢地拥抱亲吻对方。安娜贝尔的早逝给这段恋情画上了句号,使亨伯特在很长一段时间内难以忘怀这个迷人的女孩。然而,一个青春期男孩与同龄女孩无疾而终的恋情并不足以成为一个成年男子成为恋童癖的缘由。很多男孩也有过类似的懵懂恋情,但并不是所有人都成了像亨伯特一样的迷恋未成年少女的中年男人。亨伯特的故事不具备共性,心理分析学家无法从亨伯特的人生经历中推导出一个适用于广大人群的规律性结论。事实上,亨伯特本人也是排斥心理分析学的。他认为心理分析学家不过是在用伪解放论和伪性本能讨好他,而亨伯特更倾向于通过文学来阐释他对美丽小仙女的迷恋。但丁(Durante degli Alighieri,1265—1321)在佛罗伦萨的私人宴会上爱上了年仅九岁的贝雅特里奇,彼特拉克(Francisco Petrach,1304—1374)爱上了如同风中飞舞的花朵一样的十二岁的劳琳。与其说这是一种精神病症,不如说这是一种文学传统。

亨伯特用自己的方式嘲弄着心理分析。在一次他人刻意安排的极地考察中,亨伯特曾经提出自己有必要用心理测验测试一下自己的怀乡病、幻食症、表情变化等各种情况,结果周围的人对此厌烦不已,因此亨伯特放弃了这一计划,但在考察快要结束的时候,亨伯特又虚构了一份精心伪造并且富有情趣的报告。所谓的心理分析专家没有识破这份报告的虚假,反而让这份报告刊登在了《成人精神物理学年刊》上。亨伯特用自己的方式成功嘲弄了心理分析专家,并乐此不疲:

我发现耍弄一下精神病大夫真是其乐无穷:狡猾地领着他们一步步

---

① 纳博科夫;主万.洛丽塔[M].上海:上海译文出版社,2005:16.

向前;始终不让他们看出你知道这一行中的种种诀窍;为他们编造一些在体裁方面完全算得上杰作的精心构思的梦境(这叫他们,那些勒索好梦的人,自己做梦,而后尖叫着醒来);用一些捏造的"原始场景"戏弄他们;始终不让他们瞥见一丝半点一个人真正的性的困境。我贿赂一个护士,看到一些病历档案,欣喜地发现卡上把我称作"潜在的同性恋"和"彻底阳痿"。这场游戏玩得非常巧妙,结果——就我的情形而言——又那么可恶,因此在我完全好了以后(睡得很香,胃口像个女学生),我还继续待了整整一个月。接着我又加了一个星期,只为了跟一个强大的新来的人较量所有的乐趣。那是一个背井离乡的(而且的确精神错乱的)名人,以有本事让病人相信他们目睹了自己的观念而著称于世。①

　　亨伯特犹如一个玩世不恭的捣蛋鬼,用自己的聪慧把心理分析专家玩弄于股掌之上。他表面装作一副配合治疗的态度,实则运用自己擅长虚构故事的文学天赋,故意引诱这些专家走上歧途。当他发现这些专家如他所愿上当受骗,得出完全不符合事实的荒谬结论时,他像一个恶作剧得逞的孩子,兴奋得难以自持。为了享受这种愚弄精神病医生的乐趣,亨伯特宁可在疗养院多住一段时间,丝毫不觉得压抑难受。如果说另一部小说中的普宁教授只是用温文尔雅的态度表明自己对心理分析的反感,胆大心细的亨伯特教授却把这种排斥勇敢地付诸实践,完成了作者在现实中想做却可能没有机会去做的事。

　　亨伯特在讲述自己与洛丽塔的不伦之恋时,曾经提到他的继女有时候在主动引诱他。如果用心理分析专家的说法,很容易得出这样的结论:洛丽塔长年与母亲相依为命,缺乏父爱,因此对成为她继父的亨伯特产生了恋父情结,将继父当成了理想中的情人。然而,亨伯特自己的叙述推翻了这样的论调。当洛丽塔充满孩子气地亲吻亨伯特时,亨伯特明白:"这不过是她的一种天真无邪的把戏,有几分 backfisch 模仿骗人的爱情故事中某种假象的傻气。"②作为一个生活阅历丰富的成年人,亨伯特完全清楚洛丽塔的行为不过是青春期少女对性的好奇与探索,带着幼稚无知和胆大妄为的色彩,并不代表她深爱着自己。事实上,洛丽塔在这个年纪,连爱情是什么也未必懂得。亨伯特作为一个理智的成年人,本

　　①　纳博科夫;主万.洛丽塔[M].上海:上海译文出版社,2005:54.
　　②　纳博科夫;主万.洛丽塔[M].上海:上海译文出版社,2005:178.

来应该主动制止洛丽塔的幼稚行为,向她晓以利害,传递给她健康的性教育知识和正确的价值观,不要因为好奇一味放纵自己,接受男子的诱骗。可是,亨伯特出于对洛丽塔的畸恋,忘记了自己作为一个成年人的责任和作为一个父亲的慈爱,有意地放任了洛丽塔的幼稚行径。这样一方面可以减轻自己主动诱骗未成年少女的负疚感,另一方面也可达到尽快占有洛丽塔的目的。

其实洛丽塔不但没有恋父情结,对母亲的情感也没有心理学家所谓的对潜意识中情敌的敌视。洛丽塔虽然有一些青春期少女的大胆叛逆,但对母亲仍然有着很深的情感和依赖。她欣然接受母亲的再婚,而不是自私地阻碍母亲追寻自己的幸福。她也像普通女孩那样对母亲撒娇,希望得到更多的关注和疼爱。在出于好奇亲吻亨伯特之后,洛丽塔很快不安地想到了母亲,担心母亲得知这一事件后会情绪失控。当继父以省钱为借口在旅馆与她同住一屋时,她也敏感地考虑到了母亲得知真相的心情,但却无法左右掌握经济大权的继父的决定。当洛丽塔真正被继父诱骗以后,她已经逐渐意识到了这类性游戏的荒唐,自己之前对性的好奇与放纵是多么可叹可悲,在控诉亨伯特像摧残雏菊一样强奸她以后,她迫切想要联络母亲,试图从母亲那里寻求一点温暖和安慰。亨伯特残忍地告知了她母亲早已过世的噩耗,她失声痛哭,既为母亲的死亡而悲痛,也为自己除了依赖继父无处可去而伤心。在亨伯特与洛丽塔后来的相处中,恋父情结也完全无法形容他们的关系。亨伯特为了防止她逃跑或是向外人暴露他们的不伦关系,开始无所不用其极地施展自己的控制欲;而洛丽塔则冷冷地表示,一直跟着继父毫无乐趣可言,她宁可跟自己的同龄人享受属于少年人的单纯时光。她并不爱身边这个中年男子,这个人背弃了她的母亲,背叛了她的信任,打碎了她对正常家庭和正常父爱的期盼。当洛丽塔看到好友阿维丝与她胖胖的父亲其乐融融、自然相处的温馨画面时,她无法抑制自己的感伤,僵硬的笑容顿时失去了光彩。她不是弗洛伊德笔下渴望杀母嫁父的女子,她只是个渴求普通家庭温暖的普通女孩,尽管"20世纪中期有关孩子和父母之间关系的那些观念,已经深受心理分析领域喧嚣的充满学究气的冗长废话和标准化符号的污染"[①]。她最终奋力地逃离了继父的掌控,一直到死也没有原谅继父对自己的伤害。

---

① 纳博科夫;主万.洛丽塔[M].上海:上海译文出版社,2005:458.

在小说《绝望》（*Despair*，1937）中，纳博科夫对弗洛伊德思想也进行了讽刺。男主人公赫尔曼的妻子丽迪雅是一个迷信的人。她非常相信梦境带来的预兆：

梦见你掉了牙，那就意味着你认识的一个人死了；如果牙上还有血，那就意味着死亡的是你的一个亲戚。一地的雏菊预示你将见到你的初恋情人。珍珠代表眼泪。梦见自己穿着白衣服坐在桌子的上座是很糟糕的。泥代表钱；猫意味着叛逆；海洋意味着灵魂的不安。她喜欢详细地、不厌其烦地复述她的梦。[①]

这些对梦境的列举很容易让人想起弗洛伊德在《释梦》中对梦境的描述。弗洛伊德看重梦境在人的思维中所起的作用，认为一个简单的梦境也可以有丰富的解读，与现实形成某种形式的关联。而纳博科夫并不认为梦有什么深刻的含义或是象征，弗洛伊德是在故弄玄虚，为了推广自己的歪理邪说有意把梦复杂化了。丽迪雅这样迷信的人对梦境的含义痴迷不已不足为奇，但是明智的人不应当被这样的巫术所迷惑。指望由梦境来指导现实是不可靠的。

弗洛伊德习惯于用泛性论来解读梦的意义，这一点显然不能适用于所有的梦境。在《防守》（*The Defense*，1930）中，男主人公卢金是个擅长下象棋的天才，具有天马行空的想象力和严谨的思维。他的幻想与梦境往往与科学和棋局相关。他在脑海中一遍遍地演练着丰富多彩、波谲云诡的棋局，沉醉于理智的光芒之中："在梦中，一个裸露双臂、双目奕奕有神的妩媚的少女形象像月亮的金色光晕一样在渐渐消融。"[②]弗洛伊德所推崇的带有性暗示意味的形象在男主人公的梦境中渐渐消逝，最终取代她的是有条不紊、层次分明的棋局。这似乎是对弗洛伊德泛性论的一种颠覆和反讽。

卢金的家庭状况也并不符合弗洛伊德式的模式规则。卢金的父母真诚地关心着孩子，只是因为难以理解儿子的所思所想，走不进儿子的内心世界。卢金对父母的态度是敬爱而又淡漠疏离的。卢金的姨母，作为指引卢金走进象棋的领路人，反而在某种程度上扮演了慈母的角色。

①　纳博科夫；朱世达.绝望［M］.上海：上海译文出版社，2006：20.
②　纳博科夫；陈岚兰，岳崇.防守［M］.长春：时代文艺出版社，1999：127.

卢金和姨母在一起的时候是他童年最轻松愉快、最不拘谨的时候。当小卢金主动提出想跟姨母学下象棋时,姨母温柔地回应了他,耐心地教会他下象棋的基本规则。卢金的父亲因为觉得儿子不务正业,呵斥卢金的时候,姨母也竭力维护这个痴迷象棋的可爱外甥。尽管卢金的姨母称不上是一个棋艺精湛的高手,对卢金而言,她仍是一个慈爱的长辈和温柔的启蒙老师,是良师与慈母的结合体。卢金的另一位精神上的父亲是带着他参与各种象棋比赛的教练瓦伦提诺夫。瓦伦提诺夫鼓励卢金发掘自己的天赋,支持他对象棋的热爱和追求,卢金因此对他产生了像是对父亲一样的依恋。从卢金的人生经历来看,无论他和亲生父母还是和精神上的父母的相处模式都与弗洛伊德所说的俄狄浦斯情结没有联系。卢金把人生的绝大部分精力投给了象棋,没有杀父娶母的闲情逸致。

值得一提的是,瓦伦提诺夫对卢金并未抱有同等的父子之情,而是将他视作“一个非凡的,古怪的现象,或者可以说是畸形的,但是却很诱人,就像达克斯猎狗弯曲的腿一样”①。瓦伦提诺夫仅仅是将卢金当作一件可利用的工具,通过他来结识一些有钱有势的人。他关心的只是卢金下象棋的天分,并不是卢金本人。除此之外,瓦伦提诺夫还俨然是弗洛伊德的信徒之一:“他还建立一个特别的理论,那就是卢金象棋天赋的发展是同他的性需要的发展相联系的,象棋是这种需要的转移。”②为了让卢金不在原始的性欲中沉沦,从而丧失了对象棋的天赋和兴趣,瓦伦提诺夫有意限制卢金与女性接触,让卢金过着一种类似苦行僧的禁欲生活,以确保卢金无处释放的性欲能够持续升华为坚持下象棋的动力。这显然是作者纳博科夫对弗洛伊德的泛性论和升华论的另一次反讽。弗洛伊德认为当人的性欲无法通过正常渠道发泄时,它会通过另一种方式升华,例如作家将自己潜意识中无法实现的性欲升华为文学创作的欲望,文学作品成了作家性欲升华的产物。《防守》中的瓦伦提诺夫显然受过弗洛伊德观点的影响,把这类理论套用到了卢金身上。他有意让卢金禁欲的举措正是他信奉弗洛伊德理论后的一次活学活用的实践。然而,他的举措是十分荒谬可笑的。小说中没有什么凭据表明卢金对象棋的热爱是性欲转化的结果,这是卢金的天赋指引的结果。卢金从小聪明过人,喜欢各种锻炼思维的趣味游戏和难解的谜题,每当他沉醉于这些智

① 纳博科夫;陈岚兰,岳崇.防守[M].长春:时代文艺出版社,1999:81.
② 纳博科夫;陈岚兰,岳崇.防守[M].长春:时代文艺出版社,1999:83.

力游戏时,他就像是身处一个只属于自己的天堂,流连忘返,自得其乐,忽略俗世中的一切。他喜欢上象棋也在情理之中。在《防守》后来的情节中,卢金找到了一个真心爱他的女子共同生活,但是这种生活也没有让卢金放弃对象棋的执着。因此,瓦伦提诺夫认为卢金如果正常释放生理欲望就会丧失对象棋兴趣的推论也是经不起事实检验的。纳博科夫把瓦伦提诺夫这样一个人品卑劣,当他人有利用价值时就物尽其用,没有利用价值就将其一脚踢开的角色设置为弗洛伊德信徒,也是对弗洛伊德信徒品性的一种质疑。

当然,在纳博科夫笔下,并非所有倾向于相信弗洛伊德的人都是品性不佳之人,也有被流行的心理分析学说蒙蔽的普通人。卢金的未婚妻因为担心他的精神状况,也曾经带着卢金与心理分析的教授接触。教授热衷于获知卢金的童年创伤,仔细地询问卢金童年时的生活环境,所居住的房屋,是否玩过铁皮玩具等等。教授显然运用了一套僵化的心理分析模式在测验卢金,忽略了卢金这个象棋天才的个性。教授认为对象棋过于盲目的痴迷是卢金受到精神损伤的根源,他需要远离象棋,过上正常人的生活。心理医生和未婚妻都把他沉溺于象棋的时期称作"迷失的时代,一段精神失明的黑暗时期,是危险的错觉"[1]。然而,他们犯了一个错误,他们不应该用一种自以为是,自认为放之四海而皆准的思维模式套在卢金身上。卢金本身有着过人的象棋天赋,象棋是他生命中最重要的乐趣,尽管在思索各种棋局的时候会令他绞尽脑汁,但这个过程本身也是苦中有乐,令卢金感受到解谜的成就感和生活的意义。心理分析教授自作主张地认为,远离象棋才能过上正常人的生活,其实是在变相漠视卢金的个人天赋和个人意志,用一种整齐划一的方式把不符合自己生活标准的人划入了非正常人群。而对卢金来说,心理分析教授给他规定的正常人生活反而是他难以忍受的,运用自己的象棋天赋去破解各种棋局才是卢金所习惯的正常生活。这就是心理分析学的一大弊端,它倾向于用一种单一呆板的标准去衡量所有的人,用一般取代特殊,对人的个性缺乏尊重,有时候一些性格天赋与普通人有差异的人会被粗暴地归类为非正常的人甚至是病人。尽管在《防守》中,心理分析教授是怀着一腔善意想要卢金摆脱沉迷于象棋的病症,但是弗洛伊德学说本身的缺陷让他好心办坏事,并没有使他成功解决卢金的问题。教授诱导卢金回忆

---

① 纳博科夫;陈岚兰,岳崇.防守[M].长春:时代文艺出版社,1999:163.

童年,请他设想自己的父亲打猎归来的场景,卢金脑海中浮现的却是父亲在阴沟边发现一只肥胖肮脏的小鸟的情景。这个情景与心理分析教授期待他设想的场景形成了一种啼笑皆非的对比。教授没能从卢金的童年回忆中挖掘出卢金的童年创伤,童年的"那些日子变成了一个神奇的安全地带,在那里,他的愉快的短途旅行有时会带给他尖锐的快乐感"①。童年岁月激起了卢金心中的温暖回忆,无论是沙沙作响的灌木丛中的小径,还是某个肥硕的法国家庭女教师。"童年的光芒会直接同现在的光芒融合在一起。在这种光芒的流动中形成了他的未婚妻的形象,她的存在恰恰表达了他童年记忆中含有的温柔和迷人的成分——恰似洒在田庄小径上的斑驳的光点现在已经聚合成为一束和煦的光芒了"②。过去的记忆与现实的快乐融合在一起,所谓的童年创伤不复存在。

二、梦中的仙境

尽管纳博科夫以一种坚决的态度拒斥着弗洛伊德的心理分析,但是在与弗洛伊德抗衡的过程中,纳博科夫仍旧会受到弗洛伊德思想的影响。在《文学讲稿》中,纳博科夫对于普鲁斯特和乔伊斯作品的论述带有一些弗洛伊德思想的印记。

纳博科夫曾经这样评析普鲁斯特在《追忆似水年华》中所体现的写作风格:

极为丰富的隐喻意象,比喻里面还层层套着比喻。我们正是透过这个棱镜才看到了普鲁斯特作品的美。在普鲁斯特那里,隐喻这个词的使用往往是广义上的,是作为混合形式的同义词或是一般性比较的同义词。因为在他那里,明喻常常逐渐转化为隐喻,反之也如此,而多数情况则是隐喻占主要地位。③

隐喻在弗洛伊德的思想中是一个重要的概念。此处的隐喻与前文

① 纳博科夫;陈岚兰,岳崇.防守[M].长春:时代文艺出版社,1999:161.
② 纳博科夫;陈岚兰,岳崇.防守[M].长春:时代文艺出版社,1999:163.
③ 纳博科夫;申慧辉等.文学讲稿[M].上海:上海三联书店,2005:185.

提到的隐喻不同,特指心理分析学所探究的人们潜意识中意象的隐含意义。心理分析本身就是为了找出人们各种想法背后所含的深层隐喻。在弗洛伊德看来,即使是再寻常不过的意象,也存在着耐人寻味的隐喻象征。这一点在弗洛伊德关于梦的解析中有着深刻体现。他认为梦是依托现实存在的,是愿望的满足,而这种愿望并不一定在梦中以一种直白的形式表达出来,而是扭转为其他的隐喻象征。心理分析医生可以通过专业的解读和分析一点点挖掘出其中的隐喻。在形容自己所建构的心理模型时,弗洛伊德也习惯用隐喻来说明。例如,人的意识就像是一座冰山,而潜意识好比冰山海平面以下的部分,巨大、深邃却不为人所见。普鲁斯特的意识流小说侧重于描写人的心理活动,充满隐喻的写作风格其实是贴近弗洛伊德心理分析所倡导的理念的。而纳博科夫并不反感普鲁斯特作品中铺天盖地的隐喻,反而直言赞美读者正是透过层层隐喻才能感受到普鲁斯特作品中的美。其实纳博科夫潜意识中对弗洛伊德的抗拒并不像他自己想象得那么绝对。对于弗洛伊德所倡导的隐喻,纳博科夫抱有同样的好感和热情。

　　纳博科夫还提到了《追忆似水年华》中的一个情节:一个女人在男孩的梦中以隐喻的形式出现:"正像夏娃是来自亚当的一条肋骨一样,一个女人会在我的熟睡中出现,她产生于我大腿部位的紧张感……我的身体能感觉到自身的热量在向她的全身传遍,此时变为力图与她合为一体。"①而这个充满性感意味的梦实际上是普鲁斯特的一个隐喻,他将追寻一个女人比作人们到各处的旅行。在普鲁斯特关于梦境的描写中,作者并不介意把性和其他事物联系起来,认为性和其他事物是可以互为隐喻、相互转换的。纳博科夫虽然声称他反感弗洛伊德对性过于狂热的研究态度,但是在评析普鲁斯特的时候,他宽容地欣赏了普鲁斯特的写作风格,并未痛心疾首地斥责普鲁斯特关于梦境与性的描写遭受了弗洛伊德的不良影响。纳博科夫引用了普鲁斯特描写他的主人公在睡梦中醒来时感受的句子:"我只对自身的存在具有最起码的意识,那意识就像是一个动物在它的意识深处对于自身存在所具有的那种时隐时现的感觉一样。"②时隐时现的感觉暗示了意识的博大精深,难以捉摸,也暗示了幽深神秘的潜意识的存在。纳博科夫没有否定这样的叙述。在作为一个文学评论家去分析其他作家作品时,纳博科夫不知不觉地和弗洛伊德

①②　纳博科夫;申慧辉等.文学讲稿[M].上海:上海三联书店,2005:186.

达成了某种程度的和解,甚至在自己的评论中部分接纳和沿袭了弗洛伊德的某些论调。

纳博科夫对于《追忆似水年华》的主人公回忆童年的段落是这样解析的:"餐室中的灯这时就开始把这一魔灯'运动'或魔灯'事件'同那间在下雨的晚上全家人于晚饭后相聚的小客厅联系起来。而书中的雨所起的作用,则是将他的祖母(书中最高贵最令人同情的人物)引入故事,这位祖母总是坚持要冒雨到花园里散步。"①纳博科夫的解读与弗洛伊德所提倡的自由联想法有异曲同工之妙。自由联想法是弗洛伊德心理分析的重要一环,是心理分析医师获取隐喻象征的必要途径。在《释梦》中,弗洛伊德说:"我们对梦的分析总是从梦的诸元素出发,并记录下由它们而引发的各种联想。"②在对少女杜拉的心理分析中,弗洛伊德也大胆鼓励杜拉对梦中和思维中的各种意象进行联想,不用避讳一些荒诞和羞涩的内容,自己则在必要时给予适当的引导,有时能够使一些被忘记的梦境重新浮现在杜拉的脑海,从看似没有目的、没有逻辑的种种意象中获取结论。而有些梦境和欲望与童年的心理和回忆密不可分:"愿望不仅召唤起她孩童时期的材料,也唤起那些被压抑的材料的回忆。"③在弗洛伊德看来,童年的琐碎记忆被保存,"是由于它们的内容与另一种受压抑的思想间有着连带的关系,它们被称为'遮蔽性记忆'"④。我们往往回忆起的是作为替代品的其他东西。纳博科夫在解读普鲁斯特笔下主人公的童年回忆时恰恰沿袭了弗洛伊德的自由联想法和遮蔽性记忆的相关理论。纳博科夫承认主人公记忆中的灯代表了一家人其乐融融聚在小客厅的情景,而回忆中的雨其实是作为主人公祖母的替代品存在的。灯和雨的意象与主人公的亲人形成了关联,成了温暖亲情的象征。童年的记忆虽然琐碎朦胧,但依然对主人公的人生有着不可磨灭的影响,对主人公的性格心理的形成起着至关重要的作用。纳博科夫在阅读解析普鲁斯特的时候,对这一点也是认同的。尽管纳博科夫厌憎弗洛伊德诸如恋母恋父情结的探讨,但在童年对人生影响的看法上,他与弗洛伊德无意中达到了契合。

①　纳博科夫;申慧辉等. 文学讲稿[M].上海:上海三联书店,2005;187.
②　弗洛伊德;吕俊. 释梦[M].南京:江苏文艺出版社,凤凰出版传媒集团,2010;229.
③　弗洛伊德;文荣光. 少女杜拉的故事[M].西安:太白文艺出版社,2004;90.
④　弗洛伊德;彭丽新等. 日常生活的精神病理学[M].北京:国际文化出版公司,2007;47.

在对乔伊斯的《尤利西斯》进行解读时,纳博科夫直言不讳:"这本书本身就是做梦。"①因此,他对《尤利西斯》的解读可以说是另一篇梦的解析,尽管他把弗洛伊德解梦的方式和过程视为江湖骗子的巫术,但在《文学讲稿》中,他也在做类似心理分析医师的工作。纳博科夫对《尤利西斯》是一场梦的论断,正好暗合了弗洛伊德所说的文学是白日梦的说法。在这场乔伊斯所铸就的辉煌梦境中,充满了丰富多彩的联想与想象。而令人惊叹的是,纳博科夫在对某个梦中之梦的细节解析中,似乎不再介意他一直批判的弗洛伊德泛性论:"斯蒂芬梦见的瓜实际是别人给他的奶油水果,最后他们与第三部分中问答式的第二章里的莫莉的丰满曲线合二为一。"②梦境中的瓜果被解读为女性特征的象征,这正好对应了《释梦》中的一个案例。一位男性梦见了两只梨,通过心理分析医师的解读,两只梨实际上是他的母亲乳房的象征。该男子由于断奶时间较晚,对母亲的乳房有着较深的眷恋。而纳博科夫用自由联想的方式,让斯蒂芬梦境中的瓜隐喻了莫莉的丰满身体,肯定了斯蒂芬的梦具有性象征的含义。巧合的是,批评家们普遍认为《尤利西斯》中的布鲁姆、莫莉、斯蒂芬形成了情感上的父、母、子的对应关系,所以斯蒂芬梦见莫莉丰满身体的象征物也隐喻了某种程度上的俄狄浦斯情结。在全力对抗弗洛伊德的战斗中,纳博科夫终究还是潜移默化地受到了弗洛伊德的影响。

纳博科夫对弗洛伊德的拒斥是显而易见的。他在抨击弗洛伊德的过程中,形成了一套自己的反弗洛伊德主义思想。在他看来,弗洛伊德是个巫医,他的理论是无稽之谈,只会误人子弟。他之所以反对弗洛伊德,是因为他本人作为一个蝶类专家,推崇以自然标本和实验依据为基础的科学分析。他认为弗洛伊德的心理分析学更多的是一种接近玄学的主观臆测,不具备科学应有的精确特质,可弗洛伊德偏偏又喜欢大言不惭地以科学家自居。他鄙视弗洛伊德对文学的曲解。弗洛伊德把文学这种精巧的游戏简单地定义为性冲动的转化形式,在纳博科夫看来,这无疑是对文学的侮辱。虽然在我们看来,弗洛伊德的思想并非全无道理,但弗氏对文学的阐释未免失之单一肤浅。弗洛伊德倾向于把文学作品中的棍状物和盒状物都视作男女生殖器的象征,有些时候也造成了过

---

① 纳博科夫;申慧辉等. 文学讲稿[M]. 上海:上海三联书店,2005:307.

② 纳博科夫;申慧辉等. 文学讲稿[M]. 上海:上海三联书店,2005:290.

度解读。纳博科夫还厌恶弗洛伊德泛性论对正常亲情的亵渎,使父母子女的关系都带上了一层隐隐的暧昧色彩。他反感弗洛伊德思想中带有的专制特征,这令他想起极权主义制度对人的戕害。弗洛伊德期望能通过某个整齐划一的公式和规律去解读人的心理,容易忽视个体与众不同的个性。总的说来,虽然有时候纳博科夫对弗洛伊德的批判也有偏激之处,但从他的个人角度而言,却也是情理之中的。尽管纳博科夫以一种坚决的态度排斥弗洛伊德,但通过对其文学思想的分析,我们看到,他仍然受到了弗洛伊德的影响,在某种程度上认同了弗洛伊德梦境解析中的一部分隐喻和方法,在分析意识流作家作品时并不绝对排斥这些作家对梦境和性绘声绘色的抒写,部分沿袭了弗洛伊德的自由联想法和遮蔽性记忆相关理论,甚至自己也无意中使用了弗式释梦法来解读他人作品。

第七章　纳博科夫与女性主义

　　女性主义批评是对以男性为中心的文学世界的一种对抗。它认为男性在建构笔下的女性形象时，普遍加入了自己的想象和期待，在一定程度上扭曲了真实的女性形象，体现了狭隘的男性中心主义和对女性写作的压制。女性主义批评严厉批判这一点，运用女性的视角和意识对男性文学进行批判性解读，同时努力挖掘被男性遮蔽的女性文学，关注女作家的生平和作品，关注女性自己的声音和女性特有的阅读和写作。女性主义批评中涌现出了许多可圈可点的学者、论著和观点，例如吉尔伯特（Sandra M. Gilbert, 1936—）和格巴（Susan D. Gubar, 1944—）在《阁楼上的疯女人》中提出，"男性作家笔下的女性通常被分为天使和妖妇"[1]两类僵化刻板的形象，天使通常温柔沉默，逆来顺受，体现了男权主义对女性的期待和向往；而妖妇通常不守妇道，大胆泼辣，体现了男性对这类女性的拒斥和恐惧，害怕男性权威被颠覆的脆弱心理。肖瓦尔特（Elaine Showalter, 1941—）在《她们自己的文学》中讨论了大量西方女性作家的文学创作，把女性文学的历史分为女性的、女权的和女人的写作三个阶段，这三个阶段体现了女性在创作中从模仿到抗议，再到自我发现的过程。米利特（Kate Millett, 1934—）在《性政治》中通过对多部文学作品的论述，激进地批判了男性对女性控制和支配的制度。随着时代的发展，女性主义批评拥有了更丰富的内容。它可以与弗洛伊德、拉康（Jacques Marie Émile Lacan, 1901—1981）、荣格（Carl Gustav Jung, 1875—1961）等人的心理学结合起来，探究男性和女性心理的形成以及对文学的影响。黑人女性批评乃至亚裔女性批评的介入，使女性主义批评增加了种族问题的维度。女同性恋批评和酷儿理论的加入让曾经被忽视被边缘化的

---

[1]　Gilbert, Sandra M., and Susan Gubar. The Madwoman in the Attic[M]. New Haven and London: Yale University Press, 1979: 17.

女性性取向问题在女性批评领域中有了新的思考层面。

探讨男性作家的女性观,是女性主义批评研究的一个重要课题。众所周知,自从母系社会崩塌以来,人类社会一直以父权制形式存在。人类社会发展的各个方面也不可避免地带上了男权中心主义的特征。文学,作为意识形态的重要领域,在很长一段时间内也是男性主导的,反映了男性看待世界、看待生活的观点和视角。然而女性作为人类社会的不可分割的一个群体,也必然会出现在男性所书写的文学作品中。男性作家如何界定与评价女性,总会以或明显或隐晦的方式在他们的作品中表现出来。自女性主义文学批评兴起以后,男性笔下的女性成了文学研究的一个关注焦点,作家对女性的看法也有了一个专有名词——女性观。有时候,男性作家的女性观可以反映出他们对女性的误解、歧视、丑化、诬蔑,有时候则会出人意料地体现出他们理解、尊重、肯定、同情的一面。纳博科夫作为一位现代男性作家,他的女性观是复杂的,难以一言以蔽之,值得我们深入探讨与研究。

一、女性主义阅读

我们既然要从女性主义文学批评的角度去理解纳博科夫,就必须试图站在女性的立场对纳博科夫进行"对抗式阅读",即在阅读的过程中扮演一个主动参与的读者角色,有意消解作者的男性权威。这种阅读方式是需要付出较多努力的,因为读者在阅读文字时,会不自觉地被作者牵着鼻子走,在无意识中接受和认同作者传达的观念和思想。这一点恰恰是我们在阅读过程中需要尽量避免和摆脱的。女性立场的阅读既是我们探讨纳博科夫女性观的必要手段,也是我们作为女性主义批评家最终想要达到的目标:

不同的理论对读者进行了区分,有现实的读者(罗曼·贺兰德)、理想的读者(E. D. 希斯)、隐含的读者(威廉·布斯)、叙述接受者(热拉尔·普兰斯)等等,但这些不同的理论的共同之处是:意义是由读者的经验产生的,不同的经历会带来不同的,也许是相反的阅读。最主要的不同便是男女在文化中的不同经历。某一情形无论出现在小说中或现实中,不同背景的人肯定会有不同的理解、这些不同表现在伦理示意、解释的多样性等方面。再说,(女性的)女性主义者在阅读中不仅加进了作为女人的体验,且加进一些关于其体验的政治拟想。她们在妇女的利益中加进自己的兴趣与应尽的义务。因此,女性主义的阅读必定会反映女性主义者的视界。此外,尽管女性主义的观念并不完全局限于妇女,然而无论是女人或男人的女性主义思想,皆源于妇女的经历。①

在意识形态领域,女性所处的境地向来都是极为尴尬的。其中最大的一个特点就是女性话语权被剥夺。父权制社会不仅在身体上压榨、盘剥女性,也在精神上压制着女性的发展。女性被剥夺了受教育的权利,也就失去了言说自我的自由。她们患上了集体失语症,不能发出自己的声音,只能由男人们代替她们说话,而这种由他人代替的言说往往是不可靠的。所以我们可以看到,男性笔下所塑造的女性人物在很大程度上寄托了男性自己对于女性的审美期待,而非女性在生活中的本来面目。女性开始逐步拥有话语权是在一批女性作家在文坛上崭露头角、享有一定地位之后。即便如此,女性在试图表达自我的时候依然会受到各种各样的束缚,其中最主要的束缚还是来自父权意识的重压。男性的传统观念限制了女性创作中的主体意识,限制了她们无所顾忌言说自我的欲望。伍尔夫(Virginia Woolf,1882—1941)曾经对这一现象做过细腻刻骨的描述:

我们大家构想这样一幅情景,一个女孩手里拿着笔,好几分钟,甚至数小时内,她都不把笔放进墨水瓶里。这一意象使我马上联想到一个钓鱼人,坐在湖边澄心凝思,仿佛沉浸在美梦中。钓丝悬在水面上。这个女孩正在凭其想象驰骋,寻觅我们潜意识深渊的每一块石头和每一条裂缝。于是体验随之翩然而至,我相信这种体验对于妇女作家来说比对于男人更为平常。钓丝在她指间穿梭游弋,⋯⋯女孩从睡梦中醒来。她承受着巨大的痛苦。她不能用形象说话,而是想到了肉体,想到了作为一个女人并不适合的激情。她的理智告诉她男人们将为之休克,男人们对那种倾诉真情的女人会訾议些什么她是能意识到的。正是这种意识把她从潜意识状态唤醒,她不能写什么了,她的想象力不再奏效。我以为

---

①　林树明.多维视野中的女性主义文学批评[M].北京:中国社会科学出版社,2004:56.

对女作家来说,这种经历极为常见。她们被男性的习惯势力桎梏,尽管男人们敏感地让自己在这方面有巨大自由,我仍怀疑他们意识到了,或者能够控制他们指控有这种自由的妇女时的极度刻薄。[①]

女性在表述自我的时候尚且要遭受如此大的困境,更不用提她们在作为被叙述者时所面临的问题了。而事实上,女性在大多数情况下还是被男性叙述的客体。男性叙述者通过他们对女性的观察和描述来界定女性的形象。女性处在一个被看、被言说的境地。这样的女性形象往往被打上了男性叙述者的烙印,是需要我们在对抗性阅读中重新审视的。

一个男人女性观的形成,离不开周围环境对他的影响,尤其是他生活中所接触到的女性。例如,战后英国作家威廉·戈尔丁(*William Gerald Golding*,1911—1993)的母亲曾是一位激进的女权主义活动家,为妇女的权益奔走呼吁。威廉·戈尔丁受其母影响,自己对女性也持理解和同情态度,不像一般的男性作家那样对女性持有种种不近人情的偏见。纳博科夫的母亲和妻子都是传统意义上的知书达理的贤妻良母。纳博科夫家境优越,其母艾莱娜·伊凡诺夫娜来自上流社会,出身于簪缨诗礼之族,家学渊源,饱读诗书,精于琴棋书画。那时俄罗斯的贵族家庭拥有自己的图书馆,纳博科夫的母亲善于用各种语言给孩子讲故事、读文章,使纳博科夫从小就接受了良好的文化熏陶。后来时局动荡,纳博科夫家道中落,开始流亡生涯,他靠变卖母亲的首饰进入剑桥大学学习。纳博科夫的妻子薇拉·斯洛宁是纳博科夫流亡德国时认识的一位犹太血统女子。她与丈夫在艰难的生活中相濡以沫,度过了人生路途上的凄风苦雨。在几十年的婚姻生活中,"她任劳任怨地充当了不同的角色:妻子、速记、打字员、审校、编辑、翻译、司机"[②]。薇拉默默支持丈夫的文学事业,自己则甘愿退居幕后,让丈夫一人独享荣誉光环。她是一个夫唱妇随、温柔贤惠的典型,甚至对于纳博科夫的婚外恋也给予了难得的宽容。20 世纪 30 年代,纳博科夫在巴黎讲学时曾对一名俄裔姑娘艾琳娜动情,几乎想为她抛弃结发妻子。纳博科夫将这段恋情对薇拉坦诚相告,薇拉不仅不责难他,反而认为是自己对丈夫关心不够,并表示尊重纳

---

① 林树明.多维视野中的女性主义文学批评[M].北京:中国社会科学出版社,2004:67 – 68.

② 汪小玲主编.纳博科夫小说艺术研究[M].上海:上海外语教育出版社,2008:13.

博科夫的选择。纳博科夫深受感动,终于斩断对艾琳娜的情丝,回到了妻子身边。

纳博科夫对贤妻良母型的女性显然是较为喜爱的,这反映了他作为男性难以摆脱的传统意识,正如他在《文学讲稿》中所说的那样:"这些文静的少女们所具有一种羞涩的美,在谦卑、自我隐没的面纱下更显出动人的光彩,它在美德的威力终于战胜生活的机遇时越发光彩动人。"①同时他的母亲和妻子又是具有良好人文素养的女性,可以说对他在文学事业上的辉煌成就有过不可替代的帮助,所以纳博科夫也尊重有知识的女性,不会信奉"女子无才便是德"之类的刻板教条。他对简·奥斯丁(Jane Austen,1775—1817)这种才华横溢的女作家也倍加赞赏,把她视作既有过人的文学天赋,又能认真创作作品,不断进步的好榜样,不因她的性别而产生偏见:"在一个作家的文学生涯中,他的风格会变得愈来愈精炼准确,愈来愈令人难忘,正像简·奥斯丁的风格发展一样。"②

纳博科夫所处的年代是波谲云诡、动荡不安的年代,各类思潮、运动纷纷兴起,你方唱罢我登场,令人目不暇接,一派热闹非凡、异彩纷呈的景象。这其中自然少不了由"半边天"撑起的一次又一次的女性主义运动,而女性主义本身也并非铁板一块,旗下的小派别也是百花齐放、百家争鸣。纳博科夫置身其中,难免受其影响,所以身为现代作家的纳博科夫的女性观是复杂的,我们还是应当从他的作品入手,站在女性主义立场的阅读体验中了解纳博科夫,以此来探讨他对女性的观点和看法。

二、女性主义叙事

在关于《洛丽塔》的访谈中,纳博科夫曾经做出这样的回答:

洛丽塔本人有原型吗?

没有。洛丽塔没有任何原型。她诞生于我自己的头脑。此人从未存在过。事实上,我对小女孩并不了解。当我构思这一主题时,我想我并不认识某个小女孩。我在社交场合会时常遇见一些小女孩,但洛丽塔

---

① 纳博科夫;申慧辉等.文学讲稿[M].上海:上海三联书店,2005:7.
② 纳博科夫;申慧辉等.文学讲稿[M].上海:上海三联书店,2005:52.

是我凭空想象的产物。①

纳博科夫坦承,洛丽塔是一个男性作家在幻想中建构的女性形象。他认为《洛丽塔》是个美丽的谜:"这个神秘的小仙女有一种奇特和温柔的魅力。"②洛丽塔作为小说《洛丽塔》的女主人公,是当仁不让的"小仙女"类型的代表。在《洛丽塔》中,女主人公处于双重的被男性叙述的境地之中。首先,作者纳博科夫是一名男性,他作为小说全篇的谋篇布局者,是将洛丽塔置于自己的控制之下的;其次,小说的主要叙述者亨伯特用第一人称"我"叙事,读者也是需要通过"我"的视角去了解洛丽塔。小说还有一位次要叙述者,即序言中的小约翰·雷博士,他也是用第一人称"我"来进行叙事的,但他的叙述篇幅极少,相比正文叙述者亨伯特又缺少一些分量。小约翰·雷博士和亨伯特都是带有男性中心视角的叙述者。小约翰·雷博士"表面上为了使小说的真实性和意义更加明确,而实际上却设计了自我颠覆和自相矛盾的内容,凸现了隐含作者的态度,嘲弄了以雷博士为代表的传统的文人、学者对小说的'真实性'、'道德性'、'说教性'及'社会意义'等的追求,完成了隐含作者对'小说是什么'的辩护"③。小约翰·雷博士在他的叙述部分中含糊其辞,没有给出准确的描述。他在一开始煞有介事地表明这是真实的事件,却又无法提供富有说服力的证据。他还侃侃而谈故事本身的伦理意义:"比科学意义和文学价值更为重要的,就是这部书对严肃的读者所应具有的道德影响"④,"《洛丽塔》应该使我们大家——家长、社会服务人员、教育工作者——以更大的警觉和远见,为在一个更为安全的世界上培养出更为优秀的一代人而作出努力"⑤。从表面上看,小约翰·雷博士代表了一股正义的道德力量,号召读者把《洛丽塔》这部小说看作反面教材,以审视和批判的眼光来看待它。然而,小约翰·雷博士本人却难以抗拒小说文字散发的诱惑,情不自禁地为《洛丽塔》中流露出的浓情烈意所倾倒。这种对小说本身的迷恋使小约翰·雷博士忽略了自己主动提出的对小说伦理意义的探讨。小约翰·雷博士自相矛盾的话语对自我进行了解构,

---

① 纳博科夫;唐建清.独抒己见[M].杭州:浙江文艺出版社,2012:16.
② 纳博科夫;唐建清.独抒己见[M].杭州:浙江文艺出版社,2012:20.
③ 汪小玲主编.纳博科夫小说艺术研究[M].上海:上海外语教育出版社,2008:254.
④ 纳博科夫;主万.洛丽塔[M].上海:上海译文出版社,2005:序文4.
⑤ 纳博科夫;主万.洛丽塔[M].上海:上海译文出版社,2005:序文4-5.

同时也对主要叙述者亨伯特的故事做了铺垫。雷博士在他的序言中也提到洛丽塔的事件会成为精神病领域的经典病例，这实际上也提前消解了亨伯特的叙事权威，因为亨伯特是以一个患有精神疾病的性变态者的形象出现在读者面前的。所以，这种男性中心视角的双重叙事本身就在解构自己的叙事权威，为后面女性叙事声音的出现铺平了道路。

　　然而，尽管亨伯特的叙述不可靠，我们却不得不通过他的视角来了解整个故事。通过他我们了解了他的"小仙女情结"的起源，他因为迷恋洛丽塔不惜成为她的继父，他在妻子死后如愿以偿占有洛丽塔，又在洛丽塔离开他之后苦苦寻觅，直到最后接到洛丽塔的来信。那时洛丽塔芳华已逝，生活窘迫，仍然拒绝了同亨伯特一起重新生活的请求。亨伯特离开她后，找到了当年拐走她的男子奎尔蒂。亨伯特杀死奎尔蒂，自己最终也被捕入狱。在整个故事中，洛丽塔毫无疑问是个中心点，几乎所有的情节都围绕她来展开。然而，洛丽塔还是不免处于男性注视的目光之下，在男性的叙述中构建自己的形象，有时还不得不面临自身形象被歪曲的情况。这对洛丽塔来说是不公平的，也是无可奈何的。要从亨伯特主观意识强烈的叙述中还原洛丽塔的本来面目，这不是一项轻松的工作。

　　亨伯特的叙述是面向陪审团的女士们和先生们的自我辩护，希望能博取外界的同情，来减轻自己的罪孽和可能遭受的刑罚。有了自我辩护这个功能，亨伯特话语中的真实性不免要大打折扣了，就如同《简·爱》中的罗切斯特在与简·爱结婚当天对简所做出的告白一样。罗切斯特为了使简·爱原谅自己已婚的事实，让简·爱相信自己有诸多迫不得已的苦衷，当然是把自己说得越可怜越好，把自己的前妻以及其他相关人物说得越可恨越好。而罗切斯特的前妻作为一个疯女人，可悲地丧失了话语权。她无法站出来为自己辩护，只能听由前夫的一面之词任意编排。亨伯特的叙述与罗切斯特的辩白有异曲同工之处。为了使外界相信他并非罪大恶极，亨伯特用激情澎湃的语言美化了自己对少女的欲念，将一场不伦之恋描绘得凄婉动人。他同时将一部分罪责推给了洛丽塔，认为是洛丽塔在勾引自己，例如洛丽塔不避父女之嫌主动与他进行亲密接触，甚至她在去夏令营之前还向亨伯特大胆献上一吻，超越了普通父女应有的礼数。我们不否认洛丽塔有一些青春期少女的懵懂与早熟，对性有些似是而非的好奇探究，但如果由此断定洛丽塔存心勾引亨伯特,甚至想取代母亲,与亨伯特维系情人关系共同生活,这种判断并不妥当。洛丽塔尽管在亨伯特的叙述中被剥夺了叙述自己的话语权,她仍然从与亨伯特的对话中维护了自己的意志:

> "你这傻瓜,"她说,一面甜甜地朝我笑了笑。"你这讨厌透顶的家伙。我本是个生气勃勃的姑娘,瞧瞧你都对我做了些什么。我应该把警察找来,告诉他们你强奸了我。噢,你这肮脏的、肮脏的老家伙。"①

由这段话我们就可以看出洛丽塔是怎样来界定她与亨伯特之间的关系的。她认为亨伯特是肮脏的、令人恶心的。他背叛了一个慈父的身份,对自己干出了难以言说的龌龊勾当。他蹂躏了自己的美好青春,毁了自己的生活。洛丽塔的生母死后,她失去了监护人,无所依托,只能屈从于继父亨伯特的安排和摆布,但没想到亨伯特将妻子的死视为一个契机,在洛丽塔最为孤苦无助的时候乘虚而入,将长久以来对洛丽塔的欲念付诸实践。尽管亨伯特试图把他与洛丽塔开车周游美国的历程描述得浪漫动人,但他最终连自己都无法自圆其说。亨伯特实际上是在用挟持的手段强迫洛丽塔与他同行,以爱的名义囚禁了洛丽塔。亨伯特由于得偿所愿而心满意足,洛丽塔却几乎天天饮泣。她作为被叙述的客体,依然在用自己的方式消解亨伯特的叙事,瓦解亨伯特自以为是的幸福。多年后亨伯特与洛丽塔最后一场对话更是证明了他们之间所谓的"爱情"只是亨伯特单方面的臆想:

> "最后再说一句,"我用我那糟透了、用心想出来的英语说,"你是不是相当、相当肯定——唔,当然不是明天,也不是后天,而是——唔——将来某一天,随便哪一天,你不会来跟我一起生活? 只要你能给我这样一点微小的希望,我就要创造一个全新的上帝,并用响彻云霄的呼喊向他表示感谢。"(大意如此)
>
> "不会,"她笑嘻嘻地说,"不会。"②

故事发展到了这个地步,亨伯特还将自己刻画成一个痴心汉,希望

---

① 纳博科夫;主万.洛丽塔[M].上海:上海译文出版社,2005:222.
② 纳博科夫;主万.洛丽塔[M].上海:上海译文出版社,2005:447.

博取洛丽塔的怜悯和感动,但是经历了种种人生巨变的洛丽塔已经不吃这一套了。尽管她当时的处境并不如人意,她宁可与她那粗鄙贫贱的丈夫相守,也不愿再回到曾经毁灭了她生活的男人身边。她高傲决绝的态度彻底粉碎了亨伯特的幻想。如果读者的情绪被亨伯特的叙事牵着走,还有可能对亨伯特痴情得不到回报感到遗憾,觉得洛丽塔的态度有些残忍。的确,读者是比较容易受第一人称主观叙事的影响,对第一人称主人公产生同情甚至认同。然而,我们进行的对抗性阅读是需要站在女性立场来解构男性叙事权威的,不能让自己的意识完全地接受叙述者的控制,更何况我们也清楚地看到亨伯特叙述下的洛丽塔表现出了对他的话语权和控制欲的抗拒,更没有理由在洛丽塔事件上对亨伯特抱以认同感。回想亨伯特对待洛丽塔的残忍,我们不能苛责洛丽塔什么。亨伯特杀死奎尔蒂,更是没有道理。真正拐走洛丽塔的人就是亨伯特自己,洛丽塔不堪忍受他的桎梏才与奎尔蒂从他身边逃走。对洛丽塔而言,真正的罪人是亨伯特。洛丽塔否认奎尔蒂勾引自己,其实就是破坏了亨伯特进行自我辩护的可能。亨伯特杀人的罪行是不值得同情的。因此,尽管洛丽塔是作为被叙述的客体存在,她的话语和行为却解构了亨伯特的叙事权威。因此,《洛丽塔》的叙事可以说是一个女性叙事逐渐颠覆、改写男性叙事的过程,一个被叙述的客体逐渐发出自己的声音,在某种程度上成为叙事主体的过程。因此,这个以男性为第一人称的叙事并没有淹没女性的声音,《洛丽塔》的整体叙事是具有女性主义特征的。

如果我们仔细阅读纳博科夫在后记中作为作者的发言,会对作品有进一步的理解。纳博科夫的后记对小说本身的一些创作理念进行了说明:

还有一些文雅之士,他们会认为《洛丽塔》毫无意义,因为它没有教人任何东西。我既不读教诲小说,也不写教诲小说。不管约翰·雷说了什么,《洛丽塔》并不带有道德说教。对于我来说,只有在虚构作品能给我带来我直截地称之为美学幸福(审美狂喜)的东西时,它才是存在的;那是一种多少总能连接上与艺术(好奇、敦厚、善良、陶醉)为伴的其他生存状态的感觉。这类书不很多。所有其他的书不是应时的拙劣作品,就是有些人称之为思想文学的东西,而这种东西往往也是应时的拙劣作品。仿佛一大块一大块的石膏板,一代一代小心翼翼地往下传,传到后来有人拿了一把锤子,狠狠地敲下去,敲着了巴尔扎克、高尔基、曼。①

　　纳博科夫表明了自己的立场。他不愿意让自己的作品承担说教的功能,只希望作品能具有审美意义。他也没有明确表态他对女主人公洛丽塔持何种看法。他否定"序文"部分小约翰·雷博士的说法,承认了《洛丽塔》一书只是自己的虚构。纳博科夫的说法似乎体现了唯美主义的理念,但他实际上并没有完全放弃道德的诉求。纳博科夫作为操纵整个故事进展的人,有意让亨伯特遭遇了自我辩护的困难。亨伯特的下场也是他自己罪有应得。洛丽塔作为纳博科夫和亨伯特的双重叙述客体,在一定程度上颠覆了男性的主观叙事,尽管我们很难从亨伯特的视角完全了解她的内心世界。

　　女性在纳博科夫的作品中基本是被叙述的客体。读者可以从叙述者的角度了解她们的外貌、言语、行为,但无法进入她们的内心世界。但这并不意味着她们丧失了感情、思想、个性与人格。洛丽塔是处于男性双重叙事下的小说人物,从一开始就被剥夺了话语权。但是她并没有任由亨伯特摆布,她通过自己的言行消解了亨伯特的话语,使亨伯特的自我辩护失去了说服力,为自己赢得了部分自主权。洛丽塔的母亲夏洛特也在识破亨伯特真面目后反客为主,不再受亨伯特的话语蛊惑。丽莎和玛戈在小说中也是通过男性视角被观察的,但她们也并非是完全受男性控制的客体。相反地,丽莎和玛戈在一定程度上把男主人公当成了被摆弄的棋子,并在操纵男性的过程中体现了她们的主体意识。所以,纳博科夫笔下的女性尽管是被叙述的客体,却没有完全失去自我意识。她们通过自己的言行表明了自身的存在。在洛丽塔的自我辩解中,她本质上是个天真单纯、不谙世事、故作成熟却被成熟继父引诱的走向不幸生活的少女,并不是自甘堕落的坏女孩。

三、蝴蝶般的小仙女

　　纳博科夫笔下的女性大致有两类,一类是美丽动人犹如蝴蝶、犹如

---

①　纳博科夫;主万. 洛丽塔[M]. 上海:上海译文出版社,2005:500.

精灵一般的"小仙女"①,寄托了他心中对纯美女性的向往,另一类是"不怀好意、很有心计的女人"②,她们庸俗、肤浅、粗鄙、虚伪、充满算计,是负面女性的代表。

众所周知,纳博科夫有着深刻的蝴蝶情结。蝴蝶的美丽让纳博科夫深深迷醉,对蝴蝶的追寻造就了纳博科夫对美丽的追寻。这种美包括了文学本身的美和文学中的女性美。我们可以把纳博科夫对女性美的追求看成他蝴蝶情结在文学领域的延伸。

洛丽塔就是一个集中了女性美的小仙女。亨伯特在洒满阳光的草坪上第一次看见洛丽塔的情景堪称美国文学经典场景之一:

　　那是同一个孩子——同样娇弱的、蜜黄色的肩膀,同样柔软光滑、袒露着的脊背,同样的一头栗色头发。她的胸口扎着一条圆点花纹的黑色头巾,因而我的苍老而色迷迷的双眼无法看到胸前两只幼小的乳房,可是我在一个不朽的日子抚摸过的那对乳房仍然无法躲过我少年时记忆的目光。……我又看到了她可爱的、收缩进去的肚子,我的往南伸去的嘴曾经短暂地在上面停留;还有那幼小的臀部,我曾经吻过短裤的松紧带在她的臀部留下的那道细圆齿状的痕迹……自那以后生活的二十五年逐渐变细,成了一个不断颤动的尖梢,最终消失不见了。③

纳博科夫对女性美的尊崇令我们想起传统男性对理想女性的共同想象——对天使型女性的向往。著名女性主义批评家吉尔伯特和格巴曾经指出:"19世纪(乃至今日)占统治地位的父权主义意识形态把艺术创造力当成男性的一种根本优质,由于创造力被界定为男性,其结果必然是,占统治地位的女性文学形象也必然是男人幻想的产物,女作家们被剥夺了创造自我形象的权利,而必须努力遵照父权制强加在她们身上的标准。"④传统男性作家笔下的女性被大致分为两类:天使型女性和妖妇型女性。天使型女性通常拥有美丽温柔、善良贤惠等特点,她们满足了男性的审美期待,是男性推崇备至的理想女性。妖妇型女性通常则是

①　纳博科夫;唐建清.独抒己见[M].杭州:浙江文艺出版社,2012:20.
②　纳博科夫;申慧辉等.文学讲稿[M].上海:上海三联书店,2005:10.
③　纳博科夫;主万.洛丽塔[M].上海:上海译文出版社,2005:60-61.
④　罗婷.女性主义文学批评在西方与中国[M].北京:中国社会科学出版社,2004:51.

丑陋不堪、凶悍狠毒的。这类女性是男性作者和读者鞭挞和唾弃的对象。男性作家对女性程式化、脸谱化的描绘,实际上是"通过文学作品的感染力","虚构了一个让妇女接受的现实"①。他们的作品并没有完全地再现现实,还原妇女在生活中的本来面目。他们只是臆想出了一批自己喜爱和憎恶的女性人物,并通过对她们的褒贬,把以男权主义为中心的价值体系强加给女性,要求女性以天使型女性为榜样,无私奉献,否定自我,屈从于男性的专制和权威,否则就会被视为令人唾弃的妖妇。天使型女性犹如九重天外的仙女,令人向往却又遥不可及。但是男性仍然试图在仙女式的人物身上寻找他们的审美理想。在《洛丽塔》中,亨伯特曾为自己的"恋童癖"进行辩解,实际上他也是在试着说明他对"小仙女"的爱是对美的理想的追求。在小说中亨伯特举出了但丁(Durante degli Alighieri,1265—1321)也曾爱上九岁的贝雅特丽丝的例子,似乎想告诉我们:对小仙女的迷恋并不是亨伯特独有,文学前辈的情感故事跟自己的相比是有过之而无不及。但丁把贝雅特丽丝视为女神、天使,视为美丽和纯洁的象征,对她所代表的女性美可以说达到了膜拜的地步:

　　将具体情感抽象化——将贝雅特丽丝这个世俗女子视为爱与美德的化身,或是将抽象的概念具体化——将爱与美德这些概念化为具体的贝雅特丽丝的形象,都是源于作家对理想的向往与追求。这其中,关键是他将自己的理想嫁接到贝雅特丽丝这个女子的身上,便使得这个一生仅与他有两面之交的世俗女子化身成为圣洁无比的女神。所以说,作为女神的贝雅特丽丝和作为世俗女子的贝雅特丽丝是既有一定的关联,又有本质的区别的。正因为但丁对贝雅特丽丝这个世俗女子的爱情是一次没有结果的情感经历,所以一切美好的想象都是仅存在他的精神世界之中,是但丁慰藉自己心灵的独特方法。特别是在但丁被强加上反抗教皇、背叛国家的罪名而判处于终身流放后,在去国怀乡,承受着多重痛苦的压迫的十九年间,贝雅特丽丝对但丁而言,便成了医治心灵伤痛的药方,是他寄寓感情的依托之所。因此,但丁用精美动人的文笔,将他深爱的世俗女子贝雅特丽丝美化为至善至美的天使和女神,她成了但丁的精神安慰和寄托所在,也成了推动他去探求人类通向天堂之路的动力源泉。②

---

①　罗婷.女性主义文学批评在西方与中国[M].北京:中国社会科学出版社,2004:53.
②　梁巧娜.性别意识和女性形象[M].北京:中央民族大学出版社,2004:66.

但丁对贝雅特丽丝的情感代表了男性在"仙女情结"上的一些共有特征。他们想象中的女神与现实有联系,但在一定程度上又是同现实脱节的。我们甚至可以说他们并不真正了解,也不愿意了解他们所喜爱的女性的真实面貌,只是一厢情愿地把自己对于女性的美好想象强加在他们的"仙女"身上,就如同希腊神话中的皮格马利翁一样,无视现实中他们认为有缺陷的真实女性,自己精心塑造了一个完美无瑕的象牙女郎并对之顶礼膜拜。与其说男性爱上了仙女,不如说他们爱上了自己的幻想。存在于男性想象中的完美女性形象通常是空洞苍白、符号化、平面化的。她们不是有血有肉的真实的人。

亨伯特对洛丽塔的感情较为复杂,与但丁爱上贝雅特丽丝有些相似之处又有些不同。亨伯特对洛丽塔的感情是他对童年时的恋人安娜贝尔的深化和延续。当他看见洛丽塔时,他感到昔日恋人的影子在洛丽塔身上复活了。他在洛丽塔身上寄寓了他对爱与美的理想,在某一时刻,亨伯特也意识到了他可能是把洛丽塔当成了替代品,当成了一个幻象:"我疯狂占有的不是她,而是我自己的创造物,是另一个想象出来的洛丽塔——说不定比洛丽塔更加真实、这个幻象与她复叠,包裹着她,在我和她之间漂浮,没有意志,没有知觉,真的,自身并没有生命。"[①]洛丽塔就是亨伯特心目中美的化身,是他的小仙女。但洛丽塔的美又不同于但丁笔下贝雅特丽丝不食人间烟火式的美。但丁笔下的贝雅特丽丝是神圣的、远离世俗尘嚣的,但丁对她充满仰慕,不敢有丝毫亵渎,甚至不敢像对待世俗女子那样对她坦诚地示爱,在自己进入天堂后也一直怀着诚惶诚恐的态度向她求教关于信仰的真理。贝雅特丽丝对他而言更像是一个精神导师而不是爱人。纳博科夫笔下的洛丽塔却是有血有肉、具有肉眼凡胎的世俗女子。小说中对洛丽塔的描写是充满肉欲感的,包含了情与性的诱惑。尽管亨伯特称洛丽塔为小仙女,但他已将她从仙女的神坛上拉了下来,赋予了她血肉与灵性。她与冰清玉洁的圣女贝雅特丽丝大不相同。洛丽塔的一举一动都撩拨着亨伯特的欲望,她的青春,她的活泼,她的粗野,她的放肆,无不闪烁着诱人的光芒。正因为仙女被男性赶下了神坛,她不再是男性顶礼膜拜的对象,而是他欲望化的对象:

　　我的宝贝儿,我的心上人在我的身旁站了一会儿——想看报上的滑

①　纳博科夫;主万.洛丽塔[M].上海;上海译文出版社,2005:95.

稽连环漫画专栏——她身上发出的气味和另一个人,也就是里维埃拉的那个孩子几乎完全一样,只是更为强烈,带着比较浓郁的意味——一种炽热的气息立刻使我这个男子汉激动起来——可是她已经把她想要的那张报从我这儿一把抢走,退到挨着她海豹似的妈妈的那张草垫上去了。我的美人儿在那儿趴下身子,向我,向我长着眼睛的血液里那上千只睁得很大的眼睛展示她微微挺起的肩胛骨,她那俊美、弯曲的脊背,她那在黑色游泳衣里紧绷绷的、狭小的、隆起的臀部,以及她那两条女学生大腿的外侧。这个七年级女学生默不作声地欣赏着红、绿、蓝三色的连环画页。她是红、绿、蓝的普里阿普斯所能构思出的最娇艳的性感少女。我嘴唇焦干、透过棱镜折射出的好多层光定睛细看,一面调节我的欲望,在报纸下面微微晃动身子,这时我感到我对她的感觉,如果能适当地集中起来,可能就足以使我立刻达到一个穷叫花子的极乐境地;可是正像一个宁愿要活动的而不是一动不动的捕获者的猎食者那样,我打算让这种可怜的境地的实现跟她做的一个少女动作同时发生,她在看连环画页的时候不时做出各种各样的少女动作,比如想要搔搔自己的背脊心,从而露出一个好似点彩画出的腋窝……①

我们借助亨伯特的视角来观察洛丽塔,就会发现有小仙女之称的洛丽塔并不是高高在上、纯洁无瑕的天使。她灵动性感,富有青春活力,对亨伯特有着致命的吸引力。由此可见,纳博科夫对女性美的推崇与许多传统男性作家的看法是有区别的。传统男性作家对女性进行简单僵化的二分法,然后将"天使型女性"作为至纯、至善、至美的女性象征来讴歌赞美。其实这种过于美化女性的写法并不是正确的理性的对待女性的做法。它扭曲了女性在生活中的真实面貌,把复杂的多面体式的人性压缩为扁平干涩的形象。现实生活中的女性美不应是空洞苍白的女神或天使式的美,而应是消除神性、恢复人性、能食人间烟火的美。这种美不会是完美无瑕,但却是真实可信的。纳博科夫笔下的小仙女虽有仙女之名,却是实实在在的充满世俗气质的人间少女。纳博科夫崇尚女性的美,却不把这种美僵化、圣化、置于神龛内供奉膜拜。

除了洛丽塔以外,纳博科夫的处女作《玛丽》中的女主人公也具有纯真美丽的小仙女的特征。《玛丽》的男主人公加宁是个流亡在德国的俄

---

① 纳博科夫;主万.洛丽塔[M].上海:上海译文出版社,2005:66.

国青年,漂泊无依的流亡生活令他陷入了一种枯燥乏味、无所事事的生活状态。他偶然发现邻居的妻子是他少年时期在俄国的初恋情人玛丽,不禁陷入了对初恋往事的回忆。玛丽的美好形象渐渐占据了他的脑海,使他在追忆与幻想中暂时忘记了现实生活的残酷:

> 在这巨大、拥挤的谷仓里的所有脑袋和肩膀之中,加宁只看得见一样东西:他看着前面一绺扎着黑蝴蝶结的棕色长发,蝴蝶结的边已经有点磨损了。他的眼睛爱抚着她鬓角旁那平滑的深色头发上一层少女特有的光泽。每当她侧过脸对坐在她旁边的女孩微笑着投去迅速的一瞥时,加宁还可以看见她红扑扑的面颊,亮闪闪的、鞑靼人式的眼睛的一角,和她笑的时候一张一缩的鼻孔的优美曲线。①

在加宁的回忆中,玛丽是一个天真纯洁、充满灵气、富有青春活力的犹如蝴蝶一般的可爱少女,是少年加宁理想中的恋人。在与玛丽真正相遇之前,加宁已经怀着渴望塑造了她的独特形象,而当玛丽真正出现在加宁生活中时,他感到现实中的少女与他之前所幻想的少女已经不知不觉地重合在了一起。玛丽的形象是虚幻和现实的结合,一方面她是男主人公设想出的纯洁温柔的理想女性,另一方面她也是现实中有血有肉的美丽少女。在整部小说中,玛丽从头到尾其实并未真正登场,她一直存在于男主人公的回忆中,在他的回忆中被勾勒、被描画,是被男性所叙述所建构的客体。从表面上看,玛丽虽然处于缺场状态,但她同时又是无处不在的。加宁对玛丽的追忆贯穿了全书始终,对初恋情人的美好回忆甚至战胜了庸碌无为、苦闷无趣的现实,成了全书的主线和灵魂。

玛丽的美不仅拥有不同凡俗的纯洁与灵气,也能够挑动同龄少年的懵懂情怀。她的脸颊带着温暖的色彩,令加宁身心舒畅。她伶俐活泼,爱笑爱闹,富有感染力的笑声快乐得让人惊叹。她的一切举动都是少女天性的自然流露,没有矫揉造作的特征。加宁与玛丽在风景如画的俄罗斯乡村相识相恋,一起划船、歌唱,在短暂的分离后频繁地书信往来,互诉衷肠。值得注意的是,纳博科夫在描绘玛丽的形象时,也浓墨重彩地描绘了俄罗斯乡间的美景,让玛丽的美与周围的美景融为一体。黄昏中的白桦林,收割后的广阔田野,风中闪着光泽的青草,紫红色的斑驳的花

---

① 　纳博科夫;王家湘.玛丽[M].上海:上海译文出版社,2007:48–49.

丛,静水深流的小河,这些景象不仅仅是有关玛丽的故事的背景陪衬,也是玛丽美好形象的象征。在生态主义理论中,女性相较于男性而言,一直被认为和大自然有着更紧密的联系。如同自然界的山川万物孕育了人类世界一样,女性也是孕育、繁衍人类的关键一环。在古代希腊神话中,象征自然界的大地、谷物、森林的神祇大多为女神。人们在远古时期把对自然和对女性的崇拜结合到了一起,这种崇拜在经历了母系社会到男权社会的变迁之后,仍旧会或多或少地留在人们的潜意识中。在《玛丽》中,玛丽就如同山川树林化身的小仙女,代表着纯真美好的自然气息和浪漫迷人的田园氛围。当小说中的加宁追忆玛丽时,也在潜意识里把玛丽看作了故乡山川美景的象征,并没有刻意将她与故国的风景区分开来。在收到玛丽的情书时,浮现在加宁脑海中的却是俄罗斯乡村的风光:

加宁记得收到这封信时的情况,记得在那个遥远的一月的黄昏沿着一条陡峭的石头小径走上去,经过各处挂着马的头骨的鞑靼人的尖桩围栏,记得他如何坐在一条许多细流湍急地流过平滑的白石头的小溪旁,透过一棵苹果树那无数纤细却惊人清晰的秃枝凝视着柔和的粉红色天空,那儿一弯新月像剪下的半透明的指甲闪闪发光,在月亮的下面一个尖角处颤动着晶莹的一滴——第一颗星星。①

他只记得他们在一起的第一个秋天——其余的一切,所有的口角和折磨似乎都显得苍白而没有意义。那缱绻的夜色,晚上海面那惯有的光泽,柏树夹道的狭窄林荫路上天鹅绒般柔和的静寂,玉兰树阔叶上闪烁的月光。②

在梦幻般的回忆中,甚至连马的头骨都变得不再可怕,反而蒙上了一层诗情画意的女性美。玛丽的形象与自然美景的形象融为一体,难分彼此。她散发出宁静柔和的光辉,照耀着加宁忐忑不安的心。当恬静的乡村遭受到战火的蹂躏后,玛丽也如同遭受了摧残一样,带着令人怜惜的伤痕:"她整个外貌上有着某种古怪和胆怯的东西;她笑得少了,不断

---

① 纳博科夫;王家湘. 玛丽[M]. 上海:上海译文出版社,2007:96.
② 纳博科夫;王家湘. 玛丽[M]. 上海:上海译文出版社,2007:97.

把头掉向一边。她柔软的脖子上有乌青的痕迹，像是一条不十分清晰的项链，倒很适合她。"①玛丽的伤痕委婉地暗示了战争对自然田园的伤害，进一步证明了玛丽是自然山川的象征。尽管如此，玛丽在加宁心中仍旧是真善美的象征，依然拥有旁人难以企及的纯净和美丽。在加宁颓废乏味的流亡生涯中，玛丽犹如一股天堂的阳光照进他狼狈不堪的生活，犹如一股强大的救赎力量帮助他走出现实的泥潭。加宁与自己颓靡不振的生活方式道别，把自己与玛丽的那段纯真感情珍藏在心底，踏上了新的人生旅途。

四、不怀好意的女人

在《文学讲稿》中，纳博科夫在分析简·奥斯丁笔下的诺里斯太太时，形容她为"不怀好意、爱管闲事，又很有心计的女人"②。这也是纳博科夫笔下除了纯真美丽的小仙女以外的另一类形象较为负面的女性形象。她们虚伪粗鄙、富有心机，与小仙女形成了鲜明的对比。在这一点上，纳博科夫似乎沿袭了吉尔伯特和格巴所说的男性作家笔下天使与妖妇类型的对立，但纳博科夫并未完全以传统男性思维对她们进行刻板的描画。

《洛丽塔》中的夏洛特，即洛丽塔的母亲，在亨伯特的视角下是一个鄙俗愚蠢，但对亨伯特充满了婚姻算计的女子形象。与洛丽塔不同，"从一开始她就不是一个幻景，而是沉闷、迟钝、无法美化的现实。"③她痴恋亨伯特，希望与之结为连理，却不知亨伯特真正觊觎的是她正值豆蔻年华的女儿，只是将与她的婚姻关系当作一个接近洛丽塔的跳板。亨伯特与夏洛特的初次见面丝毫没有激起亨伯特的浪漫情怀。在亨伯特眼中：

这位可怜的太太年纪大约三十五六，额头显得十分光亮，眉毛都修过了，容貌长得相当平凡，但并不是没有什么吸引人的地方，那种类型可以说是经过冲淡的玛琳·黛德丽。她轻轻拍了拍盘在脑后的红褐色的

---

①　纳博科夫；王家湘. 玛丽[M]. 上海：上海译文出版社，2007：79.

②　纳博科夫；申慧辉等. 文学讲稿[M]. 上海：上海三联书店，2005：10.

③　Maddox, Lucy. Nabokov's Novels in English[M]. London：Croom Helm, 1983：71.

发髻,领我走进客厅……她那双分得很开的海绿色眼睛十分滑稽地一边上下打量着你,一边又小心避开你的眼睛。她的笑容只是古怪地扬起一边眉毛。她一边说着话,一边在沙发上舒展开身子,一边又不时凑向三个烟灰缸和近旁的火炉围栏(那上面放着一只苹果的褐色果心),随后身子又靠到沙发上,把曲起的一条腿压在身子下面。显然她是那种谈吐优雅的女人,他们的话语可以反映一个读书俱乐部、桥牌俱乐部或任何其他死气沉沉的传统组织的看法,却根本不反映她们自己的心灵;这种女人一点没有幽默感,心里对于客厅谈话可能涉及的那十二三个话题全然不感兴趣,但对这种谈话的规矩却很讲究。我们透过这种谈话其乐融融的玻璃纸外表,轻而易举就能看出一些并不怎么叫人感兴趣的失意挫折。①

夏洛特是个商业社会典型的中产阶级妇女。她具有一定的财富和阶级地位,虽然并非大富大贵,却也安逸舒适,而这种安逸往往带给人们的是空虚乏味、不思进取的生活。她有一定的文化学识,但缺乏真正的智慧。她没有自己的独立见解,只会人云亦云,跟随大流。她试图装作优雅,却是徒劳无功。她矫揉造作的礼仪姿态只能反映出她灵魂的空洞。她没有更高的精神追求,只会沉浸在庸俗的日常之中,甚至连她的笑容也失去了一种发自内心的天真流露,显得虚假无力。从亨伯特这个文学教授的精神层面上说,夏洛特是愚昧粗鄙的,然而亨伯特也敏锐地意识到,夏洛特其实并不缺乏一个商业社会妇女的世俗精明。亨伯特预感到,自己一旦成了她的房客,就会陷入一张肮脏交易的大网,陷入她步步为营的算计中。讥讽的是,亨伯特为了达到一个更卑劣的目的,自愿陷入了夏洛特的算计。

然而,如果我们跳出亨伯特的视角,换个角度来看夏洛特,便会觉得夏洛特不过是个痴情可怜的女子。她作为一个单身女性,虽然在追求亨伯特的过程中有一些心眼和算计,为了把亨伯特作为房客留下,不惜百般讨好,甚至矫揉造作,但她对亨伯特付出了真心,为了追求自己的爱情和幸福,有些行为本无可厚非。相较而言,亨伯特却卑鄙地利用了她的感情,想要通过和她结婚达到占有妙龄少女洛丽塔的目的。值得一提的是,在与亨伯特的交往中,夏洛特是主动向亨伯特求婚的。尽管她写给

---

① 纳博科夫;主万.洛丽塔[M].上海:上海译文出版社,2005:57－58.

亨伯特的求婚信令对方厌恶,但读者却不免被她追求真爱的勇气所打动。这一点颠覆了女性被动等待男性挑选和追求的传统情感模式。在传统思维模式中,女性是被动矜持的,习俗要求她们压抑自己的情感,控制自己的思想,在男女关系中扮演被动的客体。在《傲慢与偏见》之类的传统小说中,女性都是被动等待男性的选择与求婚。一旦女性在男女关系上扮演主动角色,男性会感到自己的主体性遭受了威胁。亨伯特对夏洛特的求婚信产生反感情绪一部分也是因为如此:亨伯特自负自己是一个猎艳高手,却没想到自己也成了他人眼中的"猎物"。夏洛特主动求婚的行为展现了现代女性的勇敢和主体性。亨伯特自己也不得不承认,夏洛特是个温柔动人的妻子,为了构建理想的婚姻生活付出了很多努力,改变房屋的布置,细心地照料丈夫的生活,甚至连她曾经做作的微笑也变得璀璨。

可悲的是,夏洛特终究是亨伯特邪恶欲望的牺牲品。夏洛特在婚姻中的倾心付出对亨伯特而言反而是他接近真正目标洛丽塔的障碍。亨伯特对夏洛特的感情仍然是鄙视乃至厌恶的。这一点从他在夏洛特身上试验药物的情节可以看出:

在七月的大部分日子里,我试用了各种不同的安眠药粉,在大量服药的夏洛特身上加以试验。我给她服的最后那一剂药(她以为是一小片用来镇静神经的温和的溴化钾镇静剂)叫她整整昏睡了四个小时。我把收音机开到最大音量,还用一个橡皮制的男性生殖器形状的手电筒对着她的脸照去。我推她,拧她,扎她——但什么都无法打乱她那平静而有力的呼吸节奏。可是,等我做了吻一吻她这么一个简单的动作后,她竟立刻醒了过来,像一条章鱼似的精神饱满、身强体壮(我几乎都来不及逃开)。①

叙述者在这里对夏洛特充满了恶意,夏洛特几乎成了任由亨伯特摆弄的棋子,一个生机勃勃的小丑,看起来既庸俗不堪,又十分愚蠢。夏洛特被爱情一时蒙蔽了双眼,但她也并非糊涂到死的愚蠢女子。她在发现了亨伯特的日记之后,从迷梦中清醒过来,在痛苦中直面残酷的真相,再也不理会亨伯特的狡辩:

① 纳博科夫;主万.洛丽塔[M].上海:上海译文出版社,2005:147-148.

她的脸因为情绪激动而变了样子,在她盯着我的双腿说话的时候毫无风韵可言。她说:

"黑兹那个女人,那个大婊子,那个老娘们,那个讨厌的妈妈,那个——又老又蠢的黑兹不再是你愚弄的人啦。她已经——她已经……"

我的美貌的指控者停下来,把她的怨恨和泪水都咽下肚去。不管亨伯特·亨伯特说什么——或企图说什么——都无关紧要。她接着往下说道:

"你是个恶魔。你是个讨厌、可恶、不道德的骗子。要是你敢靠近——我就要朝窗外大声喊叫。走开!"①

不幸的是,夏洛特在想要寄出揭露亨伯特的信件时被汽车撞死,反而成全了亨伯特的邪恶计划。然而,夏洛特最后的反抗行为表明了她不甘于被亨伯特摆布的意志。她开始为自己争取话语权,想要通过写信撕开亨伯特温文尔雅的外衣,剖析他的实质。从这一点上说,夏洛特和女儿洛丽塔有些异曲同工之处。只是纳博科夫为了让亨伯特的故事能够发展下去,不得已给夏洛特安排了死亡的结局。

《普宁》中的丽莎在作者的叙述中是以负面形象出现的。她也是处于男性双重叙事下的人物——一个是纳博科夫,一个是与她有过情感纠葛的"我"。丽莎是个水性杨花的女人,视婚姻为儿戏,玩弄他人的感情。丽莎从来不珍惜普宁对她的真情付出,只是利用普宁的善良和真情来达到利己的目的。她与情人私奔,却利用普宁帮她取得护照。她甚至对普宁提出极为过分的要求,即照顾她与情人的儿子维克多。对儿子而言,她也远远不是一个合格的母亲。维克多是一个天赋过人的孩子,丽莎却把这种天赋当成了困扰,把孩子视为病人,试图用精神分析的疗法来治疗孩子的"异常",让孩子陷入一系列荒唐无聊的心理学实验中。当丽莎不想承担为人母亲的责任时,竟然毫无道理地把孩子推给前夫照顾。但普宁出于自己温和善良的天性和对丽莎的深情,竟然答应了她的要求。除此之外,丽莎还是一个附庸风雅的浅薄女人。她"产卵似的写诗,她的诗篇就跟复活节的彩色蛋似的,弄得到处都是,而且在那些描绘她要生的孩子,她想有的情人,以及圣彼得堡(无非是抄袭安娜·阿赫玛托娃的作品)的花红柳绿的诗作中,每个语调,每个意象,每个隐喻都早已让其

---

① 纳博科夫;主万. 洛丽塔[M]. 上海:上海译文出版社,2005:149-150.

他作诗的家伙用过了"①。她并不具备真正的文学天赋或是良好的文学修养,她的诗歌也不具备优美的原创性,她写诗更多地是为了满足被人追捧的虚荣心。

丽莎令人厌恶的地方在于她的卑鄙和放荡。她有权利离开普宁,但没有权利利用普宁对她的感情把他玩弄于股掌之上。至于放荡,这是最令男性厌恶的女性品质。虽然在普遍的女性主义解读中,"放荡"的女性往往带有反抗男性性别霸权的因素。因为按照传统男权观念,男性如果滥情通常被认为是风流倜傥,女性如果也同样多情就会被视为淫荡无耻。因此,特定情况下的"放荡"女性反而可能是具有主体意识,追求平等性权利的人物。但《普宁》中的丽莎不在此列。普宁并无亏待她之处,她却周旋于多个男人之间,屡屡欺骗普宁的感情和意志。丽莎作为被叙述的客体,我们无法仔细了解她的内心世界。然而,在小说临近结尾的部分,纳博科夫道出了丽莎一部分不为人所知的心灵伤痛。她曾经爱慕一个男人,委婉地在诗歌中向他求爱,男人对她的深情视若无睹,两次毫不客气地当面坦言她的诗歌水平低劣,严重地伤害了她的感情和自尊。她在突如其来的痛苦中吞下安眠药自杀,幸亏被朋友及时发现才捡回一命。普宁在丽莎最伤感最无助的时候走进了她的生活,给予她无微不至的关怀与柔情。当丽莎再一次对爱人失望时,她自然而然地接受了普宁,躲进了普宁为她准备的温暖港湾。她原本是感情上的受害者,但为了逃避感情的伤痛却又利用和伤害了一个无辜的男人。她的行为不可避免地让她成了负面角色,但我们可以看出,纳博科夫并没有把她塑造成一个十恶不赦、一无是处的妖妇形象,她从某种程度上说仍是值得同情的。

《黑暗中的笑声》中的女主人公玛戈也是一个反面形象。她本身也象征了黑暗。"正如我们所见,玛戈总是与黑暗的意象相关联。"②她最终让男主人公也坠入了无边的黑暗。不同的是,《黑暗中的笑声》里的男主人公欧比纳斯并不是普宁式的好人。欧比纳斯本人对婚姻并不忠诚,玛戈原本是他的婚外恋对象。欧比纳斯背叛妻子与玛戈在一起后,自己也如报应一般遭受了同样的背叛。玛戈结识了新情人雷克斯,便将欧比

---

① 纳博科夫;梅绍武.普宁[M].上海:上海译文出版社,2007:46-47.
② Hyde,G. M. Vladimir Nabokov:America's Russian Novelist[M]. London:Marion Boyars, 1977:69.

纳斯抛在脑后。欧比纳斯因车祸双目失明,更给了玛戈和雷克斯一个欺骗、捉弄欧比纳斯的契机。两人故意在欧比纳斯面前做出种种滑稽的姿势,弄出声响,把捉弄别人当作"有趣的娱乐",让欧比纳斯受尽了屈辱。

玛戈对欧比纳斯是非常残忍的。在最初认识欧比纳斯的时候,她对欧比纳斯便并非真心,只是贪图他的地位和钱财,却装出一副小鸟依人、楚楚可怜的模样,讨得欧比纳斯的欢心。明知欧比纳斯是有妇之夫,玛戈并不考虑自己介入他人的家庭会给对方无辜的妻子带来怎样的伤害,只是自私自利地考虑自己能从欧比纳斯身上获取多少利益。欧比纳斯虽然对不起妻子,却没有对不起她。她对欧比纳斯却并无什么感激怜悯之心,反而在欧比纳斯遭遇不幸失明以后,跟自己的情夫一起捉弄戏耍他,让他成为备受自己摆布的棋子。

日子一天天过去,欧比纳斯的听觉越来越灵敏,雷克斯和玛戈也变得越来越放肆:他们已经习惯于将欧比纳斯的失明当作安全的屏障。起初雷克斯在厨房里吃饭,老艾米丽亚在一旁以仰慕的目光呆望着他。后来他索性坐到欧比纳斯和玛戈的饭桌旁,跟他们一道进餐。他的吃法巧妙,一点声音都没有,刀叉从不碰响碗碟。他像无声电影中的人物那样无声地咀嚼,完全与欧比纳斯颚部的动作以及玛戈的说话声合拍。[1]

欧比纳斯发现真相后想要打死两人,结果自己反被枪杀,形成了反讽的效果。玛戈在小说中是被叙述的对象,但她在小说中却成功地操纵了男主人公的命运,在情节发展中为自己争取到了一部分主动权。当然,我们也应该看到,玛戈戏弄、枪杀欧比纳斯的行为不是我们应当认同的。后期的欧比纳斯是个十足的可怜虫,他被欺辱时迷茫无助的形象很容易激起读者的同情。玛戈是个典型的蛇蝎女子,除了外表妖娆以外几乎没有什么正面的品质,她自私、狠辣、凉薄、残酷、利欲熏心、无情无义,就像是地狱里的恶魔,毁灭着被她所蛊惑的人。

但值得一提的是,在《黑暗中的笑声》前半部分,纳博科夫花费笔墨描写了玛戈的成长环境。玛戈的父亲对女儿态度冷漠粗暴,疏于关心,从来没有给她提供一个温馨稳定的成长环境。在父权制社会中,"父亲

① 纳博科夫;龚文庠.黑暗中的笑声[M].上海:上海译文出版社,2006:205.

的权力往往是和整个社会压制女性的权力融为一体的"①,而父亲这个角色往往成为女孩生活中第一个压迫者和暴君。女孩子"婴幼儿时期的第一课便是教会她们压抑感觉,控制思想"②。玛戈与父亲的关系类似奴隶与奴隶主。尽管作为一个普通的看门人,玛戈的父亲也是一个遭受阶级压迫的处于社会底层的可怜男子,但是他转而把这种压迫施加在了女儿身上,使玛戈承受了阶级歧视和性别歧视的双重压制。玛戈的母亲,一个可怜可悲的粗鄙妇人,也没能站出来对抗自己的丈夫,好好爱护女儿,教会她自立自强,无意中成了男权社会的帮凶。玛戈的哥哥经常对妹妹宣泄暴力,害得她总是习惯性地护住自己的脸颊。男性亲人带给她的只有伤害和痛苦,她只能试图在家庭之外寻求安慰和温暖。她也曾心思单纯,对爱情怀有美好的憧憬,却不止一次地遭受了男人的玩弄与抛弃,导致她慢慢走向了堕落和自暴自弃的道路。玛戈早年的经历与《悲惨世界》中的芳汀和《德伯家的苔丝》中的女主人公有一定的相似之处,都是纯真少女遭遇了富家男子的诱骗和伤害而堕落。所以,从某种程度上说,玛戈也是男权社会的牺牲品,也曾经是被侮辱和被损害的。纳博科夫描绘她的堕落之路,也存有对男权社会的批判态度,并非站在一个大男子主义者的传统立场,只是单单一味谴责给男性造成威胁与伤害的恶毒妇人。在经历了各种伤害与欺骗之后,玛戈从一个单纯的女孩变成了一个铁石心肠、充满心机的女人。既然这个社会对自己如此残酷,自己再也没有必要遵循这个世界给女人所规定的种种道德,她决定以堕落放荡作为自己独特的武器向男性和这个不公道的世界展开报复。闯入她生活的欧比纳斯成了她的猎物与报复对象。

欧比纳斯与玛戈的初见是一场貌似浪漫的邂逅:

正当手电光落在他手中的票上时,欧比纳斯看见了这姑娘俯视的脸庞。他随着她向前走去,隐约辨出她那十分娇小的身影及均匀、迅速而不带感情的动作。他跌跌撞撞地摸索到自己的座位,抬头望了她一眼,又看到她那清澈的眼睛里映出周围偶然闪现的一星光亮。他看到她那

① Yaeger,Patricia,and Beth Kowaleski-Wallace. (ed.)Introduction. Refiguring the Father:New Feminist Readings of Patriarchy[M]. Carbondale and Edwardsville:Southern Illinois University Press,1989:xi.

② Showalter,Elaine. A Literature of Their Own:British Women Novelists from Bronte to Lessing [M]. Beijing:Foreign Language Teaching and Research Press,2004:25.

绰约显现的脸庞,像是一位大师在黢黑的背景上画出的一幅肖像。①

在这一段落中,玛戈成了处于男性凝视之下的客体。凝视是文学理论中的一个重要概念。凝视与视野紧密关联,而视野又与人类发展息息相关。当人们凝视着世界时,他们获得了对世界的认知。人们在此刻成了凝视的主体,世界沦为凝视的客体。人类通过凝视获得的视野在认知过程、理性形成和认识世界的能力中扮演了关键角色。当欧比纳斯凝视着玛戈时,他作为凝视者的主体性被建立起来,而玛戈则成了一个被男性凝视的欲望化客体。他享受着作为凝视主体的权力,肆意审视着眼前的女孩是否符合他的审美。"在一个性别不平等的世界中,观看的愉悦感对男女来说并不是统一的。男性在观看中往往处于主动状态,女性在观看中往往处于被动状态。男性通过凝视把自己的幻想投射在女性身上"②。通过对玛戈充满好奇与控制欲的凝视,欧比纳斯的情感和欲望被她的美貌激起。对男性而言,女性在被看的同时也被呈现与展示,让男性感受到视觉和欲望的冲击。玛戈作为一名姿容出众的美女,必然会遭遇来自男性的凝视以及隐藏在凝视背后的欲望。在欧比纳斯的凝视中,她成了这个男人的猎艳对象。

从表面上看,欧比纳斯和玛戈在这段关系中分别扮演的是主动追求和被动等待的角色,实际上凝视者和被凝视者的身份是可能被颠覆互换的。数次邂逅之后,玛戈察觉到了欧比纳斯的凝视和企图,她反过来对他进行凝视打量,意识到他可能是一个可利用榨取的对象,于是她成了一个野心勃勃的猎人,欧比纳斯成了她视野中的猎物。当玛戈发现欧比纳斯在街对面尾随她时,她主动过街朝欧比纳斯走去,可是欧比纳斯却胆怯地躲开了。他在玛戈的凝视中感到了一种压力,感到自己作为凝视者的主体性在某种程度上被消解,男女双方在凝视中的地位在某种程度上被颠覆,他在对方的凝视中失去了掌控全局的能力,这种压力迫使他逃离了玛戈凝视的目光。后来两人在彼此试探中接近交往,交往的过程也是争夺凝视权与主体性的过程。在初次约会的咖啡馆中,欧比纳斯贪

① 纳博科夫;龚文庠. 黑暗中的笑声[M]. 上海:上海译文出版社,2006:11.

② Mulvey,Laura. "Visual Pleasure and Narrative Cinema"[J]. The Literary Tradition:Classic Texts and Contemporary Trends. 3rd ed. David H. Richter. Bostonand New York:Bedford and St. Martin's,2007:1175.

婪地盯着玛戈动人的脸庞，再次将她纳入自己充满欲望的凝视之下。为了更好地操控欧比纳斯，玛戈主动提出去欧比纳斯的家。害怕被妻子发现外遇的欧比纳斯本想拒绝玛戈的要求，却没能抗拒。在对欧比纳斯住房的凝视和打量中，玛戈进一步确信了在这个男人身上有利可图。在家中的镜子前，他们看见镜子中彼此的影像变得模糊，凝视者与被凝视者的界限也变得模糊，两人的关系达到了一种相对的平衡。而当欧比纳斯在车祸中失去视力陷入黑暗中时，他也彻底失去了凝视的权力，他的主体性被玛戈彻底颠覆，被迫服从玛戈的操控，女性权力在此占了上风。

纳博科夫的女性观很难一言以蔽之。他在传统贵族家庭的成长经历使他本能地更青睐温柔贤惠的传统女性，但他也能以一种开明的姿态欣赏才华出众的独立女性。在自身经历和现代环境的双重影响下，纳博科夫对女性的态度呈现出复杂多元的特征。纳博科夫笔下的女性基本都是被男性叙述的客体，但是她们在自我叙述中也获得了一定的自主权，在某些程度上颠覆和改写了男性的叙事，发出了自己的声音。因此，纳博科夫的叙事是有一定程度的女性主义特征的。传统的男性作家通常会塑造出处于对立面的两种女性——天使型和妖妇型女人。她们的形象通常趋于类型化和刻板化，代表了男性对理想女性的期待和对无法掌控的女性的排斥与反感。纳博科夫所塑造的女性乍一看也有类似的特征。他笔下的女性有蝴蝶般美丽的小仙女，也有充满算计、不怀好意的庸俗女人。但这些女性并不是空洞苍白，平面化的，她们生动现实，富有层次感。小仙女并不是画框中的精美图像，而是具有世俗气息的、灵动活泼的娇俏少女。她也并不是服从男权规则的柔顺女孩，她有自己的个性和意志，思想和情感，努力摆脱男性的掌控，走出属于自己的人生道路。不怀好意的"妖妇"也有可理解同情之处。她或许内藏心机，但也积极主动地为真爱付出，在认清现实残酷后会拼命反抗，为自己争取应有的话语权；她或许自私浅薄，但却鲜有人能看到她内心的伤痕；她或许不择手段，但这却是她被侮辱和损害后报复社会的一种方式。由此可见，纳博科夫描绘、看待女性的态度带有男性审美的传统意识，也有现代女性主义影响的痕迹。

第八章　纳博科夫与存在主义

　　存在主义是 20 世纪西方哲学的一个重要流派,它作为一种哲学思想和一场席卷西方的人文主义运动,给整个西方社会带来了深远的影响。存在主义是西方文明面临危机后的产物,也是以往哲学过分注重理性、科学的结果。以往的哲学看重对客观世界、客观规律的探讨和描述,这一点是无可厚非的。在人类社会发展的早期,强调理性和科学的哲学引领人们从混沌蒙昧走向知识和真理,在人类征服自然、改造自然的活动中发挥了巨大的作用,是一种进步的社会力量。然而,以往哲学的优势也正是它的缺陷所在——对客观世界的过分注重使得以往哲学漠视人本身的存在。当西方社会进入到现代资本主义文明阶段时,这种缺陷开始暴露得越发明显。工业化生产把人降格为机器的奴仆,人被物质和外部环境所异化,失去了灵性和自我;经济危机又导致了社会动荡不安,最终引发了惨绝人寰的世界大战。战争使人们蒙受了巨大的苦难,也毁掉了人们素来持有的对科学和理性的信念。人们开始变得悲观、绝望,在一个充满了敌意、失去了上帝的世界里不知所措,难有作为。在承受生活中种种痛苦的同时,人们也面临着严重的精神危机。存在主义就在这样的社会现实下应运而生。它开始关注被以往哲学忽视的部分,即人本身的存在。哲学开始向人学转变,试图引领人们更好地认识自己,走出人类生存的精神困境。

　　存在主义以人为中心,把孤立的个人的非理性意识活动当作最真实的存在。它认为人是被抛入了一个荒谬的世界的孤独个体,人的存在本身并没有意义,人与人之间的关系也如同地狱一般。但这一切并不意味着人只能被动地接受和忍受无意义的生命。人应当拥有尊严和自由。人不能在绝对意义上操控和决定自己的命运,但可以对命运做出选择,并勇敢承担选择的后果,为自己的选择负起责任。存在先于本质,人总是选择自己成为什么样的人，不能把自己的选择归咎于外界。虽然人在选择过后未必能够摆脱命运本身的荒诞和痛苦，但这种与命运积极抗争的勇气和尊严是值得肯定的。存在主义哲学家包括克尔凯郭尔（Soren Aabye Kierkegaard，1813—1855）、海德格尔（Martin Heidegger，1889—1976）、尼采（Friedrich Wilhelm Nietzsche，1844—1900）、雅思贝尔斯（Karl Theodor Jaspers，1883—1969）、萨特（Jean-Paul Sartre，1905—1980）、加缪（Albert Camus，1913—1960）等人，他们虽然各自的理论观点略有侧重和差异，但他们的基本理念都是相通的。

纳博科夫的笔下充斥着存在主义的思辨，有时候他在作品中倾向于"把生活描绘成荒诞不经的样子"①，可在这荒谬不经的存在中，他的主人公并不仅仅是被命运嘲弄的懦夫，而是"为了保持一点尊严"②，努力地追寻生命的意义和价值。荒诞与尊严，构成了纳博科夫存在主义的主要内容。

一、荒诞不经的存在

纳博科夫出于一名作家对文化思潮的敏感，对风靡全球的存在主义也有所耳闻。他本人颠沛流离、辗转多舛的经历也会促使他认同存在主义的部分观点，如加缪提出的"荒谬"概念，萨特提出的"恶心"概念。加缪和萨特既是文学家，也是哲学家，他们都善于通过文学形式来表达哲学命题。纳博科夫虽然不是真正意义上的哲学家，但这并不妨碍他通过文学作品展示自己对存在主义的吸纳和理解。虽然前文有关狂欢化诗学的章节涉及了纳博科夫小说中的一些荒诞场景的论述，但前文着重强调的是狂欢广场、脱冕与加冕、筵席形象等狂欢化元素在纳博科夫作品中的呈现，而本章节主要强调的是荒诞的存在本身。

有趣的是，在一次关于萨特的访谈中，纳博科夫却没有表现出太多对萨特的好感："萨特的名字，我知道，是与时髦的咖啡馆哲学的招牌联系在一起的……每个所谓'存在主义者'都有不少的'吸附者'。"③纳博

---

① 纳博科夫；龚文庠. 黑暗中的笑声[M]. 上海：上海译文出版社，2006：107.
② 纳博科夫；陈安全. 斩首之邀[M]. 上海：上海译文出版社，2006：36.
③ 纳博科夫；唐建清. 独扫己见[M]. 杭州：浙江文艺出版社，2012：236.

科夫对萨特及存在主义的嘲讽语气似乎表明他对萨特及其倡导的主义都是不屑一顾的。他对萨特的作品同样评价不高,认为他所著的《恶心》写得太松散,"作品中隐约呈现出陀思妥耶夫斯基最糟糕的东西"①。然而,当我们仔细读下去,就会发现纳博科夫并没有完全否定萨特其人其作。当纳博科夫进一步谈及《恶心》时,他提到小说的主人公洛根丁的"'恶心'源自一个荒诞、无序而又非常实在的世界"②。纳博科夫坦言:"洛根丁认定世界的存在,这不会引起什么争议。但使世界如同一件艺术品那样存在,这工作就不是萨特所能胜任的了。"③我们可以看到,纳博科夫赞同作为哲学家的萨特提出的"世界是荒诞的"这一类观点,甚至认为这是无可争议的事,他反感的是作为作家的萨特没有出色的文学才华将一切完美地表达呈现出来。尽管纳博科夫不想给自己贴一个固定标签,不想成为"存在主义者"的"吸附者",但我们有足够的理由认为,他与存在主义思想依然有着千丝万缕的联系。

纳博科夫在《文学讲稿》关于卡夫卡(Franz Kafka,1883—1924)的评述中曾经引用了一位评论者的观点:"当我们在一个陌生的环境中睡觉,很容易在一觉醒来时产生片刻的迷糊,一种突然的非现实感。而这种经历肯定会在一个商品推销员的一生中多次反复地出现,他们的生活方式不能给予他们稳定感。"④纳博科夫对这位颇具常识的评论家的观点甚为欣赏,在认同这种观点的基础上,纳博科夫进一步指出:"醒来时把自己当成虫子与醒来时把自己当成拿破仑或乔治·华盛顿之间并无太大区别。"⑤因为现实的生活就是这样充满荒诞,令人感到孤独和陌生。

《普宁》是纳博科夫一部现实感和荒谬感并重的作品。主人公普宁原是俄裔人士,受俄国革命影响流亡欧洲,后在美国当俄语教师。这些人物安排和情节设置都能在历史现实中找到依据——纳博科夫本人的生活经历就与普宁大致相似。然而,普宁所遭遇的生活远不及纳博科夫教书生涯的风光无限。等待普宁的是充满了阴差阳错的荒谬世界。他想要乘火车去参加学术会议,按照列车时刻表自作聪明研究出了一条自以为更方便的线路,直到踏上旅途才被人告知原先的时刻表早已作废;

① 纳博科夫;唐建清.独抒己见[M].杭州:浙江文艺出版社,2012:237.
② 纳博科夫;唐建清.独抒己见[M].杭州:浙江文艺出版社,2012:237-238.
③ 纳博科夫;唐建清.独抒己见[M].杭州:浙江文艺出版社,2012:238.
④ 纳博科夫;申慧辉等.文学讲稿[M].上海:上海三联书店,2005:224.
⑤ 纳博科夫;申慧辉等.文学讲稿[M].上海:上海三联书店,2005:224-225.

在重新搭车的过程中,他为了抓紧时间扔掉旅行包上车,却发现最为关键的演讲稿落在包里,他不得不下车去重取;他开车去库克家,想要抄近道,结果反而浪费了更多的时间。以上这三个细节都与"行路"有关。我们可以把普宁的行路看作他生活道路的象征和缩影。他总是试图为自己寻找更便捷更美好的生活道路,现实却以它特有的荒谬狠狠地玩弄、嘲讽了他。每当他兴高采烈、志得意满地想要奔向前方时,生活总是毫不留情地给他当头一棒,逼他退回原点。普宁在生活道路上遭遇挫折的情况被纳博科夫在"普宁行路"的情节中具象化了。令人惊叹的是,普宁乘车前往目的地却又不得已一次次返回出发点的细节与加缪强调的希腊神话中西西弗斯推石上山,而巨石一次次滚落回山脚的故事有着极其相似的表征与内涵。

法国存在主义者加缪提出的"荒谬"是贯穿他的文学作品和哲学思想始终的一个概念。为此,加缪借用了一个家喻户晓的希腊神话来说明荒谬的特征。西西弗斯被众神宣判,终身以推巨石上山为苦役。每当他筋疲力尽,将巨石推向顶峰之后,石头就会毫不留情地滚下山去,西西弗斯只好再次重复他单调而艰苦的劳动,日复一日,年复一年,永无止境。西西弗斯代表了典型的荒谬。他的工作几乎没有意义可言,而他的命运却决定了他不得不面对这样的荒谬。荒谬既是客观世界存在的本质,也是人面对客观世界时的主观心理体验。世界本身是荒谬的、不合理的,人身在这样的世界中也会产生陌生感和疏离感。"一旦处身在一个突然失去了幻景和光明的宇宙中,人便感到自己是局外人、陌生客了。他有一种无可挽回的放逐感。因为他已失去了故乡的记忆,也不再有'许诺地'的希望。这种人与生命的离异,演员与舞台的隔离正是荒谬感"①。加缪关于荒谬的看法虽然有很浓郁的悲观色彩,但他应对荒谬的态度又是积极的。他反对人逃避荒谬,主张人应当正视、反叛荒谬。神话中的西西弗斯最终也从蔑视荒谬,积极对待推石上山的苦役中感觉到了幸福和胜利。

不管是身为平凡小人物的普宁,还是身为著名英雄人物的西西弗斯,他们都期望达到生活既定的目标,他们为此也付出了艰辛的努力。然而,荒谬的现实生活却同他们开着残酷的玩笑,一次次把他们从目的地打回起点。他们只好一遍又一遍地承受着重复的痛苦命运,永无止

---

① 徐崇温.存在主义哲学[M].北京:中国社会科学出版社,1986:389.

境。人被抛入了一个荒谬绝伦的环境中,在其中感受着这种荒谬,获得了荒谬的主观心理体验:"这当儿,普宁陷入一种普宁式的特殊不安的心情。他处于一种普宁式的为难境地。"①何谓"普宁式的感觉"？实际上,普宁深刻地感到,他所处的环境是充满敌意的、不合理的,他被抛入了这样的环境中,不知道为什么要存在。他没有安全感,每到一个陌生城镇总是随身带着鞋楦子、苹果、字典一类对他而言必不可少的东西,仿佛这些东西可以增加他在荒谬世界中的安全感。普宁是克尔凯郭尔所说的孤独个体,也是海德格尔所说的个体意义上的此在。

存在主义更关注人作为个体而不是群体的生存状态,这一点在存在主义哲学的先驱——丹麦哲学家克尔凯郭尔的思想里便得到了突出的体现。克尔凯郭尔认为人是"孤独个体"的存在。他"强调'孤独个体'是具体的、唯一的个人,目的就是要使每一个人都肯定自己的存在,自觉自己的存在,不在群众、时代和世俗中丧失个性"②。孤独个体是与公众这个概念对立的一种存在,它只与自己发生联系,只在自己的意识中理解自己,具有绝对的排他性,因为人内心的种种痛苦绝望的感觉是独特的,他人无法领会也无法替代。在克尔凯郭尔看来,公众只是个抽象的范畴,是虚无混沌的存在,只有孤独个体才是真实可靠、拥有个性的存在,人体在公众之中反而会迷失自我。这种思想被后来的许多存在主义者所继承,尤其是存在主义中流砥柱似的人物萨特甚至喊出了"他人就是地狱"的口号。克尔凯郭尔还对人的存在状态做出了描述,认为孤独个体所体验到的人生就是恐怖、厌烦、忧郁和绝望的组合。这些既是孤独个体的主观心理体验,也是客观世界的现状。在这样一个充满敌意的环境中,人同样面临着选择。"克尔凯郭尔所说的选择是一种绝对的意志自由,是指一种神秘的、突然的、超理智的绝对自由的精神行动"③。通过选择,人才能够从人生的一个阶段过渡到另一个阶段。克尔凯郭尔的思想几乎涵盖了后来的存在主义学说的精髓部分,也奠定了存在主义悲观、非理性的基调。

普宁身处异国他乡,没有真正意义上的亲朋好友,他所爱的女人只会利用、盘剥、抛弃他,他在生活和精神上处于孤立无援的状态,只能自

---

① 纳博科夫;梅绍武.普宁[M].上海:上海译文出版社,2007:11.
② 徐崇温.存在主义哲学[M].北京:中国社会科学出版社,1986:45.
③ 徐崇温.存在主义哲学[M].北京:中国社会科学出版社,1986:66.

己领会并承受人生的种种酸甜苦辣。没有人能够理解他，也没有人能够代替他的生活体验。和每一个生活在荒谬世界中的人们一样，普宁只能同自己发生联系，在自己的意识中理解自己。"普宁式的不安"实际上也就是存在主义所说的畏、烦、荒谬感、恶心感，甚至是克尔凯郭尔所概括的恐怖、厌烦、忧郁和绝望的生存状态：

　　人只有摆脱他周围的环境才真正存在。头盖骨跟宇航员那顶头盔一样。待在里面，否则你就会自取灭亡。死亡犹如一种剥夺，死亡犹如一种参与。人和自然景致打成一片，好倒是好，可那样一来，微妙的自我便消失殆尽。可怜的普宁体验到的感觉有点像那种剥夺，像那种参与。他感到虚弱无力。他浑身出汗。他惊恐万分。①

　　从这一段，我们可以较为明显地看到纳博科夫在进行小说创作时流露出的存在主义意识。"人只有摆脱他周围的环境才真正存在"这一句暗合了存在主义一直以来所坚持的人被环境所异化的观点。很多社会习俗道德秩序从某种程度上说是在压制人的个性、扼杀人的灵性。纳博科夫认为人如果同环境融为一体，就会消弭"微妙的自我"。这也就是克尔凯郭尔所讲的混沌虚无的公众存在淹没了人的个体存在，海德格尔所说的身为个体的此在沦落为庸常的共在，以及萨特所号称的"他人即地狱"。人在获得社会性存在之后，就开始被社会大环境所同化，开始屈从于环境的力量，失去原有的自我，丧失个性与自由。这一点是难以改变的，因为人很难脱离周围的环境而存在。普宁作为一名流浪异国的知识分子，犹如一个被抛入荒唐世界的陌生客、局外人，比别人更深刻更敏感地体会到了这种被剥夺、被异化的感觉。这种体会令普宁感到恐怖，仿佛被带到了虚无之前。他被异己的力量包围、左右，没有什么可以依附。他在现实面前只是个渺小卑微的人物，不得不为生计发愁奔波，生活却一次次带给他忧郁和绝望。如果说普宁误了火车几经周折最终还是赶到学术会议现场，开车迷路后还奇迹般地找到去库克家的路是作者对普宁的眷顾的话，那么他最后被辞退的结局几乎断送了普宁对生活的最后希望。当普宁愉快地沉浸在对生活的美好畅想中时，他却从一直帮助他的哈根博士那里得知他必须离开他所热爱的俄语教学岗位。普宁被这

---

　　①　纳博科夫;梅绍武.普宁[M].上海:上海译文出版社,2007:15－16.

个不幸的消息击落在绝望的深渊。他的绝望既是对外部环境的绝望，也是对自己命运的绝望。

普宁的命运轨迹是和他所在的外部环境相辅相成的。如果我们再仔细考察一下普宁的生活环境，我们会更清楚地明白：在这个荒谬的大环境下，普宁的命运也只可能是荒谬的。普宁工作的温代尔学院在任命职位时莫名其妙，竟将不爱文学、不懂法语的布劳伦吉任命为法国语言文学系主任。相比之下，俄裔出身、以俄语为母语的普宁却被校方认为不能胜任俄语教师一职而辞退。两人的语言能力和自身命运的对比有着强烈的反差，形成了荒谬可笑、却又让人欲哭无泪的艺术效果。读者不免为普宁的命运感到愤愤不平，但也无可奈何。普宁前妻丽莎之子维克多就读的学校有一名教师名叫雷克，校方聘用他不是因为他有公认出色的专业才能或是擅长教学，而是校方认为教员队伍里应该有一名怪物。如果说以往的社会规则在压抑人性的同时还部分维持了社会正常秩序的运转，那么现在连这些基本秩序也开始处于混乱颠倒的状态，加深了客观世界存在的荒谬。无能者尸位素餐，有能力的人想要一个普通的职位却不可得。工作机构聘用人员的理由让人大跌眼镜，而有些荒谬的任命决定却不需要任何理由，如不懂法语的人当上了法语系主任。或者，荒谬本身就是不需要理由的，荒谬就是世界存在的本质。除了工作以外，普宁周围人物的人际关系也是让人莫名无语的。温代尔学院的同事歧视普宁，把他当作嘲笑的对象；普宁深爱的女人丽莎把普宁当作可利用的棋子，一次次索求无度却毫无感恩之心。丽莎与温德大夫私奔，有了孩子维克多，他们却不爱孩子，不愿承担为人父母的责任。他们对孩子谈不上有什么人伦亲情，甚至对孩子表现出的惊人艺术天赋感到忧虑。温德和丽莎把抚养维克多的责任无耻地推给普宁，而普宁出于善良的天性和对丽莎的深情竟然接受了本不该由他承担的责任。甚至连接受普宁帮它找水喝的小松鼠也染上了人类忘恩负义的恶习，对普宁报以冷漠而轻蔑的目光。在这个荒诞的世界里，亲情、友情、爱情都被严重扭曲了。父母不像父母，朋友不像朋友，爱情也成了利用他人的手段。这是一个充满了敌意的恐怖环境，人与人之间的关系被冷漠、羞辱、利用所取代。按照克尔凯郭尔的说法："恐怖不仅是痛苦的体验，而且也是人醒悟的早期表现。正是恐怖将人从无意识的状态中唤醒，使人意识到'自我'，从而用那种为了他的真正存在所需要的强烈感情去选择自我存在的可能性。"①这也就是萨特所说的，人被抛入虚无，而虚无就是自由，"人通过使世界虚无化后退使自己涌现，而表现了自己的自由"②。荒谬的外部世界在给人带来恐怖、忧郁、恶心感的同时也成了人选择自我的动力，带给人选择的自由。

《黑暗中的笑声》讲述了一个荒诞不经的故事，这个故事也具有一定的存在主义特征。主人公欧比纳斯抛弃妻子，选择与情妇玛戈一起生活。后来欧比纳斯遭遇车祸，双目失明，惨遭玛戈和他的新情人雷克斯捉弄。当他渐渐明白真相，想要通过反击两人来维护自身尊严时，却断送了自己的性命。故事具有浓烈的荒诞色彩。与其他许多存在主义作品不同，这部作品的荒诞氛围在很大程度上是由小说主人公自己营造出来的，而不是小说人物被动地、无奈地被抛入到荒诞存在的世界中。小说的三位主要人物都对生活持着玩世不恭、游戏人生的态度。尤其是雷克斯：

　　他（雷克斯）喜欢把生活描绘成荒诞不经的样子，看到生活束手无策地变成取笑、讥讽对象，他感到其乐无比。他鄙视有意的恶作剧，喜欢让事情自行发生，他只需偶尔稍加点拨，车轮就会启动，直朝山下滚去。他喜欢骗人取乐，骗得越省力，他越得意。③

对雷克斯而言，嘲弄生活是他的固有乐趣，他享受荒诞给自己带来的乐趣。雷克斯与西西弗斯以及普宁有很大的不同。西西弗斯和普宁经历的苦难和荒诞都是生活强加给他们的，他们本身不是荒诞的，他们用一种优雅的勇气承受了所有的痛苦。雷克斯本人就是一个荒诞的人，他主动追求荒诞，也试图将他周围的世界变得荒诞。欧比纳斯最初的性格也同雷克斯类似。他喜欢在现代风景画上签署古代大师的名字，甚至想过为了追求玛戈而杀妻，但又良心发现，否决了这个念头。玛戈也喜爱乱拨电话捉弄陌生人，但她捉弄人的举动一般是在雷克斯的提议下做出的，这一点已经预示了她后来会和雷克斯联手戏弄欧比纳斯。纳博科夫想要说明，其实荒诞也是由人造成的。虽然存在主义常常强调社会环

　　① 徐崇温. 存在主义哲学［M］. 北京：中国社会科学出版社,1986:56.
　　② 徐崇温. 存在主义哲学［M］. 北京：中国社会科学出版社,1986:434.
　　③ 纳博科夫；龚文库. 黑暗中的笑声［M］. 上海：上海译文出版社,2006:107.

境的荒诞以及给人造成的荒谬感,但社会是由人组成的,社会的荒诞需要由人来负责。自为存在就是通过对抗荒诞,找寻生命价值来为荒诞负责。纳博科夫在小说中把荒诞放大集中到他笔下的几位主人公身上,渲染了荒诞夸张的艺术效果。事实上,生活的荒诞并不是简单由几个爱恶作剧的家伙造成的,是许多人不同程度的异化与沉沦造就了荒诞的结果。

欧比纳斯的眼盲既是一个事实,也是一个隐喻。眼盲,意味着他生活在黑暗中,看不清现实。从这个意义上说,欧比纳斯在他遭遇车祸之前就已经处于盲目无知的状态了。存在主义者会被生活的荒诞本质惊醒,从而把荒诞变成直面人生的动力,以积极乐观的态度去对抗荒诞。而欧比纳斯却被荒诞的生活异化了,他沉浸在荒诞之中乐此不疲,直到出了车祸,瞎了眼睛,自己沦为被别人捉弄的对象,才开始逐渐认识到自己的处境是何等荒诞可笑、可悲可怜。残酷的现实终于让他得知了生活令人痛苦的真相。"黑暗"既是欧比纳斯眼盲后不得不面对的现实状况,也是地狱的象征,是主人公悲惨处境的象征。萨特曾经说过,他人即地狱。这句话在欧比纳斯身上得到了最好的验证。如果欧比纳斯能够拥有忠贞善良的爱人和朋友,即使他遭遇了不幸,他也能得到精心体贴的照顾,被人关心的温暖。可惜雷克斯和玛戈都是以荒诞戏谑为乐的人,只会把欧比纳斯的不幸视作他们恶作剧的契机,不会对欧比纳斯的不幸报以真诚的同情。欧比纳斯眼盲后遭遇的黑暗,既是车祸造就的,也是雷克斯和玛戈造就的。而后者给予欧比纳斯的是更为致命的心灵上的摧毁:

雷克斯特别喜欢跟他坐在同一个房间里,观察他的举动。玛戈靠在那盲人胸前时,常把脸扭向一边,眼望天花板作个无可奈何的鬼脸,或是朝欧比纳斯吐吐舌头。和盲人脸上欣喜、怜爱的表情相对照,这情景实在是滑稽极了。玛戈会灵巧地挣脱他的怀抱,回到雷克斯身边。①

雷克斯和玛戈还有很多类似的把戏,例如故意在欧比纳斯面前表演哑剧,用草尖轻触欧比纳斯的嘴唇,让欧比纳斯挥手驱赶想象中的苍蝇。欧比纳斯的尊严和主体性就在他们愈演愈烈的玩笑下被一步步践踏。

---

① 纳博科夫;龚文庠.黑暗中的笑声[M].上海:上海译文出版社,2006:202-203.

雷克斯和玛戈结合成一个小团体,他们用群体存在淹没了欧比纳斯这个卑微个体的存在,对他的尊严、自由进行剥夺,把他变为一个受人摆布、失去自我意识的可怜虫。小说中曾提到玛戈和雷克斯"无所顾忌地谈论他们的风流事,好像他俩独自待在天堂似的——一个下流的天堂"①。他们在欺骗、玩弄欧比纳斯时获得了一种邪恶的快乐,仿佛身处天堂,却将可怜的欧比纳斯打入了黑暗的地狱。正如萨特所说,他人即地狱。存在主义所讲的地狱并不一定是燃烧着硫黄、烈火的所在,所谓的地狱就是他人的存在。他人的存在总是威胁到自我主体性的存在,因为人多多少少会受到外界的制约,会在大环境的作用下屈从于主流规则。这样的异化过程往往是通过潜移默化的方式完成的。而在《黑暗中的笑声》中,雷克斯和玛戈是以一种极端可笑,却又极端残忍的方式来扮演这种制造地狱的"他人"。他们撕去了温情脉脉的面纱,对欧比纳斯百般羞辱,将他的自尊、自由、意志磨损殆尽。

　　《斩首之邀》的荒诞色彩几乎是超现实的,与加缪的《局外人》有些类似之处。《局外人》里的主人公莫尔索是一个普通职员。他的母亲去世,他无动于衷,照样游泳,看电影,与女人鬼混。他因为莫名其妙的原因枪杀了一个阿拉伯人被判死刑。无论是别人的死还是他自己的死,莫尔索都冷眼相待。他觉得自己是生活的局外人,是死是活都无所谓。加缪的《局外人》传达了"存在的荒谬"这一基本主题,而纳博科夫在表达他对荒谬世界的理解上比加缪走得更远。《局外人》里面莫尔索的入狱是因为他杀了人,可见在《局外人》的荒谬世界中,法律秩序依然在正常运作。在《斩首之邀》中,法律本身已是一片混乱,社会更是陷入不合常理的疯癫状态:

　　辩护律师和公诉人都化过妆,看上去彼此很相像(法律要求他们必须是同母异父兄弟,但这样的人并非总能找到,于是只好化妆)。他们以行家里手的速度说完各自的五千个单词。他们轮番发言,法官为了跟上轮换节奏,脑袋只好不断偏过来歪过去,其他所有人的脑袋也跟他一样。②

①　纳博科夫;龚文庠.黑暗中的笑声[M].上海:上海译文出版社,2006:171.
②　纳博科夫;陈安全.斩首之邀[M].上海:上海译文出版社,2006:9.

原本应当代表公平正义的法庭在这个故事中已经失去了它的庄严肃穆,沦为了一个充满小丑表演的滑稽舞台。辩护律师和公诉人遵循着荒唐的法律规则,让自己沦为了滑稽戏的主角。法官与众人随着律师与公诉人快速摆头的场景更像是一出荒诞喜剧的画面。就在这样嬉笑玩闹的场景中,主人公辛辛纳特斯的命运被他们以一种常人难以理解的方式判定了。夹杂着"半透明""不透明"之类的措辞,辛辛纳特斯被法庭判处死刑,而法律根本说不出他到底犯了什么罪。法律本来最应该体现社会的公正严明,可如今反而成了颠倒是非黑白、迫害无辜好人的工具。当维持社会基本运转的法律都变得不可理喻时,社会大环境的荒谬也就不足为怪了。

辛辛纳特斯在正式被捕前就被人以莫须有的罪名指控有违法迹象,他被迫参与"法律的试验",包括"连续好几天不允许他睡觉,他被强迫不间断地进行毫无意义的快速闲谈,直至他几乎精神失常,他还被迫给各种不同的东西和自然现象写信,表演日常生活场景,模仿各种动物,各种职业和各种疾病"①。这是一个没有正常秩序和理性的世界。社会规则已经失去了正常维持世界运作的机能,它以一种荒诞的方式践踏一个独立个体应有的尊严,肆意地压迫他应有的自由意志。人被降格为一个被任意摆弄的玩具,被剥夺了自由选择的权利,只能默默忍受各种莫名其妙的荒唐折磨。

加缪认为,"荒谬不是一个单个的事实,不是比较中的一方,而是产生于比较的两方的'遭遇'时。从更广泛的角度看,荒谬是离不开人和世界这两个方面的。它是从人与世界的关系中产生的。两者缺一不可"②。在《斩首之邀》中,荒谬是在辛辛纳特斯和他的外部环境两者对立中产生的。辛辛纳特斯只不过是一个普通人,从未做过伤天害理的事情,却被社会中一群代表公正的执法者莫名折磨,打入死牢,判处极刑。"公正"的人做着不公正的事,无辜者遭遇外界强加的不幸却无可奈何。纳博科夫笔下的荒谬世界比加缪笔下的世界更多了一份超现实的恐怖和残酷。

辛辛纳特斯从很早的时候就意识到了自己是这个荒谬世界的孤独个体,自己和周围的环境格格不入,周围的人对自己抱有极大的敌意:

---

① 纳博科夫;陈安全.斩首之邀[M].上海:上海译文出版社,2006:17.
② 徐崇温.存在主义哲学[M].北京:中国社会科学出版社,1986:387.

别人的目光看不透他，因此当他失去警觉时，便给人一种怪诞的印象，在人们的灵魂彼此透明的世界上，他就像一个孤零零的黑色障碍物，但是他学会了假装半透明，从某种程度上说是运用了一种复杂的光学幻觉系统——可他在操纵变换自己的灵魂所用的各个照明巧妙的面和角度时，只要一忘乎所以，自我控制出现瞬间松懈，就会立即引起人们的恐慌。他的同龄伙伴和他玩到兴头上时，会突然离他而去，他们仿佛感觉到，他清澈的目光和青色的双鬓都是狡猾的欺骗，辛辛纳特斯实际上是不透明的。①

在这一段描写中，作者想要暗示的是，辛辛纳特斯是真正具有实体性的人，有血有肉，有自己的思想，而其他人则是千篇一律的空洞灵魂。辛辛纳特斯也试图对自己进行改变，以便更好地融入周围环境，然而他的伪装却无法改变真正的自我，也无法消除周围众人和环境对他的敌意。即使他竭尽所能想对外部世界展示善意，对他人而言，他仍旧是一个无人愿意亲近、无人愿意了解的孤独个体。人们将与众不同的辛辛纳特斯视为危险的异类，哪怕他并未做出伤害他人的事。

辛辛纳特斯也意识到了世界的残酷本质："由于阴差阳错我才来到这里——不是特指来到这要塞里——而是指这整个可怕的醉醺醺的世界；如果它是蹩脚的工匠之作，似乎倒还并不坏，但实际上它是灾难、恐怖、疯狂、错误。"②辛辛纳特斯被抛入了这个混乱荒谬的世界，这一点他无法选择。在巨大的压迫中，他感受到了海德格尔所说的畏（Angst）与烦（Sorgen）："我没有任何欲望，惟表现自我的欲望除外——不顾整个世界的缄默。我惊恐万状。因恐怖而心烦意乱。"③

辛辛纳特斯的状态更贴近海德格尔有关存在的描述。如果说克尔凯郭尔、尼采等人是存在主义的先驱，那么能够被称作存在主义创始人的无疑是德国哲学家海德格尔。海德格尔的壮举是从本体论上对传统哲学展开革命，重新定义了"在"（Sein）的概念。"在"这个概念有时也用"是"来表达。在海德格尔看来，从前的"哲学家们在谈到'在'时，实

---

① 纳博科夫；陈安全.斩首之邀［M］.上海：上海译文出版社，2006：11－12.
② 纳博科夫；陈安全.斩首之邀［M］.上海：上海译文出版社，2006：73.
③ 纳博科夫；陈安全.斩首之邀［M］.上海：上海译文出版社，2006：72－73.

际上是指存在着的东西即在者,而不是在本身"①。海德格尔认为,唯心主义和唯物主义分别把物质和精神看作"在"的标志,都有其片面性,都在一定程度上扭曲了"在"的含义。为了摆脱这样的局限,海德格尔想要建立一种"基本本体论",这种基本本体论是以人为中心的。虽然海德格尔说明了"在"与"在者"不能够等同彼此,但由于人不是被确定的事物,他能够在规定自己的过程中使"在"显示出来。"只有人才能提出在的意义问题,并且试图解答这个问题。而追问和解答本身就是一种在的方式"②。因此,人是特殊的在者,即海德格尔所说的"此在"(Dasein)。跟存在主义先驱克尔凯郭尔、尼采一样,海德格尔强调的此在也是指个体意义上的人,不是泛指芸芸大众或是抽象意义上的人。由于海德格尔认定人不像其他僵死事物那样被事先规定,所以人在理论上是一种拥有无限可能性的存在。此在是一个不断形成的过程,不是固定不变的状态。后来萨特提出的"存在先于本质"便是此意。与人相对应的物的存在被海德格尔称为"用具"。人作为在世的此在,难免会与周围的用具打交道,但是人始终是世界的主体,人才能够了解、领悟世界的存在。人之所以能够成为此在,是因为人的基本存在状态是现身(Befindlichkeit)和领会(Verstenen)。现身表现为人的变幻无常,各种各样的情绪(Stimmung)。从这一点上,我们也可以看出由存在主义先驱克尔凯郭尔和尼采的思想显现出的,并且贯穿存在主义发展始终的非理性因素。理性退居二线,情绪占据了首位。海德格尔还提出了由情绪引申的"被抛状态"。"所谓'被抛状态'是指此在是这样一种在者,它毫无理由、毫无原因地已经在'此',且不得不在'此'"③。"被抛状态"也是存在主义中的一个重要概念,凸现了人在世上孤立无援、无可奈何的特征。此在的另一基本状态——领会是海德格尔强调的重点。如果说现身体现了此在被不得已抛入世界的被动性,那么领会意味着此在具有一定的能动性,拥有规定自己、发展自己、筹划自己的可能性。然而,此在的能动性和可能性不是完全自由的,此在与其他个体共在世界之中,他会受到外界的干预和限制。海德格尔认为人与人之间的共在就是烦神(Fursorge)。"烦总是为与他人的区别而烦,或者只是为了缓和与他人的区别,或者是

---

① 徐崇温. 存在主义哲学[M]. 北京:中国社会科学出版社,1986:168.
② 徐崇温. 存在主义哲学[M]. 北京:中国社会科学出版社,1986:173.
③ 徐崇温. 存在主义哲学[M]. 北京:中国社会科学出版社,1986:184.

为自己的此在比他人落后却想对他人的关系上赶上去,或者是为此在本身已超过他人还要压制他人"①。此在处在由人们组成的共在之中,难免会失去自己的特性。海德格尔的这一观点沿袭了克尔凯郭尔关于孤独个体和公众的思想,以及尼采提出的群体淹没个体存在的看法。他们都突显个体的价值,批判他人对自我的侵害,但海德格尔对这个问题进行了更为深入的阐释。他认为此在在共在中总是遭受着他人的摆布,因而此在总是以非本真状态出现。身为个体的此在沉沦为庸常的共在,发生了人性的异化与裂变。所谓异化,就是主体沦为客体的过程,人不能掌控自己,反而被异己的力量所操纵,失去了自由和灵性。人在被极度异化的情况下甚至可能看不清自己的本来面目,把异化的自我误认为是本来的自我。在沉沦和异化中,此在终究摆脱不了人生的本质,即海德格尔所说的畏(Angst)与烦(Sorgen)。此在畏惧的是在本身,从畏中体会到自我的存在;烦的产生是因为此在对自己的生存状况产生忧虑,但此在仍然难以逃避在共在中沉沦的命运,"本真的向死而在"却有可能使人在积极勇敢直面死亡时获得独立和自由。良心和决断在人获取本真自我的过程中扮演了重要角色。良心使此在认识自我,决断代表了寻回自我、选择自我的行动。这种决断往往和"本真的向死而在"紧密相连,因为直面死亡也让人拥有了生存的勇气。

辛辛纳特斯对自己的生存状况感到焦虑,他意识到自己陷入了一个无法逃脱的牢笼,这个牢笼不仅困住了自己的肉体,也困住了自己的心灵。辛辛纳特斯作为一个独立个体的主体性正在被群体淹没:"'此地'太恐怖,是黑暗的地牢,是囚禁不断怒吼的心的地方,这个'此地'囚禁我限制我。"②辛辛纳特斯的地狱不仅仅是他所在的监牢和世界,也是由庞大人群组成的一股"他人即地狱"的力量。他们已经不满足于对辛辛纳特斯进行玩弄与折磨,而是要彻底消灭这个异类的存在。对辛辛纳特斯的行刑对他们而言不过是一场好玩的闹剧:

市政副执行官敏捷而充满活力地跳上台去(辛辛纳特斯不由自主地往后退缩),不拘礼节地抬起一只脚踏在砧板上(他善于轻松自在地发表演讲),大声宣布:

---

① 徐崇温.存在主义哲学[M].北京:中国社会科学出版社,1986:190.
② 纳博科夫;陈安全.斩首之邀[M].上海:上海译文出版社,2006:75.

市民们！简单说两句话。最近在我们的街道上出现一种倾向：有些年轻人走得很快，我们这些老年人只好让到一边，甚至跌进水坑里。我还想告诉大家，后天在第一大道和布里格迪尔街的拐角处将举行家具展览，我诚挚地希望能在那里见到大家。我还要提醒你们，今天晚上的新编滑稽歌剧《苏格拉底必须消亡》演出，将会取得极大成功。还有人要我告诉你们，基弗分发中心得到大批女士腰带，机不可失。现在我要让位给其他表演者了，市民们，我祝大家身体健康，啥都不缺。①

市政府长官兴高采烈地胡乱说着与行刑毫无关系的生活琐事，丝毫不在意这种类似广场吆喝的话语是多么荒诞无稽。在一片喧嚣与混乱中，一个具有独立人格的无辜者被罪恶的群体湮灭，而这个世界依旧维系着荒诞不经的特征。

纳博科夫的另一部作品《防守》也具有存在主义特色。男主人公卢金从小具有过人的象棋天赋，他性格内向，沉默寡言，习惯于在脑海中勾画各种精妙的棋局。周围的小伙伴不愿意同他讲话，最脑腆的男孩也避免与他交流，把他看成异于常人的怪胎，总是让他处于孤立无援的境地。他的教练瓦伦提诺夫虽然比常人更关注他，鼓励卢金发掘自己的天赋，但这种关注更多的是因为"卢金是一个非凡的、古怪的现象，或者可以说是畸形的，但是却很诱人，就像达克斯猎狗弯曲的腿一样"②。瓦伦提诺夫只是将卢金当成了一个可榨取的工具，利用他结识更多有钱有势的人，并没有发自内心地关怀他的思想感情。当他觉得卢金的象棋天赋逐渐消退，不能再给自己带来利益时，他就像扔掉垃圾一样抛弃了卢金。可悲的是，卢金自己还将瓦伦提诺夫视为父亲一样的存在。在这样一个冰冷的世界中，卢金是孤独的：

总的来说，他的生活是晦暗麻木的，不需要他的一点点努力，好像还有什么人—— 一个神秘的看不见的经纪人——仍在带着他从一个锦标赛到另一个锦标赛；但有时会发生奇怪的现象，四周是一片寂静，你向走廊里望去——鞋，鞋，在每一个门口都是鞋，你的耳朵里充满了孤独时的

---

① 纳博科夫；陈安全．斩首之邀［M］．上海：上海译文出版社，2006：192．
② 纳博科夫；陈岚兰，岳崇．防守［M］．长春：时代文艺出版社，1999：81．

轰鸣声。①

　　虽然在卢金后来的生活中,他遇到了真心爱他的妻子,她不顾周围人的异样眼光坚持同他结婚,但她同样无法在精神上完全理解他。妻子甚至找到医生,想通过精神治疗的方法让卢金放弃对象棋的执念,回归普通人的生活。尽管她的做法是出于善意,但她并不理解卢金的真实感想。卢金在精神上仍是一个孤独个体。

二、存在主义式的英雄

　　纳博科夫不仅认同荒诞,也感叹个体在荒诞中维系尊严的努力。他在《文学讲稿》中说道:"卡夫卡和果戈理笔下的个人梦魇的美在于他们的中心人物与他们周围的非人性的人物同属于一个荒诞的世界,但那个中心人物却总是努力脱离那个世界,扔掉假面具,超越那件外套或那个背上的硬甲壳。"②在剖析卡夫卡《变形记》主人公格里高尔的遭遇时,纳博科夫用一种几乎是怜爱的态度称赞格里高尔在变成甲壳虫、遭遇种种荒诞和痛苦之后,仍然试图保持完整人格、尊严的精神:"他的甲壳虫身份虽然扭曲和贬低了他的身体,但却把他内心人的美好一面全都体现出来了。他彻底的无私精神,总是替别人着想的品质与他自身可怕的灾难形成强烈的对比。"③个体在荒诞世界中仍旧坚持自我,以知其不可为而为之的精神努力追寻高贵、美好和尊严,这正是存在主义所认同的观念。

　　既然人是被抛入一个荒谬世界中的孤独个体,那么他应该怎样保持生命的尊严?尼采提出用人的自身的非理性和能动性来对抗机械僵化的世界。尼采虽然很少被人贴上存在主义者的标签,但如果我们注意到他的思想对存在主义的启发和影响,我们有理由把他视作另一位存在主义的先驱。尼采曾经说过:"实际上,每个人都知道自己是一个奇妙的存在,在人世上的机会只有一回,而且不会有什么特别的机缘,会把他像现

　　① 纳博科夫;陈岚兰,岳崇.防守[M].长春:时代文艺出版社,1999:84－85.
　　② 纳博科夫;申慧辉等.文学讲稿[M].上海:上海三联书店,2005:220.
　　③ 纳博科夫;申慧辉等.文学讲稿[M].上海:上海三联书店,2005:233.

有的这个异常奇妙复杂的统一体再照样地组合一次了。"①尼采对人的独特性的强调与克尔凯郭尔对孤独个体的重视是异曲同工的。同样地,尼采也像克尔凯郭尔那样反对和抨击习俗道德和社会秩序对个人的压制,认为群体淹没了个体本身的存在。尼采勇敢地站到了传统哲学的对立面,抨击以往的哲学由于过分注重科学、理性以及客观世界的规律,忽视了人存在的意义。他认为哲学应当"是一种个人的哲学,从独立的个人开始,就其禀性着手,使个人对于他自己的一切不幸、需要和限制有一番深刻的认识,并且追寻出抚慰它们的补救办法来……"②。他谴责理性科学对人性的扼杀,提倡前苏格拉底时代的"酒神精神"。所谓"酒神精神",是指一种迷狂的、充满生机的精神状态,在古希腊神话中,酒神狄俄尼索斯和日神阿波罗的性情和特质大相径庭,代表了一对彼此对立的人格存在——日神阿波罗代表了智慧和理性,而酒神狄俄尼索斯代表了野性和放纵。古希腊对酒神的崇拜仪式拒斥理性的限制,充满狂欢的色彩。狄俄尼索斯的女性崇拜者头戴花冠,身披兽皮,载歌载舞,酗酒狂欢。这就是西方狂欢节的起源。当然,尼采并没有号召今人效仿古人,进行恣情放纵的祭拜仪式,他是通过对酒神精神的推崇与强调来攻击理性和科学对人性的压制,认为科学和理性是冷冰冰的,不关心人存在的问题。他"是站在极端的非理性主义立场反对科学理性的"③,要求人们给予人性中的非理性因素前所未有的关注。尼采反对一切的旧道德、旧文明,提倡价值的重估。他认为有价值的一切都是敌视生命的,将攻击的矛头首先指向基督教的伦理道德,吼出了石破天惊的一句话:"上帝死了!"上帝既死,整个西方的价值体系也随之崩塌。在失去了上帝的环境里,人们也失去了信仰的引导和约束,在茫然无措的同时也获得了选择的自由。自由的概念也是后来存在主义强调的一个重点,萨特在尼采的基础上对这个问题进行了更加深入的探讨和阐释。

德国哲学家雅斯贝尔斯的存在主义思想是比较纯粹的,存在问题就是他学说的焦点。雅斯贝尔斯用存在"指人的一种非理性的主观精神的存在状态,这种存在状态用他的话来说,就是可能存在和应该存在,即所

---

① 徐崇温.存在主义哲学[M].北京:中国社会科学出版社,1986:83.
② 徐崇温.存在主义哲学[M].北京:中国社会科学出版社,1986:84.
③ 徐崇温.存在主义哲学[M].北京:中国社会科学出版社,1986:91.

谓人的超越性和自由性。他认为,这便是人的真正的本质"①。雅斯贝尔斯在他对存在的表述中突显了非理性的地位。他认为常人所说的非理性才是他所研究的与存在休戚相关的理性,他把理性和非理性融为一体了。关于什么是存在的问题,雅斯贝尔斯觉得存在是抽象化的,他不能对存在做出规定,所以他引入了"大全"的概念,称"存在是指无所不包的大全所代表的那个至大无外的空间"②。大全包含了客观世界与主观世界,即雅斯贝尔斯所声称的大全的不同样式。当然,作为一个存在主义哲学家,雅斯贝尔斯首先关心的还是人的存在。为此,他提出了普遍意识、实存、精神、生存等属于人的大全样式,还表明"在世界的背后,在人的内心深处,有一个彼岸世界,叫作'超越存在',它就是纯粹抽象的存在本身"③。人将在领悟超越存在的过程中找到真正的自我,找寻自我的过程也是人在边缘处境中认识自我的过程。雅斯贝尔斯认为人有选择的自由,并需要为自己的选择承担后果。这一点在萨特的学说中被发扬光大。我们可以说,雅斯贝尔斯的哲学基本涵盖了存在主义的方方面面,是较为系统的学说。

萨特是存在主义集大成者,他的名字也几乎成了存在主义的同义词。萨特把存在分为自在存在和自为存在,自在存在是非人的存在,即我们口中的客观世界;自为存在是指人的存在,是萨特哲学关注的核心。非人的自在存在没有欲望,没有要求,它们不知道自己的存在。外部世界的荒谬和昏暗令人们在被抛入它的时候感到恶心、痛苦和厌烦。唯有人不但能够意识到自身的存在,也能意识到其他事物的存在。人的特点是存在先于本质,因为人是自为存在,人成为什么样的人,是由自己造成的。人是不断变化的,只有可能性,没有绝对的必然性。人有选择的自由,尽管不能决定自己的命运,却能选择自己的命运。萨特曾说,是英雄把自己变成英雄,懦夫把自己变成懦夫,就是这个道理。人存在于世界之中,有其在世性。

人必须与自然界及他人打交道:自然的世界把人同化为自然物,使人向自然屈服;人类社会不断同化个人,使人趋于大众化,世俗成见抹杀了人的个性,泯灭了个人的特点。他们都对人的个体存在形成了威胁,

①　徐崇温. 存在主义哲学[M].北京:中国社会科学出版社,1986:249 - 250.
②　徐崇温. 存在主义哲学[M].北京:中国社会科学出版社,1986:256.
③　徐崇温. 存在主义哲学[M].北京:中国社会科学出版社,1986:263.

为此,萨特提出了"他人即地狱"的观点。在这种情况下,自由选择显得尤为可贵。萨特所指的自由是人的思想自由,意志的自由,与否定和选择相关联。"否定,即虚无、虚无化,使人成为不受别的东西决定的东西,在这个意义下,意识就是自由的,意识就是自由"①。自由是一种否定性,因为人的思想具有否定性,在不断否定过去、现在,不断更新人的生活之中,达到我们所追求的自由。自由是对各种可能性做出选择的能力,但它不是行动的绝对自由,人无法在一个受限制的世界里为所欲为。由于萨特注重对人的自由和尊严的强调,他把自己的存在主义与人道主义等同起来。萨特提倡重建人的价值、尊严和责任感,使人懂得为自己的命运负责,恢复人的善良意志,使社会成为人道的社会。

我们在前面分析过小说《普宁》,"普宁式的特殊不安的心情"实际上是主人公对荒谬世界产生的恶心、恐怖、忧郁等感觉,而"普宁式的为难境地"实际上是主人公在面临荒谬与虚无时的选择困境。人作为自为存在,没有事先被规定的本质,有权利选择自己,设计自己。这也是人作为自为存在区别于自在存在最关键的地方。自为存在具有意识,具有能动性,他是能够"有所为"的,拥有实现自我价值的可能性。普宁在小说中面临的最基本的选择困境就是——是在污浊不堪的世界中放纵沉沦,随波逐流,甚至同流合污,还是不论有什么艰难困苦,不管付出什么样的代价,遭遇什么样的结果,也要维护自身人格的完整,保持一种出淤泥而不染的品质?普宁选择了后者。尽管他在温代尔学院是个无足轻重的小人物,他并不由此看轻自己、自暴自弃,而是依然热爱这份教职,认真负责地对待他的教学以及研究工作,慈祥和蔼地对待他的学生;同事们对他嘲讽讥诮,恶意模仿他的滑稽言行,普宁淡然处之,从未想过以牙还牙,以同样的态度对待他们,他也不会故意迎合他人对自己的羞辱来讨好同事,以求得在群体中的归属感;普宁对待感情的态度是单纯真挚的。他全心全意爱着丽莎,却一次次受到她的伤害。普宁曾喜欢过一个女学生贝蒂·勃里斯,但由于觉得自己仍然钟情于丽莎,最终失去了追求勃里斯的机会。他期待丽莎能够回心转意,可是丽莎最终还是利用他的善良来为自己谋利。丽莎的卑鄙庸俗与普宁的自尊自爱形成了鲜明的对比。当普宁陷于困境时,他没有卑躬屈膝地乞求别人为自己寻求出路,甚至拒绝了丽莎的前情人主动提供的帮助。

---

① 徐崇温.存在主义哲学[M].北京:中国社会科学出版社,1986:434.

　　我们很难说普宁是传统意义上的英雄人物。传统文学中的英雄一般都是英姿勃发、叱咤风云、仗剑天涯、除暴安良的大人物。他们是社会阶层中的精英，高人一等，俯瞰着平庸的芸芸众生。传统文学诸如《亚瑟王与圆桌骑士》以及莎士比亚（William Shakespeare，1564—1616）描写皇室与贵族的戏剧，都侧重于把外貌、地位、智慧、勇气、人格魅力都不同于凡俗百姓的英雄人物作为主要描写对象。这种文学传统直到现代主义文学发端才有所改变。现代主义文学开始留意普通人的生存状态，逐渐摒弃了传统文学注重的焦点，把关注的目光和书写的重点放在"反英雄"人物身上。普宁就是一个"反英雄"人物，也是一个典型的存在主义式英雄。他没有显赫的地位，没有英俊的外貌，没有惊人的智慧，不具备锄强扶弱、拯救苍生的能力和气魄。事实上，普宁自身难保，命运坎坷，常常处于一种孤苦无助的境地。"成功"两个字往往和普宁不沾边，因为他在生活中遭遇的更多是挫折和失败。在旁人眼里，普宁是古怪滑稽的，他的一言一行往往成为别人的笑料。然而，普宁在遭遇所有的不幸和痛苦时，却没有违背自己做人的原则，选择保持自己坚强善良、自尊自爱、正直高尚的品质。正如萨特所说："我们为创造我们想要成为的人而采取的每一个行动，无不同时在创造我们认为必须成为的那种人。决定成为这个或那个，就是同时在肯定我们所选择的价值，因为我们绝不可能选择恶，我们所要选择的，总是善。"①这就是普宁式的反英雄，也是存在主义式的英雄。反英雄不会有像传统英雄那样的丰功伟绩，但反英雄也从来不是卑鄙无耻的小人。他们有着平凡小人物特有的坚强和勇敢。勇气是重压下的优雅。普宁面对生活的重重压力，没有怨天尤人、哭天抢地，表现出了平静承受命运的勇气。他没有被荒谬混沌的大环境同化，没有让自己在共在中沉沦，而是勇敢地选择保持本真的自我和完整的人格。这是存在主义英雄的特有的品性。普宁经历了人生的痛苦，也看透了世界的荒谬，他甚至明白即使他们选择积极对抗命运，有时候依然左右不了自己人生的轨迹，依然可能遭遇失败和挫折。但普宁知其不可为而为之，以令人敬佩的勇气为自己做出选择，承担起了命运的责任。普宁与他周围那些卑琐渺小、随波逐流的人物不同，他是一个拥有主体性的真正的自为存在，不是在荒谬中丧失自我的客体。从世俗的角度说，普宁最后还是失败了——他丢掉了赖以生存的工作，不知何去何从。但

---

　　①　萨特；艾珉.萨特读本［M］.北京：人民文学出版社，2005：634.

从存在主义的角度说,他也是个胜利者。他没有被摧毁,依然拥有主体意识以及坚强、勇敢、高尚的人格。普宁犹如遭受着永恒苦刑的西西弗斯,在痛苦中获取希望,获取胜利:

在他每一次从山顶上下来,渐渐地走向神祇的住所,他胜过了他的命运。他比他的石头更为坚强。

如果这个神话是悲剧性的,只因为他的英雄是具有意识的。的确,如果他每跨一步都有成功的希望在鼓励他,那么他的苦刑又算得了什么呢? 今天的工人,在他的一生中,每日都做着相同的工作,这种命运也是同样的荒谬的。但是只有当他偶然成为一种意识的行为时,它才具有悲剧的性质。西西弗斯是神祇的贱民,没有权力,却有反叛性格,他十分了解他那悲惨的境况:当他下山的时刻他就思索着这种境况。这种清明的心智构成了他的痛苦,同时也使他赢得了胜利。没有什么命运能不被轻蔑所克服。①

西西弗斯每次推动巨石上山都注定了他徒劳无功的结局,但他从每一步推动石头的努力中找到了可以充实他心灵的希望。他懂得他的命运,因为懂得所以蔑视,尽管他无法改变既定的命运,他也不会被命运击垮。普宁是现代社会中的另一个西西弗斯。他和西西弗斯一样,也过着日复一日、枯燥荒谬的生活,也一次次退回到生活最初的起点。然而,这位西西弗斯式的英雄不会缺乏直面人生的勇气,会懂得在人生的失落和打击中找寻生命的意义。

《黑暗中的笑声》中欧比纳斯受情妇和情敌欺骗却浑然不觉,直到很久以后才领悟到事实的真相。按照海德格尔的说法,"领会本身就是把此在可能之在开展出来……领会开展出单个人自己在的可能性时,也就把此在与之打交道的周围世界的在者,在其可用、有用或有害中揭示出来了,也就把形形色色的现成东西的统一即自然揭示出来了"②。当欧比纳斯领会到自己已经沦落为一具任人摆布的行尸走肉,周围的世界又是如此险恶、充满敌意时,他想要改变现状、反抗荒诞世界的意识和血性被激发了。领悟带给了他"把此在可能之在开展出来"的动力,也让他走出

---

① 考夫曼;陈鼓应,孟祥森,刘崎. 存在主义[M]. 北京:商务印书馆,1987:327 – 328.
② 徐崇温. 存在主义哲学[M]. 北京:中国社会科学出版社,1986:187.

了内心的盲目和幻想。为了赢回尊严和自我,他很快将反抗意识付诸行动,决定持枪杀死玛戈,终究因为眼盲处于劣势,反而被对方枪杀。欧比纳斯为了维护"本真的自己在"做出决断,为自己带来了死亡的结局。在海德格尔的哲学中,决断总是和"本真的向死而在"联系在一起,因为死亡可以教会人更好地面对生活,承担起死亡这一最本己的可能性。对欧比纳斯来说,死亡未必是件坏事。因为死亡把"'此在'的'此'开展出来,使单个人从芸芸众生中分离出来,从日常共在的沉沦状态中超拔出来"①。欧比纳斯死时像个大洋娃娃一样慢慢倾倒在地。他的死不乏滑稽色彩,却又有几分悲壮。尽管他想要赢回尊严和主体性的努力以失败告终,他敢于对生活、对命运做出决断的精神仍然让人感叹,他也通过死亡使自己脱离了日常的沉沦状态,彻底告别了过去那个被摆布、被戏弄、被羞辱的自我。

《局外人》的主人公莫尔索和《斩首之邀》中的辛辛纳特斯一样,也经历了牢狱之灾。但辛辛纳特斯在他的牢狱生活中经历的各种荒诞不经的现实是莫尔索不曾经历的:辩护律师和公诉人画着相似的妆,难分彼此,牢房的卫兵带着狗一样的面具,刽子手冒充犯人,狱卒请犯人跳舞,辛辛纳特斯的妈妈是"仿制品",辛辛纳特斯还不知道自己究竟哪天会走上断头台……一切都是荒诞,一切都是虚无。《局外人》中的莫尔索在牢狱生活中保持了自己一如既往的对待生活的冷漠态度。他看破红尘,觉得活着没有意义,所以他选择平静漠然地等死。辛辛纳特斯在等待死亡的过程中也面临着选择。他所处的状态是真正的"向死而在"。死亡对他敞开了威胁性,但在具体的时间上又有不确定性。人在死亡的威胁下会产生畏与烦,恐怖和忧虑,这些情绪是促使人做出选择的动力。辛辛纳特斯可以选择"非本真的向死而在",即在异化和沉沦中怀着对死亡的畏与烦,妄图逃避死亡而不能。他也可以选择"本真的向死而在",即在领会了死亡后,勇敢自由地直面死亡,承担起自己的命运,保持个体的独立性。辛辛纳特斯选择的是后者。他知道死亡不可避免,顽强地选择了一种最积极的生存方式来对抗死亡。辛辛纳特斯要使自己有限的生命也充满意义。他选择与监狱里的其他人进行交流、沟通,失败后又试着读书写作,表达自己对生活的看法,与自己的灵魂对话。辛辛纳特斯的肉体虽然被禁锢在监狱里,但他在思考问题的过程中获得了灵魂的自由:

①　段德智.西方死亡哲学[M].北京:北京大学出版社,2006:241.

我必须经历极端痛苦的考验,我为了保持一点尊严(无论如何,我只默默忍受脸色苍白——我本来就不是什么英雄……)在接受考验期间必须努力控制自己的一切官能,我,我……身体逐渐衰弱……悬而不决的状态实在糟透了,…让我做点……短期工作……把经过证实的想法记录下来……某一天有人会看到它,突然感觉他头一次在一个陌生的国度苏醒过来。我这句话的意思是,我会使他突然喜极而泣,他的眼睛会在泪水中融化,有了这番经历之后,他会觉得世界更干净更新鲜。①

辛辛纳特斯清醒地认识到生活残酷的真相,认识到世界的荒谬本质,希望在自己死后,有人能够从他记录下的思考中获得对生活的深刻体会,哪怕他的手稿只有一名读者。他开始写作的时候并不自信,遣词造句还磕磕绊绊,不知如何顺畅地表达自己的观点,但他并未半途而废,仍旧以一种令人钦佩的毅力坚持不停笔地写下去。在死亡的威胁下,他的精神和身体在一天天变得衰弱,但他努力地用意志控制自己,不让自己在苦难面前溃败认输。他坦诚自己不是英雄,因为按照传统思维模式,英雄特指威武雄壮、力拔千钧、身手不凡、除暴安良的一类人。但辛辛纳特斯没有意识到,他自己在面对人生、面对死亡时也是个高贵的英雄,他拥有存在主义英雄的共性——知其不可为而为之,即使失败也保持着坚强无畏、寻求自由的精神。我们会为他们的失败和不幸感叹,却又不得不敬佩他们承担命运、直面死亡的勇气:"我知道自己不应该屈服……,既不屈服于记忆,也不屈服于恐惧,不屈于感情强烈的晕厥……,以前我多么希望——一切都秩序井然,一切都简单利索。因为我知道,死亡的恐惧其实算不得什么,只是一种无害的震动——甚至可能对心灵有益……"②尽管在现实中遭遇了种种痛苦与不幸,辛辛纳特斯没有以同样的恶意来报复这个世界。他没有丧失对生活的热爱,对一个理想中的美好世界依然保持着单纯的向往:

我的世界就是以这样一种感觉开始的:雾蒙蒙的空气逐渐清澈起来,空气中充满了光辉灿烂、震撼人心的和善,我的灵魂在其天赋的王国里自由舒展……,那里,在那里,人们的目光中闪耀着无与伦比的理解;

---

① 纳博科夫;陈安全. 斩首之邀[M]. 上海:上海译文出版社,2006:36-37.
② 纳博科夫;陈安全. 斩首之邀[M]. 上海:上海译文出版社,2006:165-166.

在那里,在此地备受折磨的怪人可以自由自在不受干扰地漫步;在那里,人们可以随心所欲地塑造时间的形状,像一张有图案的地毯,经过折叠后拼拢在一起,可以使两个图案连接起来……,那里,那里有我们在这个世界上漫游、躲藏的公园的原型;那里的一切以其迷人的特征和完美无瑕的简约,给人以深刻的印象;那里的一切能愉悦你的灵魂,一切都充满童趣;那里,闪光的镜子不时把偶然的印象送到这里……①

这是一个与荒谬现实截然相反的理想王国,这是一个灵魂可以获得自由和尊严的彼岸天堂。这也是勇敢坚强的辛辛纳特斯本该归属的地方。辛辛纳特斯最终没有逃脱死亡的结局,但他的死亡成就了他的高贵,帮助他赢得了生存的尊严,让他脱离了庸常的芸芸众生,作为本真的自己而存在。

在《防守》中,不被人理解的象棋天才卢金也同样选择坚持自我,没有向世界妥协。他的妻子和主治医生曾经想通过精神治疗使他舍弃象棋,回归平凡人的生活。卢金没有乖乖遵从医嘱、改变自己,也没有放弃一直以来对象棋的执着:

这里有纯洁和谐的组合,思想在那里顺着大理石台阶一步一步走向胜利;在棋盘的一个角落里还有一丝温柔的骚动,一声充满激情的爆破,还有走向牺牲厄运后奏响的嘹亮的号角声。……每一个都是美妙绝伦的、洋溢着爱的色彩,每一个都选择了复杂而神奇的道路。而且,这种爱是致命的爱。②

对象棋的热爱贯穿了卢金的生命始终,他紧握着这份爱坦然走向生命的终点。无论是被外界视为怪胎还是病人,卢金仍然坚持自己的选择,抗拒他人对自己生活的操控,让自己的自由意志指引自己走向永恒。

纳博科夫的多部作品都体现了浓烈的存在主义意识。这种观念的形成与他的人生经历也是密不可分的。他少年时期遭逢大变,背井离乡,颠沛流离,经历了常人难以面对的艰辛困苦。他的天赋异禀注定了

---

① 纳博科夫;陈安全.斩首之邀[M].上海:上海译文出版社,2006:75-76.
② 纳博科夫;陈岚兰,岳崇.防守[M].长春:时代文艺出版社,1999:244-245.

他心灵的孤独，几乎难以找到另一个可以与自己对话的灵魂。因此，他对存在主义提出的孤独、荒诞等概念有着切身体会，与存在主义思想有着精神上的共鸣。而纳博科夫本人也具有存在主义英雄的特征。父亲为救朋友慷慨献身的行为给予了他巨大的精神震撼，更令他意识到有些东西比生命更重要，在人生的关键时刻应当做出怎样的抉择。在面对无常的遭遇时，他始终维系了作为一个人的尊严和自由。他没有自甘堕落，放弃学业，而是坚持学习，坚持思考，坚持写作，终究经受住了煎熬，在文学的世界中放飞自我，追寻自我。他在笔下描绘了世界的荒谬、存在的虚无，以及人物面对生活、面对命运时所坚持的尊严、勇气和自由。通过自己的文学创作，纳博科夫展示了他对存在主义的深刻理解，在现实世界和超现实世界中铺陈了具有纳博科夫特色的存在主义观念，在精妙的叙事技巧和使人笑中带泪的人物情节设置中让读者体会到了悲喜交集的人生感悟。

第九章　纳博科夫与现代主义

　　文学上的现代主义一般指 19 世纪末 20 世纪初在西方世界兴起,于一战前后达到顶峰,并衰退于 20 世纪中叶的文学思潮和改革运动。现代主义严格来讲并非一个流派,而是由许多具有现代主义创作手法的派别汇集而成的一股文学思潮。19 世纪后期,现代工业的兴起,使人与人之间的关系变得越来越远,社会变成了人的一种异己力量。两次世界大战中,人们大规模残害和屠杀自己的同类,整个人类文明被战争蹂躏得体无完肤。孤独和异化逐步成了这段时期社会生活的主题。在此历史背景下,现代主义文学应运而生。它不主张用作品去再现生活,而是提倡从人的心理感受出发,表现生活对人的压抑和扭曲,注重人们内心深处的孤独与异化。在现代主义文学作品中,人物往往是变形的,故事往往是荒诞的,主题往往是绝望的。现代主义文学流派林立,在叔本华、尼采、弗洛伊德等先驱提倡的非理性主义之后,象征主义、意识流小说、未来主义、表现主义、超现实主义、存在主义、垮掉的一代等分支纷纷登场。

　　1917 年十月革命后,纳博科夫随全家逃亡到了伦敦。这个被西方现代主义学者看作最死气沉沉和阴郁的都市成了纳博科夫在欧洲的第一站。随后的几年间,埃兹拉·庞德、T. S. 艾略特、詹姆斯·乔伊斯等现代主义先驱先后来到伦敦定居,将伦敦逐步变成西方现代主义运动的中心。1919 年 10 月,纳博科夫进入剑桥的三一学院攻读法国及俄罗斯文学,齐聚在伦敦的几位现代主义大师对纳博科夫的影响不言而喻。

　　尽管纳博科夫不被看作一名公认的现代派作家,但他身上确实带有一定的现代主义印记。纳博科夫的现代主义思想首先起源于自身教育及现代主义文学时期在美国和欧洲的经历。"纳博科夫流亡欧洲的原因和道路与美国'迷惘的一代'作家不同,但殊途同归,汇集在现代主义文学的主流之中"①。在体验纳博科夫技巧丰富、思想深邃的小说文本中,我们通过收集、研究他的表现手法和写作技巧,并通过种种片段式的、光怪陆离的形式实验来捕捉现代主义文化景观的震源。同时,纳博科夫文论思想的开放性保证了研究者拥有更充分的空间,确定其作品不同层次的含义和功能,为现代文学创作的思维增添又一个案例。纳博科夫对"一元论"的哲学思考使其具有现代主义诗学意义上的文学气质;作为一名出色的视觉艺术大师,他对蝴蝶、绘画、电影等视觉题材的热爱与现代派表现主义作家有着千丝万缕的联系;他对时间的现实体验和对记忆的深刻描写令人联想到意识流文学的精髓。可以说,他在文学道路上特立独行的勇气和对文学风格做出的创造性解释为现代主义文学的发展提供了更为深厚的沃土,亦成为我们研究当下文学发展动态的不尽源泉。在本章中,我们以一元论的非理性主义哲学思想、蝴蝶美学的视觉艺术以及意识流时间观来探讨纳博科夫文艺观与现代主义文学思潮的联系。

一、一元论的非理性主义哲思

一元论(Monism)是认为世界只有一个本原的现代马克思主义学说。纳博科夫以一元论的非理性主义眼光看到一个别样的无形的存在世界,也使他的文学创作脱离理性传统,走向现代主义。在纳氏文学作品中,我们看到了一个哲学与诗学汇通、融合的局面,这一局面逐渐将纳博科夫对西方现代文学思潮的反思推向张扬感性、直觉、潜意识、梦境等文学特有表现方式的前沿地段。在《独抒己见》中,纳博科夫曾就一元论对基本现实的看法进行过理智的艺术评判。1969 年,当《时代》记者问:"您曾说过,您是一个'不可分割的一元论者',请解释一下",他回答道:"一元论意味着基本现实的单一性,当一个唯物主义一元论者或三心二意的物质主义者进行思考的时候,'心'便会悄然离开'物',这样一元论就是可分割的了。"②可见,纳博科夫的"一元论"在逻辑结构上注重"非理性"在人类思维中的价值,即从"物"那儿溜走了的"心"在认定文学艺术的本源问题上,会更加自如地以人的问题为出发点和归宿点,将人在现代

---

① 詹树魁.弗拉基米尔·纳博科夫:从现代主义到后现代主义[D].厦门大学,2003:前言.
② 纳博科夫;唐建清.独抒己见[M].杭州:浙江文艺出版社,2012:128.

世界中的生存图景和情感经验以反理性、反传统的文艺形式表达。20 世纪文学和艺术的总体倾向是现代主义,纳博科夫的一元论思想也难以割断与现代主义文学秩序之间的联系。我们可以用它来探查纳博科夫文学思想的先锋精神和前瞻意识,探求他对西方现代主义文艺思潮的继承和拓展。

　　一般认为,纳博科夫"一元论"思想的萌生,在文学理论与文学艺术的发展史中,有着深厚的建构基础和诗学渊源。从这个意义上看,纳博科夫是在以一种"诗化哲学"的艺术方式关注着文艺理论。事实上,整个西方现代派的文学创作,几乎从未离开过以关切人生、追寻人生意义为己任的哲理探索主题,对人性和世界的精妙见解也令纳博科夫总是在文学创作中贯穿着一种"人本主义"的生命哲学思考。而提到"一元论",首先,我们要追溯到想象力极其丰润的远古神话时代。那虚无缥缈的神灵世界,一直在向我们诉说着尚未被理性主义建构出来的原始生活方式。那时,先人们坚持否认神与他们的世界之间存在着距离,也否认神与他们的生活之间处于对立的两极。因此,由这种想象力创造出来的神话世界就无所谓是真实的还是虚构的。在生活于神话时代的先民们看来,现实就是现实,不能被认为是某种虚构。在这既瑰丽又神秘的奇幻世界中,他们就这样在"人神共在"的朦胧雾霭之中展开了自己的生存。

　　此后,随着逻辑体系规范与人们推理能力的不断发展,信马由缰的人类思绪渐渐从人神共存的神话世界中跌落了下来。至此,"让我们理性化"[1]的文论传统也开始转向对人类自身的关注。这种注意力的转移把与神的世界相分离的"人"的存在意义烘托了出来,遂还发现了人与世界的主客体关系。在创造了"人"的理性主义传统中,被束缚于主体之中的人的先验想象力虽然把作为对象的现实世界变得越发冰冷和僵化起来,但与客观现实相对立的超越主体的想象力却只能由此而沦落为生命主体的某种虚构属性或能力。无独有偶,纳博科夫诗性世界中的"一元论"哲思实际上也是丰富想象力的结果。这种感觉到的、想象出的玄学智慧,与现代主义文学回归原始、回归神话的创作倾向既相联系又相区别。在这方面,面向神话和面向童话的艺术追求是一致的,都反映了作家从有限平庸的社会现实转向永恒的审美王国的诗学愿望。只是崇尚个性的纳博科夫,一向拒绝让自己的作品承载那些隐含着宏大叙事企图

---

　　① 洪谦.西方现代资产阶级哲学论著选辑[M].北京:商务印书馆,1982:22.

的一般性、社会性问题。这样,纳博科夫"一元论"的非理性哲思成为其极富个性的艺术材料和写作源泉。它们汇聚在纳氏现代主义文论观的核心之中,并在原始与先锋的张力状态中,辐射出种种新的表现手段和空间形式,以寻求突破理性牢笼的可能性、反思有关个人和人类生存的终极意义。据此,我们可以理解纳博科夫的现代主义文学思想观本质上是"原始主义与先锋精神的复合体"①。

纳博科夫经常以艺术或艺术家作为主题,希望在高度自觉的创造性的艺术行为中建立他所理解的文学艺术。他再三强调:"现实是一元的,也是主观的。事实上,人们对主观生活的求知欲和好奇心是如此之强烈,以至于它能使所谓的'客观存在'成为一个空洞的、破碎的外壳。而回到'客观现实'的唯一办法就是我们把若干个个人的世界完全混成一体,然后从中取出一份,称它为客观现实。"②纳博科夫这样的现实观再次向我们证实了:人们对生活事物可以知道得越来越多,但永远都不能够接近"现实",因为"纯粹概念性的思考无法传达事物最幽微的本质,它只能解决生命的表象,并不能产生真理"③。于是,纳博科夫开始意识到,在人类的精神活动中,"诗学"已不是一般的艺术形式,而是人类心灵价值和本真性情的精神守护者。这种"非理性"的原始生命状态在艺术实践中要靠一种审美的、领悟的、诗性的方式才能获得。不可否认的是,正是理论界诸多这样的思考促成了现代主义文论将自身的审美触角伸展到人类思想意识之下的原始幽深之处。

从这一观念出发,在漫长紧张的诗思探索之后,纳博科夫又提出了另一种观点:"即便真实的客观世界可以脱离我们的主观意识,但我们永远也无法知道它究竟是什么样子的。"④也就是说,我们眼前的一草一木在它们映入我们眼帘的时候就已经带上了我们主观色彩的人类经验特质。由此看来,世间万物的呈现状态在我们的心灵世界中是我们"自我意识"的投影对象才对。那么,除掉我们的主观色彩后,客观世界应该是什么样的?我们也无从回答。在这种情况下,当哲学在现代陷入人类异化问题的困境时,作家纳博科夫却在传统文论思潮的反思和批判中发现

---

① 纳博科夫;唐建清. 独抒己见[M]. 杭州:浙江文艺出版社,2012:105.
② 纳博科夫;申慧辉等. 文学讲稿[M]. 上海:上海三联书店,2005:219.
③ 海德格尔;何光沪. 海德格尔选集[M]. 北京:三联书店,1999:144.
④ 纳博科夫;申慧辉等. 文学讲稿[M]. 上海:上海三联书店,2005:78.

了通往真理的途径,并立志要用一种非理性的、直觉的、感性的抒写方式来观照世界、解答生命意义的终极问题。《洛丽塔》《黑暗中的笑声》《斩首之邀》中的时间主题和空间观念都把"意识"当作是情节设计的主要内容,它们对积极的或病态的"自我意识"的努力探索深化了作者纳博科夫在现代文论思想方面的认识。但与现代主义运动的思想先驱和其他现代派作家的区别是:在纳博科夫构筑的文字迷宫中,意识主体在主人公的各种意识活动中始终居于统摄地位;在展示自我的方式上,纳博科夫几乎从不表现人物的意识流活动,但他笔下的主人公最终都不能走出他们的"自我意识"之狱,唯有对他人的存在抱有清醒的认识。

英国哲学家休谟(David Hume,1711—1776)在《人性论》(*A Treatise of Human Nature*,1738)中也曾表达过与纳氏"一元论"思想相似的存在体验:"我们的想象纵然是一直延伸到宇宙的尽处,也无法尽可能地超越自我知觉的范围以外而去想象人类命运的本质和魔力。"①由此,没有了对象化的现实世界做坚实的后盾和实验的基础,我们的现实生活与我们空灵而轻盈的梦境也就没什么区别了。所以,生活在精神世界中的我们才会把我们的生命状态当成是一场游戏或愉快的骗局来对待。纳氏小说呈现出的强烈梦幻感就是这个观点的有力佐证。纳博科夫编排的小说情节并不是一个个明晰、完整的故事,里面的主人公经常在不同的开放性的文本结构层面进行转换,既无确切的面容也无明确的身份。阅读纳博科夫的作品就像是在做梦一般,天马行空的故事情节汇集在一处,只留下模糊的影子。除了在梦醒后能捕捉些梦中的感觉之外,更深刻的体验却是不能用任何言语对这个前后毫无联系的梦境做出任何完整性的描述。在这场永无休止、具有深刻意义的梦魇旅行之中,读者已经感觉不到现实与梦境之间的清晰界限了。例如,《塞·奈特的真实生活》的最后那一段,在"我"收到哥哥塞·奈特病危的电报之后,伴随着"我"的心中体验,使读者好像和"我"一起在一个漫长得仿佛没有尽头的梦境之中往返、沉降:一路上的辗转反侧、面容模糊的警察、暴躁的出租车司机、从天而降的搭车事件……就这样一路颠簸地来到"我"哥哥的病榻前。结果,就在此时,"我"被告知"我"的哥哥在几天前就已经溘然辞世了。霎时,内心深处的孤独感油然而生,只是这种心灵体验无论如何都超不出我们的心灵之外。这种来自宇宙深处的孤独感体会是我们感知世间

---

① 卡西尔;甘阳.人论[M].上海:上海译文出版社,1985:8.

万事万物的一种表征。其实,我们每个人的世界与生俱来都是封闭着的。作为意志和表象的世界对于任何一个活着的生物而言都是一个有效的存在,将我们的心灵纳入一个抽象内省的意识系统之中。无法走出自己心灵的那个轻盈的生命实体也因这个"自我"的绝对孤独感而变得格外沉重起来。在《洛丽塔》中,最终死在监狱里的那个孤独的、痴心一片的亨伯特虽然为了占有洛丽塔而献出了一切,但他的生命未能如愿以偿地与洛丽塔相交融合,只换来临终前的一声沉重叹息。纳博科夫承继了现代主义文艺思潮的实验性。他对梦幻、回忆、意识的浓厚兴趣和对悬而未决的开放式结尾的偏好,在很大程度上都是在建构现代主义的美学秩序和叙事方式。但与现代主义运动的艺术观念相比,纳博科夫更强调记忆、经验、不受约束的意识和对超验性审美的追求,具有"回归艺术自身"的诗学倾向。

《塞·奈特的真实生活》是纳博科夫发表的第一篇英语小说,其间的"自我"不仅主体意识明确,而且还已然融入了世界,打乱了传统现实观中的二元逻辑,使得小说中不同寻常的逻辑和充满了梦幻感的人物意识在一元论的主观现实观中得到了统一。作家塞·奈特的弟弟"我"为了还原出一个真实的塞·奈特,决定在塞·奈特死后寻找、走访生前接触过他本人的各色人等,为哥哥塞·奈特写一本能够真实反映他独特一生的第一手传记。但最终"我"却发现,真实的塞·奈特其实并不存在。可以这样说,附着在不同人身上的塞·奈特的幽灵用不同的样式构成了这些人自我的某一部分,他们存在的不同方式已经互相渗透、融为一体了。大"我"六岁的塞·奈特一直是童年的"我"的崇拜对象。成年后,在"我"的眼中,年轻俊朗的塞·奈特在这种神秘与崇拜之中,时时都流露出天才的气质,这让"我"对哥哥的满腔爱意更是蒙上了一层神秘的面纱。于是,在"我"与塞·奈特真正见面之时,"我"总是千方百计地逼迫自己搜寻各种话题来引起哥哥的注意。但他从来都是沉默寡言,这令"我"这个弟弟既莫名其妙又尴尬发窘,内心很是痛苦。在童年时期的女家庭教师眼中,"我"和塞·奈特的童年影子一直活跃在她的生活世界中,久久不肯离去。她的这些回忆执着地保持着童年时的样子,以至于在奈特死后,"我"去拜访她、寻找资料时,她也只是诉说着那些陈旧的童年往事,"没有问一句塞巴斯提安后来的情况,对他是怎么死的也漠不关心,不闻不问。"①

在古德曼先生(塞·奈特生前的秘书、写第一本传记的作者)的眼中,塞·奈特的喜怒哀乐完全是由特定时代和特定环境共同操作的结果。换言之,他是一个被时代和环境所驾驭的傀儡式人物。在"我"母亲的印象中,塞·奈特那不可理喻的行为让人捉摸不透,是一个谜一样的孩子:"我其实从来都没有真正了解过塞巴斯提安,我只知道他在学校里经常拿高分,读了数量惊人的书,爱干净,冬天每天早晨都坚持洗冷水澡,可是两个肺没有一个结实。"②在他昔日的同窗好友眼中,行为乖张、对运动不怎么在行的塞·奈特其实是一个极其敏感的人,尤其是当他沉浸在诗的创造性幻想中时,简直与平时判若两人,令人费解。在他那个神秘的女友心中,刚愎自用、性情乖僻的塞·奈特虽然富有才气,却是个不食人间烟火、只会大煞风景的人。那么,塞巴斯提安究竟是谁? 塞·奈特究竟又是个什么样的人呢? "也许这样设想我们更能靠近事实:塞巴斯提安坐在篱笆上,他的脑子中激荡着词语和幻象:不完整的幻象,贫乏不足用的词语;可是,他已明白:正是这些,也只有这些,构成了他的现实生活,他的命运就维系在这个晦冥的战场上。"③应当指出,在《塞·奈特的真实生活》的文本中,"一元论"思想的发展轨迹,既是新旧文学观念彼此交融的结晶,也是纳氏早期文学思想受到现代主义文学思潮的真实反映,而且也充分展示了纳博科夫对世界和生活的现代主义感受:多元、复杂,甚至是混乱无序。

此外,作家塞·奈特在他的作品《棱镜的棱》中也明确指出过:"《棱镜的棱》是会让人得到彻底享受的,只要你理解了此书的主人公其实是一种我们可以粗略称之为'构成法'的东西。这就好像是一个画家所论述的那样:看着,我在这儿要给你们看的不是一幅风景画,而是画一幅风景画的各种画法,我相信它们融会贯通起来就能表现出我想让你们看的东西。"④这里,塞·奈特的"自我存在"并没有持守着一个固定的所谓的真相,他在这个棱镜中的形象轮廓是靠无数个"棱"(围绕在塞·奈特身边的人)的互相折射而映现出来的。谁谈论塞·奈特,谁的"存在"中就

①　纳博科夫;席亚兵.塞·奈特的真实生活[M].长春:时代文艺出版社,1999:147.
②　纳博科夫;席亚兵.塞·奈特的真实生活[M].长春:时代文艺出版社,1999:154.
③　纳博科夫;席亚兵.塞·奈特的真实生活[M].长春:时代文艺出版社,1999:172.
④　纳博科夫;席亚兵.塞·奈特的真实生活[M].长春:时代文艺出版社,1999:214.

浮现出奈特灵魂的参与和渗透,谁身上就会以某种形式令塞·奈特"存在"的某个方面复活。这一"追逐人生主题"的深度考量和有效吸收,不仅构成了纳氏现代主义文论思想的原始成分,而且还成为其对传统价值观念的质疑和对文学进行革新的内在原因。

值得强调的是,"我"的形象在小说文本中是模糊的,这个有趣的现象,在小说的文本世界中,是以与塞·奈特有着特殊关系的"我"的寻访经历而展开的。很明显,这里,作者是在有意回避事关"我"的信息的透露。这种"离经叛道"的艺术手法,在很大程度上,也是纳博科夫对西方现代主义文艺思潮的一种反省和修正。而且,作为塞·奈特一位同父异母的兄弟,即便"我们"之间有着相似的家庭背景,用了父姓的"我"在文本中却始终没有确切的面容和具体的名字供读者参详。"我"的自我生活全部被塞·奈特的世界所攫取、所吞噬。"如何能够得到塞·奈特的资料?"成了这个无名无姓的"我"终日奔波劳碌、冥思苦想的东西。结尾之处,连自我介绍也被巧妙地一笔带过的"我"终于悟出了一个生活的秘密:

> 那就是——灵魂只是存在的一种方式——而不总是一种固定的状态——任何灵魂都可能是你的,只要你发现它并跟它一道呼吸。人死之后完全有了一种能力可以有意识地生活在任何一个选定的灵魂中,生活在任何数量的灵魂之中,而这些灵魂都没有意识到它们所负载的互相间变来换去的外在物。这样一来——我就是塞巴斯提安·奈特……塞巴斯提安的面具牢牢地粘在我的脸上,那种相像再也洗不掉了。我成了塞巴斯提安,或者塞巴斯提安成了我,或者我们可能都变成一个我们俩都不认识的人了。[①]

据此,不难发现,无论是作家塞·奈特还是"我"都不是小说《塞·奈特的真实生活》中真正的主人公,这些缺乏确定内容的生命实体根本就没有确切的形象。尽管纳博科夫并没有对现代主义运动发表过任何宣言或纲领,但他在文学实验的革新道路上,将现代小说的创作焦点明显地转向了人物精神的心灵世界,集中宣告了纳氏创作理念的"现代性"和示范效应。正如奈特在《棱镜的棱》中所言的"构成法"一般,被消解了

---

① 纳博科夫;席亚兵. 塞·奈特的真实生活[M]. 长春:时代文艺出版社,1999:317 – 318.

的"自我主体性"一旦丧失了能够确切地表明自己身份的资料做证据,生命个体的固定形象也就无从谈起。在由这一"构成法"铺陈开去的文本世界中,所谓的人物形象充其量也只能是不同人眼中的不同镜像罢了。这一以语言文字为方式,以感性的形象和丰富的情感来表达、探究"人"对于自身以及人与世界关系的哲思意识,显然是纳博科夫现代主义文论思想的基础。它在纳氏小说的其他文本中也有十分突出的表现和应用。如在《玛丽》中,文本镜头所聚焦的玛丽的音容笑貌屡次出现在不同人的回忆或期待中;而那个流浪在异国他乡的边缘人——加宁——也是一个十分模糊的人物形象。这个被用于一本假护照上的名字(加宁),甚至连真名实姓的真实信息都没有透露给读者,但就是这个形象最模糊的人,却有着最诚挚的情感和最饱满的真爱。这个人的存在和情感回忆会渗透到我们每一个读者的"存在视野"中去,上升为包含着记载现代意识或支配个体经验的美学反应。这也是纳博科夫现代主义文论观的生命意识和核心精神之所在。纳博科夫在《文学讲稿》中曾旗帜鲜明地提出:"作家手中是没有现成的观念可用的,他们必须自己去创造。写作的艺术首先应当将这个世界视为潜在的小说来观察,不然这门艺术就成了无所作为的行当。我们这个世界上的材料当然是很真实的(只要'现实'还存在),但'真实'根本就不是一般所公认的'平均化现实',而是一摊杂乱无章的东西。"①在《微暗的火》中,纳博科夫通过一个特殊人物——长诗《微暗的火》的读者——金波特的活动展示了他本人对所谓"世界是小说"的辨认和思考。有着多重身份、活跃于这个文本世界中的人物——金波特,对长诗的阅读理解构成了小说情节的重要内容。他的创造性解读,在长诗的注解中,闪耀着作者、文本、读者相互融合又相互解构的思想光芒。这里,通过金波特的人物塑造,纳博科夫旨在告诉我们,无论是作者的写作,还是读者的阅读,对于文本意图的构成和再扩大而言都是创造性的。文本世界里的关系网是动态的、抽象的,并非是被禁锢在白纸黑字的书籍载体之中的。在这部经典力作里,某些形象的叠现、实验主义手法的轮番运用、主人公跌宕起伏的心理冲突以及语言风格的变化,无疑都深刻地反映了纳博科夫的现代主义思想,对 20 世纪整个西方文学的现代主义思考也产生了影响。

　　需要说明的是,读者的阅读反应和作者的写作活动都会因其各自的

---

① 纳博科夫;申慧辉等.文学讲稿[M].上海:上海三联书店,2005:2.

主动性参与,而被囊括进这张关系网之中,进而成为这个文本世界自身建构体系中的一部分。因而,无限开放的纳氏小说文本时刻、处处都体现出新质萌生的势头。这些文学艺术的基本元素(文本、结构、主题、情节、语言等),究其根本,也为我们全面了解纳氏的现代主义文论思想提供了一个重要的例证。在这个程度上,缘自多种不同起源和根由的"原始冲动"才能汇集在一个特定的文本中心内部,依赖无尽的想象力,调动意象,反映情感,探索新的艺术形式和创作技巧,建立纳氏现代主义文艺思想的整体效果。反过来说,我们自身存在的一种方式——写作或阅读,也在具有诗意的"一元论"审美经验中,成为我们融入这个文本世界的一种注脚方式。正如纳博科夫在《塞·奈特的真实生活》中所记录的那样:

所有涉及生死的问题,其"绝对答案"都写在世上他所知道的任何一个地方——这就像一个游人走遍广大乡村地区,发现它并不是自然景观的随意组合,而是一本书中的一页。在那里,群山、森林、田野、河流都经过了布置,为的是组成一个严密顺畅的句子。……这个游人拼读着风景,其意义便昭然若揭。同样,人类生活虽盘根错节、构造复杂,也只不过是一个花押字,一旦行家解开其交织在一起的字母,便一览无余。①

然而,"哲学和诗都是构成人类文化主体思想的根基性的东西。"②超越"想象力"后的"人的主体性"所达到的一种哲学意义,总是在不断地激荡着艺术家们的心灵。伴随着现实世界的瓦解,与世界和神明相分离的"人的存在"也丧失了任何意义,甚至连现实与虚构、生与死的二元划分业已不复存在。可以说,通过纳氏小说文本所开启的这种"一元论"视野,我们隐约看到来自人类先验想象的心灵感应能力的现代文论的雏形,纳博科夫文学思想的现代主义精神开辟了现代英语小说的新方向。他让读者领略主人公的印象感觉和心理意识活动,从而深刻揭示了"现代人"的精神世界。如果说"散发着疯狂气息"③的想象力在纳博科夫的笔端具有一种毁灭性的力量的话,那么,它所喷涌出的"死亡快感"在一

---

① 纳博科夫;席亚兵.塞·奈特的真实生活[M].长春:时代文艺出版社,1999:293-294.
② 海德格尔;何光沪.海德格尔选集[M].北京:三联书店,1999:141.
③ 纳博科夫;申慧辉等.文学讲稿[M].上海:上海三联书店,2005:56.

个活着经历死亡的人那里，既能令生与死的体验界限消失，也能令现实世界中陷入癫狂状态的理性秩序消失殆尽。至此，纳博科夫的现代主义文论思想，在想象力这根指挥棒的操纵下，颠覆了传统小说的艺术形式，重构了"纳氏密码式迷宫"中的逻辑秩序与艺术原则，遂使小说文类的审美风格和创作语境产生了前所未有的多样性和异质性。这种"以展示内在真实"①为高度艺术宗旨的独特审美原则彰显了纳博科夫的现代主义文论视野。在他的艺术世界中，一切现成性的人与世界的二元划分都被自动地取消了。纳氏文本中经常出现的乱伦主题便是作者对想象力的无限张扬和对现实世界中现成意义努力消解的佐证。基于这一点，不难看出，纳博科夫眼中的诗学、文学、艺术实则都是超越主客体二分的想象力所创造出来的结果，且它们的创造力是与"一元论"的思想光芒遥相呼应的。

应该说，纳氏现代主义文论观中的"一元论"思想将"反映意识"视为是现代主义作家的基本任务。它拆解了现成化的客观世界概念、传达了迷宫般的叙事形式和创作意图、探讨了无以归属的个人主观意志对生活意义的见解。这种艺术理念，突破了传统小说的固有模式和秩序准则，传达了纳博科夫的现代主义文论思想。其对人物意识领域的揭示，以及对反映现代经验的叙述笔法的尝试，不仅构筑了纳氏现代文学实验的创新特质，还折射出一条文学现代化和多元化的必由之路，并且对西方现代文学的自觉变革与转型起到了推波助澜的作用。

二、蝴蝶艺术与现代美学

纳博科夫是一位公认的视觉艺术大师，自幼接受过专业的绘画训练，并反复声明自己天生是画家，具有特殊的听音辨色的"色彩听觉"天赋。在他的作品中，许多五光十色的艳丽色彩跃然纸上，实践着"诗如画"的书写传统，在《独抒己见》中，纳博科夫曾多次提到对图画艺术的热爱。他说："在我年轻的时候，我最欣赏俄国和法国画家。还有英国艺术家，如透纳。在《爱达》中提及的画家或绘画多半因最近迷恋所至。""一幅优秀的幻想画至少表明作家没有欺骗。那些推销花字体来忽悠庸

---

① 纳博科夫；申慧辉等.文学讲稿［M］.上海：上海三联书店,2005：127.

人的江湖骗子并无才华或技巧来画一根钉子,更不用说画钉子的影子了。"①可以说,纳博科夫对视觉艺术有着异乎寻常的敏感,其作品将微妙的色彩镶嵌在字里行间,构成了一幅幅炫目的图案。从某种程度来看,纳博科夫在章法、技巧、线条、色彩等各种新颖艺术形式运用上的大胆创新和改革意识,印证了现代派表现主义的新奇精髓,给人一种"新潮"与"入时"的感觉。就此而言,纳氏现代主义文论思想的理论主张,就如同具备国际性倾向的综合性术语"现代主义运动"一样,是一种深奥的、背离传统的全新艺术观。这份全新的艺术观,也集中体现在纳博科夫一直以来对蝴蝶研究的醉心与钟爱。

通晓变幻无穷的现代主义规则的文学艺术大师纳博科夫,在进行小说创作的时候,一直秉持着精确的诗学和纯科学的兴奋的创作理念。他对蝴蝶的喜爱常为读者所乐道。他曾提到:"在追溯和辨认古代画家描绘的蝴蝶的过程中,我找到了一种昆虫学上的快感。单单那些可辨认的图画就吸引我……无论老马蒂斯的笔触多么精巧,都不能与 19 世纪一些科学图书的插图作家媲美。"②他更曾肯定地说:"假如欧洲不发生战争,也许我会把全部生命献给蝶类学,根本就不会写什么小说。"③足见纳氏小说的文学创作构思与科学精神之间的契合点很大程度上来自于蝴蝶这种绚丽多变的鳞翅类昆虫学世界。正因为这位文学家对蝴蝶的细微差别、对鳞翅目昆虫的习性是如此之精通,他才能将内孕着"纳博科夫密码"的"蝴蝶式思维"融入其现代性的表现形式技巧中,以使他的小说题材产生一种别具一格的绚烂如蝶翼的美学效果。可见,在以"表现论"为基础与核心的西方现代主义美学思想的影响下,纳博科夫现代派文学创作中的审美思维模式与艺术表现,极其注重可见的事物与不可见的精神之间的互相感应性和契合性。

值得一提的是,隐藏于纳博科夫文体独创性背后的美学动因——"蝴蝶美学研究"——实质意义上与纳博科夫的艺术之思与艺术创作是水乳交融的,且呈现出暗示性、朦胧性的个性化特点。况且,以语言绚丽、细节精微、文体多变、意蕴超验为创作特征的纳氏现代主义文论观皆与"蝴蝶"结下了不解之缘,也同时为纳博科夫的个体生命与艺术生命打

---

① 纳博科夫;唐建清.独抒己见[M].杭州:浙江文艺出版社,2012:171.
② 纳博科夫;唐建清.独抒己见[M].杭州:浙江文艺出版社,2012:172.
③ 纳博科夫;唐建清.独抒己见[M].杭州:浙江文艺出版社,2012:26.

上了一个最具个人特色的难以磨灭的标志性符号,以取得万物与人心"应和"的现代象征意蕴。所以,西方现代主义文学创作中的现代象征美学观,到了纳博科夫的笔下,就有了极大的发展和变化。而纳氏现代主义文论观中的审美思维模式,常常是通过人的各种感官间的彼此沟通,寻找到"蝶类世界"中抽象概念的对应物,来体验人生、传达理念情感、展示现代人群的内在心灵感应和异化精神危机的。

这位被认为是"自普鲁斯特与乔伊斯以来最具现代性原创震撼力"①的优秀作家曾多次声称:"文学创作与蝴蝶研究的'双栖活动'是我这一生人生轨迹的双行线。"②他的小说创作把对蝴蝶昆虫象征意义的认知活动上升到了美学的批评范畴,更重要的是,昆虫的变形循环在这个永不停息的"变"的艺术创造过程中,本身就是一本考虑最周全、最感人的书。它为纳博科夫的现代文学思想带来了奇特的艺术效果,给人以极大的思索与启迪。这一思维定式反映了纳氏思想中的"主体性",体现出他对20世纪西方现代美学和艺术规律的形而上学认识的批判,并对"诉诸内心"的现代主义美学思想的核心内容提供了创造性的情感表现手段。这就是现代主义文学运动中最初的"移情论"美学观,"在艺术创作的过程中,要把内在的情感渗入到我们所感受到的客体表达中去,以觅得内在情感和客观对象的合二为一。"③

这一最初的"狂喜"灵魂的情感,没有任何意识目的的纯粹的"灵感",虽然不能持续不变,"但是它在瓦解过去旧世界和建立新世界之间的连接口上,会结合新的'狂喜'心理变成'记忆',帮助作家回忆往昔、重建一个艺术世界。"④不过,狂喜不是常识的有害部分——疯狂,而是"天才式的最明达而又最伟大的灵魂"⑤。因此,现代美学对纳氏文论观的影响之一就是"情感"的理论。众所周知,纳博科夫生来就是一个能驾驭自然与艺术、灵悟与欲念的天才。他之所以灵感不断,有能力从欲念中解脱出来,去创造一个新的和谐的独立文体世界,这跟他一生中艺术

① Zunshine,Lisa. Nabokov at the Limits:Redrawing Critical Boundaries[M]. New York:Garland Pub.,1999:169.

② Quenelle,Peter. V. Nabokov:A Tribute[M]. New York:William Morrow Company Inc.,1980:1.

③ 纳博科夫;申慧辉等. 文学讲稿[M]. 上海:上海三联书店,2005:154.

④ 纳博科夫;陈东飚. 说吧,记忆[M]. 长春:时代文艺出版社,1998:129.

⑤ Page,Norman. Nabokov:the Critical Heritage[M]. London:Routledge & Kegan Paul,1982:118.

灵感的不竭源泉——捕蝶狂喜所带来的记忆——是分不开的。这种狂喜的震颤,对纳博科夫来说,是一种"难以言述"的东西,即"天地合一的超凡境界中的顿悟"①,也是纳博科夫现代主义艺术的审美世界赖以生存的生命磁场和逻辑基础。它归根结底要表现的绝不是艺术家自身的个人情感,而是他所认识的整个世界的普遍精神和人类情感的本质。这种来源于"抽象与情感冲动"②的生命本相与心理体验,由于主体主观意识的强大,而成为整个西方社会的现代精神支柱,同时也成为纳氏现代主义文论观追求主观美学感悟的必然结果。如同小说《洛丽塔》中亨伯特对洛丽塔的那种痴醉与狂喜一样,这种"入迷的狂乱喜悦"③与作家纳博科夫毫无特殊目的的创作初衷心心相印,就是"一种灵感的反应或混合状态"的典型表现。

在此意义上,理解了纳博科夫心中蝴蝶的"审美狂喜"的怡然境界和超脱特质之后,我们就能更加深刻地从原初意义上理解纳氏独特的蝴蝶美学思想与西方现代主义文艺思潮之间的内在关联性和深层影响力。这种深入骨子里的"异种蝴蝶情结"培育出了他的审美思维方式,而这种致力于显示"内在真实世界"的思维方式又与纳氏小说中景物的光、色、味和人的肤色、眼神、心理、姿态反复交织在一起,这才筑起了一座座光怪陆离的、追逐蝴蝶人生主题的现代迷宫,呈现出跳跃无序、彼此颠倒的自由联想特征,使人物的内心世界表现得更加真实可信、更加丰富多变。它与流行于西方现代主义文坛的"自由联想"艺术手法有所不同,这种联想具有更大的跳跃性,可以在意识与无意识的念头里相继出现,表现出不受形式逻辑、"联想结点"限制的艺术思维特质。坦白而言,这种侧重于真实呈现人物的意识流动状态的艺术思维与文学表现模式,在纳博科夫的现代派小说创作中,有着特殊的地位。例如,在《洛丽塔》中,自由伦理的个体叙事终结了"文学精神的野蛮时代"④,掀开了文学史上一道"为文学自由一辩"⑤的风景。其实,《洛丽塔》的故事情节并不复杂,其

---

① 蒋述卓.批评的文化之路:文艺文化学论文集[M].北京:中国社会科学出版社,2003:39.

② Norman Page. Nabokov:the Critical Heritage[M]. London:Routledge & Kegan Paul,1982:126.

③ 纳博科夫;唐建清.独抒己见[M].杭州:浙江文艺出版社,2012:66.

④ 饶芃子.比较诗学[M].西安:陕西师范大学出版社,2000:81.

⑤ Page,Norman. Nabokov:the Critical Heritage[M]. London:Routledge & Kegan Paul,1982:14.

中心事件只是一起谋杀案。它的欲念之火和艺术之思让读者玩味不已，因为一切功利目的和价值观念在《洛丽塔》的文本世界中全都失去了意义，而纳博科夫本人对"支离破碎的断想、生命冲动的狂热"①等人生主题的诠释就是想达到"美学快感"的警世功效。这一点显然也是作者在显微镜下认真观察蝴蝶纹饰时，所形成的文学意象心理的最有说服力的注脚之一。可见，从美学意义上说，纳博科夫文学思想的创作活力与现代主义的艺术标准息息相关、一起涌动，都强调绝对自由和不断自觉的自我内在情感对美的把握，对美的创造。

蝴蝶的天性是多变的，它那两片美丽的翅膀之中蕴藏着块斑、花纹、色彩、线条的无穷变化。这些灵动的视觉差异变化显然已在精神层面上同化着、浸染着热爱鳞翅目昆虫的纳博科夫，并给这位"异类缪斯"的生命和艺术均打上了"变幻"的烙印。首先，纳博科夫本人的一生就是在迁徙生活的变化之中成长起来的，无论是他的社会身份还是他的职业角色，都在不断地变幻着。他的文学创作风格从现实主义的表现手法衍变成现代主义的技艺实验，就是从蝴蝶变化的灵感中得到的有关创作理念的启示。同其他现代主义流派的作家一样，纳博科夫的现代文论思想也取决于一个特定的艺术环境，也是一整套不受任何固有标准模式的束缚、全然按照自己独特的美学原则来反映时代意识和异化体验的现代艺术观。其次，纳氏作品的文体形式更是变化无穷。他曾创作过小说、散文、诗歌、译著等多项文学体裁。诚然，纳博科夫很看重作品的文学性，不太关心文学之外的因素。正是基于这样的创作理念，纳氏作品中"痴迷""记忆""时间"等常见的现代主义文学主题才能延续蝴蝶美学的研究思路，并经过结构、技巧、语言等多重风格的映衬，剪裁出一个个"最大限度地接近了真实生活"②的虚构文本。正如他所言："作家要像蝴蝶那样学会虚构，虚构得越像，就越是真正的文学。"③尽管纳博科夫对文学创作的本质属性提出了新的要求，但他已经看到了现代主义文学旋律的新节奏与新态势，并跃跃欲试，不遗余力地将诗技改造的革新种子撒向揭示现代生活经验和主观真实的艺术实验里去。

---

① Quenelle, Peter. V. Nabokov: A Tribute [M], New York: William Morrow Company Inc., 1980:171.
② 伍蠡甫. 现代西方文论选[M]. 上海: 上海译文出版社,1983:77.
③ 纳博科夫; 申慧辉等. 文学讲稿[M]. 北京: 三联书店,2005:91.

　　醉心于蝴蝶般文体变幻之术的纳博科夫,在写作内容和形式技巧上大胆创新,比如《微暗的火》的创作意图和艺术模式,正是纳博科夫在美学意义上凭借文字迷宫的设置,与读者玩的一场猜测把戏。这部文学作品就像是一只在丛林里飞舞着的流光溢彩的蝴蝶一般,它在纳氏文体形式的实验场中,成功地将自己"绚丽的身姿"衍变成了一部"向更高层次的真实情感跃进"①的超验式"心理路程"。这部包含着诗和散文体的奇特混合体之作由前言、999 行的诗歌、注评和附注索引四部分组成,而这种艺术模式扩展了小说的故事情节和阅读视野,使读者难以辨清它的文类属性究竟是一本诗歌评注还是一本小说,抑或是一本学术著作、还是一本人物传记。不难看出,《微暗的火》的亮相,以其文体特征上的"变幻"之意,将弥漫于美国文坛内部的"小说形式危机论"②的死路僵局扭转至了"读者即书者"③的新的写作形式的风格行列之中,并宣告了一种吸收了现代主义思潮养分的极致文本形式的诞生。正是在这无穷变化的超越性蝴蝶美学思想的揣度之中,浴火重生的纳博科夫再次回到艺术品本身,将"艺术"的主题意义探讨与小说形式的许多基本特征归纳在一起,一心写下了自己的文学,也使《微暗的火》成为"21 世纪最伟大的艺术作品之一"④。

　　众所周知,"从某种意义上来说,一切文学艺术的创作过程都是象征性的。"⑤意与形的结合形象不仅是现代派作家反映生活的一种表达方式,也是读者把握作者创作意图的一个凭借和对象。就纳博科夫钟爱的蝴蝶形象而言,作家要考虑的是,如何赋予自然界的具象之蝶以特殊的含义,才能用绚丽的语言、多样的手法和变化的技巧把这只"具象之蝶"化成艺术中的"超验之蝶",以让读者在自己的阅读期待中得到一种纯粹的审美享受,走向"纯粹由人的主观意识创造艺术情感"⑥的"内外化一"的精神需求。况且,西方现代主义文艺思潮的根本精神,就是要在"内心

　①　余虹.思与诗的对话[M].北京:中国社会科学出版社,1991:34.
　②　杨仁敬.美国后现代派小说论[M].青岛:青岛出版社,2004:118.
　③　纳博科夫;唐建清.独抒己见[M].杭州:浙江文艺出版社,2012:124.
　④　Quenelle,Peter V. Nabokov:A Tribute[M]. New York:William Morrow Company Inc.,1980:72.
　⑤　Alexandra,E Vladimir. Nabokov's OtherWorld[M]. Princeton,N. J.:Princeton University Press,1991:153.
　⑥　Page,Norman. Nabokov:the Critical Heritage[M]. London:Routledge & Kegan Paul,1982:148.

需要"的基础上,建立起反映共同情感和审美思想的时代性艺术形式来。这样,纳博科夫文论世界里的现代主义审美冲动,就只能由与客观世界相对应的心理结构或情感意识来实现了。正如他自己所言:"虚构的主人公们都在用语言的书卷气大网追捕着稍纵即逝的超验之蝶;他们这些一个个像着了魔似的游戏娱乐者,企图以这种存在方式,在客观真实的主观印痕里牢牢握住一个永驻性的形象。"①

　　需要说明的是,纳博科夫让蝴蝶与蛾子(鳞翅目昆虫)的总称在他的艺术天地里自由进出、任意逍遥,分明就是在现代主义巨大艺术能量的带动之下萌发的一种强烈的标新立异的创作观。在《爱达》一书中,凡·威恩前去角斗的时候,有只透明的白蝴蝶从他面前轻盈地飞过,于是他明白了:他的生命只有几分钟的期限就要结束了;在《贵人　女人　小人》的文本里,玛萨手捧着的那本厚书里"有张鲜艳的蝴蝶的彩图"②;飞蛾在《洛丽塔》中也出现过,就出现在亨伯特驾车去杀奎尔蒂的路上:"飞蛾像四处飘洒的雪花,从黑暗中涌出,飞进我探测的灯光中。"③在《说吧,记忆》中的最后一章,纳博科夫记起在大战前的巴黎,他曾看到一只活生生的蝴蝶被人系在一根绳上;在《微暗的火》的文本里,就在约翰·谢德丧命的前一刻,也有一只蝴蝶在他的手臂上驻留过;在《斩首之邀》的文本里,即将被斩首的辛辛纳特斯,曾伸出手轻轻地抚摸过一只大飞蛾等等,如此之例不胜枚举。我们从中清晰地看到:看似自由进出的蝴蝶意象在纳博科夫的艺术追求中,代表着一种颠覆常规定论的革命精神。它们每一次的出现都是某件重大事情即将发生或某人即将死去的一个隐喻前奏。这里,纳博科夫是想借生之灿烂、但生命短暂的羽化蝴蝶来比喻人生苦短的生活常识:"生存只不过是黑暗的两个永恒之间的一线亮光而已。"④至此,在他的现代主义文论理念中,纳博科夫发现了一个与文学艺术的审美体验相契合的蝴蝶微观世界。它的独创性在于将文学作品的创作视线从外部世界的描摹转向了精神世界的透视,而我们人类对自身的深刻认识则是来自内心生活中的"绵延"和"生命冲动"的"真正现实"的,外部的客观世界充其量只是一种肤浅的"表象"。西

　①　纳博科夫;陈东飚.说吧,记忆[M].长春:时代文艺出版社,1998:129.
　②　纳博科夫;潘小松.贵人、女人、小人[M].长春:时代文艺出版社,1997:159.
　③　纳博科夫;主万.洛丽塔[M].上海:上海译文出版社,2006:246.
　④　参见纳博科夫;主万.洛丽塔[M].上海:上海译文出版社,2006:导言.

方现代艺术史上,艺术形象与哲理观念的熔合,探索的都是生与死、善与恶、个人与社会等借喻人生的"生命哲学"问题。尽管纳氏现代文论观念中的化蝶审美意识倾向在新的时代背景下承继、发展了这种文学创作方向,但他的文学观点具有明显的心理分析色彩,令许多现代派作家都大开眼界,并为未来的现代主义小说结构布局开辟了一条新的思路。

综上所述,无论是写物还是写人,是写景还是抒情,纳博科夫的许多作品就像蝴蝶的彩翼一般,给人一种重重叠叠的迷幻莫测之感。这些充斥着蝴蝶般绚丽色彩的语词世界,成为我们了解纳氏现代文论观念和艺术风格的一个根本出发点。可以毫不夸张地说,纳博科夫的蝴蝶研究对于其精深而异类的现代美学思想的形成具有内在核爆点的发生学意义。现代主义文学运动就是做了这样的尝试,才能用"自我"把现代生活的全景全貌完整地呈现出来。只是我们在考察纳博科夫与现代主义文艺思潮之间的关系时,应该像颇具解构与颠覆精神的纳博科夫本人一样,尽量将一切人云亦云、等同划一的预设先见悬置起来,用蝴蝶美学的现代特质与纳氏实验小说技巧的典型表现作为评判依据,尽可能本色地、完善地传导出纳博科夫密码式的艺术品性和心灵彼岸之绮迷风光。这些都对西方现代主义文学革新运动的艺术认识和艺术表现产生了猛烈的冲击,并在现代艺术家内心精神的自由追求转化为人类生命意义的时候,发挥了使"艺术主体意识彻底解放"①的重要作用和借鉴意义。

三、记忆、时间与意识流

纳博科夫理论和文本中的现代主义特征可以从方方面面展开。他的语言观、叙事观、时间观、现实观、风格观等诸方面的文本细读分析也是非常有价值的研究工作。其中,记忆和时间主题也是表现纳博科夫思想的现代主义成分之一。在《独抒己见》中,他曾引用《爱达》的文字,"从生理学的角度来说,时间的意识是一种持续变化的意识……另一方面,从哲学的角度来说,时间只是形成过程中的记忆。在每一个个体的生命中,从摇篮到临终病榻,意识的基础逐渐成形和不断变化。这也就是强者的时间。"他继而说道:"回忆中意象的扭曲不仅可能因节外生枝

---

① 纳博科夫;申慧辉等.文学讲稿[M].北京:三联书店,2005:121.

而增加美感,而且会给过去不同的时间片段提供信息方面的联系。""人对过去的记忆会因披露而淡化。这就像那些色彩斑斓的蝴蝶和飞碟被无知的外行挂在充满阳光的客厅的墙上,以便陈列观赏,几年后,它们会逐渐褪色……但即便如此,聪明的收藏家也会将标本放在干燥而光线暗淡的柜子里。"①他也曾直言不讳地表达自己对回忆的偏爱:"我承认,我保存着我这一行的工具、记忆、体验、耀眼的事物,它们始终围绕着我、罩着我、与我在一起,就像一个技师的工装裤的口袋插满各种器具。"②在纳博科夫的小说和创作理论中,这份对记忆和时间两个主题的偏爱,有着浓烈的现代主义色彩,尤其与意识流创作有着紧密的关联。

意识流文学是现代主义文学的重要分支,由美国机能主义心理学家先驱威廉·詹姆斯(William James,1842—1910)提出,泛指注重描绘人物意识流动状态的文学作品,英美文学史上较具代表性的作家有詹姆斯·乔伊斯(James Joyce,1882—1941)、弗吉尼亚·伍尔夫(Virginia Woolf,1882—1941)、威廉·福克纳(William Faulkner 1897—1962)等。在意识流作家看来,现代主义时期之前的流派,如现实主义和自然主义等,过于注重反映外在的世界和表面的真实,而这个外部世界本身并不真实,真正的真实只存在于人物的内心主观世界。因此,作家应把创作重心放在对人们内心精神世界的描绘上,着重书写人物内在的真实。他们着力表现复杂多变的内心活动,挖掘人的潜意识,大量采用内心独白、自由联想等技巧。在他们的笔下,充满了人物的内心独白,几乎看不到作者的行迹,让人物自然流露自己的意识。以意识流技巧为惯用写作手法的现代派作家常将作品情节极度淡化,将意识活动的描写视为他们作品的主要内容。

虽然纳博科夫并不被归为意识流代表作家,但在现代主义文学的大熔炉中,纳博科夫也受其影响。尽管他曾多次声称乔伊斯对其没有任何影响,并扬言,"布莱希特、福克纳、加缪还有许多其他作家,在我看来,绝对算不了什么"③,但不久后他又承认,"十五年后,我是个作家,学不学什么已不太在意,我读了《尤利西斯》,非常喜欢。"④"在我看来,'天才'

①　纳博科夫;唐建清.独抒己见[M].杭州:浙江文艺出版社,2012:148.
②　纳博科夫;唐建清.独抒己见[M].杭州:浙江文艺出版社,2012:120.
③　纳博科夫;唐建清.独抒己见[M].杭州:浙江文艺出版社,2012:106.
④　纳博科夫;唐建清.独抒己见[M].杭州:浙江文艺出版社,2012:107.

是指一种独特的耀眼的天赋,即詹姆斯·乔伊斯所拥有的那种天才。"①
在以乔伊斯为代表的现代派作家的影响下,纳博科夫的小说时而重视表
现人物心里的所思所想。如《塞·奈特的真实生活》中,叙述者 V 的几
次顿悟或心理独白都是反映人物内心活动,反映心理现实的典型例子。
《洛丽塔》中亨伯特那段令人耳熟能详的内心独白:"洛丽塔,我生命之
光,我欲念之火,我的罪恶,我的灵魂……"更可以说是纳博科夫笔下内
心独白描写的典范。在《文学讲稿》中,纳博科夫花了大量篇幅分析了普
鲁斯特的《追忆似水年华》和乔伊斯的《尤利西斯》这两部著名的意识流
作品。在评论普鲁斯特时,他指出:"普鲁斯特关于时间流动的种种基本
观念,涉及就其持续性而言始终处于发展变化之中的个性,涉及唯有通
过直觉、记忆和意识的联想,才能获得我们阈下意识中的未知宝藏,还涉
及纯理性对天才的内心奇妙灵感的从属地位以及把艺术看作世界上唯
一的真实存在和看法。"②在谈及乔伊斯的意识流写作手法时,他又说
到,"在讨论第三部分第三章里莫莉(《尤利西斯》中的人物)的最后独
白,也就是本书最著名的例子时,就会看到这一手法是如何运用的了;不
过有人会说,这段独白夸大了思想的可以表达的一面。人并不总通过言
语思维,也通过形象思维,但意识流的先决条件是,言语的流动是可以标
明的。"③从《追忆似水年华》到《尤利西斯》,这番谈论无不表现纳博科夫
对意识流文学有着高超的领悟和独到的见解,也可见意识流文学对纳博
科夫理论与创作潜移默化的影响。

在意识流小说描写中,不存在现在、过去和未来的界限,书中内容在
时间上颠倒混乱,作者对此不作解释,也无须交代,虽然这种描写无疑加
深了阅读的难度,但人物的思想本身就是经常不断跳跃的,我们甚至可
以说在充满孤独与异化的现代主义社会,这种描写方式更能表达时间和
记忆的深刻主题。受到普鲁斯特《追忆似水年华》的影响,纳博科夫的意
识流创作常表现为对记忆和时间的钟情,这份真情首先体现在纳博科夫
早期的作品《天赋》中。该小说以回忆的方式记录了具有文学天赋的流
亡者费奥多尔在柏林的一段成长心路历程。然而,小说最为迷人之处并
非情节,而是"回忆"的方式。纳博科夫一方面采用常规的"外部视角",

---

① 纳博科夫;唐建清. 独抒己见[M]. 杭州:浙江文艺出版社,2012:152.
② 纳博科夫;申慧辉等. 文学讲稿[M]. 上海:上海三联书店,2005:181.
③ 纳博科夫;申慧辉等. 文学讲稿[M]. 上海:上海三联书店,2005:252.

按照一般时间循序发展。另一方面,采用了潜在的"内部视角",以费奥多尔感官视角的转移来叙事,就像《洛丽塔》一书中亨伯特贯穿全书的回忆口吻一样,更类似于普鲁斯特的意识流叙述方式。可以说《天赋》中出现真正的情节只占不到三分之一,意识的手臂远远伸到情节之外。更可以说,《天赋》本身就是纳博科夫自己的一部"追忆似水年华"。又如在评论普鲁斯特的章节中,纳博科夫引用法国评论家阿尔诺·当第幼的言语所说,"《追忆似水年华》是对往日的召唤,而不是对往日的描绘。"①可见在纳博科夫眼中,回忆和时间的思想主题何等重要。

《天赋》中的主人公费奥多尔在文学晚会上朗诵的诗歌《燕子》是纳博科夫最喜欢的一首俄语诗歌:"一日我俩于黄昏/在一座古桥上站立。/告诉我,我问,你可会至死/记住那只燕子? /你答,当然! 于是我俩开始啜泣,/如生命在飞翔中出声凄厉! /到明天,到永远,到黄泉,/一日,一座古桥边……"②带有"那只燕子"意义的细节都可称为是主体生命里值得珍惜与记忆的每一个片段或时刻。这首诗里所蕴含的艺术哲学又涉及到作家纳博科夫创作的又一中心主题:时间。况且,这也是纳氏作品的非功利细节风格所传达出的写实性原因和诗意性内涵之所在,就像纳博科夫在回忆录《说吧,记忆》中给人带来的启发:"雪花以优雅、刻意放慢的动作轻触街灯,仿佛要告诉人们这戏法是如何变换的。"③原来,过去的每一时刻都意味深长。作家在这里刻意放慢书写的节奏就是要读者领悟到源于故园失落的"过去的每一时刻"究竟是怎样发生的。

对细琐之物的珍视是纳博科夫在他儿时最爱的一切都化为乌有之后,才开始懂得感念的某些琐细的昔日的物事或东西。因此,放慢了描写节奏的俄罗斯主题首先象征的是那些值得记忆的旧俄往事,也就是诗歌里的"那只燕子"。当诗里的小女孩告诉小男孩说"她当然会记住那只燕子"的时候,两人都哭了,都在白驹过隙的生命记忆中看到了"永恒"的终极意义。在纳博科夫看来,无限的想象与永远的收藏在一刹那里都是人类对抗时间的一种生存方式。他将记忆的细腻描写化作精心雕刻的文字,以此触碰想象的魔力,对抗时光的流逝,并以包含丰富想象力的"时间记忆"去塑造早已失落的故园的永垂不朽。

① 纳博科夫;申慧辉等.文学讲稿[M].上海:上海三联书店,2005:181.
② 纳博科夫;朱建迅,王骏.天赋[M].南京:译林出版社,2004:345.
③ 纳博科夫;陈东飚.说吧,记忆[M].长春:时代文艺出版社,1998:19.

倘若我们把视野再抬高一点,就不难发现,被作者精致描写的终将逝去的事物还能指代吹弹欲破、稍纵即逝的每时每刻。《燕子》一诗里的"那只燕子"其实是在强调当时只道是寻常的某些东西:"不是任何一种燕子,也不是那些燕子,而是刚飞过的那只燕子。"①纳博科夫的对记忆和时间的观念暗示我们,我们在回眸之时所看到的那只燕子如长遍天涯的芳草一般,恐怕早已不是彼时彼刻的那一只了。而那逝去的一切,也终将会变得可爱起来。所以,逝去的每时每刻都因其无法雷同的不可替代性而成为生命痕迹中的一种馈赠,只不过这一馈赠乃是生活的馈赠,值得我们铭记,值得我们珍藏。

心怀感念的生活态度体现了纳博科夫对回忆细节的筹划和运用方式。这份沉重的感念使他在经历失去以后开始懂得感念每一个生命印记中的瞬间状态与丰富内容。这些看似不起眼的渺小人物与细琐事物在纳博科夫的笔下都是值得记忆的"那只燕子",其间既有逝去的,也有即将逝去的,既有边缘的,又有中心的。诚然,《天赋》中那些非同寻常的琐碎闲笔和细腻描写实质上都是值得回忆的生命痕迹,都是一切都会逝去的昔日物事对未来文学创造意义的反映和启示。这一切的记忆细节和时间流逝,都来自纳博科夫脑海中与意识流文学的相互影响与交集,就像他自己提到的"关于时间流动的种种基本观念,涉及直觉、记忆和意识的联想"②,异曲同工地体现了以记忆和时间为主题的纳氏意识流文论色彩。

我们知道,在虚构的小说内部,混乱的现状一旦进入意识的同心层次,故事情节便令人感觉紊乱。然而,纳博科夫却可以使人们注意到他文本中重复出现的主题、形式特征以及他全部创作的写作手法和丰富内涵。他语言中的现代主义,从一方面讲,就在于它成功地利用记忆与时间为主题的意识流创作更深层次地体现了人类生存的相关主题,且每一主题都存在于所有其他与生活和故事等量齐观的主题之中。这个具有诗意启示的错综复杂的形式本身,连同它充满了戏剧性悬念的松散结尾和其他诗性特征一起,共同标示出一个现代主义文化时代的到来。正如纳博科夫自己所认为的那样,"从表面混乱的意义上说,凡有生命的文学,对于持久的艺术革命有一种原则性的信仰,也就是一种现代派的综

---

① 纳博科夫;唐建清.独抒己见[M].杭州:浙江文艺出版社,2012:14.
② 纳博科夫;申慧辉等.文学讲稿[M].上海:上海三联书店,2005:181.

合主义。"①他用俄语写就的最后一部小说《礼物》中,那俯拾皆是、意味深长的文学典故和精妙构思照亮了某种隐秘的微暗的残存角落:"一个又一个的思维图像在意识的沙滩上破碎,我们看到了从中显现出来的一系列人物事件和生命破灭后的一些不知所踪的残片。这些生命只是那个大主题的一个个注释而已。"②这种情感逻辑常与纳氏虚构艺术的现在时想象行为交织在一起,既可以产生一种具有原动力提炼的共时性意识,还可以令现代主义的艺术文化世界在根本上接受纯语言力量的隐喻意义和超验特质。这种种特征无不表明,纳博科夫的文学思想与现代主义思想,尤其是意识流创作的紧密关联。

同样出于其令人难懂的写作风格,纳博科夫常被与现代派作家威廉·福克纳相提并论,被认为是自福克纳以来美国文坛最重要的代表作家之一。然而,虽然自身经历美国现代主义文学的高潮,其许多作品也出版于西方现代主义文学时期,但纳博科夫却不像福克纳那样归为现代派作家之列,学术界对纳博科夫现代主义特征的研究也并不多见。从纳博科夫文学思想的角度出发,探讨其与现代主义文学思潮的契合之处更是一种较为抽象的尝试:一元论的非理性哲学思想奠定了纳氏小说中充满想象的现代主义叙事风格,蝴蝶美学倾诉着这表现主义般的现代主义视觉艺术,时间与记忆的描写又契合了现代主义意识流的写作色彩。至此,我们发现纳博科夫的文学思想确实存在与现代主义文学思潮的互相关联。或许这些思想能为纳博科夫研究提供一个不同的思路。

① Quenelle,Peter V. Nabokov:A Tribute [M]. New York:William Morrow Company Inc.,
1980:112.
② 纳博科夫;席亚兵.塞·奈特的真实生活[M].长春:时代文艺出版社,1999:290.

第十章　纳博科夫与后现代主义

文学上的后现代主义,又称后现代派,是继现代主义之后于20世纪50年代起在欧美各国社会中出现的、范围广泛的文学思潮。学术界曾一度对"现代"和"后现代"不加区分,但"二战"之后,"现代主义"所涵盖的范围已难以满足文学的发展状况,因此后现代主义被视为一个新的社会思潮。现代派作家注重作品的和谐统一,试图弥合碎片达到完整,在散乱中寻求和谐,而后现代派作家大多反对形式的统一,倾向于文学结构的无序性。后现代主义"反对用单一的、固定不变的逻辑、公式和原则以及普适的规律来说明和统治世界,主张变革和创新,强调开放性和多元性,承认并容忍差异。在后现代,彻底的多元化已成为普遍的基本观念"①。在后现代主义作家们看来,一切都是不确定的、支离破碎的。美国文学评论家伊哈布·哈桑(Ihab Hassan,1925—)在《后现代转折:后现代理论与文化论文集》(*The Postmodern Turn:Essays in Postmodern Theory and Culture*,1987)一书中亦详细比较了现代主义和后现代主义的不同特征,"强调了后现代主义的两个核心原则是'不确定性'和'内在性'。这两个原则既互相矛盾又相互作用,呈现一种多元对话的特点"②。

就美国文学而言,"二战"以后,民众对文明与进步的信念发生了极大动摇,文学方面也较之以前发生了较大的改变。50年代在"冷战"、麦卡锡主义和朝鲜战争的背景下,整个文坛趋于沉寂;60、70年代,经过越南战争、民权运动、学生运动、女权运动、水门事件之后,文坛继续活跃起来,出现了一批新的代表作家。他们以新的创作形式取代传统,探索别具一格的新路子,采用全新的角度和方法,给美国文学注入了新的生命力。在这些作家眼里,战后的美国社会却变得十分复杂,价值观念混乱。

---

① 陈志丹.美国后现代主义小说详解[M].天津:南开大学出版社,2010:1-2.
② 杨仁敬.美国后现代派小说论[M].青岛:青岛出版社,2004:2.

他们大多对人类生存的环境怀有悲观的看法,普遍感到不知怎样解释这样的现实,认为人类只是沉浮于陌生的环境,于是便通过怪诞、幻想、夸张的方式,再现生活中的混乱、恐怖和疯狂。他们在作品中表现的是没有目标与方向的梦魇世界,讲的是支离破碎的故事,写的是"反英雄"甚至是不完整的形象。与现代主义的意识流、象征主义、自由联想、意象主义、表现主义流派等不同的是,后现代艺术与表现形式常以元小说、文字游戏、戏仿、拼贴、蒙太奇、迷宫、黑色幽默、零散叙事等为特点。

在超过半个世纪的创作生涯中,纳博科夫虽然对任何流派都时常保持着距离,却经历了美国现代主义运动的高潮,见证了后现代主义轰轰烈烈的演绎,与海勒(Joseph Heller,1923—1999)、冯内古特(Kurt Vonnegut,1922—2007)、库弗(*Robert* Coover,1932—)、巴塞尔姆(Donald Barthelme,1931—1989)、品钦(Thomas Pynchon,1937—)、多克托罗(E. L Doctorow,1931—)、德里罗(Don DeLillo,1936—)等一大批著名作家一起被誉为后现代派作家的杰出代表。作为后现代派文学巨匠,纳博科夫不仅以《微暗的火》《洛丽塔》《普宁》《说吧,记忆》《爱达》等一部部具有后现代特色的小说为世人所知,其文艺理论思想中的后现代主义元素亦不应被读者所忽略。比如在《文学讲稿》和《独抒己见》中,他曾不厌其烦地强调了"文学是虚构"的元小说理论与实践观,蜻蜓点水式地提到"可悲可笑"的黑色幽默手法,直截了当地表示对"妖法幻术"般后现代迷宫技巧的热爱,有意无意地赞扬了引人联想的戏仿手段等。以下我们从纳博科夫"虚构与真实"的元小说理论与实践观谈起,探讨这位"魔法师"的文艺理论思想与后现代主义的联姻。

一、虚构与真实

在纳博科夫的《文学讲稿》之"优秀读者与优秀作家"篇中,有一个特别的故事经常令读者眼前一亮,又引人深思。这个故事的主题也常被纳博科夫在许多场合重复提到。因为故事本身精彩地表现了具有纳博科夫特色的后现代元小说理论与实践观:

一个孩子从尼安德特峡谷里跑出来大叫"狼来了",而背后果然紧跟一只大灰狼——这不成其为文学,孩子大叫"狼来了"而背后并没有狼——这才是文学。……艺术的魔力在于孩子有意捏造出来的那只狼身上,也就是他对狼的幻觉;于是他的恶作剧就构成一篇成功的故事。[①]

纳博科夫认为,"艺术的魔力在于孩子有意捏造出来的那只狼身上,也就是他对狼的幻觉"。这份"幻觉"便是纳博科夫对文学的定义。他把对文学虚构性的强调同"故事套着故事"的写作手法相结合,创造出具有自身特色的后现代元小说理论与实践观,使读者在亦真亦幻的魔法世界中感受文学艺术的高超魅力。而要真正深入理解纳博科夫文艺理论与元小说的关联,体验纳博科夫笔下"虚构与真实"的魅力,则需要从元小说说起。

从传统意义讲,文学体裁一般分为小说、诗歌、戏剧、散文四种。但长期以来,随着人类社会生活的发展,作家对文学传统的继承、革新和创作经验的积累日益丰富。这种情况下,作家往往在批判继承前辈文化遗产的基础上将传统的文学体裁加以一定的革新和创造,继而形成某些新的文学体裁,并促成体裁本身的发展和变化。经历了从殖民主义、浪漫主义、现实主义、现代主义的蜕变后,美国文学发展到 20 世纪后半叶,很多作家已经变得不再乐观,开始带着怀疑的目光重新审视小说与现实生活的关系,甚至认为,"可以讲述的都已经被讲述,天下已经没有新的话题"[②]。在他们眼里,连小说的场景都已落入俗套,如"快乐的场景、追捕场景、暴力场景、婚姻场景、情爱场景、上流社会场景、外交场景、办公室场景和工作场景"[③]。传统小说已然是人人可以效仿的模式。现代主义小说虽一度被视为创新,但很快陷入另一个僵局,因此小说若不在形式上有所革新,不能在形式上有所突破,势必面临真正的危机。有人甚至说,"小说这一文学体裁,如果尚未无可救药地枯竭,肯定进入了它的最后阶段"[④]。至此,"元小说"作为后现代主义文学的新表现体裁之一应运而生,并成就了文学体裁的一段革命。

"元小说"(meta-fiction)这一概念由美国评论家威廉·加斯(William Gass)于 1970 年在其论著《小说和生活中的人物》(*Fiction and the Figures*

---

① 纳博科夫;申慧辉等.文学讲稿[M].上海:上海三联书店,2005:4-5.
②③ 胡全生.英美后现代主义小说叙述结构研究[M].上海:复旦大学出版社,,2002:35.
④ 陈世丹.美国后现代主义小说详解[M].天津:南开大学出版社,2010:4.

of Life）中首次提出，在 1980 年左右开始得到公认，人们后来把元小说定义为"关于小说的小说"，这类小说通常在小说内插入对自身叙事和语言特征的评论，用小说形式揭示小说规律，使叙述行为直接成为叙述内容，把自身当成研究对象。一部小说作品的源起由来、创作过程、文体规范、寓意寄托等均是元小说文本的表现对象。

与传统小说相比，"元小说"具有相对显著的特点。传统的小说以人物、情节、环境为三大要素，关心的是人物、事件及作品所叙述的内容；而"元小说"则是关注小说的虚构身份及其创作过程的小说。"元小说"作家们常称现实世界是用语言构成的，虚假的语言制造了虚假的现实。例如，就美国文学发展史而言，如果说现实主义追求故事的真实，浪漫主义追求情感的真实，现代主义则追求了哲理的真实。这些真实使小说的表现技巧到如今变得不再符合时代发展的要求。进入后现代主义时期，小说家开始不相信小说能表现真实。对他们而言，如果非要小说表现什么，那就是"不真实"。正如纳博科夫在《文学讲稿》的奥斯丁部分谈到的："高水平的读者知道，就书而言，从中寻找真实的生活真实的人物，以及诸如此类的真实是毫无意义的……对于一个天才的作家来说，所谓的真实生活会显得多么不真实。"[①]"元小说"所暴露的这份不真实，无疑使读者进行更深层次的思考，使文学的社会意义得到了进一步的提升。

在这个强调"虚构"的"元小说"理论世界里，纳博科夫显然是个举足轻重的角色。首先纳博科夫的骨子里对文学作品的"虚构"思想就是元小说的特点之一。纳博科夫反对"文学反映现实"这一传统理念，把这种思想看作原则上的大错。在《文学讲稿》对福楼拜的《包法利夫人》的讲解一章节中，纳博科夫又提到：

小孩子听你读故事的时候往往会问，这故事是真的吗？如果不是真的，他会缠着要你讲一个真故事。我们读书的时候最好不要采取孩童般执拗的态度。当然，如果有人告诉你，史密斯先生看见一个绿脸人驾着蓝色飞碟嗖地从空中掠过，你一定会问，那是真的吗？因为这件事如果是真的，必会以某种方式对你的生活发生影响，必会产生一系列具体的后果。但是，对一首诗或一部小说，请不要追究它是否真实。我们不要自欺欺人……世上从未有过爱玛·包法利这个女人，小说《包法利夫人》

①　纳博科夫；申慧辉等.文学讲稿［M］.上海：上海三联书店,2005：7.

却将万古流芳。一本书的生命远远超过一个女子的寿命。①

纳博科夫认为强调文学作品的真实性是全然没有必要的,甚至是错误的。在他看来,"我们应该尽力避免犯那种致命的错误,即在小说中寻找所谓的'真实生活'。我们不要试图调和事实的虚构和虚构的事实。《荒凉山庄》是一个童话,《死灵魂》也是如此,《包法利夫人》和《安娜·卡列琳娜》则是最伟大的童话"②。在纳博科夫的眼里,这样的童话也是一种虚构的游戏,一场充满艺术魅力的"骗局",他又说:

文学是创造。小说是虚构。说一篇小说是真人真事,这简直侮辱了艺术,也侮辱了真实。其实,大作家无不具有高超的骗术,不过骗术最高的应首推大自然。大自然总是蒙骗人们。从简单的因物借力进行撒种繁殖的伎俩,到蝴蝶、鸟儿的各种巧妙复杂的保护色,都可以窥见大自然无穷的神机妙算。小说家只是效仿大自然罢了。③

叙事者于传统小说而言,通常是作者的权威代言人。他们知晓一切,是整个叙事的主宰者,读者大多数时候只能对其叙事"言听计从"。但纳博科夫对这类的叙述不以为然。在他的诸多作品中,"艺术不是用来超越,或增加现实,而且逃避现实。"④他认为,一个作家要效仿善于欺骗的大自然,成就带有欺骗的"元小说"艺术,首先必须把传统叙事者从全知全能的权威圣殿下降到与读者同等的地位上来,甚至将他们变成不可信的说谎之人,以此成就小说世界的虚构性。在定义何谓大作家时,纳博科夫就曾说到,"我们可以从三个方面来看待一个作家:他是讲故事的人、教育家和魔法师。一个大作家集三者于一身,但魔法师是其中最重要的因素,他之所以成为大作家,得力于此"⑤,当中的魔法师,顾名思义,便是懂得用"虚假的艺术"从事写作并获得成功的作者。可以说,纳

---

① 纳博科夫;申慧辉等.文学讲稿[M].上海:上海三联书店,2005:113.
② 汪小玲.论《洛丽塔》中亨伯特的矛盾叙事话语及洛丽塔的隐性叙事[J].外语研究,2011(6):105.
③ 纳博科夫;申慧辉等.文学讲稿[M].上海:上海三联书店,2005:4.
④ Clancy,Laurie. The Novels of Vladimir Nabokov[M]. London:The Macmillan Press Ltd,1984:16.
⑤ 纳博科夫;申慧辉.文学讲稿[M].上海:上海三联书店,2005:5.

博科夫笔下的文学虚构性思想是后现代派元小说的核心特征之一。

在纳博科夫的诸多小说中，能称为"元小说"的可谓比比皆是。最典型的当属其名著《洛丽塔》和《微暗的火》。《洛丽塔》问世之初，不少人士将其视为淫秽小说。但经过岁月的洗礼和验证之后，人们逐渐发现《洛丽塔》实际上堪称一部严肃的作品，与淫秽及爱情的主题并无太大的相关。多数读者从《洛丽塔》中看到的都是所谓的现实：比如已为人父的亨伯特对花季少女身体的迷恋、高速公路边飘散着淫荡气息的小旅馆等。有人说，《洛丽塔》问世之前，纳博科夫在 1939 年出版的《魔法师》(*The Enchanter*)中就描写了恋童故事，且在其自传体小说《天赋》(*The Gift*, 1939)中也表达了对还未发育的女童的向往。但纳博科夫对此却不以为然。一切所谓的"真实"或"现实"对他来讲，不过是魔法师的面具。在纳博科夫看来，我们无法通过《洛丽塔》来了解"真实"的美国。有记者曾问他，亨伯特是否代表了当时某些美国人的原型？纳博科夫直接回答说："没有出处，他是我虚构的……他之前从来没有存在过。他只是在我写了这本书之后才存在。在我写这本书的时候，我时常在报纸上读到各种传闻，说的是老男人勾引小女孩：一种有趣的巧合，但仅此而已。"①当记者追问洛丽塔是否有原型时，纳博科夫继而回答道："没有。洛丽塔没有任何原型。她诞生于我的头脑。她从未存在过。实际上，我对小女孩并不了解。当我构思这个主题时，我想我并不认识某个小女孩。……洛丽塔是我凭空想象的产物。"②正如他在小说中谈到洛丽塔虚无缥缈的幻象：

我就这样精巧地构思出我的炽热、可耻、邪恶的梦境，不过洛丽塔还是安全的——我也是安全的。我疯狂占有的并不是她，而是我自己的创造物，是另一个想象出来的洛丽塔——说不定比洛丽塔更加真实，这个幻象与她复叠，包裹着她，在我和她之间漂浮，没有意志，没有知觉——真的，自身没有生命。③

当然，元小说中所强调的"虚假"也并非一目了然，其中往往掺杂着"真实"的成分，否则这场"艺术的骗局"也就不攻自破了。受到后现代

---

①② 纳博科夫;唐建清.独抒己见[M].杭州:浙江文艺出版社,2012:16.

③ 纳博科夫;主万.洛丽塔[M].上海:上海译文出版社,2005:95.

主义解构精神影响的元小说往往在暴露小说虚构性的同时,对作品的真实性进行解构,并思考着小说的创作理论。因此,纳博科夫将《洛丽塔》描写成真实与虚假共存的小说,带领读者进入亦真亦幻的小说世界。小说的结构可以分为两个层面:一个是让读者相信情节、人物真实的层面。《洛丽塔》表面上看非常"真实":故事里有着确切的时间、地点、人物性格,并以弗洛伊德学说为依据,有律师为故事作证,以及各种各样的细节描写等等,都让小说令人颇感"真实"。比如小说中作者有意安排了小约翰·雷博士的叙述,从旁人的角度证明了亨伯特的真实。小约翰·雷强调此书的真实来源:这是一个死囚犯亨伯特·亨伯特的真实手笔;亨伯特 1952 年 11 月 16 日因病死于监狱中;小约翰·雷作为亨伯特的代理律师,在洛丽塔死后,将《洛丽塔》一书整理并公布于世。为了避免这份手书可能给活着的洛丽塔带来名誉上的损害,这样的处理方式从事件的真实性看似乎无懈可击。另一个是虚假的层面,在这个层面上,纳博科夫设置了精美的陷阱,暴露小说的虚假性,让读者发现栩栩如生的小说原来建立在虚假的事件上。比如在《洛丽塔》中,作者纳博科夫可以是维维安·达克布鲁姆(Vivian Dankbloom)①,也可以是亨伯特,也可以是奎尔蒂,甚至是洛丽塔。他既以真实的口吻虚构亨伯特的故事,又在亨伯特的故事中呈现自己的身影,让人不禁想问:到底谁是作者,谁是读者?实在是亦真亦幻,令人捉摸不透。"在小说中选择自相矛盾的叙述者,让叙述者与被叙述者的叙事意义相互消解,这显然是擅长'制谜'和'游戏'艺术的纳博科夫在《洛丽塔》中有意的安排"②,就像评论家玛利·麦卡西(Mary McCarthy)所戏称的,"纳博科夫的小说是'一个给人惊喜的玩偶盒子,一块法贝热珍宝,一个可上发条的玩具,一局残棋,一枚鬼雷,一个给评论者设置的陷阱,一个猫鼠游戏,一部'自助式'小说"③。将这样的安排完美地结合在这部元小说中,恰恰是纳博科夫所提倡的"艺术骗局"的效果。

小说中的叙事者亨伯特·亨伯特完全不像菲茨杰拉德的《了不起的盖茨比》中的尼克那样能以客观、公正的角度来叙述盖茨比的爱情故事

---

① 这个名字其实是弗拉迪米尔·纳博科夫(Vladimir Nabokov)的名字打乱字母顺序后的重新组合。参见纳博科夫;主万.洛丽塔[M].上海:上海译文出版社,2005:2.

②③ 汪小玲.论《洛丽塔》中亨伯特的矛盾叙事话语及洛丽塔的隐性叙事[J].《外语研究》,2011(6):105.

与牺牲精神,也不像艾米莉·布朗特的《呼啸山庄》中的女佣奈莉那样,从头到尾以旁观者的眼光目睹希斯克利夫的成长与毁灭,更不像福克纳的《喧哗与骚动》中那四股让读者拼凑故事情节的意识流。虽然《洛丽塔》的故事是亨伯特在没有任何生活信念的忏悔中讲述的,正所谓"人之将死,其言也善",就这点看,亨伯特的叙述可能是真诚的。但我们又知道,亨伯特实际患有精神方面的毛病,他在文中曾不断点明自己是个曾经住过精神病院的患者,而精神病患者这样的身份明显让我们有理由怀疑小说到底有多少可信度。我们看到小说中亨伯特曾乱编了自己年轻的时候与夏洛特的爱情故事,还为此沾沾自喜:

> (夏洛特的照片)那是一九三四年四月,一个值得记忆的春天照的。当时我因为公务到美国来,曾有机会到皮斯基住了好几个月。我们相识了——产生了一场疯狂的恋情。唉,当时我已经结婚,而她也和黑兹订了婚。可是等我回到欧洲以后,我们通过一个如今已经去世的朋友互相通信。①

如果亨伯特如此随意编造自己的回忆,那么《洛丽塔》又能有几分真实呢?再者,《洛丽塔》中出现的人物大多亦不可靠,大量与主人公叙述相关的人物在故事的开篇都已离世。这似乎直接在向读者宣布,《洛丽塔》其实是个"死无对证"的故事。从元小说虚构性的特点而言,我们几乎可以断言洛丽塔既是亨伯特,也是纳博科夫想象中的产物。

另一部含有这类虚构色彩的典型"元小说"作品当属《微暗的火》,该小说是纳博科夫所有小说中最具实验性、最为奇特的一部,可以说是整个美国文坛,乃至世界文学史上的一部天书。《微暗的火》出版时,玛利·麦卡西(Mary McCarthy)赞赏该小说为"一个完美、匀称、奇特、新颖、道德真理的创举,也是 21 世纪最伟大的艺术作品之一"②。作品由前言、一首四个篇章共计 999 行的长诗、评论和索引组成。著名诗人约翰·谢德被一名罪犯误认自己是判他入狱的法官枪杀,而谢德的邻居——查尔斯·金波特教授在诗人死后把手稿带走,为诗歌编纂了注

① 纳博科夫;主万.洛丽塔[M].上海:上海译文出版社,2005:156.
② Yang Renjing. Selected Readings in American Post-modern Fiction[M]. Beijing:Foreign Language Teaching and Research Press. 2009:50.

释,写好序言,找到出版商,成就了这部小说。金波特在小说中既是当中的人物,也是长诗的读者,更是注释的作者。"金波特的评论占据比诗歌本身更大的篇幅,就像纳博科夫本人在翻译普希金《尤金·奥涅金》所用的注解一样"①。他的叙述虽然建立在谢德的诗歌之上,却有着自己的创造性意义。纳博科夫在小说中让作者、读者、文本三者产生了对话,就这点看,《微暗的火》正是作品"元小说"特点的一大体现,它反映了纳博科夫一以贯之的元小说创作思想和艺术骗局,就像金波特自己所说,"谢德的诗就是那种突然一挥而就的魔术:我这位头发花白的朋友,可爱的老魔术师,把一叠可爱的索引卡片放进他的帽子——倏地一下就抖出一首诗来"②。

在"前言"中,我们通过金波特的自述,得知他与左邻右里的关系甚为紧张,从他的自述和四周人对他评价的对比中,我们看到他常被人称作"疯子",而谢德并非他真正的朋友。在"评注"中,我们也发现,他的解释也与诗行其实并不相关。他讲述了一个名叫查尔斯·扎威尔的赞巴拉国末代国王的生活,这位同性恋国王由于极端分子的革命被废黜而流亡国外,化名查尔斯·金波特,也就是叙述者本人。他希望谢德将自己关于赞巴拉的遭遇写成一首长诗,但谢德置若罔闻,提笔写成的是与他毫不相干的诗歌——一首自传体叙事诗而已。出于这个目的,他征得谢德夫人同意,代为编订出版谢德的诗作遗稿《微暗的火》,并妄加揣测,东拉西扯,加以注释。在他的叙述中,不仅身份和动机上有问题,"评注"所传达的信息与"前言"也并不完全相符。从以下独白可见一斑:

我愿奉劝读者不妨先翻阅它们,然后再靠它们相助翻回头来读诗,当然在通读诗文过程中再把它们浏览一遍,并且也许在读完诗之后在第三遍查阅这些注释,以便在脑海中完成全幅图景。在这种情况下,为了排除来回翻页的麻烦,依我之见,明智的方法就是要么把前面的诗文那部分玩意儿一页一页统统裁下来,别在一起,对照着注释看……容许我声明一下,如果没有我的注释,谢德这首诗根本就没有一丁点儿人间烟火味儿,因为像他写的这样一首诗(作为一部自传体作品又未免太躲躲

---

① Pellerdi, Marta. Nabokov's Palace: The American Novels[M]. Cambridge: Cambridge Scholar's Publishing, 2010:81.
② 纳博科夫;梅绍武. 微暗的火[M]. 上海:上海译文出版社,2008:19.

闪闪,太言不尽意了)……这种现实只有我的注释才能提供……不管怎么样,最后下定义的人还是注释者。①

从这番话语我们可以看出,金波特其实更注重自己的前言和评论,而非谢德的诗歌。他的注释,与其说要还原"微暗的火"这首诗的某些真实思想,不如说是借谢德的光芒来映射自己的思想,点亮自己思想的火花。虽然金波特多次叫读者注意阅读他的评注,"但在长达十六页的前言中,他塞入了许多令人厌恶的评注,使读者既怀疑他所言,又笑话他的主观臆断"②。而据此推测,世上有多少个金波特,书中就有多少种评注、多少种阐释。这就跟我们常言说有一千个读者就有一千个哈姆雷特一样,让小说多了一份不确定性。"这正是纳博科夫的文学追求,也与他惯用的意象,如镜子、梦境、蝴蝶、火焰、魔术、纸牌、象棋等相吻合"③。在评注部分的结尾,他又说道:

我也许会在另一个校园里变成一个上了年纪、快乐而健康、异性恋的俄国佬,一名流亡作家,没有名望,没有未来,没有听众,任什么也没有,而只有他的艺术……我没准儿会迎合剧评家浅陋的口味,编造一出舞台剧,一出老式的情节剧,其中共有三个主要角色:一个疯子企图杀害自己想象中的国王,另一个疯子幻想自己就是国王,另有一位著名老诗人碰巧东倒西歪地走进那条火线,在两个虚构的事物相撞下毁灭。唔!历史许可的话,我也许会乘船重返我那光复的王国,哽哽咽咽的大声哭起来,在蒙蒙细雨中,向那灰蒙蒙的海岸和一座屋顶上的闪亮灯光致敬,我也可能在一家疯人院里蜷缩一团,哼哼唧唧。④

在这种种苍白无力的可能性中,我们仿佛听到了纳博科夫那隐藏在"黑暗中的笑声",嘲笑读者陷入他的魔法世界。《微暗的火》淋漓尽致地表现了纳博科夫以制造虚构的魔法世界为导向的元小说艺术观。正如他自己在《文学讲稿》中的"福楼拜"部分所言,"所有的小说都是虚构

① 纳博科夫;梅绍武. 微暗的火[M]. 上海:上海译文出版社,2008:19-20.
② Connolly,Julian. (ed). Nabokov and His Fiction:New Perspectives[M]. Cambridge:Cambridge University Press,1999:56.
③ 谭少茹. 纳博科夫文学思想研究[M]. 武汉:湖北人民出版社,2009:101.
④ 纳博科夫;梅绍武. 微暗的火[M]. 上海:上海译文出版社,2008:340.

的,所有艺术都是骗术"①。从这点看,纳博科夫的"魔法师"理论与后现代派"元小说"之侧重点可谓不谋而合。

二、妖法幻术

我们知道,后现代文本与现代主义文本不同,它较为注重混沌的、复杂的、非线性的理论。后现代文本所建构的通常是一种无序状态,一种多元思维和神秘意识,即建构一座座富含后现代特征的游戏迷宫。纳博科夫是个公认的制谜高手,他的作品营造了一个又一个难以解读的迷宫。在这位天才的"魔法师"看来,大自然本身就是谜语。他认为,"一部杰作仅仅以艺术家那帝王般威严的意志行为,便可以幻想般、魔术般地在薄薄的空气中编织出来。"②"神秘小说是一个拼贴艺术,将多少有些创造性的神秘事件同常见的、平庸的艺术表现混杂在一起。"③在1962年接受BBC电台的采访中,纳博科夫说,"我并不喜欢从头写起,一章一章地写到结尾。我只是对画面上的空白进行填充,完成我脑海中相当清晰的拼图玩具。"④在《文学讲稿》中评论狄更斯作品的章节里,纳博科夫更是直言:"相对于一般的讲故事人或说教者来说,我更喜欢能施妖法幻术的人。"⑤在许许多多的作品中,纳博科夫将自己所欣赏的这份妖法幻术同后现代文本迷宫技巧紧密结合,淋漓尽致地体现了纳氏文艺理论思想中的后现代迷宫色彩。以下我们对纳氏作品中的文字迷宫、结构迷宫、时间迷宫等方面加以探讨。

1. 文字迷宫

作为后工业大众社会的艺术,后现代主义小说"摧毁了现代主义艺术的形而上常规,打破了它封闭的自满自足的美学形式,主张思维方式、表现手法、艺术体裁和语言游戏的彻底多元化"⑥。这种多元化中的一个

---

① 纳博科夫;申慧辉等.文学讲稿[M].上海:上海三联书店,2005:128.
② 纳博科夫;申慧辉等.文学讲稿[M].上海:上海三联书店,2005:25.
③ 纳博科夫;唐建清.独抒己见[M].杭州:浙江文艺出版社,2012:135.
④ 纳博科夫;唐建清.独抒己见[M].杭州:浙江文艺出版社,2012:16.
⑤ 纳博科夫;申慧辉等.文学讲稿[M].上海:上海三联书店,2005:55.
⑥ 陈世丹.美国后现代主义小说详解[M].天津:南开大学出版社,2010:5.

重要因素就是"语言论转向"。1945年德国语言哲学家路德维·维特根斯坦(Ludwig Wittgenstein)在《哲学研讨》(*Philosophische Untersuchungen*)一书中"提出了'游戏说',即语言'游戏说'。在书中他将言语活动比喻成为游戏,这种观点对后现代主义者的作品影响较深,并使词语'游戏'成了后现代主义作品中的一项重要内容,在后现代主义的作品中出现了大量字谜游戏(或称'语言游戏')类的语言"①。在他看来,写作仅仅是一种语言的游戏。这个语言游戏也成了许多后现代派大师创作文字迷宫的基础。

纳博科夫是一位名副其实的语言大师,他的语言十分精妙、优美,富有特色。字谜游戏是他惯用的"妖法幻术"之一。在《巴黎评论》的采访中,纳博科夫提到:"作品的构想先于作品本身。就像玩字谜游戏,我随意在空白处填写。"②出于对字谜游戏的喜爱,他的许多作品中都包含着多种多样的字谜,这些文字技巧大量涉及西方文化背景:古希腊罗马神话、西方民俗、社会生活、政治、文学艺术等各方面的常识。因此要了解他的文字,读者必须最大限度地发挥自己的想象力,才能走出纳博科夫精心设计的文字迷宫,发现他的小说之妙趣横生,感受到他的独特文体和所具有的独特魅力。

《洛丽塔》虽然是以英语写成的作品,但其中又掺杂了一些法语、拉丁语等词汇。这样多语种的写作表明了作者对各种语言纯熟的运用能力。文章中大量使用相关语、换音节等巧妙的文字游戏。比如,在《洛丽塔》中,纳博科夫故意安排了一个叫维维安的剧作家,维维安·达克布卢姆(Vivian Darkbloom)的名字正好是弗拉基米尔·纳博科夫(Vladimir Nabokov)名字15个字母交换位置而产生的。又如,洛丽塔与奎尔蒂发生关系之前,洛丽塔的母亲就提到了叫奎尔蒂的牙科医生,并且送洛丽塔去一个叫作"Q营地"的地方度假,"Q营地"中的文字Q就是在暗指奎尔蒂的名字(Quilty)的第一个字母。而奎尔蒂(Quilty)名字本身的拼写多少能让人联想到"罪恶"一词(Guilty)。

在《微暗的火》中,纳博科夫也玩弄了不少字谜游戏,如谢德的女儿海泽尔在孤独中倒念词语:壶(pot)、顶(top)、蜘蛛(spider)、再浸(re-

---

① 吴恒菊.美国后现代主义小说的特点[J].佳木斯大学学报(社会科学版),2008(6):106.

② 纳博科夫;唐建清.独抒己见[M].杭州:浙江文艺出版社,2012:103.

dips)等表达了人类的孤独状态和对自身的讽刺性。在注释第819行玩要一种尘世游戏中,谢德注释道:

我这位卓越的朋友孩子般偏爱各种文字游戏,尤其是所谓的文字高尔夫。他会突然打断妙趣横生的谈话而沉溺于这类特殊的娱乐,就我来说,如果拒绝跟他一块儿玩,就不免会显得我蠢笨如乡巴佬。我的一些成绩是:三洞是"恨—爱"(hate-love in three),四洞是"大姑娘—小伙子"(lass-male in four),五洞是生—死(live-dead in five)。两字当中皆为"提供"(with lend in the middle)①。

从这些文字的规律,我们似乎可以看到游戏有着这样的玩法:"呈现为由规则约束词末定向有逻辑等特点,以同样多的字母由一词向另一词发展,每次变化实质上是一个词。hate-love in three:hate-late-lave-love;lass-male in four:lass-mass-mast-malt-male;live-dead in five(with lend in the middle):live-line-lene-lend-lead-dead。"②这反反复复的文字迷宫,似乎暗示着在作品中生与死、爱与性才是小说真正的中心和主题。而纳博科夫所构建的这些特殊的话语,引导读者进入这一语言的代码,解构文本,捕捉它们的含义。总之,纳博科夫在原本结构混乱、情节支离破碎的小说中,故意引入充满歧义、悖论和不确定性的文字迷宫,让读者在这个迷宫世界里感受审美愉悦。这份写作艺术与思想,也体现了纳氏文学创作的一个重要的后现代特征。

2. 结构迷宫

众所周知,叙事结构的迷宫是后现代派文学的主要特征之一。后现代叙事结构中场景和时空的快速变换,常常使读者感到困惑,加深了阅读的难度。作为典型的后现代派小说代表人物,叙事迷宫无疑是纳博科夫创作中另一个常见的"妖法幻术"。其小说文本中的诸多复杂、多变、不确定叙事特征,俨然是一座难以破解的迷宫,挑战着读者的智力。

《微暗的火》因其显著的叙事结构迷宫特点常被文学界用来印证、迎合作者纳博科夫自己的文论观。该小说所用的形式颇为晦涩、古怪。这

① 纳博科夫;梅绍武. 微暗的火[M]. 上海:上海译文出版社,2008:295.
② 陈世丹. 美国后现代主义小说详解[M]. 天津:南开大学出版社,2010:274.

样的小说形式不是对决定性、统一性、整体性等绝对理念的可读性文本理论的模仿，而是容纳了后现代文本多种诠释声音的一种"可写式文本"。这类新的理念具有差异性、复调性和自娱性的不确定状态，可以帮助读者参与到作者与文本交流对话的互动关系网中，进行文本愉悦意义的动态解构——不可穷尽的小说意义和内涵。纳博科夫在《微暗的火》中所用的迷宫意象与博尔赫斯的《交叉小径的花园》中的故事情节极为相似，既有文学时代性关于小说创作技巧的理论思索，又体现了光怪陆离的文本结构与作者背景材料来源的演变关系。该小说用了不宜称作小说形态的学术注释形式来建构这一文本的整体框架和细节布局。作为一部堪称经典的后现代文学作品，和传统阅读习惯格格不入的大胆形式试验在思想和写作方式上都能令该文本成为研究后现代小说文艺理论的必读书目。

《微暗的火》中长诗和注释的杂糅形式分明是一个专门针对后现代文本创作活动的迷宫。从外在形式上看，由序言、999 行长诗、注释和索引组建而成的诗歌笺注文本样式，犹如一座有着多扇透明玻璃窗的城堡一般，既能从外部欣赏这一文本的整体建筑风格，又能从一个更具优势的内部立足点向外"偷窥"。其间提到，著名诗人约翰·谢德创作的那首长诗的名字居然也叫作《微暗的火》，而由作品的主人公和诗歌的诠释者查尔斯·金波特采用充满主观臆想的漫谈式风格所写的序言则更符合纳博科夫的写作风格。将谢德的诗交由金波特来整理、作注，其明显的校对错误和不相关的感叹后果是可想而知的。无论从重要性上还是从篇幅上来看，与所注文献独立并行的"评注之文"的注释部分都是全书的主干。这一特殊的文学创作技巧放射出若干个交错、连续的影视画面，并由谢德的诗作投射到金波特的幻想世界中，从而引出了谢德的自传故事、谢德和金波特的故事、金波特大脑荧屏上的自传故事和赞巴拉及其逃亡国王的故事。此外，书中赞巴拉国王的缺席也增添了更浓烈的迷宫色彩，一进入小说，他便是一个缺席。金波特一直在谢德的遗稿中寻找他的传奇经历，却始终无果。整部小说时空交错、人格错位、故事情节混乱，从本体上强调了世界本身的混沌性和不可知性，堪称纳氏叙事迷宫的典范之作。

纳博科夫在弥留之际着手赶写了一部名为《劳拉的原型》的小说，该小说中也有许多的结构迷宫。他对"元小说"创作的愉悦感情使《劳拉的原型》的碎片式结构和不完整文体成为美国后现代迷宫叙事的典范。难怪德米特里(纳博科夫的独子)会在这部小说的"前言"中这样写道:"纳博科夫用最温柔的英语语言创作的《劳拉的原型》的文本卡片在犹抱琵琶半遮面中生存。她那令人不安的幽灵般的双重生活堪称史无前例。我不再有销毁《劳拉的原型》的想法了。每逢我鼓起勇气拿出这个既沉寂于保险箱又萦绕于我心中的卡片一点一点研读的时候,她才偶尔能从幽暗的水面中浮出来、透透气。"①

从《劳拉的原型》的创作主题来看,它似乎又在重复《爱达》和《洛丽塔》中的爱情悲剧腔调:一位老男人与其年轻妻子或情人间的"风流韵事"。"一位要风得风要雨得雨,就是外表长得寒碜了点儿"的男主人公菲利普·王尔德是一位有名的神经科医生。这位"有独立谋生手段的绅士"②娶了一位出生于艺术世家的年轻美貌妻子。小说讲述了弗洛拉不满足自己的婚姻,她找了很多情人却遭到其中一个情人报复的故事。弗洛拉背叛夫君、搞婚外情为主线的故事文本后面产生了两个"元小说"的叙事迷宫。

小说开篇就告诉读者,弗洛拉的作家丈夫正忙于撰写一份神秘手稿,一份绝不让自己妻子发现的呕心沥血之作。这位神经病学家的隐秘创作主题就是《劳拉的原型》中的第一个迷宫。这里,作者以意念自我消解的第一人称方式讲述了自己身体病痛和婚姻不幸的生活事实:

> 反复出现的字母I恰好是我最喜欢的人称代词"我",它暗示一种文雅的解决办法:笔画由上至下在我的脑海视野中形成一条直线,然后用白色的粉笔一笔而就;我还可以在I上面轻轻横画三笔,分别代表人体的三个部位:双腿、身躯和头部。自从我开始研究这条象征我自己的垂直线至今已有数月,尽管没有每天加班加点地研究。很快,我被一种强烈的思维所主宰,那就是我要抹掉I的最下面一根横线,因为它对应着我的双脚。这是一种全新的自我删除过程……③

另外,《劳拉的原型》中的"第二个元小说"叙事是整部小说文本中

---

① 纳博科夫;谭惠娟.劳拉的原型[M].北京:人民文学出版社,2011:2.
② 纳博科夫;谭惠娟.劳拉的原型[M].北京:人民文学出版社,2011:254.
③ 纳博科夫;谭惠娟.劳拉的原型[M].北京:人民文学出版社,2011:68-69.

的某些隐秘情节,也是其结构迷宫之一。其实,菲利普·王尔德之所以要娶美貌的弗洛拉,其最根本的原因是因为他渴望能由此"结合"来圆自己在高中舞会上的一个初恋梦,因为弗洛拉的相貌太像他年轻时疯狂追求过的初恋情人奥罗拉·李,但结果却遭到风流成性的妻子对自己的屡次背叛。"第二个元小说"的作者名叫伊凡·沃恩,其真名为诺维奇,是一个波兰艺术家。作为弗洛拉的情人之一,他以"《我的劳拉》"来为他的小说命名:"这部作品的创作开始于本文讲述的这段恋爱故事刚结束不久,完成于一年以后,脱稿三个月后出版。"①《我的劳拉》这部小说以第一人称"我"的手法描述了一位神经过敏、优柔寡断的作家与劳拉之间一段无果而终的恋情故事。由于机缘巧合,无论是从整体结构来看,还是从细节描写来看,劳拉最终与一位老派科学家结为夫妇的婚姻经历酷似王尔德与妻子弗洛拉的感情特点。纳博科夫让读者明白了《原型》中的情感生活意图,即弗洛拉就是"我的劳拉"的原型。这种"手稿中的手稿"的卡片内容可谓是理解整部元小说迷宫结构的一个枢纽。从此种意义上讲,未完成的《劳拉的原型》的互文性风格颇具一种开放式的文本残缺之美。正是因为不同文本的情节与故事原型之间的对立与冲突,使得整篇小说的"独特元结构"在内在题材风格与外在人生经历的对应关系链中闪动着纳氏创作的"结构迷宫"的影子。正如纳博科夫本人所说:"文学,真正的文学,并不能像某种也许对心脏或头脑—灵魂之胃有益的药剂那样让人一口囫囵吞下。文学应该给拿来掰碎成一小块一小块,然后你才会在手掌间闻到它那可爱的味道,把它放在嘴里津津有味地细细咀嚼;于是,也只有在这时,它那稀有的香味才会真正有价值地品尝到,它那碎片也就会在你的头脑中重新组合起来,显露出一个统一体,而你对那种美也已经付出了不少自己的精力。"②

纵观纳博科夫的文学创作生涯,我们不难发现这样一个发人深思的巧合,纳博科夫总喜欢把小说的最终结局留给读者去猜想、去揣摩。《劳拉的原型》的主人公王尔德,他的最后一章手稿被骗,人也因心脏病突发而猝死;而纳博科夫本人也是这样,生前最后一部作品《劳拉的原型》还未整理完毕、发表出来,即仓促辞世。这不禁令我们想起了美国小说家麦尔维尔(Herman Melville,1819—1891)曾说过的一句经典名言:"每个

---

① 纳博科夫;谭惠娟.劳拉的原型[M].北京:人民文学出版社,2011:59.
② 纳博科夫;梅绍武.微暗的火[M].长春:时代文艺出版社,1999:365.

作家都同时写两本书,一本书只需要墨汁就可写,另一本则是用鲜血和痛苦铭刻于自己的心灵的书。"①

3. 时间迷宫

后现代迷宫注重构建难以读懂的复杂结构。透过迷宫般的表层,读者看到的不仅是西方后现代世界的杂乱无章,更是主人公所处的困惑生活。除了空间上的迷宫,时间迷宫也是后现代迷宫的常见表达方式,同时也是纳博科夫式妖法幻术迷宫的理论与实践的体现。在上一章节中,我们从纳博科夫文论思想中的现代主义角度,将时间和记忆同作家笔下的意识流艺术相联系,本章从后现代主义的角度,以《爱达》当中的记忆和时间主题为切入点,了解纳氏后现代时间迷宫的另一层"妖法"。

纳博科夫百科全书式的巅峰之作《爱达》是一部揭示时间主题的爱情故事。这部篇幅极长的小说诠释了个体主观意识对客观时间流逝状态的对抗和显映,内容既艰涩难懂又丰富细致。这部号称"20世纪最具激情的小说"②,由于时间迷宫的参与,将极具梦幻色彩的过去的意象在记忆的魔毯上做着五彩缤纷的超越意识的无时性螺旋形运动,它的广博题材与精致结构代表了纳博科夫的最高文学成就——"一颗美国文学的珍珠"③。在这一述说时间的爱情故事中,作家在第四部分讨论时间的一篇哲学论文里专门考察了时间的实质和它线性面纱后的流动实质。作者在此过程中的写作初衷分明是想通过时间的彼岸形象来暗喻文学发展的主题,并创作出一个消失在平淡抽象逻辑里的具体的爱情故事,然后再通过相反的记忆类推,使故事演变成一个从过去到现在都融入了深邃时间本质概念的哲思文本。鸿篇巨制的《爱达》表面上讲述的是一对同胞兄妹间(范与爱达)长达近一个世纪的乱伦之恋,但与时间哲学的复杂主题稍有不同的是,这段乱伦之恋的科幻力作在故事的尾声之处恰到好处地糅进了主人公范·韦恩对时间本质那长达30多页的哲学思考与自由论述中。从这个意义上讲,纳氏小说的后现代性纵深意义在很大程度上就体现在作家本人对传统时间维度的全新超越和对独特时间意识

① 蒋孔阳. 十九世纪西方美学名著选(英法美卷)[M]. 上海:复旦大学出版社,1990:137.
② 储城意. "颠覆——读纳博科夫的《阿达》"[J]. 外国文学,2005(2):88.
③ 储城意. "颠覆——读纳博科夫的《阿达》"[J]. 外国文学,2005(2):89.

的策略运用上。

　　小说《爱达》的核心内容深受柏格森绵延学说中主客观时间二元对立思想的影响,呈现的是一幅个体意识的记忆武器对抗时间(宇宙时间或应用时间)流逝的主观建构和心理景观。显映在魔毯上的时间节律和五彩意象是不以人的意志为转移的想象与记忆对时间概念的质疑与否定。它们以过去—现在—将来的单向运动性和不可逆转性使其文本的线性序列成为一条由意识可自由重组与支配的因果关系链:现在既为过去之果,也为将来之因。在宇宙时间的整体运行轨迹中,生活在时间牢笼里的人类需要选择某个空间参照物来界定时间流逝的幻觉和作用,否则又怎能借助于意识的空间定义来重新认识生命的意义呢? 因此,"徒有其表的现在感觉"[①]的时间本质永远也只是留着过去气息的稍纵即逝的"一瞬间"而已。这一"现在"是人类意识特意关注的产物,是我们知道的位于意识之外的唯一现实。换言之,主人公范·韦恩在空间之物停留的两个端点间("空洞"与"亲切的间隔"间)的"缝隙意识"的确可以将时间的箭头倒转而回到过去。从这个意义上讲,范对时间流逝的个体感知可以在记忆的累积下,把许多过去看似无关的无穷尽的零星细节驻留在当下意识活动的幻觉素材里,成为宇宙世界里时间持续或事件转移的另一副产品。于是,范指出:"人类的思想本质上是一元论者,无法接受两个空虚,其一是'人类生前的黑洞'(即永恒过去生理上的并不存在),另一个是'死后的黑洞'(即逻辑上无法接受的空洞)。"[②]这里,被生前的黑洞与死后的黑洞所操纵的人生只是一截映现在意识底片上的短暂经验。

　　如果范被动地接受个体存在的意义和人生的宿命,那他对客观时间的否定就会在"四面高墙"的时光牢狱中,像个局外人那样似有若无地等待着"将来"的到来。只持续一瞬间的似是而非的"现在"也只有在个体感知的意象发生时才会一刻不停地变成过去。这便是范所苦苦求索的、纯粹的、不再真实的现在时间,永恒的、静止的、过去时间和位于意识之外的、可触摸的将来时间概念。范的哲学论文《时间的肌质》借助不为人知地悄然溜走的追思,厘清了意识之外的宇宙和人的主观思维之间的区别,并留住了被裹挟进历史长河中的无数不可预知的空间意象:"我关注

①　欧阳灿灿."论纳博科夫的时间意识"[J].外国文学研究,2007(4):112.
②　纳博科夫;韦清琦.爱达或爱欲[M].上海:上海文艺出版社,2013:140.

的时间只是被我停下的时间,是我集中强烈的意识注意到的时间。"①由此可见,深入思考时间本质的作家纳博科夫惯于在五彩缤纷的时间魔毯上,凭借着意识对时间的凝视,将人的生命与停留在记忆深处的思想紧密相连:"我承认我不相信时间。我喜欢将我的魔毯在用过之后折叠起来,使一层图案与另一层图案叠加起来。"②只有这样,纳博科夫的时间哲学观才能在小说实践的艺术力量中回归过去、超越生活。

《爱达》是作家以回忆录的形式,用主人公对过去事件的复现来探讨时间本质的一部哲学小说。时间的线性特质和不可逆转性让主人公意识到:"一旦思想松弛了的个体意识高度专注于记忆魔毯上的过去的某个事件或场景时,时间才会在这个生命个体的脑海里停下来,并按照自己的设计与意愿不留任何痕迹地自如随意地展开去。"③范与爱达在书房沙发上"偷尝禁果"的细节和两人在清晨的庄园里聚散离合的生动画面,都加剧了与范的初恋相对应的时间感受。他的记忆中时刻闪现出的都是与爱达相关的人与事,这些围绕着爱达的人物与事件在作者诠释时间本质的永恒叙事结构中逐渐构成了一个生动的有机整体:"20世纪中叶,当范开始重建自己的过去时,他很快发现,处理婴儿时期那些重要的事件(范重塑过去的途径便是追寻这些事件)的最好方式,而且往往是唯一的方式,便是当它们在此后的童年与青年时期重新出现时,将它们看作突然的并置。这些突然的并置使部分变得生动,使整体有了生机。"④对范而言,记录在小说书页上的那些专注于重要人生图案的过去的意识是供他编织记忆魔毯的永恒素材,它们的相互关联和有机整体就像他本人喜爱的迷人的倒立表演(Mascodagama)那样,可以在记忆时间的变动旋律中被颠倒抑或被停止,遂构成一个不再固定不变的超越抽象时间概念的艺术世界:"这如同把一个暗喻倒过来,其目的不是表演的难度,而是欣赏向上流的瀑布或倒过来的日出。换言之,这是对时间之箭的胜利。"⑤结果,那些与爱达无关的人与事就因为缺乏时间意识的刻意重视和关照,而沦落成了在不经意间悄然流逝的空洞内容。这种以爱情故事论证时间哲学的小说构思方式在纳博科夫的笔下仿佛具有一种主宰性

① 纳博科夫;韦清琦. 爱达或爱欲[M]. 上海:上海文艺出版社,2013:339.
② 纳博科夫;韦清琦. 爱达或爱欲[M]. 上海:上海文艺出版社,2013:314.
③ 纳博科夫;韦清琦. 爱达或爱欲[M]. 上海:上海文艺出版社,2013:76.
④ 纳博科夫;韦清琦. 爱达或爱欲[M]. 上海:上海文艺出版社,2013:31.
⑤ 纳博科夫;韦清琦. 爱达或爱欲[M]. 上海:上海文艺出版社,2013:182.

的力量,使得记忆在时间与语言的双重断裂中继续影响着人们的思维和创作。

对范而言,时间的本质是在过去庞大的意识感知基座上偶尔露出冰山一角的静止的时间。纳博科夫在小说《爱达》的文本篇幅中,专门针对过去—现在—将来的非线性自然流动状态绘制了一幅更具积极色彩的螺旋运动轨迹图。这个"玻璃小球中的彩色螺旋运动"①在"永恒轮回"的开放性时间认识上构成了人类无穷意识的多样性和不确定性。从这一点出发,我们可以认定,纳博科夫的时间螺旋始终给人一种回归过去的幻觉:"待在其中,否则就灭亡。"②根据文本所述,爱达与范前三次分开的时间间隔依次是 4 年、4 年和 12 年,这些与他们两人最后一次相聚的时间间隔了 17 年,共同构成了一个不完整的、非对称性的、彩色的螺旋。在他们居住的酒店里,为了能从 17 年中减去 1 年,完成时间的减法以构成 4 的倍数,范只能凭借艺术家与灵知的想象从五楼走下四楼,与爱达相见,并在"自由灵魂的圆形城堡"③里实现了时间的螺旋。

在这部小说中,纳博科夫关注的核心主题是时间的本质。小说中的"同心螺旋运动"④可以说是一个直径被逐渐放大的会回归初始状态的有灵魂的圆周意象:终点也是新的起点。范与爱达初次相见后,第一次分别的 4 年,正好是从 12 点出发的,后经分别位于圆形表盘上的四个最重要的不同刻度(12 点、3 点、6 点和 9 点)而再度绕回 12 点上方,随即又开始了第二个 4 年的螺旋进程。这两次内容紧凑、形式浓缩的聚/离场景描写贯穿全书,形成螺旋线的重复运动,成为范的轮转循环记忆中所追寻并试图永久保存的过去时间的运行模式。这两次螺旋线相加起来是 8 年,再加上另一个 4 年,即经历过三次循环往复的 12 年同心旋之后,我们才迎来范与爱达的第三次重聚;17 年之后的第四次重逢更是历经走下一层楼梯的四个时间旋线后才在经验与意识之间觅得一个幸福的结合点,不再分开的。盘绕上升的四次分离与重聚都以范与爱达最初坠入爱河的记忆跳跃步幅为中心,四条旋线的空洞与流逝越长,起点和终点两个端点间的时间跨度就越大,只是每次从中心主题出发的螺旋运

---

① 纳博科夫;韦清琦.爱达或爱欲[M].上海:上海文艺出版社,2013:203.
② 纳博科夫;韦清琦.爱达或爱欲[M].上海:上海文艺出版社,2013:20.
③ 王安.《阿达》:述说时间的爱情故事[J].国外文学,2011(4):110.
④ 王安.《阿达》:述说时间的爱情故事[J].国外文学,2011(4):111.

动都能伴随着不断增加的旋线数量(分离的时间间隔)来对初恋的这一幕进行补充与刷新罢了。至此,加速向外扩展的时间螺旋运动使居于经验世界的记忆图案在想象和幻觉的空间里显得越发清晰。

纳博科夫对《爱达》的结构安排完全符合记忆常规:"理所当然,当我的思想玩味着词汇的时候,我刮胡子的时间更长;理所当然,只有当我看自己的手表时才会意识到它走得太慢;理所当然,到了50岁时,一年比过去过得更快,因为它在我不断增加的生命素材库里所占的比例更小……然而时间的加速流逝完全依赖于人的思想不关注于时间。"①小说中长达325页的第一部分几乎是全书的一半,此后的章节随着年龄的增长以及生活记忆素材的不断累积而开始加速,121页的第二部分、86页的第三部分、32页的第四部分、25页的第五部分,这些逐渐缩短的故事篇幅似乎也印证了时间加速流逝的幻觉。尤其是结束时的那一段,97岁的范和95岁的爱达只用了25页的有限篇幅就为他们45年的人生历程(1922—1967)做了生命阐述,以体现纳博科夫在艺术创作中重组时间的分裂感与统一感。这样的长度安排(每一后续部分的篇幅都是前一部分的一半)与上述似乎陷于停滞的时间螺旋空间的四个旋线故事大致对应。

意识到非对称性时间特质的范指出:"时间不可逆(首先它并不指向任何方向)是一个非常狭隘的观点。如果我们的器官与微子不是非对称的话,我们的时间概念可能会像宏伟的圆形大剧场一样,仿佛一个闪烁而惬意的小村落四周环绕着的锯齿般的夜晚与错落的群山。"②"非对称的艺术作品"《爱达》在时间结构上追求的是一种螺旋式的上升运动而非是一个对称的圆。时间的非对称螺旋灵感使作家纳博科夫总在意识的当下,惯于通过记忆的关注和变换才能留住永远无法回归现实的过去的图案。"第五部分不是尾声。它是我百分之九十七真实、百分之三可能的《爱达或爱欲:一份家谱》的真正介绍"③的最后声明,与故事的开头遥相呼应,再次构成了一个事件与时间同向运动的弧形大循环。这里,范所记录的百分之九十七的真实与百分之三的可能,在其重新加工、重新排序、重新润色的意象魔毯上飞升出一个超越了宇宙、超越了时间的广袤无垠的想象中的经验世界。这个用爱情包裹时间的多彩意识世界

①② 纳博科夫;韦清琦. 爱达或爱欲[M]. 上海:上海文艺出版社,2013:539.

③ 纳博科夫;韦清琦. 爱达或爱欲[M]. 上海:上海文艺出版社,2013:567.

在"玻璃小球中的记忆螺旋"①中倚靠过去—现在—将来的时间运行模式精炼地概括了纳博科夫对时间观念的接受、妥协、否定与超越。

纳博科夫曾在《说吧，记忆》里分析过时间与意识的无时性维度（timelessness），并预示过它在一个更高的世界——彼岸世界（other-world）——里的运行轨迹和空间模式："如果在事物的螺旋式展开中，空间绕进了某种类似时间的介质，而时间相应地也绕进了某种类似思想的介质，那么，肯定会有另一个维度的存在，也许是一个特殊的空间，但肯定不是原来的那个，除非螺旋线再次变成了一个邪恶的圆。"②这样一来，"有意识的时间"与"没有时间的意识"都会以"空间绕进类似时间的介质"的神秘方式参与到空间—时间—彼岸世界的螺旋运动中来，并以意识否定时间的抗拒策略来回忆生命过程中的每一个环节。而《爱达》中的主人公范由于在人类时间的无时性樊笼里无处可逃，身为时间哲学家、心理学家与特拉学专家的他才在多重主题的存在彼岸世界中感慨道："我们的处境令人绝望。"③纳博科夫在小说各个章节里的空间安排在安提特拉（Anti-terror）星球上展开。那里的人类生活在贵族形态的社会里，既幸福又富足。他们可以摆脱时间的控制与束缚活上数百年，甚至还可以使用高科技设备（如飞机、轮船、汽车、中央空调等）。在一个19世纪俄国与20世纪美国的混合体（安提特拉）里，将时间与死亡暂时搁置在一边的范可以潜心于与爱达幸福生活的复归与重建，还可以退居到颇具浓厚科幻色彩的艺术世界里去挑战时间的流逝和断裂。

与"安提特拉"形成鲜明对照的是另外一个叫"特拉"（Terra = Terror）的星球。居住在安提特拉的人们对于邻近世界（特拉）的存在空间时常持一种既混乱又矛盾的超验态度：

患病的人将特拉星球视为另一个世界，这另一个世界（Other World）不仅容易与邻近的世界（Next World）相混淆，也容易与我们心中超越我们的真实世界相混淆。我们的魔法师们，我们的魔鬼们是长着透明爪子和强有力翅膀的高贵的发光生灵。然而19世纪60年代的新皈依者们促使人们去设想一个星球，在那里我们伟大的朋友们完全堕落了，成了

---

① 王卫东."论纳博科夫的时间观"[J].国外文学,2001(1):54.
② 纳博科夫;陈东飚.说吧,记忆[M].长春:时代文艺出版社,1998:223.
③ 纳博科夫;韦清琦.爱达或爱欲[M].上海:上海文艺出版社,2013:409.

邪恶的怪物,可耻的魔鬼,长着食肉动物的黑色阴囊和毒蛇的毒牙,将女性视为玩物加以折磨;而在宇宙之路的另一端彩虹般的迷雾里活跃着天使般的精灵,美好的特拉星球的居民恢复了那些最陈旧但依然有效的古老信条,为那些曾盘踞在我们这个充足世界的泥沼里的神仙们重新安排不和谐音的手风琴旋律。①

事实上,范也意识到,美好的特拉与可怕的安提特拉一样,都是不完美的。在他的哲学小说《来自特拉的信》里,他也质疑过"安提特拉上的迪门们所设想的甜美世界特拉或许并非如此"②。沿着时间之轴、相反而行的安提特拉与特拉虽只是对方想象中一个对时间认识的产物,但它们"在两块土地间,无论如何存在着多达100年的差异。二者间时间流逝的交叉之处有着奇怪的方向符号的混淆,其中一块土地的过去部分对应于另一块土地的将来"③。这种异乎寻常的复杂而又荒诞的安排所揭示的宇宙实质上是生活对时间之箭的逆转。从这个意义上来看,并不完美的"安提特拉"毕竟是范用个体的感悟和全部的热爱去深切体验生活的一个充足的世界。只有当个体经验与想象意识仍然丰富、活跃的时候,与现实的时间相反而行的另一个世界的时间箭头才能在虚拟空间里指向过去。在这两个无法融合的时间世界里,纳博科夫刻意用颠倒过来的方式让范退居至另一个空间之内,并从一个后退的局外人的安提特拉居民视角来审视历史、感受现实。"自中央开始旋转的曲线或圆弧,我们可称之为正旋,继续着正旋的更大圆弧,可称之为反旋,接着,反旋在外圈与正旋同向运动的更大些的弧形则称之为合旋。如此等等。"④据此,我们完全有理由认定,在正反旋之上的"合旋"就是小说最后一章里所探讨的"范与阿达永生的两个保证"⑤,即超越了时间的精神与超越了空间的艺术合二为一的"彼岸世界"。

一生都专注于"空间与时间"问题的范在书页上留下了"如涟漪般起伏的爱情主题"(阿迪斯庄园,阿迪斯的情欲与凉亭)这样不朽的记忆。《爱达》里范与爱达合作的回忆录本身就是一种虚构的艺术,是艺术家通

①　纳博科夫;韦清琦.爱达或爱欲[M].上海:上海文艺出版社,2013:20—21.
②　纳博科夫;韦清琦.爱达或爱欲[M].上海:上海文艺出版社,2013:301.
③　纳博科夫;韦清琦.爱达或爱欲[M].上海:上海文艺出版社,2013:18.
④　纳博科夫;陈东飚.说吧,记忆[M].长春:时代文艺出版社,1998:203.
⑤　纳博科夫;韦清琦.爱达或爱欲[M].上海:上海文艺出版社,2013:583.

过与记忆并置的意识行为对抗时间与死亡的一个悲情胜利的方式,而安提特拉只不过也是纳博科夫与范借以容纳自己的艺术人生而凭空虚构出来的一个镜像世界而已。被死亡所定义的人类的存在,会凭借想象与记忆战胜时间,抵达一个无时性的生活空间。这无疑都是时间在人类意识中的镜像与影子。不论是安提特拉还是特拉,都是纳博科夫通过范的回忆,用小说艺术的彼岸世界为地球的现存时态所做的一次改良,使得范与爱达最终超越了死亡,留住了人生:"范因此将记忆与艺术和永生画上了等号,失去了记忆,就失去了永生,失去了与莎士比亚甚至朗费罗共居一室的资格。"①

　　诚然,艺术本身就是人类对另一个超验的精神彼岸的表达方式,而居住着新物种的特拉行星在范·韦恩设想的彼岸世界中就是以人类的死亡为代价的"另一个部分的世界"②:"小说人物阿达在俄语中的意思是地狱,迪门是火与魔鬼的意思,而阿垮则是水的意思。他们共同的宿命是死亡。阿垮因迪门而死,卢瑟特因范与阿达的情爱而跳海自杀,玛丽娜死于火灾,迪门死于飞机失事。他们分别死于火、水和空气中,并错误地以为自己死后的灵魂将居住在特拉行星上。"③在这个超验的彼岸上,人类以幽灵的方式提示其存在的价值和意义。小说的最后一章,在共同完成的书稿中一起死去的爱达和范还探讨了超越了时间观念的另一种存在与梦想,以及死亡须经历的种种痛苦:"肉体的折磨、不得不放弃记忆与意识以及等待人们的空虚黑暗的死后的将来。在人类死后的彼岸里,精灵们或许会以幽灵显形的方式引导人类。玛丽娜去世之后,范希望母亲的幽灵能在空间的肉体与时间的幕布之后给他另一个世界的启迪。"④这些看似抽象的时间的空间化暗喻不仅为小说《爱达》的写出提供了一个从超越时间的彼岸世界观察人类处境的视角灵感源泉,也在一定程度上为纳博科夫时间观的体验媒介功能创造出了一种可见的、可感觉的、可理解的关系和意义,还在更高层面的共时性向度上恢复了时间哲学小说的诗性智慧,从而令读者在人与世界、人与宇宙的存在整体叙事之间获得了一种过去、现在、未来互通有无、同时共存的纵情狂欢

①　纳博科夫;韦清琦.爱达或爱欲[M].上海:上海文艺出版社,2013:585.
②　王安.《阿达》:述说时间的爱情故事[J].国外文学,2011(4):113.
③　纳博科夫;韦清琦.爱达或爱欲[M].上海:上海文艺出版社,2013:450.
④　纳博科夫;韦清琦.爱达或爱欲[M].上海:上海文艺出版社,2013:452.

式感受和与之相伴相随的生命体验。

三、可笑可悲的现实

提起后现代思想中的"可悲可笑的现实",读者首先反应的定是黑色幽默写作手法。纳博科夫在《文学讲稿》对乔伊斯的讲解部分对这个词语亦有所提及。在讲稿中,他总结了《尤里西斯》的三大主题"绝望的过去、可笑可悲的现实、忧郁的未来"①,并潜移默化地受到这些主题的影响,在一些创作中着意刻画这些"可笑可悲的现实"。纳博科夫笔下的许多作品也因此成了他自己在该文论章节提到的一幕幕"在暗淡的舞台上进行表演的噩梦般的喜剧"②。

黑色幽默是后现代主义文学的一种艺术手法。它强调人类社会的荒谬与混乱,并以令人啼笑皆非的幽默手法来表现人类的痛苦和不幸。黑色幽默的整体效果是灰暗的,隐含着绝望、痛苦和恐惧,又从绝望中超脱出来,笑看人类的处境。在美国兴起并发展起来的黑色幽默小说与产生于法国的荒诞派戏剧一脉相承,因此也叫"荒诞小说"。美国后现代主义小说家中,最典型的黑色幽默作家当属约瑟夫·海勒(Joseph Heller, 1923—1999)、库尔特·冯内古特(Kurt Vonnegut, 1922—2007)、托马斯·品钦(Thomas Pynchon, 1937—)与约翰·巴思(John Barth, 1930—)。影响最大的作品包括海勒的《第二十二条军规》(Catch-22, 1961)、冯内古特的《第五号屠场》(Slaughterhouse-Five, 1969)以及托马斯·品钦的《万有引力之虹》(Gravity's Rainbow, 1973)等。纳博科夫在黑色幽默小说的创作手法上同样有过大胆的探索和尝试,被称作是"美国黑色幽默小说流派的鼻祖和创作上的拓荒者"③。他的努力对后来的托马斯·品钦、约翰·巴思等都产生了深刻的影响。下文我们以《普宁》与《黑暗中的笑声》为例,管窥纳氏黑色幽默艺术描绘出的"可笑可悲的现实"。

《普宁》描写了一个流亡美国的老学究普宁在一所学府里以教书为生的生活。小说由普宁的几个生活片断构成,包括普宁荒唐古怪的举

---

① 纳博科夫;申慧辉等. 文学讲稿[M].上海:上海三联书店,2005:250.
② 纳博科夫;申慧辉等. 文学讲稿[M].上海:上海三联书店,2005:280.
③ 汪小玲. 美国黑色幽默小说研究[M].上海:上海外语教育出版社,2006:141.

动,以及由此引发的黑色幽默的效果。纳博科夫笔下的普宁是一个"反英雄"人物。他性格古怪、言行滑稽,常被命运嘲弄,却得到读者的同情。小说的开篇,纳博科夫就以诙谐夸张的形象描绘了普宁:

他头秃得挺像个样儿,皮肤晒得黧黑,脸蛋也刮得蛮干净,首先给人比较深刻印象的是他那个褐色的大脑袋,那副(遮住初期眉毛脱落的)玳瑁边眼镜,猿猴那样厚实的上嘴唇,滚粗的脖颈和那穿着绷得挺紧的花呢上衣的、结实的身子骨儿;但临了叫人多少有点失望的是他那(眼下穿着法兰绒裤子、交叉着的)两条腿却挺瘦,脚也显得纤弱无比,几乎跟娘儿们的脚一模一样。①

带着这个与周围环境不协调的邋遢形象,普宁应邀乘坐火车前往克莱蒙纳妇女俱乐部参加演讲。由于拿错了火车时刻表,弄错了班次,搭错车,火车开了许久,他都不知道自己坐错了车,令人啼笑皆非。普宁的一生从一开始就是不断地从一个地方搬到另一个地方。他就像一叶孤独的扁舟,漂流在浩瀚无际的大海上,没有靠岸的一天。来到美国之后,普宁发觉自己孤身一人很难适应这个"文化大熔炉"的全新环境。就连英语对他而言,都是个"特殊的危险区域"②。在坐下来努力学习库珀、爱伦·坡、爱迪生和三十一位美国总统的语言后他才能使用"如意算盘""好咧好咧"之类的词语,在需要用英语陈述演讲报告时:

普宁教授先把他那充满格言箴语的流畅的俄文稿费劲地译成破绽百出的英文稿,年轻的米勒作一番修订,接着由哈根的女秘书爱森保尔小姐用打字机打出来。普宁再把自己看不大明白的段落删去,最后就照本宣读,念给他每周的听众听。要是没有事先准备好的讲稿,他连一丁点办法都没有;他也不会利用上下移动眼珠那套老办法来掩饰自己的缺点,那就是快速看一眼讲稿,记住一连串句子,滔滔不绝地讲给听众听,然后把结尾拖长,再马上扫一眼下面的句子。普宁慌里慌张的眼睛肯定会看错行。所以,他宁愿用男中音念讲稿,目光盯牢在那上面,那声调既缓慢又单调,就好比在慢慢爬那给害怕乘电梯的人用的没完没了的楼梯

---

① 纳博科夫;梅绍武.普宁[M].上海:上海译文出版社,2007:3.
② 纳博科夫;梅绍武.普宁[M].上海:上海译文出版社,2007:9.

一样。①

深处异乡文化的普宁,虽然努力地适应新的环境,但始终与之格格不入,连语言都像是一个危险和灾难。这样滑稽的叙事方式,令人更加理解主人公的痛苦,体现了黑色幽默的"含泪而笑"主题。温代尔学院没有独立的俄语系,普宁之所以能成为该校的俄语教师,完全是得益于院长哈根教授的强烈支持和推荐。讲课之时,我们又看到:

仁慈的普宁带着一种羞答答的神秘表情,一边准备为孩子们讲些自己当年领略过的妙趣横生的事儿,一边自己先忍俊不禁露出一嘴残缺而可怕的黄牙……他张着大嘴,狂热地来回翻弄那本书,可能要过好几分钟才找到所需要的那一页……不过要欣赏这些段落至今尚存的任何妙趣,人不但得充分熟悉方言土语,而且也要有丰富的文学见识,他这个可怜的小班内的那些学生可对这两样均不具备,因此只剩下这位表演家独个儿在欣赏课文里微妙的联想。普宁一边犹如在灯火辉煌的舞台上绘影绘声地模仿表演,尽力追忆他(在一个尽管被历史淘汰而却好像格外鲜明的灿烂世界里)度过的一段热情洋溢、对事物敏感的青年时代,一边接连地举出例子,深深陷入自我陶醉的境地,使他的听众有礼貌地揣测那些玩意儿一定是俄罗斯幽默。……可是他彻底沉醉于自己那种欢乐中的劲头,却证实是无法抗拒的。临到他再也控制不住自己的感情时,他就会招得学生们憋不住大笑起来……②

普宁的生活圈子相当狭窄。在这个圈子里,几乎没有人在乎他、关心他,连自己的感情世界也是一波三折。而他接连不断的傻事、怪事是整个学院自上而下的笑柄。后来,就在普宁的事业渐有所成,考虑购买房子以结束长年居无定所的生活时,却面临被辞退的困境,使他一切的憧憬化为了泡影。除了那些成为人们茶余饭后谈资的笑柄之外,普宁什么也没留下。他的一生都是纳博科夫笔下"可悲可笑的现实"的生动写照。纵观全书,我们发现,纳博科夫所刻画出的普宁滑稽可笑的一面,充满了黑色幽默。

---

① 纳博科夫;梅绍武.普宁[M].上海:上海译文出版社,2007:10.
② 纳博科夫;梅绍武.普宁[M].上海:上海译文出版社,2007:7-8.

《黑暗中的笑声》也是纳博科夫作品中典型的黑色幽默之例。在这部早期的小说中,纳博科夫把故事的内容和人物的描写始终安排在荒诞的、滑稽的故事氛围中,充分调动了黑色幽默的叙事策略。小说的开头就让人眼前一亮:

> 从前,在德国柏林,有一个名叫欧比纳斯的男子。他阔绰,受人尊敬,过得挺幸福。有一天,他抛弃自己的妻子,找了一个年轻的情妇。他爱那女郎,女郎却不爱他。于是,他的一生就这样给毁掉了。
>
> 这就是整个故事,本不必多费唇舌,如果讲故事本身不能带来收益和乐趣的话。再说,裹满青苔的墓碑上虽然满可以容得下一个人的简短生平,人们却总是喜欢了解得详细一点。①

在这简短的开篇中,纳博科夫用幽默的口气描写了主人公欧比纳斯的故事。接着强调了整个故事本质上的荒诞。"这是一个廉价的、男欢女爱阴谋与破产的故事,以精致的细节设计起伏跌宕、错落有致的情节,其本质,不过是荒诞不经、俗不可耐的一个故事"②。主人公本身也具有荒诞的性格特征,"他常喜欢开玩笑地在他收藏的现代风景画上签署某位古代大师的名字,再用这些画把他的家装饰得像一座精致的美术馆……他开始撰写一篇评论电影的短文。那不是什么高明的文章,他并没有特别的才气。就在这个时候,那绝妙的主意冒出来了"③。也正因为这个荒诞的主意,富有、体面、有教养、健谈的画家欧比纳斯,和贫穷、丑陋、无情、残忍的假艺术家雷克斯以及毫无教养、生活于贫穷之中、曾经做过妓女的玛戈纠缠在了一起,上演了一场荒诞的情感闹剧。

在遇到玛戈之后,欧比纳斯的生活便与荒诞紧密相连,荒诞成为他无法洗刷的烙印。这个女人根本不爱他,到处欺骗他,而他却一无所知,甘愿受她的愚弄和摆布,甚至为了她不惜想到开枪杀害自己的结发妻子伊丽莎白。当欧比纳斯与玛戈开始同居时,"情敌"雷克斯就像小时候玩逗老鼠的游戏一样捉弄他的感情:他抓住各种机会与玛戈偷情,骗取他的财物,特别是当欧比纳斯失明之后,雷克斯干脆住进了欧比纳斯的小

---

① 纳博科夫;龚文库.黑暗中的笑声[M].上海:上海译文出版社,2006:1.
② 汪小玲.纳博科夫小说艺术研究[M].上海:上海外语教育出版社,2008:240.
③ 纳博科夫;龚文库.黑暗中的笑声[M].上海:上海译文出版社,2006:1-2.

公寓里,公开地坐在欧比纳斯的对面无声地进餐,赤着脚在地板上行走,甚至在失明的欧比纳斯面前公然与玛戈调情:

> 雷克斯特别喜欢跟他坐在同一个房间里,观察他的举动。玛戈靠在那盲人的胸前时,常把脸扭向一边,眼望天花板或者作个无可奈何的鬼脸,或是朝欧比纳斯吐吐舌头。和盲人脸上欣喜、怜爱的表现相对照,这情景实在是滑稽极了。玛戈会灵巧地挣脱他的怀抱,回到雷克斯身边。①
>
> 日子一天天过去,欧比纳斯的听觉越来越灵敏,雷克斯和玛戈也变得越来越放肆,他们已经习惯于将欧比纳斯的失明当作安全的屏障。起初雷克斯在厨房里吃饭,老艾米丽亚在一旁以仰慕的目光呆望着他。后来他索性坐到欧比纳斯和玛戈的饭桌旁,跟他们一起进餐,他的吃法巧妙,一点声音也没有,刀叉从不碰响碗碟,他像无声电影里的人物那样无声地咀嚼,完全与欧比纳斯颚部的动作以及玛戈的说话声合拍。每当两个男人咀嚼和吞咽的时候,她就故意大声讲话。有一次雷克斯呛了一口饭,当时玛戈正在给欧比纳斯倒咖啡,他忽然听到桌子另一端发出了异样的咳呛声。玛戈立刻开始说话,可欧比纳斯止住她。指着前边问道:"那是什么声音? 什么声音?"②

欧比纳斯就是这样一个可怜的受害者形象。他让读者在哀其不幸、怒其不争之时,又对他充满了同情。这就是小说的黑色幽默艺术效果。小说结尾之处,就在欧比纳斯认清玛戈的真实面目,想用枪杀死这个毁灭他一生的女人时,却与雷克斯狭路相逢,继而被这个"情敌"所杀,黑暗之中再次上演了一幕荒诞的悲喜剧:

> 枪声撕裂了眼前的黑暗,接着有什么东西击中了他的膝盖,将他打倒。随着一只椅子被扔过来,和他纠缠在一道。摔倒的时候手枪掉到了地上,但他马上又找到了枪,握在手中。与此同时他听到急促的呼吸声,嗅到香水和汗混合的气息。一只冰冷、灵巧的手试图夺走他的手枪,欧比纳斯握住了一个活物,那活物发出一声怪叫,像噩梦里一个怪物被另一个怪物呵痒时发出的尖叫。他抓住的那只手夺走他的手枪,他感到枪

---

① 纳博科夫;龚文庠. 黑暗中的笑声[M]. 上海:上海译文出版社,2006:202-203.
② 纳博科夫;龚文庠. 黑暗中的笑声[M]. 上海:上海译文出版社,2006:205.

管戳在自己身上。

……

他低头坐在地板上,慢慢地朝前倾斜,然后像一个软绵绵的大洋娃娃一样,向一侧倒了下去。[①]

黑色幽默的基调就是人类在面对恐怖、不安和死亡之时感到无能为力,只能拿自己的痛苦开玩笑,以求一种宣泄和解脱。在这段话中,"活物""呵痒""大洋娃娃"这一系列的意象和动作让整个枪杀场景显得幽默、诙谐,又充满了悲剧色彩,显示出黑色幽默的艺术效果。读者在面对欧比纳斯荒诞不经的悲惨结局时,想必也是哭笑不得。纵观整部小说的幽默基调,读者可以发现,在"黑暗中的笑声"的背后,是作者对可笑可悲的社会现实的呐喊和叹息。

四、引人联想、时时戏仿

在《文学讲稿》对奥斯丁的评论中,纳博科夫曾说,"比直接引经据典更妙的是引人联想,这个词用于讨论文学手法时具有一种专门的意义。文学上的引人联想指的是作品中的一个短语,或是一个形象、一个场面,使人联想起某位早期作家,觉得作者是在无意识地模仿他"[②]。这段言辞使读者自然联想到纳氏思想与后现代戏仿手法的契合。许多读者也经常留意到纳博科夫的作品中经常有意或无意地掺杂了对名家作品的戏仿,以此引发读者的更多想象。

戏仿(parody),又称谐仿,作为一种艺术手法在文学历史长河中可谓源远流长,与讽刺几乎一同诞生。19 世纪以前,戏仿被许多文学理论家看作一种不严肃的文学形式,一种难登大雅之堂的雕虫小技。直到 20 世纪,戏仿才逐渐被重视,并推上新的发展顶峰。纳博科夫在生活中喜欢模仿,对他而言,"模仿自然界万物总是一种快乐。这些模仿不仅包括蝴蝶、飞蛾,还有其他昆虫、爬行动物、鱼儿、鸟类,有视觉、听觉、嗅觉和

---

① 纳博科夫;龚文庠.黑暗中的笑声[M].上海:上海译文出版社,2006:225 – 226.
② 纳博科夫;申慧辉等.文学讲稿[M].上海:上海三联书店,2005:21.

表现方面的模仿"①。他在《天赋》中曾说,"戏仿的精神永远与诗歌同行"②,在《微暗的火》中又称戏仿为"最后一张王牌"③。

纳博科夫是个语言文学天才,除了俄语和英语外,他还学会了法语、德语、拉丁语与其他一些欧洲语言。他自幼酷爱读书,10岁到15岁之间便博览了爱伦·坡、勃朗宁、济慈、福楼拜、契诃夫、托尔斯泰等人的原作。他还深入地研究过爱伦·坡、普鲁斯特、乔伊斯等人的作品,从他们的作品中汲取了丰富的营养,又在作品中加入自己的元素。比如从内容上看,《绝望》中赫尔曼为自己辩护的手稿名"罪与罚"戏仿了陀思妥耶夫斯基的《罪与罚》,《黑暗中的笑声》(*Laughter in the Dark*,1932)则是仿效二三十年代电影中盛行的三角恋爱故事;《爱达》(*Ada*,*or Ador*,1969)借用了《安娜·卡列尼娜》的开头,改写了《包法利夫人》的结尾。从形式上看,《玛丽》、《塞巴斯蒂安·奈特的真实生活》(*The Real Life of Sebastian Knight*,1941)戏仿了书信体,《微暗的火》戏仿了诗歌评注、传记文体、侦探小说等;《洛丽塔》戏仿了托尔斯泰或卢梭的忏悔录文体,《普宁》(*Pnin*)戏仿了"学院小说";《斩首之邀》(*Invitation to a Beheading*)戏仿了反乌托邦小说等等。因此,从戏仿的角度看,有学者甚至直言,他的小说时时含有戏仿成分,几乎是"无一句没有出处"④。

《洛丽塔》是纳博科夫戏仿元素较多的作品之一。全书整体上貌似对托尔斯泰的《复活》或卢梭《忏悔录》的戏仿。比如小说中亨伯特在读者面前的忏悔,与卢梭写《忏悔录》的情形极其相似。此外,纳博科夫与坡有着类似的美学观点。《洛丽塔》不时地流露出了坡那疏远、消失和异常的气氛,表现出了坡所渴望的"一种超越尘世的美"。在坡作品中反复出现的主题,如坡在《诗歌原则》中提到的"美少女的香消玉殒",也通过亨伯特对性感少女洛丽塔的想象而得到重现。"我是一个孩子,安娜贝尔也是一个孩子的时候,我的小安娜贝尔在我眼里并不是性感少女。我和她地位相同,是一个堂堂正正的小牧神,待在那同一座时间的魔岛上……我们怀着尚不成熟的爱彼此相爱"⑤、"如果我守在我的宝贝

① Grayson,Jane,Arnold McMillin,and Peiscilla Meyer. Nabokov's World. Volume 1:The Shape of Nabokov's World[M]. New York:Palgrave,2002:47.

② 转引自纳博科夫;唐建清. 独抒己见[M]. 杭州:浙江文艺出版社,2012:78.

③ 转引自纳博科夫;唐建清. 独抒己见[M]. 杭州:浙江文艺出版社,2012:79.

④ 谭少茹. 纳博科夫文学思想研究[M]. 武汉:湖北人民出版社,2009:142.

⑤ 纳博科夫;主万. 洛丽塔[M]. 上海:上海译文出版社,2005:26.

儿——我的宝贝儿——我的生命和我的新娘"①、"陪审团的女生们和先生们,第一号证据是六翼天使——那些听不到正确情况的纯朴的羽翼高贵的六翼天使——所忌妒的"②,戏仿了爱伦·坡的《安娜贝尔·李》中出现的孩子、少女、新娘、六翼天使等多种意象。表现了纳博科夫与坡相似的审美情趣。另外,在小说第二部的后半部分,即洛丽塔失踪前后的故事,又宛如一部侦探小说。整个故事似乎在戏仿着爱伦·坡侦探小说的特点:哥特式的环境、离奇的情节、严密的推理和病态的人物内心。

在《洛丽塔》中,纳博科夫还表现出对普鲁斯特的敬仰与对《追忆似水年华》的戏仿。亨伯特在谈论自己读书的时候提到了普鲁斯特。亨伯特在通篇所表现出来的怀旧之情,说明他同样在追忆着那些逝去的年华。对亨伯特这样一个年近半百的人而言,他只能幻想着在精神上留住与洛丽塔这位小仙女的爱情。亨伯特的这份情,其实是精神上一厢情愿的普鲁斯特式的爱情。为了增加与洛丽塔接触的机会,他娶了洛丽塔的母亲黑兹太太。尽管亨伯特根本不爱黑兹太太,但他可以享受着从黑兹太太身上透露的某些与洛丽塔相似的神态、表情等遗传因素,令人不禁联想起普鲁斯特和唤起他回忆的"玛德兰小甜饼"③。可以说,普鲁斯特式的生活、作品曲调、表达方式在书中被纳博科夫戏仿得惟妙惟肖,因此评论家小约翰·贝特·福斯特(John Burt Foster Jr)认为,"正是普鲁斯特,而不是别的现代主义者,引导纳博科夫作为一个自觉的现代作家而发展"④。

当然,纳博科夫笔下的戏仿并非是对经典作家和作品一味地模仿,他对待戏仿这一手法也是有自己独到见解的。对他而言,"戏仿是一场游戏,重在'戏'强调的是一种结构、颠覆和反叛"⑤。就像巴尔塞姆的《白雪公主》颠覆了白雪公主和小矮人在人们心中纯洁善良的童年形象,乔伊斯的《尤利西斯》颠覆了人们心中与诸神拼搏的古希腊英雄形象,纳博科夫的作品也不例外。他的戏仿作品同样对一些戏仿对象及其相关

---

① 纳博科夫;主万. 洛丽塔[M]. 上海:上海译文出版社,2005:73.
② 纳博科夫;主万. 洛丽塔[M]. 上海:上海译文出版社,2005:10.
③ 据说有一天,普鲁斯特因为一个偶然的机会吃了一块玛德兰小甜饼,结果一股非常熟悉的味道从心底泛上来,一下子复活了所有少年和青春的记忆,于是沿着他的"意识流"跨越时空回到往昔,写成了《追忆似水年华》这部小说。
④ Foster Jr,John. Nabokov's Art of Memory and European Modernism[M]. New Jersey:Princeton University Press,1993:14-15.
⑤ 汪小玲. 纳博科夫小说艺术研究[M]. 上海:上海外语教育出版社,2008:35.

理论提出了一定的质疑。如《洛丽塔》中也多少包含了对《尤利西斯》的戏仿,纳博科夫在书中利用对人物内心的刻画,把亨伯特的内心世界和情感表现得淋漓尽致。虽然纳博科夫和乔伊斯一样,都想通过刻画人物的内心世界,从而更加真实地展露人性,但《洛丽塔》在行文时却没有过多受到《尤利西斯》的影响。不同于乔伊斯所运用的现代派意识流手法,纳博科夫以他的后现代叙事方式,淋漓尽致地展露亨伯特的内心世界。可以说,纳博科夫在戏仿他人作品时依旧保持着自己独树一帜的后现代创作风格。

后现代主义文学反对传统文学表现形式,它既不像现实主义那样冷静地描写外部世界,也不像现代主义那样详细地感悟内心自我。它认为世界是荒谬无序的,因而作家在表现手法上也是不断推陈出新,风格各异。纳博科夫工于写作形式及文体的创新,其作品时时充满着巧妙的设计和高深的内涵。不管在小说创作或文学思想上,他都像一个高明的魔术师,用变幻无穷的手法展示复杂多变的后现代世界。他的元小说创作是对传统小说模式的挑战与发扬;文字迷宫、结构迷宫、时间迷宫的写作风格充满了天马行空般的后现代文学色彩;黑色幽默和戏仿的灵活运用也突显了其作品中的后现代特征。可以说,纳博科夫是文坛乱世中的一个革命者,有力推动了后现代主义文学的发展进程。在他眼中,一件艺术品,也许庸俗浅陋,也许它涉及通奸或乱伦的主题,但若它够得上一件艺术品的标准,那么它的光辉足以掩盖那些不被大家看好的一面,因此,人们根本不必在意这件艺术品写的是什么内容。作者写什么已经不再重要,重要的是作者是如何写成。作品的诗意、艺术风格、各种艺术形式和手法才是真正值得人们注意的。作为一位杰出的早期后现代派作家,纳博科夫的文学思想很大程度上影响了美国后现代文学的发展。

第十一章　纳博科夫与文化研究

一般认为,文化研究起源于英国,可追溯到 20 世纪 50 年代末和 60 年代初伯明翰学派的出现。该学派由英国伯明翰大学当代文化研究所(CCCS)的研究方向和学术成果发展而来,由理查德·霍加特(Richard Hoggart,1918—2014)、雷蒙德·威廉斯(Raymond　Williams,1921—1988)、斯图亚特·霍尔(Stuart　Hall,1932—2014)教授等人推进。伯明翰学派常以阶级、种族和性别之"三位一体"为研究主题,后因其广泛的理论和实践成果逐步影响了全世界的文化研究。"文化研究早期的关键词是异化、意识形态和霸权,但是它的现状已稳稳立在人文科学和社会科学之中,与人文科学和社会科学的大多数学科结成了同盟"[1]。"回顾文化研究不长的历史,可以说它是在表现为研究方法和策略的同时,形成了一门相对独立的新兴科学"[2]。作为一门新兴学科,文化研究已逐步从哲学、社会学、文学等传统人文学科中脱胎而出,以跨学科的姿态,呈现在现代、后现代语境的人文社科研究之中,并吸引了从事文学、哲学、人类学、社会学、新闻传播学等领域的大批学者的参与,其影响也从英国迅速扩展到北美等地,在全世界掀起了一股学术大潮。

文化研究不仅关注文化的内在价值,更关注文化外在的社会价值。如阶级、意识、形态、霸权、语言、主体性等。澳大利亚学者西蒙·杜林(Simon During)在《文化研究读本》(*The Cultural Studies Reader*,1999)中曾言:"文化研究是正在不断流行起来的研究领域,但它不是与其他学科相似的学院式学科,它既不拥有明确界定的方法论,也没有清楚划定的研究领域。"[3]它是一种交叉学科的研究视角,常将政治经济学、社会学、

---

[1]　陆扬,王毅. 文化研究导论[M].上海:复旦大学出版社,2006:14.
[2]　陆扬,王毅. 文化研究导论[M].上海:复旦大学出版社,2006:15.
[3]　During,Simon. The Cultural Studies Reader[M]. London:Routledge. 1993:1 - 2.

文化人类学、哲学理论、影视研究、大众传媒研究、博物馆研究、艺术史和艺术评论结合在一起,来探讨不同社会中的文化现象。近年来,随着全球化的日益发展,文化研究愈发成为当代人文学科的研究热点,并由此产生了文化研究与文学经典作品研究的诸多交织。美国学者乔纳森·卡勒(Jonathan Culler)曾说:"文化研究是美国的人文学科在 20 世纪 90 年代进行的一项主要活动,一些文学教授已经从弥尔顿转向了麦当娜,从莎士比亚转向了肥皂剧,而把文学研究抛在一边。"①虽然这个言辞不一定完全可取,但它代表了当今文学研究相当重要的一面,即从传统的纯文学经典研究转向与各类文化相互关联的研究。与此同时,越来越多的学者已经开始让文化研究渗透了文学经典研究,如从女性主义、后殖民主义、马克思主义等理论出发并重新审视文学经典,从而引申出文化研究与文学经典的相关问题。纳博科夫的一生颠沛流离于他的祖国俄罗斯、欧洲的英国、法国、德国、美国、瑞士等不同的国度,其作品和文艺理论思想自然也代表了不同的文化色彩。鉴于此,本章节我们将纳博科夫的文艺理论研究引入文化视角,并尝试用后殖民主义理论中的文化杂糅现象对其加以探讨。首先,我们从纳博科夫的流亡生涯谈起。

一、流亡的艺术家

"流亡"(diaspora)一词来自希伯来语(Galut),原指犹太人在"巴比伦之囚"后分散流落于异邦之中,或犹太人社团在巴勒斯坦或是现在的以色列之外地域的聚集。文学史上的流亡文学起源于西班牙的塞万提斯、英国亨利·菲尔丁笔下的流浪汉小说中描写的小人物。19 世纪起,拜伦、乔伊斯、索尔·贝娄等一批批流亡作家及其流亡作品出现,进一步表现了流亡意识对文学经典作品中的多元文化的重要影响。纳博科夫的一生就像是一部充满了悲欢离合的流浪者的传奇。流亡意识自始至终与纳博科夫坎坷多舛的流亡经历难以分开,同时也成了他文学创作的重要主题之一。1968 年在面对 BBC-2 电台的采访中纳博科夫曾提到,"艺术家总在流亡之中,尽管他可能从来没有离开过祖先的宅门或父辈

---

① 陈太胜.西方文论研究专题[M].北京:北京大学出版社,2008:268 – 269.

的教区,这类艺术家常是著名的传记人物,我感觉和他们很亲近。"①言真意切,足以说明流亡生涯对纳博科夫的文学创作和理论思维产生过多大的影响。而从文化研究的角度来看,这些影响当中最值得一提的,便是纳氏作品和理论思想中因流亡意识而呈现出的多元文化特征。

纳博科夫出生于俄国的上流家庭,幼年时生活优越,受到了良好的教育。后来由于时局动荡,他不得不跟着家人前往克里米亚,借住在父亲朋友女婿的家中。父亲由于激进的政治活动在柏林的一次会议上遭人暗杀,纳博科夫的人生彻底陷入绝境。1919 年 4 月,纳博科夫一家为了躲避红军的围剿,登上"希望号"轮船离开俄国逃往希腊雅典,并由法国几经辗转,于同年 5 月抵达英国伦敦。这是纳博科夫流亡生涯的起点。从此,纳博科夫告别了少年时舒适安闲的生活,开始了颠沛流离的坎坷人生。

纳博科夫在英国通过变卖母亲首饰进入剑桥大学三一学院攻读生物学,后来他又学习了俄国文学与法国文学,研究了爱伦·坡、乔伊斯、普鲁斯特、福楼拜等名家的作品。沉浸在美好的文学世界中的同时,纳博科夫却深刻地感受到了文化身份危机。作为一个异乡客,他难免会受到他所在国家文化的浸淫和影响,他不能不适应环境,向外界做出一定妥协。纳博科夫害怕失去曾经拥有的俄罗斯身份,害怕俄罗斯光荣的文学传统在自己身上消失不见。他创作的俄语诗歌是花哨贫血的。读者不必苛责这些诗歌的艺术水准,我们更倾向于把这些诗歌看成一个海外赤子对祖国文化的眷恋与致敬。正是出于对俄罗斯文化与文学的向往与痴迷,纳博科夫在英国剑桥大学毕业后没有选择留在那里随便找份工作谋生,因为对英国生活的进一步融入就更多地意味着对祖国文化的背离。纳博科夫选择去德国柏林生活,因为德国离俄国更近,同时,德国还有大量的俄文出版物,这对纳博科夫而言是一个亲近祖国文化的渠道。德国对纳博科夫的吸引力不言而喻,他把德国作为自己下一站的目标也就不足为怪了。纳博科夫在德国度过了 15 年的人生岁月,一边靠教书维持生计,一边进行大量的俄语文学创作。随着自己作品的陆续发表问世,纳博科夫为自己在俄国侨民文学圈赢得了声誉。他执着地坚守着俄罗斯文化,因为害怕自己的德语过于熟练流畅侵害了母语表达,他竟然有意抗拒德语的影响,使自己的德语处于一种"糟糕"的境地。纳博科夫

---

① 　纳博科夫;唐建清.独抒己见[M].杭州:浙江文艺出版社,2012:122.

自己曾说:"我生活在俄国侨民圈里,又大量地阅读俄文报刊和书籍。我对当地语言的唯一涉猎是同房东们打交道或买东西。"①此时的纳博科夫可谓是"身在德国心在俄",对自己的文化身份有着超乎寻常的敏感和捍卫。或者我们可以说,正是他的流亡者的身份更加促使他在异国他乡捍卫俄语文学的光荣。他的流亡意识同他的民族自豪感是对等共存的。纳博科夫在用俄语创作的同时还将许多经典的英法文学著作翻译成俄文,让自己在不同的文学中间穿梭跳跃,这一点奠定了他后来文学创作的杂糅性。

20世纪30年代,希特勒在德国上台,德国的局势也一天比一天更糟糕。为了家人的安全,纳博科夫再次携妻子和孩子踏上流亡之路,来到法国巴黎。他在巴黎过得十分拮据。为了赢得法国读者,他开始试着用英语和法语创作。用外语创作并不意味着纳博科夫背弃了俄罗斯文化传统。相反地,纳博科夫在守护俄罗斯文化的同时,让自己的视野融入了多元文化的特色。如果说在此之前纳博科夫过于介意自己俄罗斯人的身份,那么通过在法国的生活,纳博科夫开始接受俄罗斯人和流亡者的双重身份,愿意让他国的文化进入自己的文学世界,也让自己的文学成就得到他国的承认。

第二次世界大战全面爆发后,法国也不再是安全的避风港。此时,纳博科夫因担心纳粹德国攻打巴黎而逃亡到美国。在得到纽约一家救助犹太人团体的帮助后,他们踏上了开往美国的船只。事实证明,这是一个英明的决定。德军在纳博科夫一家离开三周后攻入了巴黎,纳博科夫在远离战乱的美国过起了相对稳定安全的生活。凭借着自己过人的天赋、才干和资历,纳博科夫顺利在美国高校谋得职位。他的课备受学生欢迎,他出色的英文创作也为自己赢得了良好的声誉。尽管纳博科夫出于对母语的热爱,一度觉得用英文写作是个"悲剧",但他仍然积极地适应并融入了现实环境,依靠令人拍案叫绝的英文作品跻身美国一流作家之列。尽管纳博科夫有足够的实力融入美国社会的生活,但流亡意识似乎已经深入他的骨髓。他不愿意在一个固定的地方安居乐业,总是带着家人在不同的旅馆、公寓之间兜转游荡。在美国的生活是纳博科夫文学创作的重要时期。我们这样说不但是因为纳博科夫的英文代表作几乎都诞生于这个时段,也是因为他的流亡意识在他的生活方式上得到了

---

① 转引自汪小玲.纳博科夫小说艺术研究[M].上海:上海外语教育出版社,2008:13.

突出的体现。他认同自己流亡者的身份，并自觉地把流亡作为他的生活方式。纳博科夫习惯于在漂泊不定的日子中感悟生活本身，而通过流亡带来的对生活本身的深刻感悟又成全了他的文学成就。

纳博科夫不愿安居乐业的习惯一直被他带到了他晚年生活的瑞士。瑞士可以说是纳博科夫漂泊生涯中的最后一个大的驿站，也是一片离祖国俄罗斯较近的土地。在这里，纳博科夫与家人仍然没有购房定居，而是常年住在五星级宾馆的套房里。他在瑞士继续他的文学创作，完成了许多英文小说，并将自己早年的俄文作品和俄罗斯文学的经典著作译成英文。纳博科夫也没有放弃俄文创作，在自己出版的诗集中收录了俄文诗歌及其英文译本。虽然纳博科夫后来没有再踏上故土，但他始终在精神上保持着对祖国俄罗斯的一份眷恋。他对故国的深情与他的流亡意识自然融合在一起，使纳博科夫和他的作品超越了普通意义上的国籍概念。我们很难给纳博科夫贴上一个确切的标签，简单地把他划为俄国作家或是美国作家。如果一定要下定义，我们可以说他是俄裔作家或是俄侨作家，甚至说他是世界作家。

纳博科夫笔下的许多主人公几乎都多多少少带有作者本人作为流亡者的影子。《洛丽塔》的男主人公亨伯特本是欧洲人，在结束一段失败的婚姻后来到美国，当上了文学教师，认识了他心目中的小仙女洛丽塔，并在她母亲死后带着她周游美国，在旅馆之间兜转游荡。《普宁》的主人公是一位俄裔美籍教授，生于俄国的富裕人家，因俄国革命爆发流亡欧洲，后来又辗转至美国的温代尔学院做俄语教师。从普宁的大致人生经历可以看出，《普宁》的自传性色彩是较强的，只是普宁辛酸多舛的人生经历比起纳博科夫本人来是有过之而无不及了。《微暗的火》中的金波特身份扑朔迷离，他的其中一个未经证实的身份便是他所自称的欧洲赞巴拉国王。金波特声称自己是被废黜后流亡到美国以教书为业。如果他所言属实，那么他也如纳博科夫一般，是一个出身贵族，生逢巨变，家道中落，流落异国的典型。中篇小说《眼睛》中的人物都是在巴黎、柏林等地流亡的俄国人，这些人物像纪录片一样记录下俄国侨民的生活和生存状态。《黑暗中的笑声》中的雷克斯虽然是个玩世不恭、以戏弄他人为乐的骗子，但也有过为避战祸离开祖国四处流亡的坎坷经历。纳博科夫有意选取流亡者作为自己的书写对象，是因为自己也对他们的经历感同身受，他能够比别人更精确地捕捉流亡者的心理状态。他在写作中对流亡者的关注也是对自己的关注,他在向读者剖析流亡者的所思、所想、所感时也是在剖析自己、认识自己。比如在《洛丽塔》中,有一段亨伯特开汽车带着洛丽塔周游美国的路线描写,我们可以把它看作叙述者乃至作者的流亡意识的转化:

> 粗略地说,在那疯狂的一年里(一九四七年八月到一九四八年八月),我们开始的路线是在新英格兰所作的一系列摆动和盘旋,随后蜿蜒向南,忽上忽下,忽东忽西;又往下深入到所谓迪克西兰的地方,避开佛罗里达州,因为法洛夫妇住在那儿,接着转向西面,迂回曲折地穿过玉米产区和棉花产区(这么说恐怕不太清楚,克拉伦斯,但我并没有保留什么笔记,手头只有一部残缺得十分厉害的三卷本旅行指南——几乎就是我的残缺破碎的过去的象征——好用以核对这些回忆),两次横穿落基山,在南方的沙漠里漂泊,度过冬天;后来到了太平洋沿岸,转向北方,沿着树林中的道路穿过蓬松的白丁香花盛开的灌木,几乎到了加拿大边境;随后又往东走,穿过肥沃的土地和贫瘠的土地,回到广阔的农业区域,尽管小洛尖声抗议,我们还是避开了她那位于一片出产玉米、煤和猪的地区的出生地;最后我们回到东部的怀抱,在比尔兹利那座大学城里渐渐安定下来。①

纳博科夫对烦琐的行程路线进行了细致入微的描写,仿佛自己亲身经历了这一切。事实上,这段描写是有现实基础的。纳博科夫在美国工作时,为了满足自己搜寻蝴蝶的爱好,曾利用暑假的空闲时间驱车走过许多地方。十几万公里的行程让纳博科夫对美国的公路文化和汽车旅馆的情况了如指掌,也加深了他身在异国他乡的流亡意识。我们可以将纳博科夫在美国公路上的"流亡"视为他一生流亡经历的一个缩影,而他把流亡的过程写入文学作品,放在他笔下的主人公身上,也是对自己流亡心境的一种排遣。亨伯特带着洛丽塔在美国的公路与旅馆之间兜转,实际上是在通过这样的流亡方式将自己放逐到主流文化中心之外。虽然此时亨伯特已经占有了洛丽塔,但他心里明白,他和洛丽塔之间近乎乱伦的关系是不会被世人接纳的。他无法停留在一个固定的地方维系他与洛丽塔之间的关系,也害怕他与洛丽塔的不伦之恋暴露于世人面

---

① 纳博科夫;主万.洛丽塔[M].上海:上海译文出版社,2005:241.

前,只能驾着一辆汽车载着他的小仙女不停地流浪,不停地避开那些熟悉或是陌生的人。唯有如此,亨伯特才能将自己放逐到边缘地带,才能在他与洛丽塔的两人小世界中继续这段艰难的恋情。亨伯特逃避主流文化追逐的行为是一个主动与被动兼具的过程,这一点和纳博科夫逃离俄罗斯本土文化中心的方式是相似的。不同的是,纳博科夫逃离俄罗斯本土文化中心选择流亡更多的是出于对苏俄强调政治意识形态的厌恶,亨伯特却是出于恐惧想要逃避社会主流道德对自己的审判,因此纳博科夫是以一种更为积极主动的方式远离苏俄政治文化中心,而亨伯特的自我放逐中含有更多的被动因素。亨伯特明白自己和洛丽塔的关系触犯了社会所认同的伦理道德,他也没有勇气公然挑战传统秩序,只有通过被动逃避主流道德的方式来寻求情感的依托。

　　自"迷惘的一代"作家开始,流亡就成了美国文学的一大奇观。流亡是个人行为,"他们没有共同的文学宣言,但由于受到某种共同的感情倾向的影响,却一起构成了一道色彩艳丽的文学景观。作为一种文化现象,自我流放也为后来的批评家们所津津乐道"①。纳博科夫的流亡并不是他所独有的,而是人类固有的生存方式在他的生活经历中的体现。在人类历史长河中,流亡者并不仅仅是无家可归的犹太人,也包括了各个种族和群体。中国古诗里也有着"人生天地间,忽如远行客"这样的句子。人在世界上都是行色匆匆的旅客,人的一生就是一场居无定所的漂泊。从广义上说,流亡是人类永恒的命运。流亡的原意引申开来,即可指代所有人流动不定的生存状态。流浪的类型对于每个流亡者而言也不尽相同,由此产生的流亡意识的表现形式也复杂多变:

　　第一,表现为物理空间离移的游历行为依然普遍存在,习惯上称为"行万里路",往往是带有明确目的性的出游及由此展开的行旅生活,表现为与属己的生存场的本土相分离的流浪形式,即外在流浪。第二,表现为行为个体在无目的漂泊中的一种心理状态和身份意识,这种漫游主要展开在精神层面上,因而是一种"精神流浪",其实质是与本己信靠的精神地域相分离的流浪形式,即内在流浪。……第三,表现为群体或种族在"失根"状态下,因被同化及精神本源的失却而凝积为一种隐蔽的社会无意识状态,我称之为"隐形流浪",这一流浪形式在特种族群身上表

----

① 虞建华等.美国文学的第二次繁荣[M].上海:上海外语教育出版社.2004:53.

现得尤为典型,比如美国黑人族群和散居于"格托"中的犹太人等。……第四,表现为一种逃避方式,本质上即是以主动或被动或是二者兼具的方式远离主流文化中心,自我放逐至边缘处境。①

仔细分析纳博科夫的流亡经历与流亡意识,我们会发现他的流亡并不是某一特定的类型,而是兼有上述四者的因素。纳博科夫在物理空间上经历了俄国—英国—德国—法国—美国—瑞士的位移,几乎踏遍了西方在文化方面有代表性的国家。他的游历都是基于现实情况的考虑,带有目的性,并不是盲目出行。纳博科夫的外在流浪以失去本土的生存场所为代价,丰富了自己的人生阅历,为他的文学创作打下了基础。在颠沛流离的生活中,纳博科夫在精神上遭受着彷徨、失落、无所归依的感觉,这也是他在早年的旅居生涯中想要拼命抓住俄罗斯文化这棵救命稻草的原因。纳博科夫试图在远离故土的地方留住精神中的文化之根,在漂泊不定的现实中找到一点安定的感觉。至于群体或种族的"隐形流浪",这一点在纳博科夫身上并不强烈,但也有一定的痕迹。从俄罗斯流亡出来的侨民在异国他乡形成了小团体,他们在群体流亡中尽力适应现实,同时也共同守护着俄罗斯文化的阵地。纳博科夫也曾经是俄国侨民文学圈的精英,为俄侨文学的发展做出了重要贡献。虽然俄国侨民和俄侨文学很难实现完全的本土回归,但已经和俄罗斯本土文学形成了分庭抗礼之势。在隐形流浪中,俄国侨民团体在流亡意识和乡愁情结之间寻找平衡点,通过文学表达来消减漂浮无依的状态。除了外在流浪、精神流浪和隐形流浪之外,纳博科夫的流亡也可以说是他在以主动和被动兼具的方式进行逃避。这种逃避往往与政治有关。纳博科夫流亡的初衷就是为了避免政治迫害,是动荡的时局逼迫他离乡远走,而流浪本身又让纳博科夫主动选择了远离政治,远离主流文化中心。当时的俄罗斯本土文学极其看重意识形态的灌输和道德方面的说教,对思想性的强调超过了对艺术性的尊崇。关于这一点,纳博科夫明白无误地表示了他的厌恶之情:"言论自由,思想自由,艺术自由。对理想的社会形态和经济形态不关心。政府首脑的照片不应该超过一枚邮票的大小。没有折磨,没有迫害。"②由此可见,流亡对纳博科夫而言并不是彻底的人生悲剧,它

① 陈召荣. 流浪母题与西方文学经典阐释[M]. 北京:中国社会科学出版社,2006:8.
② Nabokov, Vladimir. Strong Opinions[M]. New York:McGraw-Hill,1981:33.

至少给了纳博科夫远离政治和主流文化的契机,让他有条件坚持自己的文学立场,也促使他在流亡生涯中更能以一种独立的思想和情感来感悟生活。从文化研究的角度看,纳博科夫虽被放逐到俄罗斯本土的主流文化之外,却因此获得了更广阔的文学视野。可以说,无论是从现实层面还是从精神层面而言,纳博科夫都不单属于某一片特定的国土,而是属于全世界。纳博科夫这位"总在流亡的艺术家",不仅是现实世界中的流亡者,也是文学与文化世界的流亡者。而他的流亡生涯中所折射的乡愁与怀旧情结也为其文艺理论中的文化研究提供了重要的素材。

二、乡愁、怀旧与文化冲突

乡愁是对祖国或家乡的感情和思念。每一个离开自己家乡的游子或流亡者,其内心深处都保留着对祖国或家乡的深切怀念之情。"总在流亡"的纳博科夫当然也不例外。作为一位有着流亡情结的代表作家,纳博科夫的流亡情结贯穿了他的整个命运,并经常被他的乡愁与怀旧情结所萦绕。1969 年,在面对《纽约时报》的采访中,他就曾提到:"在我很小的时候,远在俄国革命和内战所导致的极为无聊的迁徙之前,我就饱受噩梦之苦,梦中出现流浪、逃亡和废弃的站台。"[①]因此,他的作品中常体现出许多流亡主题。这些流亡主题在纳博科夫的笔下既与传统的怀旧、乡愁等情结交相辉映,又在此基调上得以拓展,凝聚了这位语言文化大师对各国文化的感悟与心得。正如 1962 年在面对 BBC 电台的采访中,纳博科夫所提到的:"你越爱一段记忆,这记忆就越强烈越奇妙。我认为这很自然,因为我对往日、对童年的记忆有更深沉的爱意,超过对以后岁月的记忆。所以,在我的内心和自我意识中,对英国的剑桥或新英格兰的坎布里奇的记忆就不是那么生动,比不上对我们在俄国农村领地花园一角落的记忆。"[②]足见怀旧与乡愁情结在纳博科夫理论和创作思想中的扎根。

1919 年 4 月离开自己的祖国俄罗斯,纳博科夫便踏上了永远的流亡之旅。也就是从这一刻起,他失去人生中一切最重要的东西:故乡、家园

① 纳博科夫;唐建清. 独抒己见[M]. 杭州:浙江文艺出版社,2012:137.
② 纳博科夫;唐建清. 独抒己见[M]. 杭州:浙江文艺出版社,2012:12.

以及自己的母语。失去故乡与家园的痛苦不言而喻,而对于一个作家而言,母语不仅仅是交流的工具,更是创作的工具。纳博科夫将俄语视为自己文学创作的根基与源泉,并且曾在多部作品中表达自己与母语割裂的遗憾与痛苦。他曾说:"我个人的悲剧(不会,也确实不应引起任何人的关注)在于:我不得不放弃我的母语,放弃我天然的习惯用语,放弃我美妙的、极为丰富和无比温馨的俄语,转向二流的英语。"①在纳博科夫心中,俄国是他永远的家乡,回到圣彼得堡是他多年的夙愿。纳博科夫以俄语为自豪,俄语永远是他的最爱。1962 年在面对 BBC 电台关于自己国籍身份的采访中,纳博科夫坦言,"我觉得自己是个俄国人,我认为我的俄语作品,这些年里写的各种长短篇小说和诗歌,是对俄国的一种敬意。我将之定义为因我童年时期的俄国的消失而感到震惊的波浪和涟漪。最近我在论普希金的英语作品中再次对俄国表达了敬意"②。从俄语写作转向英语写作是非常难的一种转变。流亡使维拉庄园、圣彼得堡远离纳博科夫而去,这是他心中永远的痛。他把这份痛苦化作艺术力量,创作了一系列含有流亡故事和文化身份的文学作品,并着重表现了作品中人物的乡愁情结及其体现的文化冲突主题。

纳博科夫作品中,最能受到美国读者欢迎和关注的乡愁小说首推《普宁》。《普宁》讲述的是一位俄裔美籍教授在温代尔学院执教期间的生活经历,记载了一个身处异域文化的局外人的辛酸、不幸和悲苦。普宁生于一个生活较富裕的俄国医生家庭,俄国革命期间流亡至欧洲,然后又辗转至美国,在温代尔学院当俄语教师。小说中,普宁因为各种原因不得不从祖国俄罗斯流亡到了美国,但是普宁却希望通过研究俄罗斯的文化与文学来保持自己的文化身份与文化模型。普宁是位流亡的俄国老教授,在美国大学里教书,有着体面的职业,但他一直处于两种文明的冲突当中,他极力想要在美国的文化世界中为自己那带有俄罗斯色彩的文化背景找到一个立足之地,但未能如愿。小说第一章描写了普宁的童年和少年时代,以及他对牛弹琴地给学生讲俄罗斯文化的情景。此后,小说陆续展现 1951 年至 1955 年秋天之间发生在普宁身上的各种事情。性格怪僻而又有些温厚的普宁,因文化冲突始终无法融入当时的环境。故事以普宁乘车至克莱蒙纳妇女俱乐部作讲座开始,以同事讲述他

---

① 纳博科夫;唐建清. 独抒己见[M]. 杭州:浙江文艺出版社,2012:14.
② 纳博科夫;唐建清. 独抒己见[M]. 杭州:浙江文艺出版社,2012:13.

赴克莱蒙纳演讲却拿错稿件的趣闻结束,照应了小说的开头。小说淋漓尽致地表现了纳博科夫的乡愁情结,成为纳氏乡愁文学作品中的一部经典,小说中也穿插着普宁关于逝去的美好岁月的回忆。两者共同印证纳氏笔下乡愁和记忆,及其展现的文化冲突主题。

小说《普宁》中的主人公普宁形象,不仅仅有纳博科夫的影子,更是俄罗斯传统文化和现代美国文明冲撞混生的产物。首先,弗拉基米尔维奇与纳博科夫的名字发音类似,普宁和纳博科夫的恋人都有过身为犹太人遭受迫害的经历,而弗拉基米尔维奇、普宁、纳博科夫三人都是出身俄国、流亡异乡、热爱并精通文学的教授。在这里,"小说作者、叙述者与主人公身份相似重叠,体现出黑色幽默小说中三者界限模糊的特点"①。这种模糊性增强了小说本身的自传性,因此我们可以将主人公、叙述者的思想与纳博科夫本人的流亡思想在某种程度上等同起来。可怜的普宁在小说的开头部分就陷入了迷茫的象征性流亡。他打算乘火车去做一次学术报告,却因为错信了一份陈旧的火车时刻表坐错了车,直到列车员查票时才明白自己的错误。他茫然无措地下了车,在人生地不熟的地方经历了一番周转波折,才侥幸到达目的地。纳博科夫把普宁搭错车的情节放在小说开头而不是按照普通的线性叙事讲述主人公的经历,自有他在主题表达和美学追求上的创作目的。一方面,纳博科夫想要追求一种非传统的叙事手段来达到艺术上的创新;另一方面,纳博科夫也是想突显作品隐含的流亡主题。读者对主人公普宁的第一印象便是一个体形纤弱、模样有些滑稽卑微的旅行者形象。他蜷缩在飞奔列车的一角,仿佛一片随波逐流的浮萍,任凭命运之手的摆布。普宁是孤独的,他的身边没有亲人,没有朋友,陪伴他的只有自己单薄的行李,可他偏偏又阴差阳错坐错了车,到不了他所期望的终点。普宁在火车上的旅程可以说是他人生旅途的一个缩影。他的一生也是充满了孤独、荒诞、阴差阳错和漂泊不定,不知会被命运推向哪里。在异乡国度,他无法融入当地的文化。在陌生的环境里,他总是被一种惶惑不安的情绪所笼罩。在这个饱含文化冲突的世界里,普宁俨然是一个典型的命运坎坷的小人物,是天地之间的不起眼的匆匆过客。

从流浪的类型看,普宁的流亡也具有外在流浪和内在流浪的双重特征。他从俄国来到美国,又在美国为了生计奔波劳碌,经历了物理上漫

---

① 汪小玲.纳博科夫小说艺术研究[M].上海:上海外语教育出版社,2008:265.

长曲折的位移,这是外在流浪;普宁在精神、文化方面始终是个异乡客,尽管他尝试过努力适应新的环境。作为一名俄裔人士,普宁热爱自己的母语。但是除了教学以外,他跟旁人打交道时没有机会使用母语,这必然导致他在精神文化方面有一种孤独感和失落感。他的英语蹩脚,举止古怪,经常招致同事们轻蔑的模仿和嘲笑。缺乏人性和温情的环境也给普宁带来了孤独和伤害。单纯善良的普宁与冷漠的环境始终格格不入,他的情感没有寄托,心灵的无可归依感时时缠绕着他,这是内在流浪。如此一来,这双重流浪可谓共同验证了纳博科夫笔下的流亡情结、记忆乡愁和文化冲突主题。

又如《洛丽塔》中,亨伯特少年时代爱上了年轻女孩安娜贝尔,然而,安娜贝尔的死成为亨伯特永恒的伤痛。于是,洛丽塔成为安娜贝尔的继续与理想的化身。在某种程度上,亨伯特对洛丽塔的爱寓意纳博科夫对往事的回忆,及其再现昔日欧洲生活的强烈愿望。从文化研究与纳博科夫的流亡情结来看,亨伯特在小说中更像是一个被迫屈从于主流文化的流亡者。亨伯特生长于欧洲,在他身上弥漫着欧洲古老文化的气息。由于妻子的背叛,亨伯特逃离欧洲,前往充满希望的美国追求自己的新生活,他梦想在美国再现昔日辉煌,期待着在那个全新的环境中刷洗掉妻子强加给他的所有耻辱。然而当他踏上这片土地后才真正发现现实生活的差强人意。亨伯特是一个欧洲人,对美国本土文化来说他就是一个外来者、流亡者。亨伯特在融入本土文化之前处于美国文化的边缘地带,他有着同其他身处异国他乡的外来者一样的流亡心境。在他身上体现的文化冲突亦是不言而喻。不仅如此,虽身在美国,但对于亨伯特而言,他坚信自己从父辈那里遗传的欧洲文化要远胜过美国文化,他采取蔑视主流文化的方式以固守自己的文化传统。虽然故步自封的亨伯特居然爱上了完全是美国文化产物的洛丽塔,并痴迷于她,他所代表的欧洲文化之高傲地位丝毫没有动摇。小说中,欧洲文化与美国文化的冲突在亨伯特的身上可谓是昭然若揭。虽然亨伯特身上的乡愁情结并未像普宁那样明显,但对同样有着流亡倾向和记忆情结的亨伯特来说,其所遭遇的文化冲突却是引人深思的。

如果说《洛丽塔》和《普宁》展现的流亡意识更侧重于漂泊,只是两位男主人公俄裔教授的身份隐性地体现了一丝难以名状的乡愁与怀旧,那么《玛丽》更侧重于展现一种充满了怅然、忧伤、甜蜜、怀旧的乡愁离情。虽然《玛丽》的情节并不复杂,讲述了一个流亡在德国的俄裔青年加宁怀念自己少年时期在祖国与一个名叫玛丽的少女的恋情,原本试图与多年未见的她重逢,最终仍旧克制了自己的情绪,把那份无疾而终、难以言说的感情存放在心底,带着一份黯然和释然转身离去。从表面看,这只是一个男青年缅怀初恋、放下初恋的传统故事,其实作者借着男主人公的回忆,传达了一份浓郁的乡愁。男主人公加宁流亡于德国,远离故土家园,他所面临的现实世界充满了烦恼与坎坷,记忆中的世界在他的脑海里变得越发清晰和美丽,仿佛这才是他所期待的真实和理想的世界。每当加宁回忆起玛丽,总是伴随着想起祖国俄罗斯独一无二的美景。作为小说作者的纳博科夫在加宁回忆中对俄罗斯风景浓墨重彩的描绘甚至远远超过了对女主人公玛丽的形象和言行的描绘:

在俄罗斯北部,到了八月份的第二周,空气中就有了一丝秋的气息。时不时会有一片小小的黄叶从白杨树上落下;收割后的广阔田野呈现出秋日的明亮与空旷。在森林边缘,还未被晒干草的农民割掉的一片高高的青草在风中闪着亮亮的光泽。迟钝的野蜂在紫红色的斑驳的花丛中安眠。①

具有典型俄罗斯特征的景色在《玛丽》中,随着女主人公在加宁回忆中的浮现反复呈现在读者面前,加宁对玛丽和祖国的回忆融为一体,难分彼此。从某种程度上说,玛丽就是祖国俄罗斯的象征。她美丽、优雅、亲切、迷人,如同一首难以再次倾听的优美的田园牧歌,存留在加宁的记忆中。加宁回忆中的玛丽也具有典型的俄罗斯特征:"她那双可爱的、可爱的鞑靼人的眼睛在他脸旁滑过。"②"在九月的那一天,命运让他预先尝到了他将来别离玛丽、别离俄国的滋味。"③在加宁心中,玛丽和俄国是等同的。当俄国处于宁静的和平时期时,玛丽是健康美丽的,充满了青春的蓬勃朝气,她与加宁的恋情也是无忧无虑、美好单纯的;当俄国在战乱后,加宁与玛丽重逢时,"她整个外貌上有着某种古怪和胆怯的东西;她笑得少了,不断把头掉向一边。她柔软的脖子上有乌青的痕迹,像

---

① 纳博科夫;王家湘. 玛丽[M]. 上海:上海译文出版社,2007:60.
②③ 纳博科夫;王家湘. 玛丽[M]. 上海:上海译文出版社,2007:77.

是一条不十分清晰的项链,倒很适合她。"①她同俄国一样,遭受了苦难与摧残,遭受了无可奈何的改变,不复昔日的宁静与美好。但无论她变成什么样,加宁心中依旧保持着对她的眷恋。虽然在小说最后部分,加宁意识到回忆不能取代现实,他必须有所取舍,坚强地沿着人生道路前行,但这份眷恋、这份乡愁并没有被他丢弃,而是珍藏在他记忆的某个角落,陪伴他在人生的旅途中走下去。

流亡意识对于纳博科夫来说,大约是最贴近他自身经历、所思所感的一种意识形态。如果说纳博科夫对其他种种理论思想、意识形态的了解和熟知是建立在阅读和学习的基础上,那么流亡意识则是随着他所经历的人生岁月刻入了他的心灵和骨髓中,已经成为他自身不可割舍的一部分,不需要再依靠普通的学习方式去获取,因而纳博科夫流亡意识的表达是最为发自肺腑、行云流水、不带矫饰的。地理上的颠沛流离、辗转坎坷,心灵上的孤独迷茫、怅然彷徨,在纳博科夫的笔下是如此跃然纸上,栩栩如生。作为俄裔精英知识分子的代表,纳博科夫在被动的流亡过程中也主动选择了远离政治和主流文化中心,成了一个文学世界的流亡者,保持了一份思想上的独立与尊严。总之,流亡生涯中的多元文化已经嵌入了纳博科夫的生活,并且成为他文学创作的一部分。在纳博科夫的流亡经历中,他宛如一个造字匠不辞劳苦地表达着他对每一寸土地、每一份文化的感受。这些感受既是相互包容,也是互相冲突的。纳博科夫的流亡意识与笔下的多元文化共生现象可以说为其创作理论与霍米·巴巴的杂糅性后殖民理论的联系埋下了关键的伏笔。

三、与霍米·巴巴的隔空对话

常年流亡生涯背景下多元文化的刺激与体验可谓对纳博科夫文化身份观的发展起到了重要的影响。1964 年 1 月在面对《花花公子》的访谈中,当阿尔文·托夫勒问道"您虽然出生在俄国,但您在欧洲和美国生活及工作多年,您对自己的民族身份意识有强烈的感觉吗?"②这一问题时,纳博科夫做出了这样的回答:

---

① 纳博科夫;王家湘.玛丽[M].上海:上海译文出版社,2007:79.
② 纳博科夫;唐建清.独抒己见[M].杭州:浙江文艺出版社,2012:27.

我是一个美国作家,出生在俄国,在英国受教育,在那儿研究法国文学,此后,有十五年时间在德国度过。1940 年我来到美国,决定成为一个美国公民,让美国成为我的家。碰巧的是:我很快置身于美国最好的方面,置身于丰富的精神生活及轻松、友好的氛围之中。我沉浸在大图书馆,也徜徉在大峡谷。我在动物博物馆的实验室工作过。我结交的朋友要比在欧洲结交的多。我的作品——旧作和新著——找到了可钦佩的读者……因此,我是三分之一的美国人……①

在另一篇 BBC 电视台(1962)的访谈录中,纳博科夫又一次提到:"在美国,我心智上有回家的感觉。美国是真正意义上的第二故乡。"②由此可见,纳博科夫对文化身份的考量已初现端倪。纳博科夫对自身俄裔身份及美国文化身份的双重肯定可以体现出纳氏一种多元文化的身份认同观,而这种身份观不仅体现在他的访谈录中,在纳博科夫的文学作品中更是凝结了他对后现代文化身份的深刻思考。

纳博科夫的文化身份思想源起于他童年多语言的教育环境、流亡生涯中多元文化的刺激体验与跨语言的文学写作与翻译经历。纳博科夫从小受到英、法、俄等多种语言的熏陶,习惯转换于不同的语言国度,可以说是"头脑说是英语","心灵说是俄语","耳朵说是法语"③。从 1919年离开俄国故土到 1977 年于瑞士过世,纳博科夫辗转于欧洲各国及美洲大陆,穿梭于异国多元文化,这一特殊经历与深刻的流亡意识为纳博科夫文化身份思想提供了重要依据,加之多语言的文学写作与翻译经验所带来的深刻体悟,纳博科夫的文化身份观在他的文学作品中逐渐勾勒成形,并自成体系。纳博科夫独特的后现代身份观涵盖了文化身份的可改写性、多元渗透性、流动发展性和世界包容性等特征,表达出对静态、单一、本质的传统身份观的早期扣问与质疑,折射出重要的前瞻意义。从文艺理论的角度看,这些独特的文化身份观容易使人联想起霍米·巴巴笔下的文化杂糅理论。

20 世纪 80 年代,霍米·巴巴(Homi K. Bhabha,1949—)正式提出杂糅身份理论。这一文化身份理论包涵了"模拟"(mimicry)、"协商"(ne-

---

①　纳博科夫;唐建清. 独抒己见[M]. 杭州:浙江文艺出版社,2012:27.

②　纳博科夫;唐建清. 独抒己见[M]. 杭州:浙江文艺出版社,2012:10.

③　纳博科夫;唐建清. 独抒己见[M]. 杭州:浙江文艺出版社,2012:50.

gotiation）、"杂糅"（hybridity）、"文化差异"（cultural difference）、"第三空间"（third space）等重要概念。巴巴以这些重要概念为论证支点,搭建出一套系统的杂糅身份理论框架,体现出对传统欧洲中心二元对立身份观的消解与颠覆。纳博科夫的研究成果表明,纳氏的文化身份思想与巴巴的杂糅身份理论颇具相通之处,巴巴的三个重要概念在纳氏文化身份观中均有迹可循。因此,从文化身份的角度将纳博科夫和霍米·巴巴置于比较研究视野下加以考察,探寻两位大师的隔空对话与思想共鸣将具重要意义。在本节中,我们试以纳氏后期作品《普宁》为例,提取纳博科夫文化身份思想中的可改写性、多元渗透性、流动发展性与巴巴杂糅身份理论中的"协商""杂糅""文化差异"三个概念并置比较,揭示纳博科夫文化身份思想与霍米·巴巴杂糅理论的一致与共鸣,通过考察两位大师的思想交汇与视域融合,领悟纳博科夫文化身份思想的前瞻性与先锋性。

在文化身份这一概念的界定上,西方建构出的自我与他者二元对立的静态身份认同可谓是欧洲中心主义传统价值体系的衍生产物。可见,这种带有欧洲中心色彩的二元对立身份观的确立是建立在对他者身份的否定（negation）这一基础之上的。巴巴以"协商"置换"否定",强调文化身份边界之间的游离、协商与妥协,是对西方传统静止的自我与他者对立身份观的叩问与颠覆。与巴巴的"协商"概念不谋而合,纳博科夫在《普宁》中也传达出他的文化身份意识——文化身份具有可改写性。在纳氏小说中,文化身份的界定与区分不再以一条明晰固定的界限为划分标尺,而成为一个重复协商且可以改写的建构过程:

在纳博科夫的小说中,"他者"被赋予身份改写的话语权,并以能动性置换"他者"对主流文化接受过程中的被动性。纳氏身份观表明,"他者"对主流文化的接受不可能呈现纯粹本质的特征,"他者"本身的文化色彩难免导致对主流文化的"误读",而他者的"误读"正是书写其身份改写权的起点。在《普宁》中,他者对主流文化最典型的"误读"则表现为"可笑""混杂"的普宁式口音:

如果说他的俄语是音乐,那么他的英语可是谋杀。他在去掉腭音这方面遇到很大的困难（普宁把"困难"念成"dzeefeecooltsee"）,绝对没法去掉"t"和"d"这两个字母额外的俄语水分,后面跟着的元音他总发十分古怪的软音。"hat"(帽子)他发爆破音("我甚至于冬天也从不戴帽子"),同一般美国人(例如典型的温代尔城镇的人)说"hot"(热)这个字的发音很相似,只是元音发得更短一些罢了,从而很像德语动词 hat(有)的发音。o 的长音在他嘴里不可避免地变成短音:他说"不"的时候完全像意大利语……①

从这一段不难看出,普宁对美国口音的模仿不可避免地把自己的俄罗斯元素掺杂进来,完全无法去掉"额外的俄语水分"②。普宁俄国口音对地道美式英语的扭曲变形正是他者对主流文化的"误读",此时,语音作为文化主流身份在场的能指,遭受着他者的侵犯与践踏,这正是他者身份改写权的最高表征:文化他者被赋予身份书写的能动性,使得原本纯粹的美式口音被普宁扭曲变形后听起来"完全像意大利语"③,叫人啼笑皆非。

他者对主流文化的任意改写在让人无可奈何之时,更给文化主体带来未曾预料的烦恼与恐慌:

"蒋(琼),我在找威士枯斯和苏大斯特,"他凄凉地说。
"恐怕没有苏打水,"她带着盎格鲁—撒克逊人那种清醒的克制力回答道。④

此处普宁把"琼"这个称呼念成了"蒋";他其实想找的是威士忌苏打,但念成了"viscous and sawdust",原意被普宁奇特的发音扭曲为"黏胶和锯末儿"了。这对作为美国主流文化体系代表的琼而言显然造成了难以名状的别扭感与烦恼。仔细分析可以看出,琼其实希望纠正普宁式难以忍耐的蹩脚发音,但烦恼与难耐之下,她似乎又不得不保持她那份"清醒的克制力"⑤,以便对话能继续在友好的气氛中维持下去。在此,语音作为纯粹本质的主流文化的在场,似乎面临着来自他者难以摆脱的威胁,而这份威胁更为明显地体现在普宁对人类学教授特·维·托马斯的重命名上:

---

①②③　纳博科夫;梅绍武.普宁[M].上海:上海译文出版社,2007:75.
④⑤　纳博科夫;梅绍武.普宁[M].上海:上海译文出版社,2007:63-64.

"我现在真闹不明白他干吗那样称呼我,"人类学教授特·维·托马斯对克莱门茨夫妇说,他们正一块儿穿过忧郁的黑暗,朝四辆停在马路对面榆树下的汽车走去。

"我们这位朋友,"克莱门茨答道,"有他自己一套命名的方法。他嘴里变化无穷,给生活增添了乐趣。他把字音念错,奇妙得跟神话一般。他即使说溜了嘴,也是深奥难解的。他管内人叫约翰。"

"可我还是觉得有点别扭,"托马斯说。①

可见,普宁非但没有以美国文化惯有的方式称呼托马斯,反而冠之以自己的命名方式。普宁念错字音、自主命名,两种行为实践皆表征了所谓"他者"在文化碰撞过程中对主流文化的扭曲与变形。表面上,普宁对主流文化的误读与变形给琼及托马斯带来了无力的困扰,实然这种困扰是文化主体自身在他者身份书写能动性的阴影笼罩下所产生的一种身份焦虑:从某种意义上,原本高贵本质的主流文化被扭曲捏造为不堪入目的文化杂种,文化主体已经难以辨别到底他者是受到同化使然还是在对自我主体身份进行恶意的暗讽与戏仿。身份焦虑的背后影射了主体身份权威性及本真性的永久缺失。也就是说,主流文化价值体系所建构的自我与他者身份的二元对立并非一座高深城池坚不可摧。一方面,文化同化宣告了强势主流文化的胜利;另一方面,同化过程中,外来文化色彩对主流文化构成一种改写与变形,其产生的"杂糅"效果导致主流文化的身份焦虑,暴露了强势文化体系下自我与他者身份划分所表征的二元对立思维之盲区。由此,他者与主流文化身份的关系由被动地接受效仿颠覆为能动地改写变形——主流文化身份不再原封不动地被他者照搬复制,身份的边界被不断地移动、擦除、重写,并由静止、本质的稳定状态转化为不断改写的过程。

在这个意义上,纳博科夫可改写性的文化身份观与巴巴的"协商"都表达了对单一、对立身份观的质疑与抵抗,二者彼此唱和,相互通融。

巴巴杂糅性身份理论的另一重要概念便是"杂糅"。巴巴认为,文化身份之间并非相互排斥、分离,而是在交流碰撞过程中相互掺杂甚至交融。在他看来,即使是"模拟"(mimicry)这一强化规训力量、渗透宗主国

---

① 纳博科夫;梅绍武.普宁[M].上海:上海译文出版社,2007:207.

价值观认同的文化同化策略,也无不体现出"杂糅"的特征。在《模拟与人:殖民主义话语的情感矛盾》一文中,巴巴指出,"模拟"同样具有片面性,"殖民主义的模拟体现了(殖民者)塑造一个被改造但依然可辨认的他者的欲望,这个被改造后的他者作为一个差异的主体,要与殖民者大体相同,却又不能完全相同。"①换句话说,殖民者既驯服他者,又肯定其差异,意在将模拟或同化限制在安全阈值内,使得殖民者的他者形象依然明晰可辨,以规避高度同化对自身规训地位的冲击与威胁。这种殖民主义体系所致的模拟的片面性与模拟过程中他者对权威文化的异化改写一起产生了一个惊人的颠覆效果:"模拟"也演变成一种文化杂糅。可以看出,巴巴通过"杂糅"概念,意在强调文化身份之间你中有我、我中有你的交融状态。这种观念在纳博科夫的作品中同样可以得到呼应:在文化身份的可改写性这一观念下隐含纳博科夫更深层次的意识,即文化身份的多元渗透性。纳博科夫认为,文化身份的界定既然具有可改写性,在身份重新书写的过程中则定会染上其他文化的印迹,任何文化身份不再是同一本质的静态产物,而成为多元文化相互渗透的阶段结果。

在《普宁》中,文化身份多元渗透性的典型首先体现在普宁交替反复的语体转换行为上:

> 您向我打听云雀,俄文里是 zhavoronok,我感到很荣幸,先生,我得向您汇报以下这方面的情况……现在我想咱们可以挪步到另外一间屋里去啦,一顿 à la fourchette 晚餐正在等着咱们呐!②

此处,à la fourchette 系法语的自助式的意思。可见,选段中呈现了普宁在俄—法—英三种语言之间的语体转换。语体转换行为在社会语言学中被认为是一种"听众或参照对象表示身份认同的行为"③,也就是说,语体的转换与身份认同成为一对隐喻关系。"语言是身份建构中重要环节,主体通过对语言的选择表达认同或抵抗,通过话语行为追求认同并定位文化身份。"④在上述选段中可以看出,普宁并未表现出对他国

---

① Bhabha, Homi. The Location of Culture[M]. London: Routledge, 1994: 86.
② 纳博科夫;梅绍武. 普宁[M]. 上海:上海译文出版社,2007:196.
③ 转引自谷小娟,李艺. 语言与身份建构:相关文献回顾[J]. 外语学刊,2007(6):104.
④ 张瑛.《加西亚家的女孩不再带口音》中语言与文化身份解读[J]. 当代外国文学,2015(4):21.

文化的拒斥及对俄国单一文化的保留,而选择俄—法—英三种跨语言的混用,彰显对俄、法、美三种跨国文化的认同及其多重文化身份相互渗透的意识倾向。在以下选段中,普宁体现出的多重文化身份相互渗透的意识倾向更为突出:这三种语言正是三种文化身份的表征。

可是普宁教授提出两点,primo:请大家说一说容器里装的饮料是不是也一样好;secundo:灰姑娘的鞋其实不是玻璃做的,而是一种俄罗斯松鼠皮,法文是 vair,做的。他还认为 vair 这个词并非源自 varius(杂色毛)这个词,而是来自 veveritsa 这个斯拉夫词,意思就是某种美丽的、冬季的浅色松鼠皮,稍有点发蓝,或者说 sizily,鸽子似的颜色更适合——这个词源来自拉丁词,columba(鸽子)……①

上述引文不仅把普宁在拉丁语、法语、斯拉夫语、英语等多种语体之间的转换行为刻画得非常明显,还进一步指明了各国语言之间相互渗透与影响的交织关系:法语的 vair 源于斯拉夫语的 veveritsa;英语中的 columbine 来源于拉丁语中的 columba。也就是说,语言并非单独孤立的系统,而呈现出一种你中有我、我中有你的互渗性。在作为文化表征的同时,语言更成为身份的能指,因此,从这个意义上说,各国语言之间相互交错的源起关系映射出文化身份彼此互为踪迹的关系,文化身份的多元渗透性也就不言而喻。

除了交替的语体转换行为,《普宁》中表现文化身份多元渗透性最显著也最易被忽视的标志即跨国婚姻。对婚姻的构想是一种对家庭的渴望,家庭作为社会的基本单位,是与社会文化关联的基本指向。跨国婚姻所构建的家庭的特殊性决定其更是关联了配偶各方的异域文化,表征个体对配偶异国文化的认可及多元共存的身份认同取向。小说中出现了多组跨国婚姻的书写,如俄国后裔亚历山大·彼得罗维奇娶了苏珊·马歇尔这个金发姑娘,俄裔丽莎·包果列波夫正打算嫁给的第三任丈夫是一个叫邱尔契的美国人,她的第二任丈夫埃里克·温德是德国人,而温德曾在南美有个老婆……这样的跨国婚姻在小说中并非个案,书中散落多处的对跨国婚姻的描写表明纳博科夫多元渗透的文化身份观已浸染于他笔墨下的字里行间。

---

① 纳博科夫;梅绍武.普宁[M].上海:上海译文出版社,2007:197–198.

可以看出,小说中人物的语体转换行为、各国语言间交错渗透的关联以及跨国婚姻书写彰显出纳博科夫多元渗透共存的文化身份观,这种多元渗透的身份观颇具后现代特性,是纳博科夫文化身份意识的核心,也是两位大师思想交汇与视域融合的最高体现。

巴巴在"杂糅"概念的基础上提出的"文化差异"的观点明显是受到了德里达"延异"思想的影响。巴巴提出的"文化差异"是对"文化多元"所倡导的文化分离和文化僵化这一状态的抵抗。他认为,文化身份的自我定义一定依赖于和他者的差异关系。身份一如语言符号,成为一种自我参照的系统,互为"踪迹",他通过"文化差异"的概念,解构本质同一性的身份内核,强调文化身份所处的不断转译、挪用、改写的动态与波动过程。不得不说这一观念与纳博科夫文化身份流动发展性的观点十分契合:从纳博科夫的文化身份观看,文化身份边界在可改写性的基础上相互渗透达到一个相对稳定的平衡阶段,但并非意味着文化身份的恒定性。否则,文化身份又回到了静态、同一、本质的原点。文化身份在文化渗透、交融的作用下不断吸纳新的文化沉淀,由一种身份状态推向另一种状态,实现文化身份无止境的流动与发展。文化身份成为一个动态变化的系统,并在其他身份系统的渗透影响下发生调整改变,实现新旧文化身份的无限转换更替,文化身份的静止性就此打破,成为一个流动发展的动态循环。在《普宁》中,文化身份的流动发展性具体表现为他者身份认同的改变、主流文化身份的变化及散居后裔文化身份的转向三个方面。

"他者"身份认同的改变是文化身份流动发展性在《普宁》中最典型的症候,具体表现为普宁对美国主流文化的身份认同。语言习得、生活方式的改变、"家"在心理层次上的变化表达普宁进驻主流文化的愿望,勾勒出他对主流文化身份由效仿、接纳到认同的变化轨迹。首先,在美国主流文化价值体系主导的社会空间,语言习得成为进驻主流文化的敲门砖。字典是效仿主流文化的指向,它与鞋楦子和苹果"这类必不可少的东西"①一样,成为普宁生存的基本保障,而语言习得的惊人速度传达他对主流身份的积极效仿:普宁的英语以惊人的速度提高,不仅如此,普宁后期甚至已经"觉得自己够资格纠正考玛洛夫在话语里经常插入的英

---

① 纳博科夫;梅绍武.普宁[M].上海:上海译文出版社,2007:11.

语句子"①。其次,生活方式的改变表征普宁从效仿到接受的过渡。普宁吃炒小牛肉片、学开车,是对美国主流饮食文化与汽车文化的接纳与融入,是对"新祖国美国的一大让步"②,正如其所说的那样,"奇妙的美国有时叫我惊讶,但总是令人尊敬"③,饮食及出行方式的改变表达出普宁对美国主流文化的态度由功利主义的效仿转为主观意识上的接受与尊重。再次,"家"的意义在心理层次上变化映射身份立场的变化,表达对美国文化的认同。"家"是安定与归属的隐喻。普宁最终决定结束常年居无定所的漂泊,计划"买下这所理想的房子"④,心理层面上"家"的变化影射他对美国主流文化从接纳、尊重到肯定和认同的身份转向,是为漂浮无根的流散身份找寻一份安宁与归宿。

主流文化身份认同的变化是文化身份流动发展性的另一显著特征。《普宁》中最明显的表现是主流文化身份对普宁俄裔身份态度的认同转变。语言、行为方式是文化身份的能指,他者文化渗透下主体语言和行为方式的改变表明对他者身份的尊重与认同。字典作为戏剧性的讽喻,在整部小说中起到了颠覆性的效果:小说以普宁随身携带字典的场景开头,以劳伦斯教授参加晚宴时手边的"英俄——俄英袖珍词典"⑤结尾,充分展现了劳伦斯教授对普宁俄裔身份态度的全然转变。

文化身份的流动发展性更体现在散居后裔文化身份的转向。散居者的文化身份在继承中会不断发展更新,甚至发生改变。文化身份的流动特性决定文化身份将在与异域文化碰撞交流过程中重新定位,这种重新定位可能是对祖辈文化身份的继承发展,甚至是对传统身份走向的完全偏离:

有些父母带来了子女——他们都是进大学那个岁数的美国孩子,健康,高大,懒散,别别扭扭,不懂情理,不会俄语,对父辈们的背景和经历不管有什么优越之处一概不感兴趣……(他们)对一个很有意思的俄国笑话或者一句关切的劝告做出敷衍了事的反应,然后又跑开了,总是保持超然冷漠的态度;他们宁愿吃昂克维多店铺里的食物或任何罐头食

---

① 纳博科夫;梅绍武.普宁[M].上海:上海译文出版社,2007:83.

②③ 纳博科夫;梅绍武.普宁[M].上海:上海译文出版社,2007:125.

④ 纳博科夫;梅绍武.普宁[M].上海:上海译文出版社,2007:208.

⑤ 纳博科夫;梅绍武.普宁[M].上海:上海译文出版社,2007:193.

品,而库克尼科夫家在挂帘子的走廊上大摆又长又热闹的筵席,端上来的俄式美味佳肴反倒不对他们的胃口。①

可见,美国主流文化对俄裔后代子女的高度渗透作用产生了令人惊叹的效果:后代子女对自身传统文化不仅"总是保持超然冷漠的态度"②,反而对主流文化身份表现出强烈的肯定与认同,这与传统俄裔身份背道而驰,彰显文化身份在文化碰撞中呈现的巨大的流动与发展空间,文化身份的流动发展性便一目了然。

仔细研读纳博科夫的作品我们得出结论,霍米·巴巴的杂糅性身份理论在纳博科夫的文化身份观中已有痕迹。纳博科夫多元渗透的后现代身份观与霍米·巴巴的杂糅性理论两者的一致性体现出两位大师的穿越时空的精神对话与思想投契。文化身份的可改写性是纳博科夫文化身份思想的萌芽;文化身份的多元渗透性对应纳氏文化身份思想的精髓与核心;文化身份的流动发展性可谓多元渗透性基础上对纳博科夫文化身份思想的延续与升华。这三层特征分别与巴巴的"协商""杂糅""文化差异"三个概念相契合,足以彰显纳博科夫文化身份意识的前瞻性与先锋性。当然,霍米·巴巴杂糅身份理论与纳博科夫杂糅身份意识的互动与对话并未止步于二者的相似意义。巴巴所提"第三空间"(third space)的概念中所强调的重新赋意、阐释的空间互动,是对纳博科夫文化身份可改写性在空间层面上的延展与引申。如果说纳博科夫的文化身份思想还局限于流亡身份的领域,那么巴巴则把杂糅理论应用拓宽到殖民主义语境下的殖民文化身份认同,甚至在后期普及到少数族裔、阶级、性别等一切边缘群体的文化权利问题,将杂糅身份理论发扬成为一个具有普适价值意义的理论系统,这是对纳博科夫文化身份思想的进一步推动与发展,使纳博科夫文学思想在历史的舞台上依旧熠熠生辉、创造出持久的生命力。

时势造英雄,不平凡的生活造就伟大的天才。纳博科夫的流亡生涯也是如此。历经传奇般的流亡人生,纳博科夫成为一位满怀故国深情的流亡者和徘徊在各国文化土地上的边缘人。他热爱俄罗斯祖国的文化,

---

①②　纳博科夫;梅绍武.普宁[M].上海:上海译文出版社,2007:143.

并吸收与包容了欧美异国他乡的优秀文化,跻身于跨越多种文化的世界级语言文学大师之列。多元文化思想自然而然成了纳博科夫文学思想的一个重要特征。纳博科夫用不拘一格的写作手法和理论思想创造了多彩多姿的文学与文化世界,他将其童年多语言的教育背景、漂泊异乡的流亡生涯与跨语言的文学翻译写作体验凝练在自己对文化身份的思考中,形成早期独具先锋性的后现代文化身份思想。纳博科夫文化身份思想与霍米·巴巴杂糅性理论的隔空对话与思想投契更体现出纳博科夫文化身份思想的前瞻性与先锋性,彰显纳博科夫文学思想的浩瀚伟岸与博大精深。可以说,纳博科夫笔下的多元文化、文化冲突、文化杂糅等描写不仅使其所创作的小说更加大放异彩,也为其文学思想的研究提供了更多的启发。

结　语

　　20 世纪不仅是世界文学高速发展的时代,也是文艺思潮"百家争鸣"的年代。在这个风雨飘摇的时代,不但产生了一大批杰出的作家与优秀的作品,同时也形成了各具风格的众多文学批评流派。从上半叶的形式主义批评、新批评、唯美主义、存在主义等"现代"文论批评,到中后期的女性主义、结构主义等"后现代"文论批评,再到世纪末的"后殖民"文论批评等等,20 世纪西方文艺理论流派众多,思想体系复杂。虽然各派别在"流行性"方面出现相互更替乃至"针锋相对"的场景,但总体来看,比 19 世纪较为印象式的鉴赏批评更具有鲜明的时代特征和思想深度。正如张隆溪的《二十世纪西方文论》中所提到的:

　　二十世纪的文评不再是个人印象或直觉的描述,也不再是创作的附庸,从社会科学各科吸取观点和方法,成为一种独立的学科。无论哲学、社会学、人类学、心理学或语言学,都和现代文论结下不解之缘,一些有影响的文论家本来就是哲学家、人类学家或语言学家,他们各有一套概念和术语,各有理论体系和方法。把他们的体系和方法应用于文学时,这些批评家自认仿佛有了 X 光的透视力,能够见出一般人很难看见的骨架结构,做出一般人难以料想到的结论。①

　　的确,当代文艺理论不仅流派众多,多数文论家亦是目光敏锐,研究内容广泛而深入。他们将许多科学精神和人文精神加以整合,对当代语言学、社会学、心理学、哲学、美学、文化等研究成果加以吸收,继而产生了这份"X 光的透视力"。这份"透视力"无疑也彰显了文艺理论于世界文学研究的重要性。正像斯威夫特说的:"渊博的评注家目光何其锐利/

──────────

　　① 　张隆溪.二十世纪西方文论评述[M].北京:三联书店出版社,1986:8.

读荷马见出荷马也不懂的东西。"①

纳博科夫在20世纪欧美文坛的地位是毫无争议的,他的小说创作艺术更是有目共睹,而在其小说艺术的基础上加以提炼,结合其文论读本的精髓,并以较为系统的当代文艺理论角度研究他的文学思想也是一个可行的尝试。从纳博科夫与诸多文学思想的渊源来看,我们发现,他不只是语言大师、多元文化的传承者、蝶类生物的科学家,更是具有高深思想的当代文学思想家,乃至文艺理论家。这位在课堂上孜孜不倦解读文学经典的文学思想家,相信与学生的合作"是一件令人尤为愉快的交往,这是我的声音之源与耳朵组成的花园之间的交往"②。他希望通过对文学理论和思潮的领悟,以自己的解读引导学生、引导读者进行文学阅读乃至创作。美国评论家盖伊达·文博尔特在《〈堂吉诃德〉讲稿》前言中的一段话说得好:

纳博科夫是美国人心理的敏锐观察者,他知道坐在下面听他讲课的六百名哈佛大学的男女都相信骑士……他没有花费时间叫他们的头脑清醒起来;实际上他倒是高高兴兴地告诉他们,他们从他这里不会听到塞万提斯的介绍,不会听到关于塞万提斯的时代或他的失去的左手的情况。相反,他倒是要求他们一定要知道风车是怎么样的,而且在黑板上画了一架风车,并向他们讲解风车的部件。③

20世纪许多有影响力的批评家都曾身兼大学教授之职,而不仅是作家们自己。这些教授们往往不拘泥于常识性的评注,而是拥有自身成套的文学思想体系。纳博科夫便是其中一例。纳博科夫讲稿中不屑于向学生简单地介绍塞万提斯,而是"要求他们一定要知道风车是怎么样的,并向他们讲解风车的部件"之精神自然成了纳博科夫文学批评思想产生的一个基础。加上他流亡作家的身份、蝴蝶研究专家的身份、美学爱好者与研究者的个体身份等等,都或多或少地使他更接近一个成熟的文学思想家。虽然纳博科夫在讲稿系列中并未明确地提到很多的批评流派,但在20世纪百家争鸣的文艺理论及文学思潮的影响下,更从他对作家

① 张隆溪.二十世纪西方文论评述[M].北京:三联书店出版社,1986:7.
② 纳博科夫;申慧辉等.文学讲稿[M].上海:上海三联书店,2005,前言:23.
③ 纳博科夫;金绍禹.《堂吉诃德》讲稿[M].上海:上海三联书店,2007,前言:5.

与作品的语言、结构、思想、风格等元素的细致分析中,我们发现 20 世纪许多西方文论的痕迹。比如形式主义的文学性与陌生化、新批评的关注文本细节、唯美主义的为艺术而生、读者反应论的阅读体验、巴赫金诗学的全民狂欢、存在主义的荒诞虚无、女性主义的自由平等、现代主义的时空艺术、后现代主义的妖法幻术,后殖民主义的身份杂糅等等都能在纳博科夫的文论思想中找到相对应的影子。

纳博科夫的诗性文学观念直接继承了俄国形式主义的重要艺术主张。他的"神秘文学结构观"与俄国形式主义中的"文学性"概念一脉相承;"多变的形式美"暗合了"陌生化"对多变艺术形式的注重。不仅如此,纳博科夫主张的"越界性"引领我们走出封闭的文学系统,打破文学与科学、形式与内容的界限,是一种跨学科意义上对"陌生化"效果的进一步发扬与创新;纳博科夫立足文本,注重细节,充分运用高超的文学技艺实现艺术的多棱色彩。他的文学创作和批评呼应了新批评思想,同时又对新批评文学本体论实现了某种程度的超越;他吸收了唯美主义的思想成分,注重形式,认为形式即内容;主张审美狂喜,认为世界是主观的存在。他是一个虔诚的艺术家,善内蕴于美是他的唯美主义艺术的核心内容。

纳博科夫对"审美狂喜"的不懈追求也使得他的对话艺术独树一帜。巧妙的骗局和优雅的谜语赋予了其复调世界喜剧性和戏剧性风格,从而实现对巴赫金复调理论的超越。此外,纳博科夫采用一种全民化的狂欢仪式,在肆无忌惮的笑声中挣脱了传统价值和逻辑思维的束缚,并在人物的悲剧际遇中融入黑色幽默,传达了作者对生活与艺术的深刻思考。在承袭了伊瑟尔读者反应批评的基础上,纳博科夫习惯采用卡片创作的方式,在情节结构、对话设置以及场景安排时留有"空白",刺激读者在反复的阅读中心脑并用,并利用阅读过程中脊柱产生的战栗分享审美的福祉。在纳博科夫看来,艺术作品创造的新天地,有待于伟大的作家和优秀的读者共同开拓探索,共享艺术创作的艰辛和愉悦。

在女性主义阅读的观照下,纳博科夫的叙事艺术不乏一定的女性主义特征。他笔下的小仙女和庸俗女人在某种程度上突破了传统男性叙事中的天使与恶妇模式,富有更多的层次感,可以看到现代女性主义对其创作的影响。纳博科夫还用浓墨重彩的笔调描绘了世界的荒谬、存在的虚无,同时塑造出一批令人感动钦佩的存在主义式的英雄。他们面对生活、面对命运的嘲弄时,依然坚持着尊严、勇气和自由。他通过精妙的叙事技巧和使人笑中带泪的人物情节设置,让读者体会到了悲喜交集的人生感悟。纳博科夫对弗洛伊德持强烈的拒斥态度,他认为弗洛伊德的心理分析不具备科学性,反而带有某种专制特征,曲解了文学,亵渎了正常亲情。而另一方面,他也认同了弗洛伊德梦境解析中的一部分隐喻和方法,部分沿袭了弗洛伊德的自由联想法和遮蔽性记忆相关理论。

在超过半个世纪的创作生涯中,纳博科夫经历了欧洲和美国的现代主义高潮,又见证了后现代主义轰轰烈烈的演绎。纳博科夫注重现代派气息的“一元论”思想,主张用一种非理性的、直觉的、感性的抒写方式来观照现代世界;作为一名出色的视觉艺术大师,他对蝴蝶、绘画、电影等视觉题材的热爱与现代派作家有着千丝万缕的联系;他在小说中对记忆和时间的深刻描写,在文论讲稿中对乔伊斯、卡夫卡等人的深刻领悟,令人联想到现代派意识流文学的精髓。同时,他又像一个善于操控妖法幻术的魔术师,用变幻无穷的手法,将读者带入一个又一个的后现代迷宫,向世人展示了复杂多变的后现代世界。除此之外,在诸多国度颠沛流离的生活也使这位大师拥有多元文化的创作思想,其笔下多元文化、文化冲突等话题因此成了当代美国文学与文化研究相关联的热门话题;而他眼中多元渗透的后现代身份观更与霍米·巴巴的杂糅性理论有着异曲同工之妙。

纵观纳博科夫的《文学讲稿》《俄罗斯文学讲稿》《〈堂吉诃德〉讲稿》《独抒己见》四部文学思想论著,亦不难发现纳博科夫的解读其实充满了他自身的个性。他以奥斯丁、狄更斯、福楼拜、斯蒂文森、普鲁斯特、卡夫卡、乔伊斯、塞万提斯、果戈理、屠格涅夫、陀思妥耶夫斯基、托尔斯泰、契诃夫、高尔基等人的小说为批评对象,在阐释与评论中、于自己多年的文学创作中表达了自己颇具特色的文学观念。比如,他提出一名优秀作家的魔法师身份、优秀读者的十条原则,强调作品的虚构性,崇尚纯艺术和美学感受、关注细节,提醒读者领悟作品的神奇魅力;并敢于在写作语言、篇章结构上推陈出新等等。这些特点都能在当代文艺理论的思想中找到对应的参照;他甚至希望按自己的思想来颠覆以往批评家对于作品的评判,纠正一般读者对于作品常识的判断,从而对这些作品进行纳博科夫式的重新解读。例如他厌恶弗洛伊德。即使对世界大师级别的海明威、康拉德也不屑一顾，称他们为"给孩子写书的作家"①，"在这两位作家身上，我借鉴不到什么。在智力和情感方面，他们纯属幼稚"②。他还把诗人与评论家艾略特看作"算不上一流的"③，笑称庞德为"肯定二流的"④。且不论纳博科夫这番思想及其对前辈的"差评"是否自吹自大，我们唯一能肯定的是，他的每一份论证都在为自己的文学批评思想提供或寻找使之成立的文本证据。毕竟，这是每一位文艺理论家、每一份文学思想被世人接受的必经之路。不管怎样，纳博科夫文学批评的目的，绝非要诋毁他人，而是要为他心目中真正的艺术和艺术家大声疾呼，向读者阐明一系列作家及其作品的伟大之处。毕竟，在纳博科夫看来，经典小说家之所以被视为伟大艺术家，就在于他们"凭借灵感，任意突破世界的时空秩序，于平常的现实世界之外窥见了非理性'诗性'世界的影子，从而开创出多维的、梦幻般的'童话世界'"⑤。从纳博科夫的四部文论读本，我们能看得到众多名家的经典作品和思想精髓成为他立论的"证据"。从他的早期俄语小说到遗作《劳拉的原型》，我们都能明显看到这些论证思想在他创作实践中的体现。由此可见，纳博科夫独树一帜的批评立场、以细读深思为前提的批评方式、严谨又具独创性的创作实践等等，都值得整个文学批评界思考和借鉴，甚至应该成为不久的将来纳博科夫研究的一个重要的新方向。

纳博科夫既是一位特立独行的作家，也是一位眼光犀利的文学思想家，甚至文艺理论家。他的文学观念源远流长，充满灵光与妙悟，连接了许多著名的文论思想。更令人赞叹的是，纳博科夫凭借对各个文学派别思想精髓的理解和吸收，用自己对文学作品仔细入微的观察，揭示文学经典的构造，造就了一系列与众不同的文学思想。这些观念既包含了文艺理论前辈的思想精髓，更不乏纳博科夫自身的、独立的艺术观，深刻的批评立场与诗学内涵；它们洞察出了文学艺术内在的诗性表现特质，同时表明了小说艺术美轮美奂的真正本质，最终建构起具有自身特色的文论批评观与艺术鉴赏论。纳博科夫的文学思想继承和发扬了形式主义、新批评、唯美主义、狂欢化诗学、读者反应批评、心理分析批评、女性主

① 纳博科夫；唐建清.独抒己见[M].杭州：浙江文艺出版社,2012：42.
② 纳博科夫；唐建清.独抒己见[M].杭州：浙江文艺出版社,2012：43.
③④ 纳博科夫；唐建清.独抒己见[M].杭州：浙江文艺出版社,2012：44.
⑤ 周小琴.纳博科夫文学批评现象之关键词研究——从文学讲稿、《〈唐吉诃德〉讲稿》切入[J].南京师范大学文学院学报,2011(3)：186.

义、存在主义、现代主义、后现代主义、后殖民主义等现当代文艺理论的精髓。因此,将纳博科夫的文学思想置于当代西方文论与思潮的背景下,进行系统的对比研究,可以为我们理解纳博科夫文学思想以及阅读文学与文论提供有益的帮助,这也是本书的研究价值之所在。

参考文献

［1］ Alexandra, E Vladimir. Nabokov's Other World［M］. Princeton：Princeton University Press,1991.

［2］ Appel, Alfred. The Annotated Lolita［M］. New York：McGraw-Hill Book Company, 1970.

［3］ Bader,Julia. Crystal Land：Artifice in Nabokov's English Novels［M］. Berkeley：University of California Press,1972.

［4］ Bhabha,Homi. The Location of Culture［M］. London：Routledge,1994.

［5］ Clancy,Laurie. The Novels of Vladimir Nabokov［M］. London：The Macmillan Press Ltd,1984.

［6］ Connolly,Julian. (ed). Nabokov and His Fiction：New Perspectives［M］. Cambridge：Cambridge University Press,1999.

［7］ Connolly, Julian W. The Cambridge Companion to Nabokov［M］. New York：Cambridge University Press,2005.

［8］ During,Simon. The Cultural Studies Reader［M］. London：Routledge. 1993.

［9］ Foster Jr. , John. Nabokov's Art of Memory and European Modernism［M］. New Jersey：Princeton University Press,1993.

［10］ Gabion,George & Parker,Stephen. (ed). The Achievements of V. Nabokov：Essays, Studies,Reminiscences,and Stories from the Cornell Nabokov Festival［M］. Ithaca：Centre for International Studies,Cornell University,1984.

［11］ Gilbert, Sandra M. , and Susan Gubar. The Madwoman in the Attic：The Woman Writer and the Nineteenth-century Literary Imagination［M］. New Haven andLondon：Yale University Press,1979.

［12］ Grayson, Jane, Arnold McMillin, and Peiscilla Meyer. Nabokov's World. Volume 1：The Shape of Nabokov's World［M］. New York：Palgrave,2002.

［13］ Hassen,Ihab. "American Literature". World Literature Since 1945［M］. New York：Frederick Ungar Publishing Co. ,1973.

［14］ Hyde,G. M. Vladimir Nabokov：America's Russian Novelist［M］. Ed. John Fletcher.

London: Marion Boyars, 1977.

[15] Kazin, Alfred. "Wisdom in Exile"[J]. A Contemporary Literary Criticism. Vol 8, Detroit: G. R. C. Book Tower, 1978.

[16] Lodge, David. The Art of Fiction[M]. New York: Viking Penguin, 1993.

[17] Maddox, Lucy. Nabokov's Novels in Engish[M]. London: Croom Helm, 1983.

[18] Mulvey, Laura. "Visual Pleasure and Narrative Cinema"[C]. The Literary Tradition: Classic Texts and Contemporary Trends. 3rd ed. David H. Richter. Boston and New York: Bedford and St. Martin's, 2007.

[19] Nabokov, Vladimir. Lolita[M]. Peking: Foreign Language Teaching and Research Press, 2000.

[20] Nabokov, Vladimir. Speak Memory: An Autobiography Resisted[M]. New York: G. P. Putman's Sons, 1967.

[21] Nabokov, Vladimir. Strong Opinions[M]. New York: McGraw-Hill, 1981.

[22] Nabokov, Vladimir. The Annotated Lolita[M]. New York: Vintage Books, 1991.

[23] Page, Norman. Nabokov: the Critical Heritage[M]. London: Routledge & Kegan Paul, 1982.

[24] Pellerdi, Marta. Nabokov's Palace: The American Novels[M]. Cambridge: Cambridge Scholar's Publishing, 2010: 81.

[25] Pilfer, Ellen. Nabokov and the Novel[M]. Cambridge, Boston: Harvard University Press, 1980.

[26] Quenelle, Peter. V. Nabokov: A Tribute[M]. New York: William Morrow Company Inc., 1980.

[27] Roth, Phyllis. (ed). Critical Essays on Vladimir Nabokov[M]. Boston: G. K. Hall, 1984.

[28] Showalter, Elaine. A Literature of Their Own: British Women Novelists from Bronte to Lessing[M]. Beijing: Foreign Language Teaching and Research Press, 2004.

[29] Stark, John. "Vladimir Nabokov"[J]. Contemporary Literary Criticism. Vol 8, Detroit: G. R. C. Book Tower, 1978.

[30] Thickstun, William. Visionary Closure in the Modern Novel[M]. London: Macmillan, 1988.

[31] Yaeger, Patricia, and Beth Kowaleski-Wallace. (ed). Refiguring the Father: New Feminist Readings of Patriarchy[M]. Carbondale and Edwardsville: Southern Illinois University Press, 1989.

[32] Yang Renjing. Selected Readings in American Post-modern Fiction[M]. Beijing: Foreign Language Teaching and Research Press. 2009.

[33] Zunshine, Lisa. (ed). Nabokov at the Limits: Redrawing Critical Boundaries[M].

New York：Garland Pub. ，1999.

[34] 阿扎尔·纳菲西；朱孟勋. 在德黑兰读《洛丽塔》[M]. 北京：外语教学与研究出版社，2015.

[35] 芭芭拉·威利；李小均. 纳博科夫评传[M]. 桂林：漓江出版社，2014.

[36] 柏格森；姜志辉. 创造进化论[M]. 武汉：湖北人民出版社，1989.

[37] 巴赫金；白春仁等. 巴赫金全集（第1卷）[M]. 石家庄：河北教育出版社，1998.

[38] 巴赫金；白春仁等. 巴赫金全集（第5卷）[M]. 石家庄：河北教育出版社，1998.

[39] 巴赫金；白春仁等. 巴赫金全集（第6卷）[M]. 石家庄：河北教育出版社，1998.

[40] 巴赫金. 拉伯雷的创作与中世纪和文艺复兴时期的民间文化[M]. 莫斯科：莫斯科文艺出版社，1990.

[41] 巴赫金；白春仁等. 陀思妥耶夫斯基诗学问题[M]. 北京：三联书店，1988.

[42] 布赖恩·博伊德；刘佳林. 纳博科夫传：俄罗斯时期[M]. 桂林：广西师范大学出版社，2009

[43] 布赖恩·博伊德；刘佳林. 纳博科夫传：美国时期[M]. 桂林：广西师范大学出版社，2011.

[44] 毕其玉. 小说《洛丽塔》的语言风格[J]. 华中农业大学学报，2006（4）.

[45] 曹雷雨. 在普希金的天平上称纳博科夫的《天赋》[J]. 外国文学，1998（4）.

[46] 陈辉. 纳博科夫早期俄文小说研究[M]. 成都：四川大学出版社，2014.

[47] 陈平. 火焰为何微暗？——纳博科夫小说《微暗的火》评析[J]. 外国文学评论，2000（4）.

[48] 陈世丹. 论《微暗的火》的互文性[J]. 当代外国文学，2007（4）.

[49] 陈世丹. 美国后现代主义小说详解[M]. 天津：南开大学出版社，2010.

[50] 陈太胜. 西方文论研究专题[M]. 北京：北京大学出版社，2008.

[51] 陈志丹. 美国后现代主义小说详解[M]. 天津：南开大学出版社，2010.

[52] 陈召荣. 流浪母题与西方文学经典阐释[M]. 北京：中国社会科学出版社，2006.

[53] 储城意. 颠覆——读纳博科夫的《阿达》[J]. 外国文学，2005（2）.

[54] 段德智. 西方死亡哲学[M]. 北京：北京大学出版社，2006.

[55] 弗洛伊德；彭丽新等. 日常生活的精神病理学[M]. 北京：国际文化出版公司，2007.

[56] 弗洛伊德；吕俊等. 释梦[M]. 南京：江苏文艺出版社，凤凰出版传媒集团，2010.

[57] 弗洛伊德；文荣光. 少女杜拉的故事[M]. 西安：太白文艺出版社，2004.

[58] 费什；文楚安. 读者反应批评：理论与实践[M]. 北京：中国社会科学出版社，1998.

[59] 郭建友. 通过纳博科夫的智力测试[D]. 中国人民解放军外国语学院. 2003.

[60] 谷小娟，李艺. 语言与身份建构：相关文献回顾[J]. 外语学刊，2007（6）

[61] 哈珀姆,艾布拉姆斯.文学术语词典[M].北京:北京大学出版社,2014.

[62] 海德格尔;何光沪.海德格尔选集[M].北京:三联书店,1999.

[63] 郝斯曼;萝蕤.诗的名称及其性质[J].学文,1934(4).

[64] 亨克·德·贝格;季广茂.被误读百年的弗洛伊德[M].北京:金城出版社,2010.

[65] 洪谦.西方现代资产阶级哲学论著选辑[M].北京:商务印书馆,1982.

[66] 胡经之.西方二十世纪文论选(四卷本)[M].北京:中国社会科学出版社,1991.

[67] 胡全生.英美后现代主义小说叙述结构研究[M].上海:复旦大学出版社,2002.

[68] 华莱士·马丁;伍晓明.当代叙事学[M].北京:北京大学出版社,2005.

[69] 吉尔胡斯;陈文庆.宗教史中的笑[M].上海:上海人民出版社,2005.

[70] 蒋孔阳.二十世纪西方美学名著选(下)[M].上海:复旦大学出版社,1987.

[71] 蒋孔阳.十九世纪西方美学名著选(英法美卷)[M].上海:复旦大学出版社,1990.

[72] 蒋述卓.批评的文化之路:文艺文化学论文集[C].北京:中国社会科学出版社,2003.

[73] 卡西尔;甘阳.人论[M].上海:上海译文出版社,1985.

[74] 康德;宗白华.判断力批判[M].北京:商务印书馆,1983.

[75] 考夫曼;陈鼓应,孟祥森,刘崎.存在主义[M].北京:商务印书馆,1987.

[76] 理查德·罗蒂;徐文瑞.偶然、反讽与团结[M].北京:商务印书馆,2003.

[77] 朗格;刘大基等.情感与形式[M].北京:中国社会科学出版社,1986.

[78] 梁惠梅,敏杨."镜子的反照"和自我认证的分裂——对纳博科夫小说的一种解读[J].东北师大学报(哲学社会科学版),2011(6).

[79] 刘佳林.纳博科夫的诗性世界[M].上海:上海人民出版社,2012.

[80] 刘佳林.论纳博科夫的文学观[J].扬州大学学报(人文社会科学版),2004(8).

[81] 梁巧娜.性别意识和女性形象[M].北京:中央民族大学出版社,2004.

[82] 林树明.多维视野中的女性主义文学批评[M].北京:中国社会科学出版社,2004.

[83] 罗婷.女性主义文学批评在西方与中国[M].北京:中国社会科学出版社,2004.

[84] 刘小枫.沉重的肉身[M].北京:华夏出版社,2004.

[85] 陆扬,王毅.文化研究导论[M].上海:复旦大学出版社,2006.

[86] 门罗·比厄斯利;高建平.西方美学简史[M].北京:北京大学出版社,2006.

[87] 马利坦;刘有元等.艺术与诗中的创造性直觉[M].北京:三联书店.1991.

[88] 玛莎·努斯鲍姆;丁晓东.诗性正义——文学想象与公共生活[M].北京:北京大学出版社,2010.

[89] 纳博科夫;韦清琦.爱达或爱欲[M].上海:上海文艺出版社,2013.

［90］纳博科夫;唐建清.独抒己见［M］.杭州:浙江文艺出版社,2012.

［91］纳博科夫;丁骏,王建开.俄罗斯文学讲稿［M］.上海:上海三联书店,2015.

［92］纳博科夫;陈岚兰,岳崇.防守［M］.长春:时代文艺出版社,1999.

［93］纳博科夫;潘小松.贵人、女人、小人［M］.长春:时代文艺出版社,1997.

［94］纳博科夫;龚文庠.黑暗中的笑声［M］.上海:上海译文出版社,2006.

［95］纳博科夫;朱世达.绝望［M］.上海:上海译文出版社,2006.

［96］纳博科夫;谭惠娟.劳拉的原型［M］.北京:人民文学出版社,2011.

［97］纳博科夫;主万.洛丽塔［M］.上海:上海译文出版社,2005.

［98］纳博科夫;王家湘.玛丽［M］.上海:上海译文出版社,2007.

［99］纳博科夫;梅绍武.普宁［M］.上海:上海译文出版社,2007.

［100］纳博科夫;王家湘.说吧,记忆［M］.上海:上海译文出版社,2009.

［101］纳博科夫;席亚兵.塞·奈特的真实生活［M］.长春:时代文艺出版社,1999.

［102］纳博科夫;朱建迅,王骏.天赋［M］.南京:译林出版社,2004.

［103］纳博科夫;金绍禹.《堂吉诃德》讲稿［M］.上海:上海三联书店,2007.

［104］纳博科夫;梅绍武.微暗的火［M］.上海:上海译文出版社,2008.

［105］纳博科夫;黄勇民.王,后,杰克［M］.上海:上海译文出版社,2015.

［106］纳博科夫;申慧辉等.文学讲稿［M］.上海:上海三联书店,2005.

［107］纳博科夫;陈安全.斩首之邀［M］.上海:上海译文出版社,2006.

［108］欧阳灿灿.论纳博科夫的时间意识［J］.外国文学研究,2007(4).

［109］彭佳."审美的福祉":《洛丽塔》艺术手法试析［J］.西南民族大学学报(人文社科版),2007(12).

［110］饶芃子.比较诗学［M］.西安:陕西师范大学出版社,2000.

［111］饶芃子.中西比较文艺学［M］.北京:中国社会科学出版社,1999.

［112］史黛西·希芙;李小均.薇拉:符拉基米尔·纳博科夫夫人［M］.桂林:广西师范大学出版社,2011.

［113］什克洛夫斯基.作为艺术的手法:俄国形式主义文论选［M］.北京:生活·读书·新知三联书店,1989.

［114］申粒蒂.《洛丽塔》中的死亡之美［J］.中北大学学报(社会科学版),2013(4).

［115］萨特;艾珉.萨特读本［M］.北京:人民文学出版社,2005.

［116］托马斯·福斯特;梁笑.如何阅读一本小说［M］.海口:南海出版公司,2015.

［117］谭少茹.纳博科夫文学思想研究［M］.武汉:湖北人民出版社,2009.

［118］塔依尔.欲望不是能指 ——《洛丽塔》新论［J］.河南师范大学学报,2002(6).

［119］王安.《阿达》:述说时间的爱情故事［J］.国外文学,2011(4).

［120］文导微.魔法背后的意义——以《天赋》为例谈纳博科夫细节的意义［J］.俄罗斯文艺,2012(2).

[121] 王尔德；赵武平，常绍民，沈弘等.王尔德全集[M].北京：中国文学出版社，2000.

[122] 吴恒菊.美国后现代主义小说的特点[J].佳木斯大学学报（社会科学版），2008(6).

[123] 伍蠡甫.现代西方文论选[M].上海：上海译文出版社，1983.

[124] 伍蠡甫.西方文论选（下卷）[M].上海：上海译文出版社，1979.

[125] 伍蠡甫，翁义钦.欧洲文论简史[M].北京：人民文学出版社，1985.

[126] 王青松.回归现实主义——《洛丽塔》的一种解读[J].上海师范大学学报，2003(2).

[127] 王青松.《洛丽塔》有机结构[J].当代外国文学，2004(2).

[128] 王青松.纳博科夫小说：追逐人生的主题[M].上海：东方出版中心，2010.

[129] 王卫东.论纳博科夫的时间观[J]，国外文学，2001(1).

[130] 汪小玲.论《洛丽塔》中亨伯特的矛盾叙事话语及洛丽塔的隐性叙事[J].外语研究，2011(6).

[131] 汪小玲.美国黑色幽默小说研究[M].上海：上海外语教育出版社，2006.

[132] 汪小玲.纳博科夫小说艺术研究[M].上海：上海外语教育出版社，2008.

[133] 徐崇温.存在主义哲学[M].北京：中国社会科学出版社，1986.

[134] 徐岱.审美正义论——伦理美学基本问题研究[M].杭州：浙江工商大学出版社，2014.

[135] 薛家宝.唯美主义研究[M].天津：天津社会科学院出版社，1999.

[136] 杨华.不同文化背景下的纳博科夫研究[J].人民论坛·学术前沿，2011(6).

[137] 余虹.思与诗的对话[M].北京：中国社会科学出版社，1991.

[138] 虞建华等.美国文学的第二次繁荣[M].上海：上海外语教育出版社，2004.

[139] 叶·莫·梅列金斯基.神话的诗学[M].莫斯科：科学出版社，1976.

[140] 杨仁敬.美国后现代派小说论[M].青岛：青岛出版社，2004.

[141] 伊瑟尔；霍桂桓.审美过程研究[M].北京：中国人民大学出版社，1988.

[142] 张鹤.纳博科夫 VS 弗洛伊德[J].俄罗斯文艺：2007(4).

[143] 赵君.后现代文艺转型期纳博科夫小说美学思想研究[M].广州：世界图书出版公司.2014.

[144] 张介明.当代西方文学中的唯美主义—— 从《洛丽塔》的误读谈起[J].外国文学研究.2010(4).

[145] 赵澧，徐京安.唯美主义[M].北京：中国人民大学出版社，1988.

[146] 张隆溪.二十世纪西方文论评述[M].北京：三联书店出版社，1986.

[147] 朱立元.二十世纪西方美学经典文本 II：回归存在之源[M].上海：复旦大学出版社，2001.

［148］朱立元.二十世纪西方美学经典文本 III:结构与解放［M］.上海:复旦大学出版社,2001.

［149］詹树魁.弗拉基米尔·纳博科夫:从现代主义到后现代主义［D］.厦门大学,2003.

［150］郑文东.一条永不间断的"莫比乌斯带"——纳博科夫《天赋》的叙事结构分析［J］.外国语文,2009(2).

［151］周小琴.纳博科夫文学批评现象之关键词研究——从文学讲稿、《〈唐吉诃德〉讲稿》切入［J］.南京师范大学文学院学报,2011(3).

［152］周小仪.唯美主义与消费文化［M］.北京:北京大学出版社,2002.

［153］张瑛.《加西亚家的女孩不再带口音》中语言与文化身份解读［J］.当代外国文学,2015(4).

［154］赵一凡,张中载,李德恩.西方文论关键词［M］.北京:外语教学与研究出版社,2006.

［155］赵毅衡."新批评"文集［M］.北京:中国社会科学出版社,1988.

［156］赵毅衡."新批评"文集［M］.天津:百花文艺出版社,2001.

［157］赵毅衡.新批评:一种独特的形式主义文论［M］.北京:中国社会科学出版社,1986.

［158］张玉能.西方文论［M］.武汉:华中师范大学出版社,2004.

后　　记

历经多年的锤炼打磨,《纳博科夫文学思想与当代西方文论》终于定稿完成了。这是我继《纳博科夫小说艺术研究》后,奉献给读者的另一部纳博科夫研究成果。

纳博科夫文学思想的系统研究是个较新的课题,也是近年来纳博科夫研究的重点和难点。希望本书的问世,能为未来的纳博科夫研究提供启发和思路。当然,要做到对纳博科夫文学思想进行全面的把握,并将其置于20世纪文艺理论流派中进行比较分析并非易事。书中涉及的内容也未必能够囊括纳博科夫全部的文学思想。不足之处,敬请广大读者批评指正。

全书由我编排布局,并负责主要章节的撰写和全书的定稿工作,参与初稿撰写和定稿的还有王育烽副教授。青年学者郑茗元、许原雪、许婷芳、喻妹平、徐千惠参与了部分章节的初稿撰写和资料搜集工作。具体如下:

绪论、第九章、第十章:汪小玲、王育烽、郑茗元

第一章:汪小玲、郑茗元、徐千惠

第二章、第三章:汪小玲、喻妹平、郑茗元

第四章、第五章:汪小玲、许婷芳、许原雪

第六章、第七章、第八章:汪小玲、许原雪

第十一章:汪小玲、王育烽、许原雪、徐千惠

结论:汪小玲、王育烽

本书在撰写过程中先后获得上海市教育委员会"上海市曙光计划项目"、"上海市领军人才项目"、上海外国语大学"上海市Ⅰ类高峰学科(外国语言文学项目)"和国家社科基金后期资助。在本书的完成过程中,上海外国语大学博士生导师李维屏教授、上海师范大学博士生导师

郑克鲁教授及多位匿名评审专家通读了书稿,提出了宝贵意见,使书稿得以不断修改、完善。在此向各位专家致敬、致谢。

汪小玲

2017 年 9 月于上海外国语大学